Operatoren – So löst du die Arbeitsaufträge in diesem Buch:

(Fortsetzung auf der hinteren Umschlagklappe)

Arbeitsauftrag = Operator (alphabetisch) **Anforderungsbereich AFB**	**Das tust du:**	
analysieren II	Du untersuchst einen historischen Sachverhalt oder eine Quelle, indem du gezielt Fragen stellst und Materialien auswertest.	**Tipp:** Nutze die Methodentabellen im Buch, zum Beispiel Eine Darstellung analysieren, S. 185
begründen II	Du führst Argumente und Quellenzitate an, die deine Aussage untermauern. Wenn du eine Aussage oder das Handeln einer anderen Person begründen sollst, führst du Motive und passende Quellenzitate der Person an.	*Die Aussage in Zeile xy zeigt, dass ...* *Seine politische Einstellung änderte sich, weil ...*
beschreiben I	Du gibst den Inhalt eines Materials (zum Beispiel Bild, Text, Karte) mit eigenen Worten schlüssig wieder.	*Es zeigt .../In der Mitte sieht man ...* *Mir fällt auf, ...* *Hier wird deutlich, ...*
beurteilen III	Du schätzt die Aussagen, Maßnahmen oder Vorschläge einer Person/Personengruppe in ihrem historischen Zusammenhang ein. Berücksichtige dafür die unterschiedlichen Sichtweisen und den Kenntnisstand der Personen. So kannst du ein begründetes „**Sachurteil**" formulieren.	*Die eigentliche Absicht des Redners war es, ...* *Diese Sichtweise führte dazu, dass, ...* *Diese Entscheidung hatte negative Folgen: ...*
bewerten III	Du bildest dir zu einem historischen Sachverhalt oder Ereignis aus dem Blickwinkel heutiger Maßstäbe und Werte eine eigene Meinung. So kannst du ein begründetes „**Werturteil**" formulieren.	*Aus meiner Sicht ...* *Nach heutigen demokratischen Maßstäben ...* *Andere sind möglicherweise der Ansicht, dass ...*
charakterisieren II	Du bestimmst einen historischen Sachverhalt oder eine Situation in ihren Grundzügen und nennst die typischen Merkmale.	*Ein typisches Kennzeichen für ...* *Allgemeine Merkmale waren ...*
darstellen II	Du verdeutlichst einen historischen Sachverhalt oder ein historisches Ereignis und zeigst dessen Zusammenhänge auf.	*Es ging um die Frage ...* *Daraus entwickelte sich ...* *Die Folgen waren ...*
deuten II, III	Du untersuchst eine Quelle (zum Beispiel Text, Bild, Denkmal) hinsichtlich ihrer Aussage und erklärst, welchen Sinn du ihr beilegst. siehe **analysieren** und **herausarbeiten**	

4

Forum Geschichte

Nordrhein-Westfalen Gymnasium G 9

Die Welt ab 1945

Herausgegeben von
Hans-Joachim Cornelißen

Cornelsen

Forum Geschichte

Band 4 wurde erarbeitet von:
Dr. Moritz Burgmann, Hans-Joachim Cornelißen, Cordula Gimbel, Thomas Kozianka, Cornelius Lehmann, Tim Lodemann, Anja Petschulat, Michael Richter, Natascha Rupp, Dr. Andrea Schallenberg

Mit Beiträgen von: Dagmar Bäuml-Stosiek, Timo Berghoff, Nicky Born, Irene Hufschmid, Steffi Jahn, Jens Langbein, Christin Möller, Andrea Plötz, Dr. Matthias Steinbrink, Dirk Urbach, Veronika Weidemann, Stefan Weißhampel, Andreas Zodel

Herausgeber: Hans-Joachim Cornelißen
Beratung: Nicky Born, Katharina Grannemann
Redaktion: Andreas Holy
Bildassistenz: Anne-Katrin Dombrowsky
Grafik: Erfurth Kluger Infografik GbR, Berlin
Gestaltung der Icons: Stan Hema, Berlin 2017/2018
Karten: Carlos Borrell Eiköter, Berlin
Technische Umsetzung: Straive
Umschlagbild: East Side Gallery an der ehemaligen Berliner Mauer @lookphotos/Ulf Böttcher, 2011

Das Lehrwerk enthält Fremdtexte, die aus didaktischen Gründen gekürzt wurden; sie sind in den Quellenangaben mit * gekennzeichnet. Fremdtexte, die gekürzt und bearbeitet wurden, sind mit ** gekennzeichnet.

www.cornelsen.de

1. Auflage, 1. Druck 2022

Alle Drucke dieser Auflage sind inhaltlich unverändert
und können im Unterricht nebeneinander verwendet werden.

Druck: Firmengruppe APPL, aprinta Druck, Wemding

ISBN 978-3-06-065656-1 (Schülerbuch)

ISBN 978-3-06-065659-2 (E-Book)

PEFC/04-32-0928

PEFC zertifiziert
Dieses Produkt stammt aus nachhaltig bewirtschafteten Wäldern und kontrollierten Quellen.
www.pefc.de

1 Deutschland nach 1945

2 Die Welt im „Ost-West-Konflikt"

3 Das geteilte Deutschland

4 Alltag und Leben im geteilten Deutschland

5 Das Ende des „Ost-West-Konflikts"

6 Der europäische Integrationsprozess

7 Zusatzkapitel: Die Welt seit 1990

Anhang

Umschlag

So arbeitest du erfolgreich mit Forum Geschichte

Hier bekommst du einige Hinweise, damit du dich in diesem Buch gut zurechtfindest: wie die Kapitel aufgebaut sind, was die unterschiedlichen Farben bedeuten oder welche Texte, Materialien und Aufgaben es gibt.

Fragen stellen und sich orientieren

Jedes Kapitel beginnt mit der **Auftaktseite**. Sie zeigt, worum es in dem Kapitel geht. Mithilfe des Webcodes und des QR-Codes kannst du dir alle Darstellungstexte des Kapitels online anhören.

Auf der **Orientierungsseite** erfährst du mehr: Die Zeitleiste gibt dir den Zeitraum an, mit dem du dich beschäftigen wirst, die Karte zeigt dir den Raum. Der Text und die Bilder führen dich in das Kapitelthema ein.

Ein Thema untersuchen

Auf den **Themenseiten** erklärt dir ein kurzer Text unterhalb der Überschrift, um welches Thema es auf der Doppelseite geht. Der Schulbuchtext (= Darstellungstext), die Abbildungen, die blau unterlegten „Quellentexte" oder Begriffserklärungen helfen dir, ein geschichtliches Thema zu untersuchen. Die Arbeitsaufträge sind vielfältig: Oft kannst du eine Aufgabe auswählen oder du findest Hinweise zu Partner- oder Gruppenarbeit. Der **Wortschatz** auf jeder Themenseite hilft dir beim Verständnis des Darstellungstextes und beim Bearbeiten der Aufgaben. Bei vielen Aufgaben findest du darüber hinaus Formulierungshilfen.

Wortschatz und Techniken zur Texterschließung

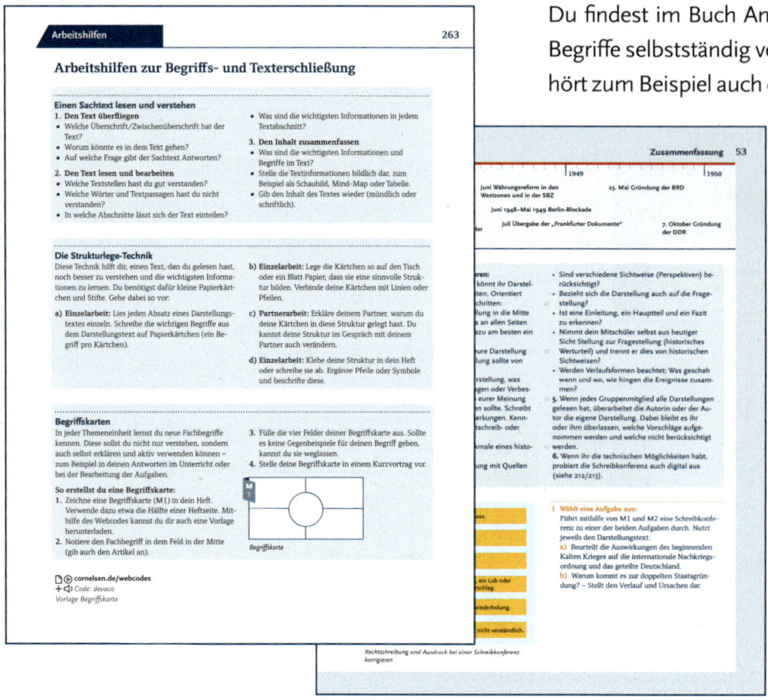

Du findest im Buch Anleitungen, wie du Darstellungstexte und Begriffe selbstständig verstehen und erarbeiten kannst. Dazu gehört zum Beispiel auch das Durchführen einer Schreibkonferenz.

Bereits eingeführte **Arbeitshilfen zur Begriffs- und Texterschließung** (zum Beispiel Strukturlege-Technik und Begriffskarten) findest du im Anhang.

Mit Medien und Methoden arbeiten

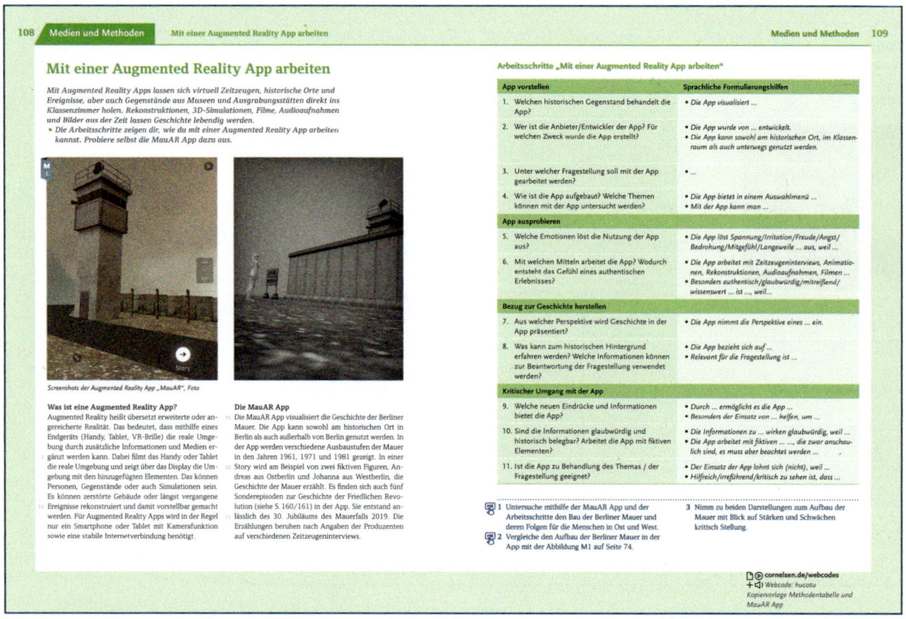

Auf den **Medien- und Methoden-Seiten** lernst du schriftliche Quellen, Bilder oder Karten fachgerecht auszuwerten. Manchmal lernst du auf diesen Seiten auch die Arbeit mit verschiedenen digitalen Angeboten (Apps) kennen. In der grünen Tabelle stehen links die Arbeitsschritte, nach denen du vorgehst. In der rechten Spalte gibt es sprachliche Formulierungshilfen oder Lösungshinweise zu dem Beispiel auf der Seite. Über einen Webcode auf der Seite kannst du dir auch eine Kopiervorlage mit den Arbeitsschritten herunterladen.

Differenzierung: Unterschiedliche Lernwege auswählen

Wähle-aus-Seiten

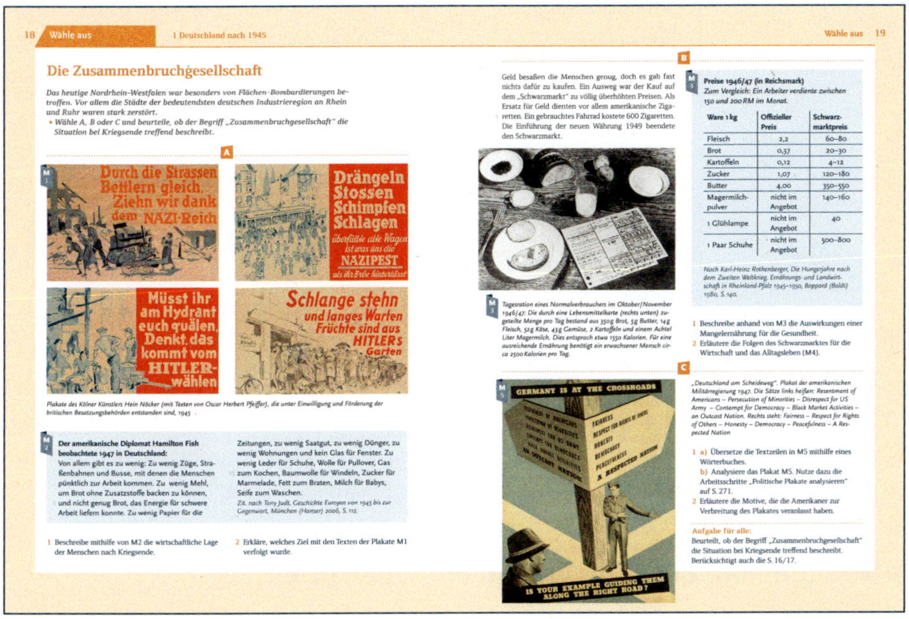
18 Wähle aus 1 Deutschland nach 1945

Die Zusammenbruchgesellschaft

Das heutige Nordrhein-Westfalen war besonders von Flächen-Bombardierungen betroffen. Vor allem die Städte der bedeutendsten deutschen Industrieregion an Rhein und Ruhr waren stark zerstört.

- *Wähle A, B oder C und beurteile, ob der Begriff „Zusammenbruchgesellschaft" die Situation bei Kriegsende treffend beschreibt.*

A

M1

Plakate des Kölner Künstlers Hein Nöcker (mit Texten von Oscar Herbert Pfeiffer), die unter Einwilligung und Förderung der britischen Besatzungsbehörden entstanden sind, 1945

M2 **Der amerikanische Diplomat Hamilton Fish beobachtete 1947 in Deutschland:**
Von allem gibt es zu wenig: Zu wenig Züge, Straßenbahnen und Busse, mit denen die Menschen pünktlich zur Arbeit kommen. Zu wenig Mehl, um Brot ohne Zusatzstoffe backen zu können, und nicht genug Brot, das Energie für schwere Arbeit liefern konnte. Zu wenig Papier für die Zeitungen, zu wenig Saatgut, zu wenig Dünger, zu wenig Wohnungen und kein Glas für Fenster. Zu wenig Leder für Schuhe, Wolle für Pullover, Gas zum Kochen, Baumwolle für Windeln, Zucker für Marmelade, Fett zum Braten, Milch für Babys, Seife zum Waschen.
Zit. nach Tony Judt, Geschichte Europas von 1945 bis zur Gegenwart, München (Hanser) 2006, S. 112.

1 Beschreibe mithilfe von M2 die wirtschaftliche Lage der Menschen nach Kriegsende.
2 Erkläre, welches Ziel mit den Texten der Plakate M1 verfolgt wurde.

Wähle aus 19

B

Geld besaßen die Menschen genug, doch es gab fast nichts dafür zu kaufen. Ein Ausweg war der Kauf auf dem „Schwarzmarkt" zu völlig überhöhten Preisen. Als Ersatz für Geld dienten vor allem amerikanische Zigaretten. Ein gebrauchtes Fahrrad kostete 600 Zigaretten. Die Einführung der neuen Währung 1949 beendete den Schwarzmarkt.

M3 *Tagesration eines Normalverbrauchers im Oktober/November 1946/47: Die durch eine Lebensmittelkarte (rechts unten) zugeteilte Menge pro Tag bestand aus 350 g Brot, 5 g Butter, 14 g Fleisch, 52 g Käse, 43 g Gemüse, 2 Kartoffeln und einem Achtel Liter Magermilch. Dies entsprach etwa 1550 Kalorien. Für eine ausreichende Ernährung benötigt ein erwachsener Mensch circa 2500 Kalorien pro Tag.*

M4 **Preise 1946/47 (in Reichsmark)**
Zum Vergleich: Ein Arbeiter verdiente zwischen 150 und 200 RM im Monat.

Ware 1 kg	Offizieller Preis	Schwarzmarktpreis
Fleisch	2,2	60–80
Brot	0,37	20–30
Kartoffeln	0,12	4–12
Zucker	1,07	120–180
Butter	4,00	350–550
Magermilchpulver	nicht im Angebot	140–160
1 Glühlampe	nicht im Angebot	40
1 Paar Schuhe	nicht im Angebot	500–800

Nach Karl-Heinz Rothenberger, Die Hungerjahre nach dem Zweiten Weltkrieg. Ernährungs- und Landwirtschaft in Rheinland-Pfalz 1945–1950, Boppard (Boldt) 1980, S. 140.

1 Beschreibe anhand von M3 die Auswirkungen einer Mangelernährung für die Gesundheit.
2 Erläutere die Folgen des Schwarzmarktes für die Wirtschaft und das Alltagsleben (M4).

C

M5

„Deutschland am Scheideweg". Plakat der amerikanischen Militärregierung 1947. Die Sätze links heißen: Resentment of Americans – Persecution of Minorities – Disrespect for US Army – Contempt for Democracy – Black Market Activities – an Outcast Nation. Rechts steht: Fairness – Respect for Rights of Others – Honesty – Democracy – Peacefulness – A Respected Nation

1 a) Übersetze die Textzeilen in M5 mithilfe eines Wörterbuches.
b) Analysiere das Plakat M5. Nutze dazu die Arbeitsschritte „Politische Plakate analysieren" auf S. 271.
2 Erläutere die Motive, die die Amerikaner zur Verbreitung des Plakates veranlasst haben.

Aufgabe für alle:
Beurteilt, ob der Begriff „Zusammenbruchgesellschaft" die Situation bei Kriegsende treffend beschreibt. Berücksichtigt auch die S. 16/17.

Historische Fragen lassen sich auf verschiedene Weise beantworten. Auf den orangefarbenen **Wähle-aus-Seiten** kannst du dich für ein Material entscheiden. Bei einer abschließenden **Aufgabe für alle** könnt ihr trotz unterschiedlicher Lösungswege zu einem gemeinsamen Ergebnis kommen.

2 Wähle eine Aufgabe aus:
a) Begründe, warum die SED-Führung bis 1987 Konzerte von internationalen Superstars untersagte (Darstellungstext).
b) Erläutere, aus welchen Gründen internationale Stars ab 1987 doch Konzerte in der DDR geben durften (M1, Darstellungstext).

Auf vielen Seiten siehst du **„Wähle-aus-Aufgaben"**. Wie der Name schon sagt, darfst du hier a, b, oder c auswählen. Die Aufgaben sind unterschiedlich, aber sie beziehen sich auf eine gemeinsame Frage.

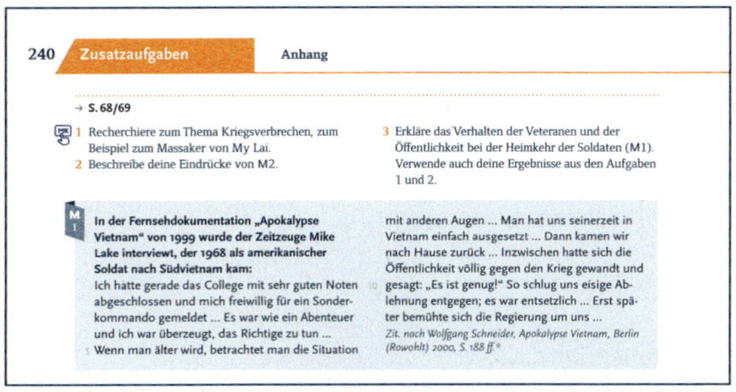
240 Zusatzaufgaben Anhang

→ S. 68/69

1 Recherchiere zum Thema Kriegsverbrechen, zum Beispiel zum Massaker von My Lai.
2 Beschreibe deine Eindrücke von M2.
3 Erkläre das Verhalten der Veteranen und der Öffentlichkeit bei der Heimkehr der Soldaten (M1). Verwende auch deine Ergebnisse aus den Aufgaben 1 und 2.

M1 **In der Fernsehdokumentation „Apokalypse Vietnam" von 1999 wurde der Zeitzeuge Mike Lake interviewt, der 1968 als amerikanischer Soldat nach Südvietnam kam:**
Ich hatte gerade das College mit sehr guten Noten abgeschlossen und mich freiwillig für ein Sonderkommando gemeldet … Es war wie ein Abenteuer und ich war überzeugt, das Richtige zu tun … Wenn man älter wird, betrachtet man die Situation mit anderen Augen … Man hat uns seinerzeit in Vietnam einfach ausgesetzt … Dann kamen wir nach Hause zurück … Inzwischen hatte sich die Öffentlichkeit völlig gegen den Krieg gewandt und gesagt: „Es ist genug!" So schlug uns eisige Ablehnung entgegen; es war entsetzlich … Erst später bemühte sich die Regierung um uns …
*Zit. nach Wolfgang Schneider, Apokalypse Vietnam, Berlin (Rowohlt) 2000, S. 188 ff.**

Wenn du schneller bist als die anderen und dich für weitere Aspekte eines Themas interessierst, findest du **Zusatzaufgaben** im Anhang. Du kannst sie entweder mit den Informationen der Doppelseite oder mit anderen Materialien lösen.

5 Beurteile die Lage der ankommenden Menschen in den in M3 genannten Hauptdurchgangslagern. **Tipp** → S. 250.

Bei manchen Aufgaben findest du **Tipps** zur Lösung im Anhang des Schülerbuchs. Nutze sie, wenn du möchtest.

Medienkompetenz: Digital arbeiten

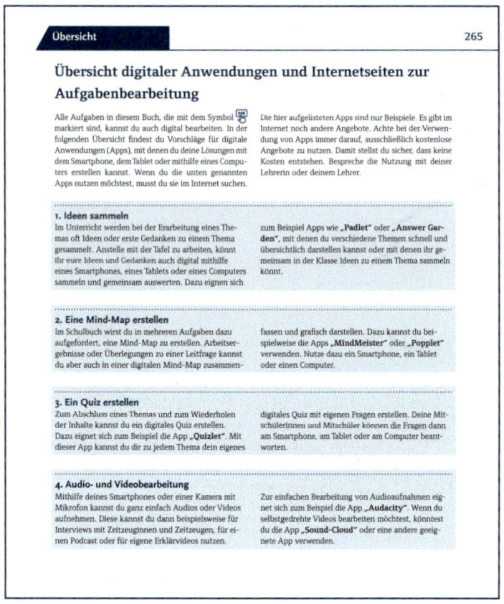

Übersicht 265

Übersicht digitaler Anwendungen und Internetseiten zur Aufgabenbearbeitung

Alle Aufgaben in diesem Buch, die mit dem Symbol markiert sind, kannst du auch digital bearbeiten. In der folgenden Übersicht findest du Vorschläge für digitale Anwendungen (Apps), mit denen du deine Lösungen mit dem Smartphone, dem Tablet oder mithilfe eines Computers erstellen kannst. Wenn du die unten genannten Apps nutzen möchtest, musst du sie im Internet suchen. Die hier aufgelisteten Apps sind nur Beispiele. Es gibt im Internet noch andere Angebote. Achte bei der Verwendung von Apps immer darauf, ausschließlich kostenlose Angebote zu nutzen. Damit stellst du sicher, dass keine Kosten entstehen. Bespreche die Nutzung mit deiner Lehrerin oder deinem Lehrer.

1. Ideen sammeln
Im Unterricht werden bei der Erarbeitung eines Themas oft Ideen oder erste Gedanken zu einem Thema gesammelt. Anstelle mit der Tafel zu arbeiten, könnt ihr eure Ideen und Gedanken auch digital mithilfe eines Smartphones, eines Tablets oder eines Computers sammeln und gemeinsam auswerten. Dazu eignen sich zum Beispiel Apps wie **„Padlet"** oder **„Answer Garden"**, mit denen du verschiedene Themen schnell und übersichtlich darstellen kannst oder mit denen ihr gemeinsam in der Klasse Ideen zu einem Thema sammeln könnt.

2. Eine Mind-Map erstellen
Im Schulbuch wirst du in mehreren Aufgaben dazu aufgefordert, eine Mind-Map zu erstellen. Arbeitsergebnisse oder Überlegungen zu einer Leitfrage kannst du aber auch in einer digitalen Mind-Map zusammenfassen und grafisch darstellen. Dazu kannst du beispielweise die Apps **„MindMeister"** oder **„Popplet"** verwenden. Nutze dazu ein Smartphone, ein Tablet oder einen Computer.

3. Ein Quiz erstellen
Zum Abschluss eines Themas und zum Wiederholen der Inhalte kannst du ein digitales Quiz erstellen. Dazu eignet sich zum Beispiel die App **„Quizlet"**. Mit dieser App kannst du dir zu jedem Thema dein eigenes digitales Quiz mit eigenen Fragen erstellen. Deine Mitschülerinnen und Mitschüler können die Fragen dann am Smartphone, am Tablet oder am Computer beantworten.

4. Audio- und Videobearbeitung
Mithilfe deines Smartphones oder einer Kamera mit Mikrofon kannst du ganz einfach Audios oder Videos aufnehmen. Diese kannst du dann beispielsweise für Interviews mit Zeitzeuginnen und Zeitzeugen, für einen Podcast oder für eigene Erklärvideos nutzen. Zur einfachen Bearbeitung von Audioaufnahmen eignet sich zum Beispiel die App **„Audacity"**. Wenn du selbstgedrehte Videos bearbeiten möchtest, könntest du die App **„Sound-Cloud"** oder eine andere geeignete App verwenden.

Auf vielen Seiten siehst du Aufgaben, die mit diesem Symbol versehen sind: Das „MK" steht für Medienkompetenz. Diese Aufgaben kannst du in der Regel mithilfe eines Smartphones oder Computers bearbeiten. Durch die Medienkompetenz sollst du den Umgang mit digitalen Medien kennenlernen und trainieren.
Bei Aufgaben, die mit mithilfe der Arbeitsschritte einer Fachmethode zu bearbeiten sind, kannst du dir eine dazugehörige Kopiervorlage über einen Webcode herunterladen.

Das Schülerbuch enthält im Anhang eine Übersicht mit möglichen digitalen Anwendungen, mit denen du einzelne Aufgaben bearbeiten kannst. Dabei kannst du zum Beispiel ein digitales Quiz, eine Mind-Map oder ein eigenes Erklärvideo erstellen.

Klausurtraining: Vorbereitung auf die Klausuren in der Oberstufe

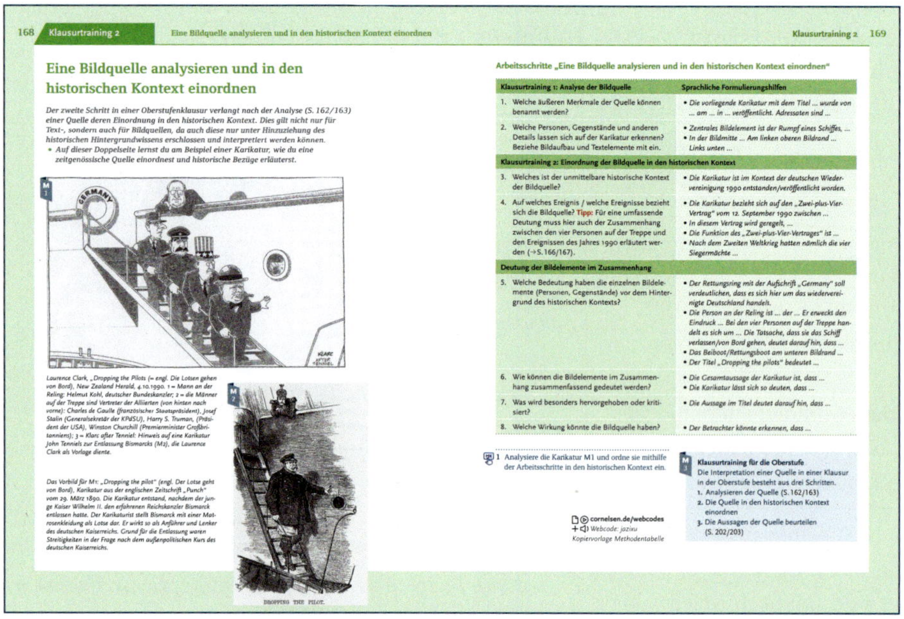

168 Klausurtraining 2 Eine Bildquelle analysieren und in den historischen Kontext einordnen

Eine Bildquelle analysieren und in den historischen Kontext einordnen

Der zweite Schritt in einer Oberstufenklausur verlangt nach der Analyse (S. 162/163) einer Quelle deren Einordnung in den historischen Kontext. Dies gilt nicht nur für Text-, sondern auch für Bildquellen, da auch diese nur unter Hinzuziehung des historischen Hintergrundwissens erschlossen und interpretiert werden können.
- *Auf dieser Doppelseite lernst du am Beispiel einer Karikatur, wie du eine zeitgenössische Quelle einordnest und historische Bezüge erläuterst.*

M1

Laurence Clark, „Dropping the Pilots (= engl. Die Lotsen gehen von Bord), New Zealand Herald, 4.10.1990. 1 = Mann an der Reling: Helmut Kohl, deutscher Bundeskanzler; 2 = die Männer auf der Treppe sind Vertreter der Alliierten (von hinten nach vorne): Charles de Gaulle (französischer Staatspräsident), Josef Stalin (Generalsekretär der KPdSU), Harry S. Truman, (Präsident der USA), Winston Churchill (Premierminister Großbritanniens); 3 = Klarc after Tenniel: Hinweis auf eine Karikatur John Tenniels zur Entlassung Bismarcks (M2), die Laurence Clark als Vorlage diente.

M2

Das Vorbild für M1: „Dropping the pilot" (engl. Der Lotse geht von Bord), Karikatur aus der englischen Zeitschrift „Punch" vom 29. März 1890. Die Karikatur entstand, nachdem der junge Kaiser Wilhelm II. den erfahrenen Reichskanzler Bismarck entlassen hatte. Der Karikaturist stellt Bismarck mit einer Matrosenkleidung als Lotse dar. Er wirkt so als Anführer und Lenker des deutschen Kaiserreichs. Grund für die Entlassung waren Streitigkeiten in der Frage nach dem außenpolitischen Kurs des deutschen Kaiserreichs.

Klausurtraining 2 169

Arbeitsschritte „Eine Bildquelle analysieren und in den historischen Kontext einordnen"

Klausurtraining 1: Analyse der Bildquelle	Sprachliche Formulierungshilfen
1. Welche äußeren Merkmale der Quelle können benannt werden?	• *Die vorliegende Karikatur mit dem Titel ... wurde von ... am ... in ... veröffentlicht. Adressaten sind ...*
2. Welche Personen, Gegenstände und anderen Details lassen sich auf der Karikatur erkennen? Beziehe Bildaufbau und Textelemente mit ein.	• *Zentrales Bildelement ist der Rumpf eines Schiffes, ...* • *In der Bildmitte ... Am linken oberen Bildrand ... Links unten ...*
Klausurtraining 2: Einordnung der Bildquelle in den historischen Kontext	
3. Welches ist der unmittelbare historische Kontext der Bildquelle?	• *Die Karikatur ist im Kontext der deutschen Wiedervereinigung 1990 entstanden/veröffentlicht worden.*
4. Auf welches Ereignis / welche Ereignisse bezieht sich die Bildquelle? Tipp: Für eine umfassende Deutung muss hier auch der Zusammenhang zwischen den vier Personen auf der Treppe und den Ereignissen des Jahres 1990 erläutert werden (→S. 166/167).	• *Die Karikatur bezieht sich auf den „Zwei-plus-Vier-Vertrag" vom 12. September 1990 zwischen ...* • *In diesem Vertrag wird geregelt, ...* • *Die Funktion des „Zwei-plus-Vier-Vertrages" ist ...* • *Nach dem Zweiten Weltkrieg hatten nämlich die vier Siegermächte ...*
Deutung der Bildelemente im Zusammenhang	
5. Welche Bedeutung haben die einzelnen Bildelemente (Personen, Gegenstände) vor dem Hintergrund des historischen Kontexts?	• *Der Rettungsring mit der Aufschrift „Germany" soll verdeutlichen, dass es sich hier um das wiedervereinigte Deutschland handelt.* • *Die Person an der Reling ist ... der ... Er erweckt den Eindruck ... Bei den vier Personen auf der Treppe handelt es sich um ... Die Tatsache, dass sie das Schiff verlassen/von Bord gehen, deutet darauf hin, dass ...* • *Das Beiboot/Rettungsboot am unteren Bildrand ...* • *Der Titel „Dropping the pilots" bedeutet ...*
6. Wie können die Bildelemente im Zusammenhang zusammenfassend gedeutet werden?	• *Die Gesamtaussage der Karikatur ist, dass ...* • *Die Karikatur lässt sich so deuten, dass ...*
7. Was wird besonders hervorgehoben oder kritisiert?	• *Die Aussage im Titel deutet darauf hin, dass ...*
8. Welche Wirkung könnte die Bildquelle haben?	• *Der Betrachter könnte erkennen, dass ...*

1 Analysiere die Karikatur M1 und ordne sie mithilfe der Arbeitsschritte in den historischen Kontext ein.

cornelsen.de/webcodes
Webcode: jazixu
Kopiervorlage Methodentabelle

M3
Klausurtraining für die Oberstufe
Die Interpretation einer Quelle in einer Klausur in der Oberstufe besteht aus drei Schritten.
1. Analysieren der Quelle (S. 162/163)
2. Die Quelle in den historischen Kontext einordnen
3. Die Aussagen der Quelle beurteilen (S. 202/203)

In deinem Schulbuch findest du Sonderseiten, die den Titel „Klausurtraining" tragen. Sie sollen dich auf die Klausuren im Fach Geschichte in der Oberstufe vorbereiten. Im Aufbau ähneln die Seiten einer Medien-und-Methoden-Seite: In der grünen Tabelle stehen links die Arbeitsschritte, nach denen du vorgehst. In der rechten Spalte gibt es sprachliche Formulierungshilfen oder Lösungshinweise zu dem Beispiel auf der Seite. Über einen Webcode auf der Seite kannst du dir auch eine Kopiervorlage mit den Arbeitsschritten herunterladen.

Wiederholen und die eigenen Kompetenzen prüfen

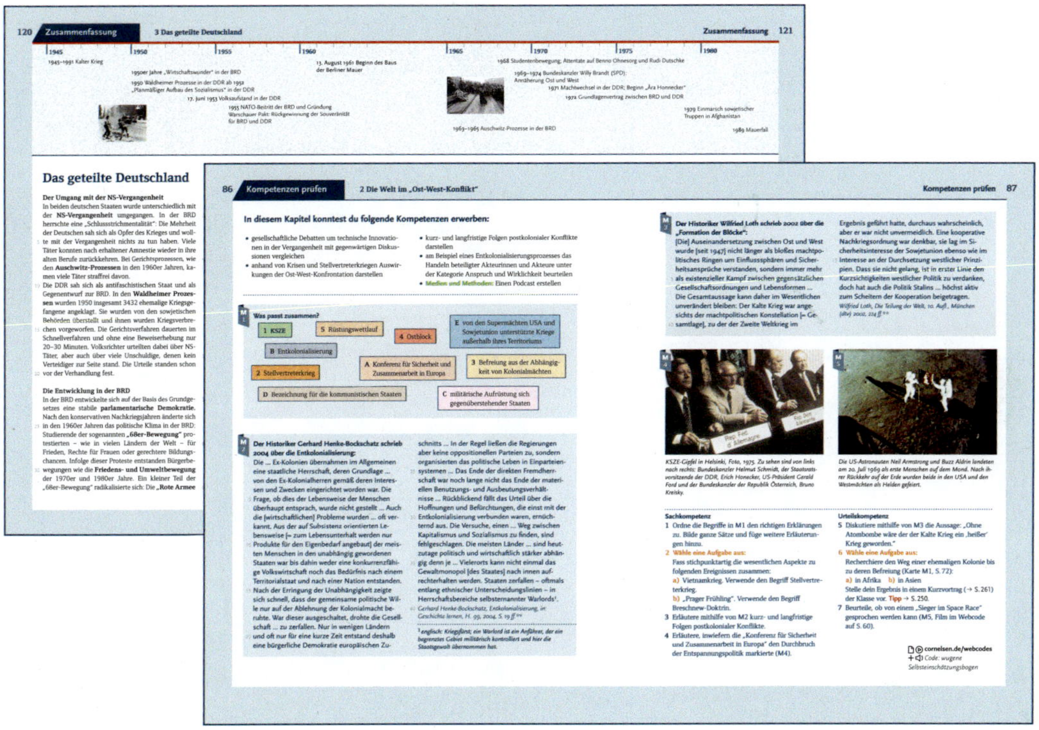

Auf der **Zusammenfassungsseite** fasst ein Text den Inhalt noch einmal zusammen. Die Zeitleiste hilft dir, die wichtigsten Daten zu wiederholen.

Wenn du wissen möchtest, was du im Kapitel gelernt hast, solltest du die Aufgaben auf der Seite **Kompetenzen prüfen** lösen. Lösungshilfen findest du im Anhang. Ein weiteres Hilfsmittel zur Überprüfung der erlernten Kompetenzen eines Kapitels ist ein Selbsteinschätzungsbogen, den du dir über einen Webcode auf der Seite herunterladen und bearbeiten kannst.

Hilfen im Anhang und im Umschlag

Der **Anhang** unterstützt dich bei der Arbeit.
Hier findest du:

- Zusatzaufgaben
- Tipps zu den Aufgabenstellungen aus den jeweiligen Themeneinheiten.
- Lösungshinweise zu den Seiten „Kompetenzen prüfen"
- Arbeitshilfen zur Begriffs- und Texterschließung
- Unterrichtsmethoden
- eine Übersicht digitaler Anwendungen zur Aufgabenbearbeitung
- ein Lexikon mit Erklärungen schwieriger Begriffe
- ein Register zum schnellen Nachschlagen

In den **Umschlagklappen** kannst du die „Operatoren" nachschlagen, die in den Arbeitsaufträgen verwendet werden. Dort findest du auch interessante Karten.

cornelsen.de/webcodes
Code: bivowa
alle Darstellungstexte zum Anhören

1
Deutschland nach 1945

Bonn 1956: Der Zweite Weltkrieg ist seit über zehn Jahren beendet. Noch immer lebt über ein Zehntel der Bevölkerung Nordrhein-Westfalens in solchen Barackenlagern ohne fließendes Wasser und Toiletten im Haus. Erst durch Bauprogramme erhalten nach und nach alle geflüchteten und ausgebombten Familien moderne Wohnungen.

Beschreibe das Foto. Stelle Vermutungen über das Leben und den Alltag der Bewohner der Barackenbehausungen und die lange Dauer des Wiederaufbaus nach dem Krieg an.

Barackenbehausungen in Bonn, Foto von Josef Darchinger, 1956

1945 | 1946 | 1947

8./9. Mai 1945 bedingungslose Kapitulation Deutschlands

17. Juni – 2. August 1945 Potsdamer Konferenz: Deutschland wird in vier Besatzungszonen aufgeteilt

1945/46 Nürnberger Prozesse gegen die NS-Hauptkriegsverbrecher

23. August 1946 Gründung des Landes Nordrhein-Westfalen

1. Januar 1947 amerikanische und britische Zone schließen sich zur Bizone zusammen

1947 Marshallplan* der USA für Westeuropa

Deutschland nach 1945

Dem „totalen Krieg" folgte im Mai 1945 die „totale Niederlage" der Deutschen. Die Militärführer der vier Siegermächte übernahmen mit dem alliierten Kontrollrat die Regierungsgewalt in den vier geschaffenen Besatzungszonen (siehe M1). Die Hauptstadt Berlin wurde ebenfalls in vier „Sektoren" für jede Siegernation eingeteilt.

Viele deutsche Städte waren Trümmerberge. Wohnungen, Straßen, Eisenbahnlinien, Wasser- und Gasleitungen waren in vielen Gegenden zerstört. Gemeindeverwaltungen gab es nicht mehr. Überall suchten verzweifelte Menschen nach vermissten Angehörigen, Unterkünften und Nahrung. Über zehn Millionen Männer und Frauen, die zur Zwangsarbeit nach Deutschland geschickt worden waren, warteten auf eine Rückkehrmöglichkeit in ihre Heimat. Zugleich strömten Millionen deutsche Flüchtlinge aus den nun unter polnischer und sowjetischer Verwaltung stehenden Gebieten nach Westen. Gleichzeitig kehrten Hunderttausende deutsche Soldaten in ihre Heimat zurück.

Im Jahr 1949 wurden zwei deutsche Staaten gegründet, die Bundesrepublik Deutschland (BRD) im Westen und die Deutsche Demokratische Republik (DDR) im Osten. Im Ost-West-Gegensatz verstärkten sich die Konflikte zwischen den „Westmächten" USA, Großbritannien und Frankreich auf der einen sowie der Sowjetunion (auch „Union der Sozialistischen Sowjetrepubliken", kurz UdSSR) auf der anderen Seite.

- Wie erlebte die deutsche Bevölkerung die Niederlage 1945 und die Nachkriegsjahre?
- Welche politischen und wirtschaftlichen Ziele verfolgten die Siegermächte mit Blick auf Deutschland?
- Wie entwickelte sich das gesellschaftliche Leben in den Besatzungszonen?
- Welche Ursachen führten zur Teilung Deutschlands und den Staatsgründungen der BRD und der DDR?
- Wie entstand das Land Nordrhein-Westfalen?

M 1

Die Einteilung Deutschlands in vier Besatzungszonen und der Grad der Zerstörung deutscher Städte 1945. Besonders die Industrieregion an Rhein und Ruhr im heutigen Nordrhein-Westfalen war stark zerstört. Rund 5 600 000 Bomben gingen bis in den April 1945 über diesen Gebieten nieder.

1948 | 1949 | 1950

Juni 1948 Währungsreform in den Westzonen und in der Sowjetischen Besatzungszone (SBZ)

Juni 1948–Mai 1949 (West-)Berlin-Blockade durch die sowjetische Besatzungsmacht

März 1948 Gründung der Trizone: französische Zone schließt sich der Bizone an

April 1949 Gründung der NATO*

23. Mai 1949 Gründung der Bundesrepublik Deutschland

7. Oktober 1949 Gründung der DDR

1955 Gründung des Warschauer Paktes*

M 2

Nach Kriegsende legen die Menschen ein Gemüsebeet vor dem zerschossenen Reichstag in Berlin an. Nachträglich koloriertes Foto, 1946

M 3

Die „Großen Drei": Großbritanniens Premierminister Churchill, US-Präsident Truman und der sowjetische Staatschef Stalin (von links) während einer Verhandlungspause auf der Potsdamer Konferenz in Berlin. Foto, 28. Juli 1945. Nach der Niederlage Churchills bei den britischen Unterhauswahlen, die während der Potsdamer Konferenz stattfanden, löste der neue britische Premierminister Attlee seinen Vorgänger Churchill als Verhandlungsführer ab.

M 4

Die Außenminister der westlichen Besatzungszonen (links) und der russische Außenminister (rechts), Karikatur von Victor Weisz aus der britischen „News Chronicle", ca. 1947

1 Fasse in mindestens zwei Kernaussagen die Informationen aus der Karte M1 zusammen.

2 Erkläre mithilfe von M1 und M2 mögliche Hauptprobleme der deutschen Bevölkerung im Alltag nach dem Ende des Zweiten Weltkrieges 1945.

3 Stelle mit M3 und M4 Vermutungen an, weshalb es in der Nachkriegszeit zu einem Zerwürfnis im Verhältnis der Siegermächte kommen konnte. Nimm die Informationen aus der Zeitleiste zur Hilfe.

Deutschland in Trümmern und Not

Während in den Siegerstaaten gefeiert wurde, standen die Deutschen im wahrsten Sinne des Wortes auf den Trümmern ihrer Diktatur. Dass Deutsche diesen Krieg begonnen und grauenhafte Verbrechen begangen hatten, wurde verdrängt. Heutige Historikerinnen und Historiker sprechen von der direkten Nachkriegszeit als „Zusammenbruchgesellschaft".

- ***Wie sah der deutsche Alltag nach der deutschen Kapitulation im Mai 1945 aus?***

M 1

„Trümmerfrauen" befreien in Berlin die Straßen vom Schutt der zerstörten Gebäude. Foto, 1946

Der 8. Mai 1945: Das Kriegsende

Am 27. Januar 1945 befreite die sowjetische Armee die von Schwerstarbeit, Folter und medizinischen Versuchen gekennzeichneten Überlebenden des Konzentrations- und Vernichtungslagers Auschwitz. Die ganze Welt erfuhr nun vom systematischen Völkermord der Nationalsozialisten. Den Deutschen schlug daher in den Nachkriegsjahren überall in der Welt Hass und Verachtung entgegen. Noch bis zur Kapitulation im Mai 1945 glaubten viele Deutsche den Durchhalteparolen der NS-Führung vom „Endsieg". Wer sich zur Vermeidung weiteren Blutvergießens den alliierten Truppen ergab, stand in Gefahr, als „Verräter" umgebracht zu werden. Bei Kriegsende sahen sich die meisten Deutschen selbst als Opfer von alliierten Bombenangriffen oder Vertreibung.

Hunger und Not

Nach dem Zweiten Weltkrieg waren überall auf der Welt die Lebensmittel knapp. Die Versorgung der deutschen Bevölkerung lag in der Hand der Besatzungsmächte. In Großbritannien musste die Ausgabe von Brot rationiert werden – was während des gesamten Weltkrieges nie der Fall war –, um die Deutschen in der britischen Zone (S. 14 M1) vor dem Hungertod zu bewahren. Lebensmittel und Waren wurden nur auf Bezugsscheine verkauft. Geld hatte keine Bedeutung mehr, da sich dafür nichts kaufen ließ. Tauschgeschäfte auf dem „Schwarzmarkt*" wurden alltäglich. Stadtbewohner tauschten bei „Hamsterfahrten" zu Bauernhöfen auf dem Land Wertgegenstände gegen Lebensmittel ein. Während des Krieges hatten die Deutschen genug zu essen, da die Eigenproduktion reichte und wegen der Ausplünderung der besetzten Länder Waren und Lebensmittel nach Deutschland importiert wurden. Da sich rund 12 Millionen deutsche Soldaten in Kriegsgefangenschaft befanden, trugen Frauen die größte Last der Arbeit. Der Winter 1946/47 war in weiten Teilen Europas der längste und kälteste im 20. Jahrhundert. In Deutschland starben mindestens 200 000 Menschen an den Folgen von Hunger und Kälte, in der Sowjetunion über 2 Millionen. Der Kölner Kardinal Frings „erlaubte" in einer Ansprache das Stehlen von Kohle und Brot bei Notlage in bitterer Kälte. Die Menschen nannten dies „fringsen".

1945: „Stunde null" für Deutschland?

Die meisten Menschen waren in den Monaten nach Kriegsende der Überzeugung, dass es Jahrzehnte dauern werde, bis aus dem Trümmerfeld Deutschland wieder ein Land mit dem Standard der Vorkriegszeit entstehen könne. Die Betrachtung vieler Zeitgenossen, das Kriegsende sei eine „Stunde null" für Deutschland gewesen, wird heute nicht mehr geteilt. Denn trotz der immensen Zerstörungen und dem Abtransport ganzer Industrieanlagen durch die Sieger (Demontagen*) war Deutschland wirtschaftlich nicht so stark getroffen, wie es angesichts der Trüm-

Wortschatz: eine Durchhalteparole (= Aufruf zum Weitermachen) • eine Stunde null (= ein völliger Neuanfang) • eine Instandsetzung (= eine Reparatur) • der Bezugsschein (= Erlaubnisschein, etwas Bestimmtes kaufen zu dürfen) • eine Demontage • etwas demontieren (= etwas abbauen) merberge erschien. Der Grad der Zerstörung der wichtigsten Industrien lag zwischen 10 und 20 Prozent. Die meisten Kohlegruben funktionierten und lieferten den bedeutendsten Energieträger der Zeit, der für Eisenbahntransporte, Heizungen und für die Stromerzeugung benötigt wurde. Da es kaum Lastwagen gab und die Eisenbahnstrecken nur langsam repariert werden konnten, kam die Verteilung der Güter nicht voran. Erst mit der Instandsetzung der Infrastruktur verbesserte sich die wirtschaftliche Lage insgesamt.

M2

Schüler schlürfen ihr Essen aus Blechnäpfen bei der Schulspeisung. Foto, 1947. Aufnahmeort unbekannt

M3

Der Schriftsteller Hans Erich Nossack erinnert sich (1973):

Die meisten Menschen laufen mit geschwollenen Fingern und offenen Wunden umher, und es lähmt alle Tätigkeit ... Erst ab 15 Uhr fahren die Verkehrsmittel wieder. Ich bin dann aber auch so erfroren, zumal ich nur zwei Scheiben trockenes Brot mitnehmen kann. Und dann beginnt ein harter Kampf um die U-Bahn ... [Mittags eilt meine Frau] eine Stunde weit, um das Essen aus der Volksküche zu holen, worauf wir mangels Gas, Elektrizität und Kochgelegenheit angewiesen sind, obwohl die meisten Lebensmittelmarken dabei draufgehen ... Später nehmen wir noch etwas Teeartiges und einen kleinen Imbiss zu uns, und sitzen uns dann arbeitend bei einer 15 Watt-Kerze gegenüber. Um 22 Uhr heult die Sirene, dann ist Ausgangssperre. Ich selber sitze in Decken gehüllt noch bis 1 Uhr auf, um dann erfroren ins Bett zu kriechen ... Der Zusammenbruch war, ähnlich wie die Machtergreifung zwölf Jahre zuvor, keine gute Gelegenheit, sein politisch-moralisches Rückgrat zu beweisen, Identität zu stärken und zu verteidigen. Die einziehenden Alliierten wie auch die Deutschen, die jetzt aus den Gefängnissen, den Lagern oder aus der Emigration zurückkehrten, vermerkten verwundert oder auch bitter, wie eifrig alle beteuerten, eigentlich von nichts gewusst zu haben. Wenn man sie so reden hört, muss man glauben, dass der einzige Nazi in Deutschland Adolf Hitler gewesen sei.

*Zit. nach Bernhard Zeller (Hg.), Als der Krieg zu Ende war, Literarisch-politische Publizistik 1945–1950, Stuttgart (Kösel) 1973, S. 91.***

M4

Beobachtungen des Schriftstellers Stefan Hermlin in einem Frankfurter Kino (1946):

Bevor man die Lebensmittelkarten aushändigte, mussten die Deutschen sich einen Dokumentarfilm über die KZ Dachau und Buchenwald ansehen. Im halben Licht des Projektionsapparates sah ich, wie die meisten nach Beginn des Films das Gesicht abwandten und so bis zum Ende der Vorstellung verharrten. Mir erscheint, als sei das abgewandte Gesicht die Haltung von Millionen geworden und geblieben.

Stefan Hermlin, Rückkehr, in: Freibeuter 18, Berlin (Wagenbach) 1983, S. 15.

MK **1 Wähle eine Aufgabe aus:**

a) Stelle in einer (digitalen) Mind-Map (→ S. 265) den Alltag vieler Deutscher in den Jahren nach dem Krieg dar (Darstellungstext, M1–M3). **Tipp** → S. 250.

b) Erläutere den Alltag vieler Deutscher nach dem Krieg (Darstellungstext, M1–M3). Nutze dazu den **Wortschatz**.

MK **2 a) Methode:** Recherchiere zu den „Trümmerfrauen" (M1). Nutze die Arbeitsschritte auf S. 267 und den Webcode. **Tipp** → S. 250.

b) Beurteile mithilfe der dir vorliegenden Informationen, ob der Begriff „Trümmerfrauen" angemessen ist. **Tipp** → S. 250.

3 Diskutiere mögliche Gründe für die Verweigerung von vielen Deutschen, die Verbrechen der Hitlerdiktatur begreifen zu wollen (M3, M4).

cornelsen.de/webcodes
Webcode: yiyuni
„Trümmerfrauen" und Film: Leben in den Trümmern

Die Zusammenbruchgesellschaft

Das heutige Nordrhein-Westfalen war besonders von Flächen-Bombardierungen betroffen. Vor allem die Städte der bedeutendsten deutschen Industrieregion an Rhein und Ruhr waren stark zerstört.

- ***Wähle A, B oder C und beurteile, ob der Begriff „Zusammenbruchgesellschaft" die Situation bei Kriegsende treffend beschreibt.***

A

M1

Plakate des Kölner Künstlers Hein Nöcker (mit Texten von Oscar Herbert Pfeiffer), die unter Einwilligung und Förderung der britischen Besatzungsbehörden entstanden sind, 1945

M2

Der amerikanische Diplomat Hamilton Fish beobachtete 1947 in Deutschland:

Von allem gibt es zu wenig: Zu wenig Züge, Straßenbahnen und Busse, mit denen die Menschen pünktlich zur Arbeit kommen. Zu wenig Mehl, um Brot ohne Zusatzstoffe backen zu können, und nicht genug Brot, das Energie für schwere Arbeit liefern konnte. Zu wenig Papier für die Zeitungen, zu wenig Saatgut, zu wenig Dünger, zu wenig Wohnungen und kein Glas für Fenster. Zu wenig Leder für Schuhe, Wolle für Pullover, Gas zum Kochen, Baumwolle für Windeln, Zucker für Marmelade, Fett zum Braten, Milch für Babys, Seife zum Waschen.

Zit. nach Tony Judt, Geschichte Europas von 1945 bis zur Gegenwart, München (Hanser) 2006, S. 112.

1 Beschreibe mithilfe von M2 die wirtschaftliche Lage der Menschen nach Kriegsende.

2 Erkläre, welches Ziel mit den Texten der Plakate M1 verfolgt wurde.

B

Geld besaßen die Menschen genug, doch es gab fast nichts dafür zu kaufen. Ein Ausweg war der Kauf auf dem „Schwarzmarkt" zu völlig überhöhten Preisen. Als Ersatz für Geld dienten vor allem amerikanische Zigaretten. Ein gebrauchtes Fahrrad kostete 600 Zigaretten. Die Einführung der neuen Währung 1949 beendete den Schwarzmarkt.

M3 *Tagesration eines Normalverbrauchers im Oktober/November 1946/47: Die durch eine Lebensmittelkarte (rechts unten) zugeteilte Menge pro Tag bestand aus 350 g Brot, 5 g Butter, 14 g Fleisch, 52 g Käse, 43 g Gemüse, 2 Kartoffeln und einem Achtel Liter Magermilch. Dies entsprach etwa 1550 Kalorien. Für eine ausreichende Ernährung benötigt ein erwachsener Mensch circa 2500 Kalorien pro Tag.*

M4 **Preise 1946/47 (in Reichsmark)**

Zum Vergleich: Ein Arbeiter verdiente zwischen 150 und 200 RM im Monat.

Ware 1 kg	Offizieller Preis	Schwarzmarktpreis
Fleisch	2,2	60–80
Brot	0,37	20–30
Kartoffeln	0,12	4–12
Zucker	1,07	120–180
Butter	4,00	350–550
Magermilchpulver	nicht im Angebot	140–160
1 Glühlampe	nicht im Angebot	40
1 Paar Schuhe	nicht im Angebot	500–800

Nach Karl-Heinz Rothenberger, Die Hungerjahre nach dem Zweiten Weltkrieg. Ernährungs- und Landwirtschaft in Rheinland-Pfalz 1945–1950, Boppard (Boldt) 1980, S. 140.

1 Beschreibe anhand von M3 die Auswirkungen einer Mangelernährung für die Gesundheit.

2 Erläutere die Folgen des Schwarzmarktes für die Wirtschaft und das Alltagsleben (M4).

C

M5

„Deutschland am Scheideweg". Plakat der amerikanischen Militärregierung 1947. Die Sätze links heißen: Resentment of Americans – Persecution of Minorities – Disrespect for US Army – Contempt for Democracy – Black Market Activities – an Outcast Nation. Rechts steht: Fairness – Respect for Rights of Others – Honesty – Democracy – Peacefulness – A Respected Nation

1 **a)** Übersetze die Textzeilen in M5 mithilfe eines Wörterbuches.
b) Analysiere das Plakat M5. Nutze dazu die Arbeitsschritte „Politische Plakate analysieren" auf S. 271.

2 Erläutere die Motive, die die Amerikaner zur Verbreitung des Plakates veranlasst haben.

Aufgabe für alle:
Beurteilt, ob der Begriff „Zusammenbruchgesellschaft" die Situation bei Kriegsende treffend beschreibt. Berücksichtigt auch die S. 16/17.

Arbeiten im Archiv

Wenn du herausfinden möchtest, wie sehr dein Heimatort von den Zerstörungen des Zweiten Weltkrieges betroffen war, kannst du die notwendigen Informationen in einem Archiv recherchieren. In Archiven werden Dokumente für die Nachwelt aufbewahrt, zum Beispiel Schriftstücke, Fotos, Filme, Pläne oder auch Karten.
- ***Die Arbeitsschritte zeigen dir, wie du in einem Archiv arbeiten kannst.***

M 1

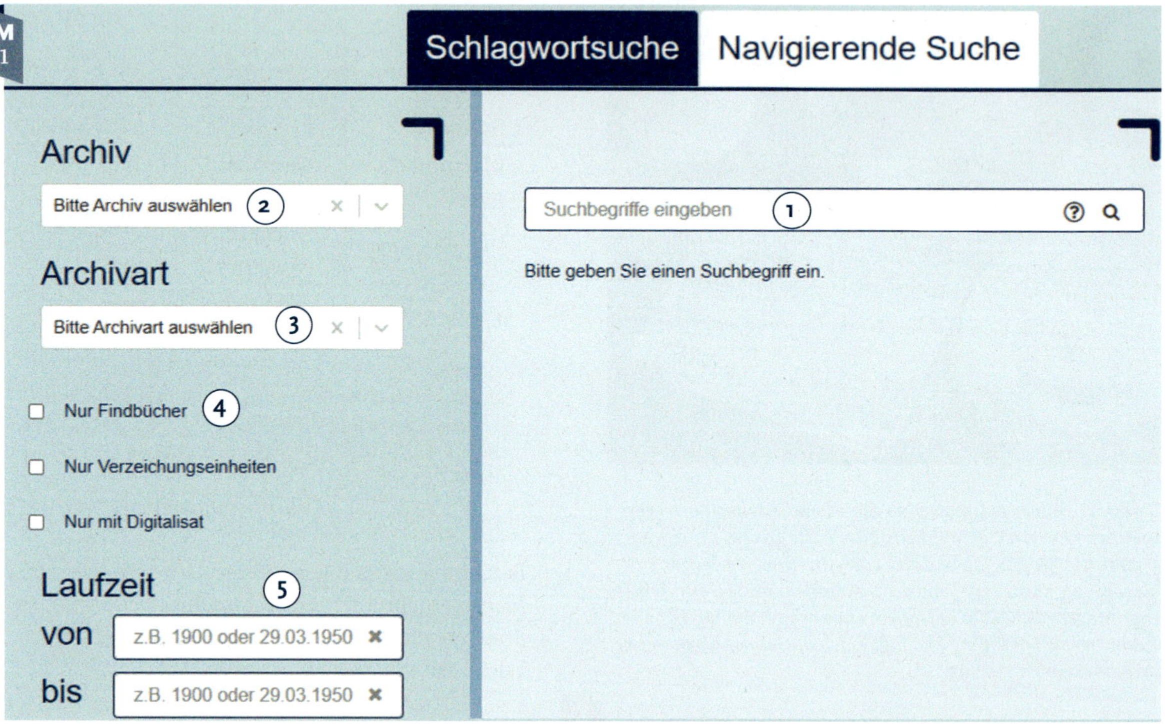

Screenshot vom Archivportal archive.nrw.de, das vom Landesarchiv NRW betrieben wird (Foto vom 23.09.2021). 1 = Durch Eingabe eines Suchbegriffs kannst du mehrere Archive durchsuchen; 2 = du kannst gezielt in einem Archiv suchen; 3 = du kannst die Archive nach ihrer Art sortieren; 4 = du kannst auswählen, ob du in Findbüchern, in digitalen Beständen oder in Verzeichnungseinheiten (hier werden die Archivalien nach Themen gegliedert) suchen möchtest; 5 = hier kannst du deine Suche zeitlich eingrenzen.

Findbücher und Bestände

Der Begriff Bestände zeigt an, welche Dokumente oder Quellen in welchen Mengen im Archiv lagern. Die Dokumente sind in Findbüchern nach Themen archiviert und aufgelistet. Oft sind die Bestände in Online-Findbüchern zu finden. Dort kann nach Schlagworten gesucht werden (M1). Ein anderer Weg ist die navigierende Suche. Dabei werden Archivalien (= verfügbare Dokumente in einem Archiv) über eine vom Archiv erstellte Gliederung gesucht.

Die archivierten Quellen können mithilfe ihrer Signatur, der Nummer, unter der die Dokumente im Archiv abgelegt sind, im Archiv bestellt und im Lesesaal eingesehen werden. Manchmal können die Bestände zum Schutz der Originale auch von zu Hause am Computer betrachtet werden. In diesem Fall wurde die Quelle digitalisiert. Sie wird dann als Digitalisat bezeichnet. Die Quelle, das kann eine schriftliche, aber auch eine bildliche Quelle sein, wird als Digitalisat originalgetreu dargestellt. Sie wurde also weder gekürzt noch bearbeitet, wie es oft zum Beispiel in einem Schulbuch der Fall ist. Oft können Digitalisate mit verschiedenen Werkzeugen, wie einer Zoomfunktion, am Computer genauer betrachtet werden.

Eine Quelle kann im Archiv im Gegensatz zu einem Digitalisat angefasst und mit den eigenen Händen untersucht werden. Aufgrund der Vielzahl an Quellen, die im Archiv gelagert werden, kann nur ein kleiner Teil der archivierten Bestände digitalisiert und online zur Verfügung gestellt werden.

Arbeitsschritte „Arbeiten im Archiv"

Thema und Fragestellungen formulieren	Hilfestellungen und Tipps
1. Was ist das Thema? Was soll untersucht werden?	• *Bei dem Besuch des Archivs sollen Informationen zum Thema … gesammelt werden.*
Ein geeignetes Archiv finden	
2. Welche Archive gibt es in deiner Nähe und welches ist für das Thema besonders interessant (Staatsarchiv, Kreisarchiv, Stadtarchiv, Zeitungsarchiv)?	• *Recherchiere nach geeigneten Archiven in deiner Umgebung. Nutze dazu den Webcode.* • *Suche für dieses Thema vor allem in kommunalen Archiven. Diese gibt es in fast jeder Stadt.*
3. Gibt es eine Internetseite des Archivs?	• *Informiere dich im Internet über das Archiv.*
Archivalien sichten	
4. Wie kannst du geeignete Materialien (Bestände) finden?	• *In vielen Archiven suchen die Mitarbeiter nach einer Anfrage geeignete Bestände zu einem Thema heraus. Ansonsten kannst du mithilfe der Findbücher oder Online-Suchassistenten gewünschte Dokumente selbst suchen und mithilfe der angegebenen Signatur selbst in den Lesesaal bestellen. In wenigen Fällen werden die Quellen auch als Digitalisat angeboten.* • *Auf der Internetseite des Archivs gibt es in der Regel einen Leitfaden mit Recherchehinweisen. Nutze ihn, um schnellstmöglich zu Ergebnissen zu kommen.*
5. Was musst du beim Umgang mit Originalen beachten?	• *Archivalien sind einmalige Schriftstücke. Gehe entsprechend sorgsam mit ihnen um. Frage nach, ob du kopieren oder fotografieren darfst.*
6. Wie kannst du Wichtiges festgehalten?	• *Schreibe immer die vollständigen Quellenangaben und den Fundort (Signatur/Dokumenttitel) auf.*
7. Welche Schwierigkeiten können dabei auftreten?	• *Originalquellen sind oft schwer zu lesen (alte Schrift oder schlechte Qualität). Hier kann dir das Archivpersonal weiterhelfen.*
Ergebnisse auswerten und präsentieren	
8. Wie und wo kannst du die gesammelten Informationen und Auswertungen präsentieren?	• *Trage deine Fragen, Quellen und Ergebnisse nach dem Archivbesuch zusammen und präsentiere diese.*

1 **Partnerarbeit:** Erklärt euch gegenseitig die Begriffe Archiv, Findbücher, Bestände und Digitalisat (Darstellungstext, M1).

MK 2 Erläutere Unterschiede zwischen Digitalisaten, Quellen im Schulbuch und Quellen in Archiven (Darstellungstext). **Tipp** → S. 250.

MK 3 **Gruppenarbeit:** Wie sah es nach Kriegsende in deiner Heimatstadt aus?
a) Bildet Vierergruppen und formuliert Fragen, die euch zu dem Thema interessieren.
b) Bereitet mithilfe der Arbeitsschritte einen Archivbesuch mit anschließender Ausstellung zum Thema „Meine Heimatstadt im Mai 1945" vor.

4 Diskutiere, ob ein digitales Archiv das Ende des bisherigen Archivs bedeutet (Darstellungstext).

cornelsen.de/webcodes
Webcode: sajici
Kopiervorlage Methodentabelle und Archive in NRW

Flucht und Vertreibung der Deutschen

Gegen Ende des Zweiten Weltkriegs flohen Millionen Deutsche aus den östlichen Provinzen Ostpreußen, Pommern und Schlesien vor den heranrückenden sowjetischen Truppen. Wer blieb, wurde in der Regel aus der Heimat vertrieben.

- ***Wie erlebten die Menschen Flucht und Vertreibung?***

M 1 *Flüchtlinge und Vertriebene 1945 bis 1950*

M 2

Die Vertreibung von Sudetendeutschen, eine in den Randgebieten der Tschechoslowakei lebende deutsche Minderheit, Foto vom 20. Juli 1945

Flucht vor der sowjetischen Armee

Ab Januar 1945 flüchteten rund sechs Millionen Deutsche in Richtung Westen. Die meisten waren Frauen, Kinder und alte Menschen. Sie brachen erst kurz vor der Ankunft der sowjetischen Armee auf, da die Führung der Nationalsozialisten eine Flucht unter Strafe stellte und die Bevölkerung zum Durchhalten aufrief. Die deutsche Verteidigung brach in kurzer Zeit zusammen. Viele der langsamen Flüchtlingstrecks wurden von den sowjetischen Truppen überholt. Raub, Vergewaltigungen und Morde bedeuteten Leid und Tod für Hunderttausende. Aus Ostpreußen versuchten die meisten Flüchtlinge die Häfen an der Ostsee zu erreichen, um per Schiff nach Westen zu gelangen. Die völlig überladenen Flüchtlingsschiffe wurden häufig von sowjetischen U-Booten angegriffen. Dazu zählt das Unglück der „Wilhelm Gustloff“, die am 30. Januar 1945 versenkt wurde – 9000 Menschen ertranken.

Nach Kriegsende lebten im Sommer 1945 noch fünf Millionen Deutsche in den jetzt zu Polen, der Tschechoslowakei und zur Sowjetunion gehörenden Ostgebiete des Deutschen Reichs. Fast überall gab es Racheakte an den Deutschen als Vergeltung für die deutschen Gräueltaten zu Kriegsbeginn. Eine spontane Vertreibung einer Million Deutscher erfolgte gegen Kriegsende und in den Folgejahren. Die Siegermächte beschlossen auf der Potsdamer Konferenz (S. 26/27) eine „geregelte Übersiedlung“ der noch in den Ostgebieten lebenden Deutschen nach Westen. Von den insgesamt 12,5 Millionen Flüchtlingen und Vertriebenen starben zwei Millionen bei Flucht und Vertreibung. Die Menschen konnten nichts oder nur wenig mitnehmen.

Wortschatz: ein Flüchtlingstreck (= Zug von geflüchteten Menschen, die ihr Hab und Gut auf einem Wagen verladen haben) • jemanden vertreiben • vertrieben werden • an einen anderen Ort flüchten

Heimkehrer und Aussiedler

Heimkehrer hießen die deutschen Kriegsgefangenen, die ab 1946 zu Hunderttausenden aus den Lagern der Siegermächte für deutsche Soldaten in ihre Heimat zurückkehrten. Bis 1949 kamen drei Millionen frei – die letzten wurden 1955 aus sowjetischen Lagern entlassen. Den Soldaten fiel wegen der Erfahrungen an der Front und in den Gefangenenlagern die Rückkehr in das Alltags- und Wirtschaftsleben schwer – viele waren vom Krieg traumatisiert.

Aussiedler waren Deutsche aus den Ostgebieten des Reichs oder Menschen mit deutschen Vorfahren, die seit Jahrhunderten in Ost- und Südosteuropa lebten. Viele konnten erst Jahre nach Kriegsende nach Deutschland übersiedeln. Der Grund war, dass sie in den ehemaligen deutschen Gebieten von der neuen Regierung als Fachkräfte, im Bergbau oder als Facharbeiter benötigt wurden und nicht ausreisen durften.

M 3

Der Historiker Stephan Kaiser über die Ankunft in Nordrhein-Westfalen (2010):

Die Menschen, die ab Herbst 1945 und dann vor allem 1946/47 in Massentransporten hier ankamen, trafen auf ein Land, das in keiner Weise auf ihre Aufnahme vorbereitet war ... In Eisenbahntransporten von jeweils rund tausend Personen erreichten die Menschen die großen Hauptdurchgangslager ... In den Hauptdurchgangslagern wurden die Ankommenden registriert, notdürftig medizinisch versorgt („entlaust") und anschließend in die Kreise weitergeleitet. Dort gab es Auffanglager, von wo aus die Menschen dann in die Städte und Gemeinden der Kreise weiter verteilt wurden ... Da die Ankommenden ... nicht so rasch weitergeleitet werden konnten wie geplant, blieben die großen Lager wie Siegen-Wellersberg und Wipperfürth für manche über Jahre die Dauerunterkunft. Berichte von Zeitzeugen beschreiben übereinstimmend die katastrophalen Verhältnisse in den Lagern, in denen es anfangs an allem fehlte. Einrichtungsgegenstände, Betten mit Decken, Heizöfen, Geschirr usw. mussten erst beschafft werden, was ohne die Unterstützung der karitativen Organisationen kaum möglich gewesen wäre. Daneben litten die Lager unter einer chronischen Überbelegung und unzureichenden hygienischen Verhältnissen ... Geschah die erste Unterbringung schon unter primitivsten Bedingungen, so gestaltete sich die weitere Verteilung der Flüchtlinge zu einem großen Problem ... Haus- und Wohnungsbesitzer hatten ... fremde Menschen in ihren Wohnungen aufzunehmen. Dagegen setzten sie sich oft mit allen Mitteln zur Wehr. Nur mit Hilfe von staatlichen Gewaltmaßnahmen waren in manchen Fällen Einweisungen möglich ... Von den Einheimischen wurden die Flüchtlinge und Vertriebenen in der Regel mit Misstrauen und Ablehnung empfangen, Diskriminierungen ... waren an der Tagesordnung.

*Zit. nach Flucht und Vertreibung. Handreichung für den Unterricht, hg. von Landeszentrale für politische Bildung Nordrhein-Westfalen, Düsseldorf, 2010.**

M 4

Ausweisungsbefehl für Deutsche aus einem Ort in der Tschechoslowakei (1945):

Ich ordne Ihnen an, dass sie sich ab heute bis zur 7. Stunde zum Verlassen des Gebietes der Tschechoslowakischen Republik vorbereiten. Es ist Ihnen erlaubt, Gepäck von höchstens 30 Kilo pro Person mitzunehmen. Verpflegung für fünf Tage. Deutsche Banknoten können Sie alle mitnehmen. Den Schlüssel der Wohnung und des Hauses, versehen mit einem Zettel mit Ihrer Anschrift, übergeben Sie den Sicherheitsorganen.

Bundesministerium für Vertriebene, Flüchtlinge und Kriegsgeschädigte (Hg.): Dokumentation der Vertreibung Bd. 4. Übers. v. Theodor Schieder. 1957, S. 327.

1 Beschreibe die Flucht- und Vertreibungsbewegungen (Darstellungstext, M1).
2 Erkläre die Begriffe Flüchtlinge, Vertriebene, Heimkehrer und Aussiedler (Darstellungstext).
3 Stelle mithilfe des Darstellungstextes, M2 und M4 die Bedingungen von Flucht und Vertreibung und ihre Ursachen dar. Nutze den **Wortschatz**.
4 Fasse die Darstellung des Historikers in M3 in eigenen Worten zusammen. Beziehe auch das Auftaktbild S. 12/13 mit ein.
5 Beurteile die Lage der ankommenden Menschen in den in M3 genannten Hauptdurchgangslagern. **Tipp** → S. 250.

Perspektiven von Zeitzeugen untersuchen

Gespräche mit Zeitzeuginnen und Zeitzeugen, die bestimmte historische Ereignisse selbst erlebt haben, bieten im Unterricht oft spannende Einblicke in die Vergangenheit. Bei diesen Gesprächen ist es wichtig, die jeweilige Perspektive der Zeitzeugin oder des Zeitzeugen zu beachten.

- ***Untersuche mithilfe der Materialien, der Videos im Webcode und der Arbeitsschritte, wie Zeitzeugen die Aufnahme in der neuen Heimat erlebt haben.***

Perspektiven von Zeitzeugen

Durch Zeitzeugenbefragungen können wir selbst Quellen „erzeugen". Historikerinnen und Historiker sprechen dann von „oral history" (mündliche Geschichte). Die Analyse dieser Berichte erfordert historisches Hintergrundwissen, denn aus der subjektiven Erfahrung einer einzelnen Person können wir nicht schlussfolgern, dass deren Erlebnis typisch für die Zeit war. Zudem nimmt jeder Mensch ein Ereignis anders wahr. Oft können oder wollen Zeitzeugen sich nicht mehr an alles erinnern, oder sie vermischen ihre Erinnerung mit Dingen, die sie erst später erfahren haben. Auch Erzählungen über frühere Gefühle oder Sichtweisen können durch den zeitlichen Abstand beeinflusst sein. Daher ist mit Zeitzeugenaussagen immer kritisch umzugehen.

M 1

Der Aussiedler Siegfried Koyro (geb. 1935) berichtete 2012

A Über die Aufnahme in seiner Schule:

Frage: Sie sind ja anschließend nach Schwabenstedt [heutiges Niedersachsen] gekommen und haben dort die Schule besucht. Auf welche Schwierigkeiten sind Sie denn dort gestoßen?

S.K.: Wir sind da als Ausländer gehandelt worden. Sie sagten: „Sie kommen ja aus Polen", so nach dem Motto „Was, ihr sprecht auch Deutsch?" Das waren keine direkten Anfeindungen, ... aber man hat auch in der ersten Zeit, ... ich möchte schon sagen, ein halbes, dreiviertel Jahr, wenn nicht sogar noch länger, keine echten Freunde gehabt, also es wollte keiner mit einem spielen oder so irgendwas machen ...

Frage: Das heißt, die Kinder haben Sie gemieden ... Wie hat sich das denn geäußert?

S.K.: Ja, mit Beschimpfungen, sie konnten erst mal mit unserem Namen nichts anfangen ... die hatten da alle möglichen Abwandlungen von Koyro erfunden, die ich heute nicht mehr erinnern kann ... Man ist sich einfach so aus dem Weg gegangen ... Freundschaften gab es nicht. Man war ... noch nicht mal geduldet ...

*Zit. nach https://www.zeitzeugen-portal.de/videos/fjcH2xa2lIA (Stand: 29.09.2021).***

B Über die Ausgrenzungen im Alltag:

Wir waren praktisch irgendwelche Fremdkörper, die da eigentlich nicht hingehören. Man wollte sie ja gar nicht haben. Man hat sie also – wie man heute so schön sagt – nicht so schnell integrieren können. Leute, mit denen man einfach nichts anfangen konnte. Die sind nun da, sie mussten auch irgendwie ernährt werden, dazu gab es Lebensmittelkarten und dies und jenes. Aber es entstanden auch bei den Erwachsenen keine Freundschaften mit den Leuten, die da auf dem Dorf waren. Ob da nun irgendwelche Feierlichkeiten waren, wie Schützenfest oder sonst irgendwas, ... man gehörte so nicht dazu und stand immer im Abseits. Es ist nie einer gekommen und hat gesagt: „Komm mach mit!" ... Das hat sich später geändert, als man Sport getrieben und Fußball gespielt hat. Da war das dann schon etwas anderes ... Das war dann auch die Zeit, ich will jetzt nicht sagen, dass da feste Freundschaften entstanden sind, aber es sind erste brauchbare Kontakte zustande gekommen ... Wenn man heute Klassentreffen hat, ist man natürlich jemand, der zu ihnen gehört ... Es ist für sie und für uns eine schwere Geburt gewesen. Es hat sehr lange gedauert, bis dieser Bann gebrochen war, bis man sagte: „Das passt schon."

*Zit. nach https://www.zeitzeugen-portal.de/videos/7KXFaoqmVIs (Stand: 29.09.2021).**

Arbeitsschritte „Perspektiven von Zeitzeugen untersuchen“

Perspektiven erfragen	Sprachliche Formulierungshilfen
1. Wer erinnert sich? Was ist über die Person bekannt? (zum Beispiel Beruf, Wohn-/Geburtsort)	• *Siegfried Koyro wurde 1935 in ... geboren. Über seinen Beruf ist nichts bekannt.*
2. Wann wird sich erinnert? Wie viel Zeit liegt zwischen dem Ereignis, an das erinnert wird, und dem Interview? Wie alt war die Person zur Zeit des historischen Ereignisses?	• *Der Zeitzeuge berichtet über seine Erinnerungen in den Jahren nach ...* • *Zu dem Zeitpunkt war der Zeitzeuge etwa ... Jahre alt.*
Inhalt und historische Einordnung	
3. Woran erinnert sich der Zeitzeuge/die Zeitzeugin auf persönlicher/politischer/gesellschaftlicher Ebene?	• *Siegfried Koyro erinnert sich an ...*
4. Auf welche bekannten historischen Ereignisse bezieht sich der Zeitzeuge/die Zeitzeugin?	• *Der Zeitzeuge berichtet über ...*
Aussagekraft und Erkenntniswert	
5. Worin liegen die Aussagekraft und der Erkenntniswert des Zeitzeugenberichtes?	• *Siegfried Koyro erzählt davon, wie er ... Dabei berichtet er, dass ... Daraus kann man schließen, dass ...* • *Das Wort „man“ (Z. 8) legt nahe, dass nicht nur Siegfried Koyros Familie ...* • *Es handelt sich um einen subjektiven Bericht, daher ...* • ...
6. Welche Informationen sollten überprüft werden? Welche Fragen bleiben offen?	• *Es bleibt zu überprüfen, ob Siegfried Koyros Erinnerungen ...* • ...

MK 1 **Partnerarbeit:** Eine/r bearbeitet M1A, der/die andere M1B:

a) Schau dir den jeweiligen Zeitzeugenbericht mithilfe des Webcodes an.

b) Untersuche die Perspektive des Zeitzeugen mithilfe der Arbeitsschritte.

c) Stellt euch die Ergebnisse gegenseitig vor.

MK 2 **a) Gruppenarbeit:** Sucht euch mithilfe des Webcodes jeweils einen Zeitzeugenbericht, der über die Aufnahme in der neuen Heimat berichtet, aus und untersucht ihn entsprechend der Arbeitsschritte.

b) Stellt eure Ergebnisse anschließend in eurer Gruppe vor. **Tipp** → S. 250.

c) Diskutiert: Welche Erkenntnisse haben die Zeitzeugenberichte vermittelt, die ihr nicht auch einem Sachtext hättet entnehmen können?

3 Beurteile, warum die Integration dieser Menschen eine besondere Herausforderung für die Nachkriegsgesellschaft gewesen ist.

4 Diskutiert in der Klasse, ob die Integration von Flüchtlingen auch heute noch eine Herausforderung darstellt und inwiefern diese bewältigt werden kann.

cornelsen.de/webcodes
Webcode: caxidi
Kopiervorlage Methodentabelle und Zeitzeugeninterviews

Was wird aus Deutschland?

Angesichts der Vertreibungen von Deutschen nach Kriegsende aus dem jetzt sowjetischen und polnischen Machtbereich musste eine schnelle Lösung gefunden werden. In Potsdam verhandelten die „Großen Drei“ (siehe das Foto M3 auf S. 15) über die Grenzen in Mitteleuropa und die Zukunft Deutschlands.

- ***Welche Beschlüsse wurden gefasst und wie sind die Ergebnisse zu beurteilen?***

M 1

Deutschland und Polen nach den Beschlüssen der Potsdamer Konferenz 1945. Das Saarland wurde 1947 dem französischen Zollgebiet angeschlossen.

Das Potsdamer Abkommen 1945

Die amerikanisch-britisch-sowjetischen Verhandlungen fanden zwischen dem 17. Juli und dem 2. August 1945 im Potsdamer Schloss Cecilienhof statt. Es wurde ein gemeinsames Vorgehen vereinbart:

- Deutschland wurde in drei Besatzungszonen aufgeteilt; Frankreich erhielt nachträglich seine Zone.
- Gemeinsames politisches Ziel der Alliierten für Deutschlands Zukunft war die Umsetzung der sogenannten „vier Ds“: Demilitarisierung, Denazifizierung, Dezentralisierung* und Demokratisierung.
- Jede Siegermacht hatte Anspruch auf Reparationen für erlittene Kriegsschäden, zum Beispiel durch die Demontage von Fabriken, Industrieausrüstungen, Eisenbahnschienen oder Kohle und Holz. Die von den Zerstörungen am meisten betroffene Sowjetunion erhielt das Recht für großflächige Demontagen.
- Die in der Tschechoslowakei, in Jugoslawien und in Ungarn ansässigen Deutschen sowie alle Deutschen aus den jetzt unter polnischer Verwaltung stehenden Gebieten sollten, laut Abkommen, „in ordnungsgemäßer und humaner Weise“ nach Westen umgesiedelt werden. Für die Umsetzung der Bestimmungen war jede Siegermacht in ihrer Zone allein zuständig.

Berlin wurde in vier Sektoren geteilt und, wie der Rest Deutschlands, von einem Alliierten Kontrollrat regiert. Die Sowjetunion bestand auf einer „Westverschiebung Polens“ und wollte die neue Westgrenze Polens entlang der Flüsse Oder und Neiße vertraglich festschreiben, was bei den westlichen Siegermächten zunächst auf Widerstand stieß. Sie wollten die neuen Staatsgrenzen im östlichen Europa erst in einem späteren Friedensvertrag festlegen. Während die DDR 1950 und in den Folgejahren auch die Westmächte die Oder-Neiße-Grenze anerkannten, hielt die BRD an einer Wiedergewinnung der „Ostgebiete“ durch einen Friedensvertrag fest. Erst durch die deutsche Wiedervereinigung erfolgte 1990 die völkerrechtliche Anerkennung der deutsch-polnischen Grenze (S. 166/167).

cornelsen.de/webcodes
Webcode: rukuzo
Potsdamer Konferenz

M2

Auszug aus dem Protokoll der Potsdamer Konferenz vom 2. August 1945:

1. Entsprechend der Übereinkunft ... wird die höchste Regierungsgewalt in Deutschland durch die Oberkommandierenden der Streitkräfte [USA, UdSSR, GB, Frankreich] ... ausgeübt, und zwar von jedem in seiner Besatzungszone, sowie gemeinsam in ihrer Eigenschaft als Mitglieder des Kontrollrates in den Deutschland als Ganzes betreffenden Fragen.

2. Soweit dies durchführbar ist, muss die Behandlung der deutschen Bevölkerung in ganz Deutschland gleich sein.

3. Die Ziele der Besetzung Deutschlands ... sind:

(I) völlige Abrüstung und Entmilitarisierung ...

(II) Das deutsche Volk muss überzeugt werden, dass es ... sich nicht seiner Verantwortung entziehen kann für das, was ... seine eigene mitleidslose Kriegführung ... Chaos und Elend unvermeidlich gemacht haben.

(III) Die nationalsozialistische Partei ... ist zu vernichten ...

(IV) Die endgültige Umgestaltung des deutschen politischen Lebens auf demokratischer Grundlage ... [ist] vorzubereiten ...

5. Kriegsverbrecher und alle ..., die an ... nazistischen Maßnahmen, die Gräuel und Kriegsverbrechen nach sich gezogen ... hatten, teilgenommen haben, sind zu verhaften und dem Gericht zu übergeben ...

7. Das Erziehungswesen in Deutschland muss so überwacht werden, dass die nazistischen und militaristischen Lehren völlig entfernt werden und eine erfolgreiche Entwicklung der demokratischen Ideen möglich gemacht wird ...

9. Die Verwaltung Deutschlands muss in Richtung auf eine Dezentralisation der politischen Struktur und der Entwicklung einer örtlichen Selbstverantwortung durchgeführt werden.

*Zit. nach http://www.documentarchiv.de/in/1945/potsdamer-abkommen.html (Stand: 03.09.2021).***

M3

Der Historiker Rolf Steininger urteilte 1988:

Keiner der „Großen Drei" sprach in Potsdam von der Zerstückelung Deutschlands in Einzelstaaten; diese Frage galt als erledigt. Dennoch, als das Thema Reparationen von Stalin angeschnitten wurde, stand für Churchill fest, dass die Idee eines einheitlichen Deutschlands nicht mehr existierte. Die Sowjets hatten seiner Meinung nach ihre Zone ausgeplündert und erwarteten nun, dass die Briten und Amerikaner in ihren Zonen dasselbe tun würden; in einem offiziellen amerikanischen Bericht hieß es, das russische Vorgehen komme organisiertem Vandalismus[1] gleich, der sich nicht nur gegen Deutschland, sondern auch gegen die amerikanische Besatzungsmacht richte ... Am 31. Juli waren sich Truman und Stalin einig, auch Attlee [= er ersetzte Churchill als Premierminister] stimmte der Vereinbarung schließlich zu. Auch wenn sich möglicherweise nicht alle Konferenzteilnehmer der Tatsache bewusst waren: An diesem Tag wurde de facto die Teilung Deutschlands beschlossen. Deutschland wurde in ein westliches und ein östliches Reparationsgebiet geteilt ...

*Rolf Steininger, Deutsche Geschichte 1945–1961, Bd. 1, Frankfurt a. M. (Fischer) 1988, S. 61 ff.***

1 blinde Zerstörungswut

1 Fasse die Beschlüsse der Potsdamer Konferenz zusammen (M1, M2, Darstellungstext).

2 Erläutere Gründe und Folgen der „Westverschiebung Polens" (M1, Darstellungstext).

3 Erkläre, warum sich die Alliierten auf die „4 Ds" als Hauptziele für das Nachkriegsdeutschland einigen konnten. Nutze den **Wortschatz**.

Zusatzaufgabe → S. 238.

4 Erkläre, welchen Wendepunkt der Historiker in dem Abkommen bezüglich der deutschen Einheit sieht (M3).

5 Wähle eine Aufgabe aus:

a) Beurteile die Auswirkungen, die die Potsdamer Konferenz auf das künftige Deutschland hatte.

b) Beurteile mithilfe der Materialien, welche Probleme sich aus den Beschlüssen der Konferenz ergaben.

Wortschatz: Reparationskosten festlegen/einfordern • eine Demilitarisierung (= ein Abbau des Militärs) • eine Dezentralisierung (= Aufteilung von Verantwortungen und Zuständigkeiten auf mehrere Stellen)

Lässt sich die deutsche Gesellschaft entnazifizieren?

Auf der Potsdamer Konferenz beschlossen die Alliierten, führende Nationalsozialisten vor Gericht zu stellen und das nationalsozialistische Gedankengut aus den Köpfen deutscher Anhänger und Mitläufer zu entfernen.

- ***Untersuche, wie die Alliierten dabei zwischen Tätern und Opfern sowie zwischen Mitläufern und überzeugten Nationalsozialisten unterschieden.***

M 1

Die Einwohner von Neunburg vorm Wald in Bayern werden an den Leichen ermordeter Menschen eines Konzentrationslagers vorbeigeführt. Foto, 1945

M 2

Die Anklagebank im Prozess gegen die Hauptkriegsverbrecher. Vorne sitzen die Verteidiger, dahinter die Angeklagten, darunter Hermann Göring und Rudolph Heß (1. Reihe, v. l.). Foto, 1945/46

Abrechnung mit dem Nationalsozialismus*

Um die nationalsozialistische Ideologie zu beseitigen, wurden Schulbücher aus der NS-Zeit eingezogen und größtenteils entsorgt. Die Siegermächte verpflichteten deutsche Erwachsene zum Besuch von Filmveranstaltungen, die die deutschen Verbrechen während des Weltkriegs dokumentierten. Die Entnazifizierung* verlief in den vier Besatzungszonen unterschiedlich: In der Sowjetischen Besatzungszone (SBZ) wurden bis zum Ende der Maßnahmen 1948 etwa 520 000 Personen aus ihren Berufen entfernt, darunter 85 Prozent aller Juristen und viele Lehrerinnen und Lehrer. Unbedeutende ehemalige NSDAP-Mitglieder blieben verschont, wenn sie sich zum neuen kommunistischen System in der SBZ bekannten. Oft wurde die Entnazifizierung dazu genutzt, politische Gegner des kommunistischen Systems auszuschalten.

In den Westzonen mussten die zwölf Millionen ehemaligen Mitglieder der NSDAP einen umfangreichen Fragebogen zu ihrer Tätigkeit im NS-Staat ausfüllen. Spruchkammern (= Gerichte für die Entnazifizierungsprozesse) stellten fest, ob sie an Verbrechen beteiligt waren, und bestimmten die Höhe der Strafen. Etwa zehn Prozent der Angeklagten wurden verurteilt. Dabei kam es auch zu Fehlentscheidungen. Auch Unschuldige und an Verbrechen unbeteiligte Menschen gerieten in Verdacht. Schuldige beschafften sich in vielen Fällen „Persilscheine*". Das waren Bestätigungen, in denen ihnen Dritte politische Harmlosigkeit und Unschuld bescheinigten. Der wachsende Konflikt zwischen den drei westlichen Siegerstaaten und der Sowjetunion (Ost-West-Konflikt) sowie die Langwierigkeit der Verfahren führte auch in den Westzonen zum Ende der Entnazifizierungsprozesse 1948. Da Wirtschaft und Verwaltung

M 3

„Schwarz wird weiß oder Mechanische Entnazifizierung", Karikatur von Max Radler aus der Zeitschrift „Der Simpl: Kunst – Karikatur – Kritik", Text von J. Menter (1946). Unter der Karikatur stand:
„Springt immer rein! Was kann euch schon passieren,
Ihr schwarzen Böcke aus dem braunen Haus!
Man wird euch schmerzlos rehabilitieren.
Als weiße Lämmer kommt ihr unten raus.
Wir wissen schon: Ihr seid es nie gewesen!
(Die andern sind ja immer schuld daran – –)
Wie schnell zum Guten wandeln sich die Bösen,
Man schwarz auf weiß im Bild hier sehen kann."
J. Menter

Hilfestellungen bei der Beschreibung: der „Entnazifikator": ein alliierter Offizier steht rechts oben mit einer langen Liste in der Hand; „schwarze Böcke aus dem Braunen Haus" = das Braune Haus war die NSDAP-Zentrale in München; Inschrift auf dem Spruchband: „Über einen reuigen Sünder ist mehr Freude als über zehn Gerechte (Bibelzitat Lukas 15,7); auf der Kanzel (in der Mitte) ein Kirchenvertreter und ein Politiker.

dringend Fachkräfte benötigten, wurden noch anstehende Prozesse abrupt beendet. So gelangten ehemalige Nationalsozialisten straflos in wichtige Ämter in Wirtschaft, Politik und Verwaltung in der BRD.
Einer Reihe von ehemals führenden Nationalsozialisten gelang in den Wirren des Kriegsendes die Flucht mit falschen Pässen nach Südamerika oder in arabische Länder. Die meisten tauchten unter oder wurden nie für ihre Verbrechen verurteilt.

Die Nürnberger Prozesse

Am 20. November 1945 begann in Nürnberg, der Stadt der NSDAP-Reichsparteitage, das Verfahren der vier Siegermächte gegen führende Nationalsozialisten. Angeklagt waren 24 deutsche Hauptkriegsverbrecher aus der Führung von NSDAP, Staat und Wehrmacht. Hitler, Himmler, und Goebbels hatten sich bereits vor Kriegsende durch Selbstmord der Verantwortung entzogen.
Die Vorwürfe lauteten wie folgt: 1. Verbrechen gegen den Frieden durch Auslösung eines Angriffskriegs, 2. Verbrechen gegen die Menschheit wegen der deutschen Völkermorde, 3. Kriegsverbrechen und 4. Verschwörung zur Verübung dieser Verbrechen.
Die alliierten Richter verkündeten zwölf Todesurteile, sieben langjährige Haftstrafen und drei Freisprüche. In nachfolgenden Prozessen wurden zwischen 1946 und 1949 weitere 177 hochrangige Mediziner, Juristen, Industrielle, SS- und Polizeiführer, Militärs, Beamte und Diplomaten angeklagt. Insgesamt wurden 24 Täter hingerichtet und die anderen zu Haftstrafen verurteilt.

M 4

Der britische Historiker Harold James (2004):
Churchill hätte es lieber gesehen, wenn man die NS-Führer gleich nach ihrer Festnahme erschossen hätte ... Der Chefankläger der USA, Robert Jackson, eröffnete die Anklage mit der Bemerkung: „Dass vier große Nationen, erfüllt von ihrem Sieg und schmerzhaft gepeinigt von dem geschehenen Unrecht, nicht Rache üben, sondern ihre gefangenen Feinde freiwillig dem Richterspruch des Gesetzes überlassen", ist eines der bedeutendsten Zugeständnisse, das die Macht der Vernunft eingeräumt hat.
*Harold James: Geschichte Europas im 20. Jahrhundert, München (Beck) 2004, S. 237.**

cornelsen.de/webcodes
Webcode: makofi
Film: Nürnberger Prozesse

M 5

Auszüge aus der amerikanischen Erklärung JCS 1067 vom 17. Oktober 1945:
Es muss den Deutschen klargemacht werden, dass Deutschlands rücksichtslose Kriegsführung und der fanatische Widerstand der Nazis die deutsche Wirtschaft zerstört und Chaos und Leiden unvermeidlich gemacht haben, und dass sie nicht der Verantwortung für das entgehen können, was sie selbst auf sich geladen haben ... Das Hauptziel der Alliierten ist es, Deutschland daran zu hindern, je wieder eine Bedrohung für den Weltfrieden zu werden. Wichtige Schritte zur Erreichung dieses Zieles sind die Ausschaltung des Nazismus und Militarismus in jeder Form, die sofortige Verhaftung der Kriegsverbrecher zum Zwecke der Bestrafung, die industrielle Abrüstung und Entmilitarisierung Deutschlands mit langfristiger Kontrolle des deutschen Kriegspotenzials und die Vorbereitung zu einem späteren Wiederaufbau des deutschen politischen Lebens auf demokratischer Grundlage ...

*Zit. nach Ernst-Ulrich Huster (u.a.), Determinanten der westdeutschen Restauration 1945–1949, Frankfurt/Main (Suhrkamp) 1972, S. 248f.**

M 6

Auszug aus einem Gerichtsverfahren gegen einen Zugführer der Reichsbahn (1945):
Ankläger: Ist es wahr, dass bei dem sechstägigen Bahntransport von Nordhausen [= im heutigen Thüringen] nach Belsen [= gemeint ist das Konzentrationslager Bergen-Belsen im heutigen Niedersachsen]... zweiundvierzig Menschen tatsächlich an Durst gestorben sind?
Angeklagter: Wir hatten eine Portion Tote, aber mich ging es nichts an. Ich war nicht Dienstältester.
Ankläger: Es ist überhaupt nicht zu verstehen, dass sie die Gefangenen verdursten ließen ... Sie konnten doch den Zug halten und Wasser holen lassen.
Angeklagter: Ich meine, das geht ja nicht, dass jeder über einen Zug bestimmen kann, wie er will. Es ist doch so, dass der Zugführer seinen bestimmten Plan hatte, nach dem er fahren musste ... Die Gefangenen hatten es auf dem Transport ganz gemütlich. Je hundert Stück Häftlinge auf einem Waggon.
Ankläger: Warum haben Sie auf den Bahnhöfen kein Wasser für die Gefangenen geholt?
Angeklagter: ... Dieses Wasser ... ist nur für die Lokomotiven da. Auch hatte ich ja gar nicht das Kommando.

*Zit. nach Hanna Lévy-Hass, Vielleicht war das alles erst der Anfang, Tagebuch aus dem KZ Bergen-Belsen 1944 bis 1945, hg. v. Eike Geisel, Berlin (Rotbuch) 1982. Text auf dem Umschlag.***

M 7

Die Verteidigung der Angeklagten in den Nürnberger Prozessen (19. November 1945):
Der jetzige Prozess kann sich ... nicht auf geltendes Völkerrecht stützen, sondern ist ein Verfahren auf Grund eines neuen Strafgesetzes, eines Strafgesetzes, das erst nach der Tat geschaffen wurde. Dies widerstrebt einem in der Welt geheiligten Grundsatz der Rechtspflege... Es ist der Satz: Bestraft werden darf nur, wer gegen ein zur Zeit seiner Tat bereits bestehendes Gesetz verstoßen hat, das ihm Strafe androht. Dieser Satz gehört zu den großen Grundsätzen der Staatsordnung ... Englands seit dem Mittelalter, der Vereinigten Staaten von Amerika seit ihrer Geburt, Frankreichs seit seiner großen Revolution und der Sowjetunion ... Die Verteidigung ist schließlich verpflichtet, schon jetzt auf eine andere Eigenart dieses Prozesses hinzuweisen, mit der er von allgemein anerkannten Grundsätzen der modernen Strafrechtspflege abweicht: Die Richter sind nur von Staaten bestellt [= ausgesucht], die in diesem Krieg die eine Partei gewesen sind.

*Der Prozeß gegen die Hauptkriegsverbrecher vor dem Internationalen Gerichtshof Nürnberg, Nürnberg (ohne Verlag) 1947, Bd. 1, S. 184 ff.***

Wortschatz: eine Denazifizierung (= Entnazifizierung) • sich einen Persilschein beschaffen • unter einem Mangel an Fachkräften leiden • aus schwarzen Schafen weiße Unschuldslämmer machen

M 8

Ausschnitt aus einer Wandmalerei in den Freiburger Gaswerken von 1937, in dem ein Arbeiter einen Arbeitslosen grüßt (links). 1946 wurde diese Stelle mit schwarzer Farbe übermalt, ehe der Maler 1948 das Werk „entnazifizierte“ (rechts).

M 9

Der Historiker Golo Mann über den Erfolg der Entnazifizierung (1958):

Die Alliierten übernahmen die Bestrafung der „Hauptkriegsverbrecher“, deren Schuld sie in einem Monster-Prozess fixierten. Sieger-Justiz ohne Zweifel und dadurch beeinträchtigt, dass nach „Kriegsverbrechern“ der Sieger niemand fragen durfte; aber wer sonst hätte den Prozess führen sollen? ... Die Verfolgung der „kleineren“ Schuldigen, ihre Ausschaltung aus dem öffentlichen Leben, blieb den deutschen Behörden überlassen ... Das Unternehmen, welches unter dem hässlichen Namen „Denazifizierung“ ging, war so notwendig wie unmöglich. Notwendig: wie sollte Demokratie sein, wenn die Offiziellen, die Männer der Verwaltung der Justiz, der Erziehung, dieselben blieben, die unter Hitler sich so sehr gelehrsam erwiesen hatten? Unmöglich: wie sollte ungefähr die Hälfte der Nation über ungefähr die andere Hälfte zu Gericht sitzen, wie die Mehrzahl derer, die etwas Spezielles konnten, aus ihren Berufen verbannt werden? ... Dazu kam, dass die Herren von den Besatzungsmächten selber in ihrem Willen zur „Denazifizierung“ nicht ganz ehrlich waren. Sie selbst fühlten sich sachlich angezogen von denen, die etwas konnten, fühlten sich menschlich von denen angezogen, die in intakten Häusern wohnten, gute Manieren zeigten, fremde Sprachen sprachen und den Kommunismus verabscheuten ... Im Resultat war es zufällig, ob man auf die Anklagebank geriet oder in ein vertrauliches Verhältnis zu den Militärregierungen.

*Golo Mann, Deutsche Geschichte des 19. und 20. Jahrhunderts, 14. Aufl., Frankfurt am Main (Fischer) 1992, S. 972 f.**

1 **a)** Erkläre, welche Ziele die Alliierten mit der Entnazifizierung verfolgten (M4, M5, Darstellungstext).
b) Beschreibe, wie die Alliierten versuchten, ihre Ziele umzusetzen (Darstellungstext, M1, M2, M5).

2 Vergleiche die Entnazifizierung in der SBZ und in den Westzonen (Darstellungstext). **Tipp** → S. 250.

3 **Gruppenarbeit:** Diskutiert anhand von M8 die Frage: Den Hitlergruß übermalen, das Fresko „entnazifizieren“ oder es ganz entfernen? Tragt eure Argumente begründet vor.

4 **a)** Charakterisiere die Einstellung des Angeklagten in M6 zu der ihm vorgeworfenen Tat.
b) Stelle Vermutungen über die Wirksamkeit der Entnazifizierungsmaßnahmen an.

MK 5 **Methode:** Analysiere die Karikatur M3 mithilfe der Arbeitsschritte auf S. 270 oder der Kopiervorlage im Webcode. Nutze den **Wortschatz.**

6 Beurteile die Haltung der Verteidiger der Angeklagten in M7. Ziehe auch M4 heran.

7 **Wähle eine Aufgabe aus:**
a) Diskutiere die Frage, ob die Denazifizierung als Erfolg bezeichnet werden kann (M9). Nutze auch den Darstellungstext.
b) Nimm Stellung zu der Einschätzung von Golo Mann, dass die Denazifizierung so notwendig wie unmöglich gewesen sei (M9).

Zusatzaufgabe → S. 238.

cornelsen.de/webcodes
Webcode: casawa
Kopiervorlage Methodentabelle

Warum entstand der Kalte Krieg?

cornelsen.de/webcodes
Webcode: devaco
Vorlage Begriffskarte

Bereits auf der Potsdamer Konferenz zeigten sich unüberbrückbare Differenzen und Antagonismen* in den Ansichten der UdSSR und den USA. Diese ideologischen, wirtschaftlichen und politischen Gegensätze beeinflussten die politische Entwicklung in den Nachkriegsjahrzehnten. Die Fachbegriffe für diese wachsenden Gegensätze lauten „Ost-West-Konflikt" oder „Kalter Krieg".

- ***Untersuche, wie es zum Kalten Krieg kam.***

M 1

Der Verlauf des „Eisernen Vorhangs" in Europa*

Die Vorstellungen der Sowjetunion

Mit dem großen Beitrag beim Sieg über Deutschland 1945 und durch den Besitz von Atombomben seit 1949 stieg die Sowjetunion zur zweiten Weltmacht neben den USA auf.
Die sowjetische Armee befreite am Ende des Zweiten Weltkrieges mehrere Staaten Osteuropas von der deutschen Besatzung. In diesen Ländern errichtete die Sowjetunion ein kommunistisches Gesellschaftsmodell nach eigenem Vorbild. Die eher kleinen kommunistischen Parteien in den besetzten Staaten Polen, der Tschechoslowakei, Ungarn, Rumänien und Bulgarien wurden durch die Sowjetunion unterstützt und die Ergebnisse freier Wahlen zugunsten der kommunistischen Parteien gefälscht. Oppositionelle Parteien wurden unterdrückt oder zum Schein an der Macht beteiligt. Die Presse wurde zensiert und die Meinungsfreiheit beschränkt. Nur Finnland und Jugoslawien konnten noch selbst über ihre Innenpolitik bestimmen.
Die Sowjetunion rechtfertigte die Umwandlung der besetzten Staaten in sogenannte „Volksdemokratien*" oder „Volksrepubliken" als Fortsetzung des „Kampfs gegen den Faschismus".
Nach Auffassung der kommunistischen Führung war der Kapitalismus* verantwortlich für Kriege und stand vor seinem Untergang. In einer „Volksdemokratie" gab es nur eine Partei, die die Macht ausübte, nach eigener Auffassung den Frieden bewahrte und die Versorgung der Bevölkerung garantierte. Die kommunistische Partei lenkte die Wirtschaft zentral, eine Gewaltenteilung gab es nicht. Die Bezeichnung „Volksdemokratie" war eine bewusste Abgrenzung vom Demokratie-Begriff der westlichen Staaten. Der Sowjetunion ging es bei der Schaffung von „Volksdemokratien" vor allem um einen „Sicherheitsgürtel" von ihr abhängiger Staaten in Ost- und Mitteleuropa, um einen Angriff wie den durch die deutschen Armeen 1941 zu verhindern.

Die Vorstellungen der USA

Die USA hatten ebenfalls entscheidend zum Sieg der Alliierten über Deutschland beigetragen und gingen aus dem Zweiten Weltkrieg wirtschaftlich gestärkt hervor. Das galt politisch und militärisch, denn US-Truppen hielten weite Teile Westeuropas sowie des pazifischen Raumes besetzt. Obwohl sich viele Amerikaner einen Rückzug aus fremden Kontinenten wünschten, kam für die US-Regierung unter Präsident Truman ein Rückzug der amerikanischen Truppen aus Europa nicht in Frage.

(der) Kalte Krieg
Bezeichnung für das Spannungsverhältnis zwischen den Atomwaffenmächten UdSSR und USA in der Zeit von 1947 bis 1989/90. Ihr „kalter" Konflikt wurde mit Propaganda, Spionage, Drohungen und atomarer Aufrüstung ausgetragen. Es bestand immer die Gefahr, dass aus dem Kalten Krieg eine „heißer" und somit echter Krieg werden konnte.

Wortschatz: ein Antagonismus (= ein Gegensatz) • eine unüberbrückbare Differenz (= Meinungsverschiedenheit) • ein Eiserner Vorhang (= eigentlich ein eiserner Schutzvorhang im Theater, der dem Brandschutz dient)

M2

Winston Churchill (zu dieser Zeit Oppositionsführer) in einer Rede im Beisein von Präsident Truman in Fulton, USA (5.3.1946):

Wir verstehen, dass Russland seine Westgrenze gegen einen möglichen neuen deutschen Angriff sichern muss ... Von Stettin an der Ostsee nach Triest an der Adria ist ein „Eiserner Vorhang" über den Kontinent gezogen worden. Hinter dieser Linie liegen alle Hauptstädte der alten Staaten Mittel- und Osteuropas: Warschau, Berlin, Prag, Wien, Budapest, Belgrad, Bukarest und Sofia. Diese berühmten Städte und ihre Bevölkerung ringsherum ... unterliegen jetzt der wachsenden Kontrolle Moskaus ... Das ist nicht das befreite Europa, für dessen Aufbau wir gekämpft haben. Ich glaube nicht, dass Sowjetrussland den Krieg will. Es will die Früchte des Kriegs ernten, seine Macht unbeschränkt ausdehnen und die kommunistische Lehre verbreiten ... Wir sollten die Mittel zur dauernden Verhütung des Krieges und zur Schaffung von Freiheit und Demokratie in allen Ländern bereitstellen.

*Zit. nach https://www.nationalarchives.gov.uk/education/resources/cold-war-on-file/iron-curtain-speech/ (Stand: 06.04.2021). Übers. v. Verf.***

M3

Der britische Historiker Eric Hobsbawm urteilte 1994:

[Man] ist versucht, sich den historischen Vermittlern anzuschließen, die die Schuld [für den Kalten Krieg] in der gegenseitigen Angst suchten, welche so lange in der Konfrontation eskalierte, bis sie die beiden hochgerüsteten Lager ... zu mobilisieren [begannen]. Das ist offensichtlich richtig, allerdings ist es nicht die ganze Wahrheit. Es erklärt nur, weshalb die Fronten 1947–49 „erstarrten" ... Doch es erklärt nicht den apokalyptischen Ton [= die Weltuntergangsstimmung] des Kalten Krieges. Dieser Ton kam aus den USA ... Ausschließlich in den USA, und in keinem anderen demokratischen Staat, war es möglich, dass ein Präsident aufgrund der Tatsache gewählt werden konnte, dass er ein ausgesprochener Gegner des Kommunismus war [John F. Kennedy] ... Es ging hier nicht um die Gefahr einer kommunistischen Weltherrschaft, sondern um die Wahrung der Vorherrschaft der USA.

*Eric Hobsbawm, Das Zeitalter der Extreme. Weltgeschichte des 20. Jahrhunderts, übersetzt von Yvonne Badal, München (Hanser) 1995, S. 298 f.***

M4

Der amerikanische Historiker John Lukacs urteilte 1979:

Schon vor Kriegsende stand es außer Frage, dass Russland als eine der großen Weltmächte aus dem Krieg hervorgehen würde. Es war klar, dass es nicht nur sein Ansehen, sondern in noch stärkerem Maße seine Macht und seine Besitzungen vermehren würde; es stand ebenfalls außer Frage, dass sein Hauptehrgeiz nicht das internationale Prestige des Kommunismus betraf, sondern in erster Linie auf die Beherrschung Osteuropas gerichtet war ... Es stand außer Frage, dass die Westalliierten in Anbetracht der großen russischen Leistung zum Kriege und der geografischen Lage nicht umhin konnten, einzelne russische Forderungen zu erfüllen. Die Tragödie war, dass besonders die USA der Lage erst ins Gesicht sahen, als es schon zu spät war, denn die Russen besaßen bereits größere Gebiete als die Westalliierten und mehr, als sie selber erwartet hatten. Hier liegt der Ursprung des Kalten Krieges.

*John Lukacs, Konflikte der Weltpolitik nach 1945, Lausanne (Editions Rencontre) 1970, S. 17f.***

MK **1** Erstelle mithilfe des Lexikons eine Begriffskarte (→ S. 263) zum Begriff „Volksdemokratie".

2 Erstelle eine Mind-Map zu den Ursachen für die Entstehung des Kalten Krieges (Darstellungstext).

3 a) Erkläre den Begriff „Eiserner Vorhang" (M2).
b) Nenne die Länder, die aus westlicher Sicht „hinter" dem „Eisernen Vorhang" lagen und verorte die in M2 genannten Städte in M1. **Tipp** → S. 250.
c) Erläutere die Folgen des „Eisernen Vorhangs".

4 Bewerte die Aussage, die Rede Churchills sei der Beginn des Kalten Krieges gewesen. Nutze den **Wortschatz**.

5 Partnerarbeit: Verteilt M3 und M4:
a) Analysiere die Darstellung hinsichtlich der Verantwortung für den Ausbruch des Kalten Krieges.
b) Vergleicht eure Ergebnisse.
c) Nehmt Stellung zu den Aussagen der Historiker.

Zusatzaufgabe → S. 238.

Politische Reden vergleichen

Im Kalten Krieg kam es ab 1947 zu einer Blockbildung zwischen der UdSSR und den USA sowie ihren Verbündeten. Im März 1947 verkündete US-Präsident Truman die außenpolitischen Ziele der USA. Mit einer Politik der „Eindämmung" (engl. containment) sollte der sowjetische Einfluss in Europa gestoppt oder wenn möglich zurückgedrängt (rollback) werden. Im September 1947 antwortete darauf Andrej A. Shdanow (Sh = wie das J in Journalist) mit den Zielen der Sowjetunion.*

- *Vergleiche die beiden politischen Reden mithilfe der Arbeitsschritte.*

M 1

US-Präsident Harry S. Truman im Kongress am 12. März 1947 („Truman-Doktrin*"):

Es ist eines der Hauptziele der Außenpolitik der Vereinigten Staaten, Bedingungen zu schaffen, die es uns und anderen Nationen ermöglichen, eine Lebensform zu gestalten, die frei ist von Zwang ... In jüngster Zeit wurden den Völkern einer Anzahl von Staaten gegen ihren Willen totalitäre Regierungsformen aufgezwungen ... Im gegenwärtigen Zeitpunkt der Weltgeschichte muss fast jede Nation zwischen alternativen Lebensformen wählen. Nur allzu oft ist diese Wahl nicht frei. Die eine Lebensform gründet sich auf den Willen der Mehrheit und ist gekennzeichnet durch freie Institutionen, repräsentative Regierungsform, freie Wahlen, Garantien für die persönliche Freiheit, Rede- und Religionsfreiheit und Freiheit von politischer Unterdrückung. Die andere Lebensform gründet sich auf den Willen einer Minderheit, den diese der Mehrheit gewaltsam aufzwingt. Sie stützt sich auf Terror und Unterdrückung, auf die Zensur von Presse und Rundfunk, auf manipulierte [= gefälschte] Wahlen und auf den Entzug der persönlichen Freiheiten. Ich glaube, es muss die Politik der Vereinigten Staaten sein, freien Völkern beizustehen, die sich der Unterwerfung durch bewaffnete Minderheiten oder durch äußeren Druck widersetzen. Ich glaube, wir müssen allen freien Völkern helfen, damit sie ihre Geschicke auf ihre eigene Weise selbst bestimmen können. Unter einem solchen Beistand verstehe ich vor allem wirtschaftliche und finanzielle Hilfe, die die Grundidee für wirtschaftliche Stabilität und geordnete politische Verhältnisse bildet.

*Zit. nach Helmut Krause & Karlheinz Reif (Hg.), Die Welt seit 1945, München (bsv) 1980, S. 576 f.***

M 2

Andrej A. Shdanow auf der Gründungskonferenz der kommunistischen Parteien Europas am 30. September 1947:

Zwei entgegengesetzte Kurse der Politik nahmen [in der Nachkriegsperiode] Gestalt an: Auf der einen Seite strebte die Politik der UdSSR und der demokratischen Länder nach der Überwindung des Imperialismus und der Konsolidierung [= Festigung] der Demokratie. Auf der anderen Seite strebte die Politik der Vereinigten Staaten und Großbritanniens nach der Stärkung des Imperialismus und der Abwürgung der Demokratie. [Da] die UdSSR und die Länder der neuen Demokratie die Verwirklichung der imperialistischen Pläne für den Kampf um die Weltvormachtstellung und um die Vernichtung der demokratischen Bewegungen verhinderten, wurde eine Kampagne gegen die UdSSR ... proklamiert und von den ... imperialistischen Politikern in den USA und Großbritannien durch Drohungen verschärft. So sind zwei Lager entstanden: das imperialistische, antidemokratische Lager, dessen Hauptziel darin besteht, die Weltvormachtvorstellung des amerikanischen Imperialismus zu erreichen und die Demokratie zu zerstören, und das antiimperialistische, demokratische Lager, dessen Hauptziel es ist, den Imperialismus zu überwinden, die Demokratie zu konsolidieren und die Überreste des Faschismus zu beseitigen. Der Kampf zwischen den beiden entgegengesetzten Lagern ... vollzieht sich unter den Bedingungen einer weiteren Verschärfung der ... Krise des Kapitalismus ....

*Zit. nach Helmut Krause & Karlheinz Reif (Hg.), Die Welt seit 1945, München (bsv) 1980, S. 460 f.***

Arbeitsschritte „Politische Reden vergleichen“

Leitfrage	Sprachliche Formulierungshilfen
1. Welche Leitfrage könnte den Vergleich bestimmen?	• *Zum Beispiel: Blockbildung im Kalten Krieg – wer bringt Europa die Demokratie?*
Formale Analyse	
2. Wer hat die Reden verfasst? Wann sind sie entstanden? **Tipp**: Politische Reden sind Quellen, in denen der Redner seine Zuhörer von einer bestimmten Meinung überzeugen will. Sie eignen sich, zeitgenössische Perspektiven auf ein Thema kennenzulernen.	• *Die Reden M1 und M2 sind am … von … verfasst worden.* • …
3. In welchem Kontext wurden die Reden gehalten und an wen (Adressat) wenden sich die Redner? Welche Absicht/Intention verfolgen die Redner?	• *Die Rede des amerikanischen Präsidenten Truman wird auch als Truman-Doktrin bezeichnet, weil sie die Ziele der USA …. Beide Reden entstehen im Kontext … Dementsprechend richten sie sich zum einen …, aber im globalen Kontext auch…*
Inhaltliche Analyse	
4. Wie sind die Reden aufgebaut und welche Kernaussagen werden getroffen?	• *M1/M2 lässt sich in die folgenden Abschnitte gliedern …* • *Die zentrale Aussage der Rede M1/M2 ist …*
5. Welche Aussagen müssen erläutert werden?	• …
6. Inwiefern wird in den Reden aufeinander Bezug genommen?	• *Die Rede Shdanows kann als Antwort auf die Rede Trumans gelesen werden, denn …*
7. Mithilfe welcher Kriterien lassen sich die Quellen vergleichen (zum Beispiel ideologische Ausrichtung, Beschreibung der gegenwärtigen Situation, Intention)? **Tipp**: Lies im Lexikon zum Begriff Ideologie* nach.	• *In beiden Reden spielen die Begriffe Demokratie und Freiheit eine bedeutende Rolle, werden allerdings unterschiedlich verstanden. Hier ist die politische Position der beiden Redner zu berücksichtigen. Truman vertritt die westliche Auffassung von Demokratie und sieht die USA als … Shdanow vertritt …*
Beurteilung	
8. Wie würden die Redner die aufgestellte Leitfrage beantworten?	• *Truman beantwortet diese Frage eindeutig … Shdanow lässt keine andere Antwort zu, außer …*
9. Wie überzeugend sind die Aussagen der beiden Redner? Wie lassen sich die unterschiedlichen Sichtweisen erklären?	• *Betrachtet man die Entwicklung im Inneren der Sowjetunion, lässt sich bezweifeln, dass ….* • …
10. Ein historisches Werturteil fällen: Zu welcher Bewertung der Leitfrage gelangst du?	• *Ich bewerte die Frage …* • …

MK 1 Vergleiche M1 und M2 mithilfe der Arbeitsschritte. Nutze dafür die sprachlichen Formulierungshilfen oder die Kopiervorlage im Webcode.

cornelsen.de/webcodes
Webcode: hemozo
Kopiervorlage Methodentabelle

Welchen Einfluss hatte die Blockbildung auf die Nachkriegsordnung?

Die Blockbildung im Kalten Krieg verfestigte sich nicht nur im politischen, ideologischen und im wirtschaftlichen, sondern auch im militärischen Bereich. Die beiden Supermächte UdSSR und die USA waren wie zwei Pole eines Magneten, die sich voneinander abstießen – daher wird von der bipolaren Welt gesprochen.

- ***Untersuche, welche Militärbündnisse gegründet wurden und welche Folgen dies hatte.***

M 1

Militärische Bündnisse im Kalten Krieg

Militärische Blöcke: NATO und Warschauer Pakt

Am 23. Juni 1948 blockierten die sowjetischen Streitkräfte alle Land- und Wasserwege von den westlichen Zonen nach Berlin, um die Westmächte zur Aufgabe ihrer Berliner Sektoren zu zwingen (Berlin-Blockade, siehe S. 43). Dies beschleunigte die Gründung eines westlichen Militärbündnisses. Am 4. April 1949 wurde in Washington die NATO (North Atlantic Treaty Organization) gegründet. Unter Führung der USA schlossen sich zehn westeuropäische Staaten, Kanada und die USA zusammen. 1952 traten die Türkei und Griechenland bei, 1955 auch die Bundesrepublik Deutschland. Deren Aufnahme und die damit verbundene Wiederbewaffnung 1955 veranlasste die UdSSR ihrerseits, ein Verteidigungsbündnis zu gründen. Am 14. Mai 1955 wurde der Warschauer Vertrag („Warschauer Pakt") unterzeichnet. Beide Verteidigungsbündnisse festigten die Blockbildung, riegelten die Blockstaaten voneinander ab und führten zu einem atomaren Wettrüsten (S. 62/63).

Abgrenzung zwischen den Blöcken

Durch gezielte Verfälschung von Tatsachen wurde die gegnerische Nation von der anderen Supermacht in den Folgejahrzehnten jeweils als „Kriegstreiber" oder „Friedensstörer" angeklagt. Die über Jahre aufgebauten Feindbilder erschwerten die Verständigung, da sie die Vorurteile gegenüber dem Gegner festigten. In westlichen Agentenfilmen wurden die Menschen auf der anderen Seite des Eisernen Vorhangs als hinterhältige und unerbittliche Gegner gezeigt. In den Veröffentlichungen des Ostens erschienen die Menschen im Westen als konsumgierig und moralisch verdorben.

Wortschatz: an ein System binden • ein Bündnis mit anderen Staaten vereinbaren • anderen eine totalitäre (= alles durchdringende) Staatsform aufzwingen • sich gegeneinander abriegeln • ein Feindbild schaffen

M 2

„Freiheit auf amerikanisch", sowjetisches Propagandaplakat von Nikolai Andrejewitsch Dolgorukow aus dem Jahre 1950. Oben links steht: „Pressefreiheit". Die Vögel symbolisieren „Zeitungsenten" (= falsche Nachrichten). Im Bild darunter steht: „Meinungsfreiheit" (auf dem gelben Blatt steht: „verurteilt wegen kommunistischer Umtriebe"). Oben rechts: „Bürgerrechte", darunter: „Versammlungsfreiheit". Die Männer in Kapuzen stehen für den Geheimbund des rassistischen Ku Klux Klan, der vor allem in den Südstaaten der USA Jagd auf Menschen schwarzer Hautfarbe machte. Auf dem Wolkenkratzer steht: „Wall Street", die Straße der bedeutendsten Börse der Welt in New York.

M 3

Amerika unter dem Kommunismus, amerikanischer Comic von 1947. Das Plakat wurde erstmals von einer kirchlichen Organisation in Minnesota veröffentlicht. Es thematisiert die Angst vor einer Übernahme der USA durch kommunistische Führer.

1 Ordne mithilfe von M1 die einzelnen Staaten dem westlichen (NATO) oder dem östlichen (Warschauer Pakt) Militärbündnis zu. Nimm die Karte im Umschlag zu Hilfe.

MK 2 **Recherche:** Recherchiere zu zwei der in M1 thematisierten „Weltkrisen". **Tipp** → S. 250.

MK 3 Stelle in einer (digitalen) Zeitleiste (→ S. 266) zentrale Etappen der Blockbildung dar (Darstellungstext, M1).

4 **a)** Fasse mithilfe des Darstellungstextes, M2 und M3 zusammen, was sich die USA und die UdSSR gegenseitig vorwarfen.

b) Beurteile die Vorgehensweisen beider Supermächte. Nutze den **Wortschatz**.

Die Entwicklung in der Sowjetischen Besatzungszone

Ab Juni 1945 übernahm die Sowjetische Militäradministration (SMAD) als oberste Besatzungsbehörde mit Regierungsfunktion die Kontrolle in der Sowjetischen Besatzungszone (SBZ). Sie gestaltete die Politik und Wirtschaft in ihrer Zone vollständig um.
- ***Welche Ziele verfolgte die Sowjetunion in ihrer Zone und wie setzte sie diese um?***

M 1

Plakat zur Bodenreform, SBZ, 1945

Die sowjetische Besatzungspolitik

Die Politik der Sowjetunion war darauf ausgerichtet, ein Deutschland zu schaffen, von dem nie mehr eine Bedrohung ausgehen konnte. Noch während der letzten Kämpfe in Berlin kamen deutsche Kommunisten aus Moskau nach Deutschland zurück. Sie waren in sowjetischen Parteischulen auf ihre neue Aufgabe vorbereitet worden, eine „antifaschistisch-demokratische Ordnung" in Deutschland aufzubauen. Unter ihnen war auch Walter Ulbricht, der spätere Staatsratsvorsitzende der DDR.

Neben den beiden Arbeiterparteien KPD und SPD aus der Zeit vor dem Nationalsozialismus entstanden in der SBZ die Christlich-Demokratische Union (CDU), die Liberal-Demokratische Partei Deutschlands (LDPD), die Demokratische Bauernpartei Deutschlands (DBP) und die National-Demokratische Partei Deutschlands (NDPD). Diese Parteien konnten sich nicht frei entfalten. Sie waren in der sogenannten „Einheitsfront antifaschistisch-demokratischer Parteien" zusammengefasst, in der die KPD die Führungsrolle innehatte. Kommunisten nahmen im Sinne einer „Volksdemokratie" (siehe S. 32/33) alle entscheidenden Positionen ein.

Bodenreform und Kollektivierung

Mit dem Wahlspruch „Junkerland in Bauernhand" rief die KPD am 8. September 1945 auf Drängen der Sowjetunion zu einer Enteignung der „Junker" auf. Junker war eine Bezeichnung für adlige und nichtadlige Großgrundbesitzer in Preußen. In der SBZ kam es zu einer eng mit den Machthabern in Moskau und der SMAD abgestimmten Bodenreform. Diese Reform war sowohl als Entnazifizierungsmaßnahme wie als wirtschaftliches Investitionsprogramm gedacht. Im Zuge dieser erzwungenen Bodenreform wurden alle Grundbesitzer mit mehr als 100 Hektar Land und rund 4000 Höfe mit weniger als 100 Hektar ohne Zahlung einer Entschädigung beschlagnahmt. Unter den Großgrundbesitzern befanden sich auch ehemalige NS-Funktionäre, die nun enteignet wurden. Die Enteigneten wurden vertrieben oder verhaftet. Zahlreiche Verhaftete wurden in sowjetische Arbeitslager verschleppt.

Die beschlagnahmten Güter wurden Kleinbauern und Vertriebenen zugeteilt. Mit dieser Maßnahme erhofften sich die Führer der KPD ihre Zustimmungswerte in den ländlichen Gebieten zu erhöhen. Vertriebene und Umsiedler wurden in ländlichen Gebieten angesiedelt statt in den zerstörten Städten. Damit sollte ihre Integration erleichtert werden.

Wirtschaftlich war die Bodenreform ein Misserfolg. Die Mehrheit der Neubauern konnte mit dem zugewiesenen Land nicht wirtschaftlich arbeiten, da es ihnen an Erfahrung fehlte und die Kleinbetriebe längst nicht den Anforderungen einer modernen Landwirtschaft entsprachen. Schnell wurde aus den Reihen der

Neubauern die Forderung laut, landwirtschaftliche Produktionsgenossenschaften (LPGs) zu bilden. Bei dieser Form des landwirtschaftlichen Betriebs arbeiteten alle Bauern gemeinschaftlich als „Kollektiv" (= eine Arbeitsgemeinschaft) an der Bewirtschaftung des Landes und erhielten dafür feste Löhne. Nach zunächst freiwilligen Zusammenschlüssen erfolgte ab den 1950er Jahren eine Zwangskollektivierung. „Großbauern" mit mehr als 20 Hektar Land wurden teilweise unerfüllbar hohe Abgaben auferlegt und der Zugang zu Saatgut und Maschinen erschwert, wenn sie nicht in einer LPG waren. Aufgrund dieses Drucks brachten die meisten ihr Land und ihre Maschinen in eine LPG ein.

M 2

Demontage in Ost und West:

	SBZ	*Westzonen*
Wert der Industrieanlagen in Milliarden Reichsmark	6,1	2,7
Kapazitätsverlust	~30 %	~3 %
Betriebe	~2400	~800
Demontagestopp	*Anfang* 1954	*Ende* 1950

Zahlen vom Verfasser aus verschiedenen Statistiken zusammengestellt.

Demontagen und Reparationsleistungen

Nach Kriegsende kam es zur Verstaatlichung von Versicherungen, Banken und Sparkassen. Bis 1948 wurden 10 000 Unternehmen, darunter wichtige Betriebe für den Wiederaufbau, als „Volkseigene Betriebe" (VEB) in Staatseigentum überführt. Die vorigen Besitzer erhielten keine finanzielle Entschädigung. Die wichtigsten Unternehmen gingen in sowjetischen Besitz über und produzierten zunächst nur für die sowjetische Volkswirtschaft. Damit kontrollierte die Sowjetunion Schlüsselbereiche der Wirtschaft, wie die Chemieindustrie oder den Uranabbau im Erzgebirge. Deutsche Betriebe unter sowjetischer Leitung profitierten, denn sie entgingen meist der Demontage ihrer Industrieanlagen in die Sowjetunion. Nach Beendigung der Reparationszahlungen (4,3 Milliarden US-Dollar) gingen die Betriebe meist als unrentable Unternehmen zurück an die Regierung der DDR.

Eine Zwangsvereinigung: Die Gründung der SED

Kommunisten und Sozialdemokraten berieten über einen gemeinsamen Weg der Arbeiterbewegung. Dagegen gab es Widerstand sowohl in den Reihen der SPD als auch bei der KPD. Als in den bevorstehenden Länderwahlen mit schlechten Wahlergebnissen für die KPD zu rechnen war, wurde in der SBZ ab Oktober 1945 vonseiten der KPD der Zusammenschluss der beiden Parteien SPD und KPD betrieben. Eine Befragung der SPD-Mitglieder zur Vereinigung war in der SBZ von der SMAD verboten worden. In den Westsektoren Berlins sprachen sich 82 % gegen eine Vereinigung mit der KPD aus. Die heutige Forschung hat herausgearbeitet, dass auch auf Seiten der SPD im Osten eine Mehrheit gegen die Vereinigung stimmte. Im April 1946 erfolgte in der SBZ die Zwangsvereinigung der beiden Arbeiterparteien KPD und SPD zur neuen „Sozialistischen Einheitspartei Deutschlands" (SED). Otto Grotewohl (SPD) und Wilhelm Pieck (KPD) wurden zu gleichberechtigten Vorsitzenden gewählt.

M 3

Walter Ulbricht über die Taktik der Kommunisten in der SBZ (1945):

Die Bezirksverwaltungen müssen politisch richtig zusammengestellt werden. Kommunisten als Bürgermeister können wir nicht brauchen ... Die Bürgermeister sollen in den Arbeiterbezirken in der Regel Sozialdemokraten sein. In den bürgerlichen Vierteln müssen wir an die Spitze einen bürgerlichen Mann stellen, ... er muss ... Antifaschist sein und ein Mann, mit dem wir gut zusammenarbeiten können ... Der erste stellvertretende Bürgermeister, der Dezernent [= Sachbearbeiter im öffentlichen Dienst mit Entscheidungsbefugnissen] für Personalfragen und der Dezernent für Volksbildung – das müssen unsere Leute sein. Dann müsst ihr noch einen ganz verlässlichen Genossen in jedem Bezirk ausmachen, den wir für den Aufbau der Polizei brauchen ... Es muss demokratisch aussehen, aber wir müssen alles in der Hand haben!

*Zit. nach Wolfgang Leonhard, Die Revolution entlässt ihre Kinder, Köln und Berlin (Kiwi) 1984, S. 356.***

M 4

Die Bodenreform aus Sicht eines Betroffenen:
Am 24. Juli siedelten meine Frau und ich wieder in unser Gut über, wo wir uns ... mit den Resten unserer Möbel zwei Zimmer einrichteten ... Da die ... Ernte auf das höchste gefährdet war, wurde mir am 14. August vom Landrat unter den allerschwierigsten Verhältnissen wieder die Bewirtschaftung übertragen. In einer kommunistischen Versammlung im Saale des Gutshauses hielt der Beauftragte der KPD aus P. eine Rede, die mit folgenden denkwürdigen Worten begann: „Seit der Zeit des Großen Kurfürsten sind die Gutsbesitzer sämtlich Kriegsverbrecher. Daher haben wir ihnen die Güter entschädigungslos enteignet." Nachdem mir noch am 28.9. eine ... Bergung der Ernte ausgesprochen war [= erlaubt wurde], erhielt ich am 29.9. den Befehl, mein Gut bis zum Abend zu verlassen. Wir gingen ... zu befreundeten Bauern, wurden aber bereits nach wenigen Tagen gezwungen, innerhalb 2 Stunden den Ort zu verlassen. Wir fuhren dann nach Schwerin, wo wir in dem der Familie meiner Frau gehörenden Hause Unterkunft fanden. Am Dienstag, den 13. November, erhielten wir aus zuverlässiger Quelle Nachricht von unserer vor Ende der Woche geplanten Verhaftung und Deportation. Am 14. November verließen wir heimlich Schwerin und trafen nach unendlichen Schwierigkeiten und Anstrengungen am 29. November in der Westzone ein. Unsere ganze Habe bestand aus je einem Rucksack.

*Zit. nach Ilse Spittmann, Gisela Helwig (Hg.), DDR-Lesebuch 1, Köln (Edition Deutschland Archiv) 1989, S. 156.***

M 5

Die Bodenreform aus Sicht der SED:
Am 23. September findet auf der Wiese des Gutsparkes von Plänitz im Kreis Ruppin der feierliche Auftakt für die Verteilung des Junkerlandes statt, das in der sowjetischen Besatzungszone ... mit den Verordnungen über die demokratische Bodenreform enteignet wurde. An die 60 Bewerber – 22 landarme Bauern und Landarbeiter, acht Handwerker, drei neue Siedler und 13 Umsiedler aus Plänitz sowie 14 landarme Bauern und Landarbeiter ... werden die Besitzurkunden überreicht. Die erste Urkunde, und zwar über acht Hektar Ackerland und einen Hektar Wiese, kann der Siedler Ernst Paris, Vater von elf Kindern, in Empfang nehmen. Dem historischen Akt war eine angestrengte Tätigkeit der Gemeindekommission für Bodenreform vorangegangen. Das von ihr aufgeteilte Gut Kränzlin II war ein typisches Beispiel der politischen Notwendigkeit der Liquidierung [= Vernichtung] des Großgrundbesitzes. Über 300 Hektar, das ist mehr als die Hälfte des zur Gemeinde Plänitz gehörenden Landes, hatten die Junker von Rathenow zusammengeraubt. Seit Jahrhunderten musste der größte Teil der Einwohner des Ortes als Landarbeiter, Knechte und Gutshandwerker Frondienste für die „gnädigen" Herren leisten ...

*Zit. nach Gabriel P.: „Die Kraft der Einheitsfront", in: Neues Deutschland vom 24. September 1970, Seite 3.***

M 6

Aufruf der Ostberliner SPD (1946):
Werte Genossin! Werter Genosse!
Allen Machenschaften des Zentralausschusses zum Trotz hat sich die große Mehrheit der Berliner Parteigenossen für die Weiterführung einer selbstständigen Sozialdemokratie entschieden. Unsere Organisation steht unerschüttert! Wir beugen uns nicht! Wir bleiben, wie wir waren! Vorkämpfer für Demokratie und Sozialismus, für den sozialistischen Aufbau Deutschlands! Bist Du, Genossin oder Genosse, bereit, weiterhin mit uns zusammenzuarbeiten, dann gib diesen Schein mit Deiner Unterschrift versehen Deinem Bezirksführer zurück.
Erklärung: Ich bleibe weiterhin Mitglied der selbstständigen Sozialdemokratischen Partei ...
[Unterschrift]

*Zit. nach Alexander von Plato & Almut Leh, „Ein unglaublicher Frühling". Erfahrene Geschichte im Nachkriegsdeutschland, Bonn (bpb) 1997, S. 305. Quelle zur Verfügung gestellt von Rüdiger Thomas, Bonn.**

M 7

Die Vereinigung von KPD und SPD aus der Sicht eines KPD-Experten (Februar 1946):

[Die Werktätigen werden] der Einheitspartei zweifellos in großen Massen zuströmen, weil diese wie ein Magnet auf all jene Arbeiter ... wirken wird, die ... auf der Seite der sozialistischen Bewegung stehen, sich aber heute weder für die SPD noch für die KPD entscheiden können ... Das Positivste aber ist ... der wachsende Drang zur Schaffung der Einheitspartei der Arbeiter. Nur die Vereinigung der KPD und SPD ... kann die Garantie schaffen, dass ... die Arbeiterschaft den Gang der weiteren Entwicklung bestimmt ... Auf welchem Wege und in welchem Tempo Deutschland künftig zum Sozialismus schreiten wird, das hängt ausschließlich davon ab, in welchem Tempo jetzt die Einheitspartei verwirklicht wird.

*Zit. nach Merith Niehuss & Ulrike Lindner (Hg.), Besatzungszeit. Bundesrepublik und DDR 1945–1969 (= Deutsche Geschichte in Quellen und Darstellung, Bd. 10), Stuttgart (Reclam) 1998, S. 80 ff.***

M 8

Die Vorsitzenden Wilhelm Pieck (KPD, links) und Otto Grotewohl (SPD, rechts) beim symbolischen Händedruck zur Vereinigung beider Parteien zur SED am 22. April 1946 in Berlin (vorne rechts: Walter Ulbricht, später Staatsoberhaupt der DDR), Foto, 1946

1 Arbeite die in der SBZ getroffenen Maßnahmen zum wirtschaftlichen Neubeginn heraus (Darstellungstext Z. 1–83, M1).

2 Erkläre anhand von M2, welche wirtschaftlichen Folgen sich aus den Demontagen in der SBZ ergaben. **Tipp** → S. 250.

3 **Partnerarbeit:** Eine/r bearbeitet M4, der/die andere M5.
a) Analysiere die jeweilige Sicht auf die Bodenreform.
b) Vergleicht anschließend eure Ergebnisse.

4 Zwei Bauern stehen vor dem Plakat M1und streiten über den Sinn der Reform. Beurteile die Bodenreform hinsichtlich ihres Erfolges.

5 Erläutere mithilfe des Darstellungstextes, M3 und M8 die politischen Ziele der Sowjetunion und der KPD in der SBZ.

6 **a)** Stelle mithilfe des Darstellungstextes (Z. 84–102) und M7 die Motive für die Zwangsvereinigung von KPD und SPD zur SED dar.
b) Beurteile die Gefahren und Nachteile einer solchen Vereinigung, indem du auf M7 aus Sicht eines SPD-Anhängers antwortest. Nutze dafür auch M6. **Tipp** → S. 250.

7 Diskutiert in der Klasse mögliche Auswirkungen der politischen Veränderungen auf die Gesellschaft in der SBZ. Nutzt den **Wortschatz**.

Wortschatz: eine Enteignung, etwas enteignen (= eine entschädigungslose Beschlagnahmung von Land oder Gütern, die in Staatseigentum übergehen) • die Rückkehr von Emigranten (= Auswanderern) • eine Zwangskollektivierung (= etwas unter Zwang vereinigen) • eine finanzielle Entschädigung erhalten

Die Entwicklung in den Westzonen

Während in der SBZ die politische und wirtschaftliche Umstrukturierung im Sinne des Sozialismus nach sowjetischem Vorbild vorangetrieben wurde, sollte in den Westzonen eine freiheitlich-demokratische Ordnung nach britisch-amerikanischem Vorbild etabliert und den Deutschen wieder die Verantwortung für ihre Angelegenheiten übertragen werden.

- ***Wie versuchten die Westalliierten diese Ziele zu erreichen?***

M 1

Nach der Ankunft auf dem Flughafen Tempelhof in Westberlin werden Hilfsgüter aus den sogenannten „Rosinenbombern" entladen. Foto, 1948

M 2

Amerikanische Hilfslieferungen für Westberlin im Rahmen der alliierten „Luftbrücke", Foto, 1953

Neubeginn des politischen Lebens im Westen

In den drei Westzonen ließen die Alliierten Parteien und Verbände zunächst nur auf örtlicher Ebene zu. Die SPD und KPD wurden wieder gegründet. Neue Parteien waren die liberale FDP (Freie Demokratische Partei), die CDU (Christlich-Demokratische Partei) und die bayerische CSU (Christlich-Soziale Union). Von den Alliierten eingerichtete Gemeindeverwaltungen sollten ein geordnetes politisches, gesellschaftliches und wirtschaftliches Leben ermöglichen. An deren Spitze beriefen die Alliierten nach Möglichkeit Gegner des NS-Regimes. Die Kommunalwahlen von 1946 waren ein erster Schritt zum Aufbau der Demokratie „von unten". Mit der Gründung neuer Länder wie Nordrhein-Westfalen und Hessen entstanden 1946 größere Verwaltungseinheiten. Die Bevölkerung stimmte in Wahlen über die Zusammensetzung der Länderparlamente und die Annahme der Länderverfassungen ab.
Die Amerikaner verfolgten das Ziel der Errichtung einer deutschen Zentralregierung mit der Einbindung in ein westliches Bündnissystem. Die Briten strebten eine möglichst schnelle Stabilisierung der deutschen Wirtschaft an, um angesichts der Not im eigenen Land die hohen Kosten für die Besatzung in ihrer Zone zu senken. Die Franzosen betonten, sie seien zwischen 1814 und 1940 viermal von Deutschen überfallen und besetzt worden. Daher forderten sie die völlige Entmilitarisierung Deutschlands, die Zahlung von Reparationen und die Zwangsverpflichtung deutscher Arbeiter zum Wiederaufbau nach Frankreich. Einig waren sich die westlichen Alliierten in der Frage, ein demokratisches System auf der Grundlage freier Wahlen zu schaffen.

Aufbauhilfe durch den Marshallplan

Den Verantwortlichen der Westmächte war klar, dass nur ein stabiles Wirtschaftswachstum mit sicherer Versorgungslage die Deutschen überzeugen konnte, nach den Jahren der Diktatur Freiheit und Demokratie als Zukunftsmodell anzustreben. Im September 1946 schlug der amerikanische Außenminister Byrnes in einer Rede in Stuttgart vor, dass alle Besatzungszonen eine wirtschaftliche Einheit bilden sollten (M4). Da die Sowjetunion ablehnte und Frankreich zögerte, schlossen Anfang 1947 Amerikaner und Briten ihre Besatzungszonen zur sogenannten Bizone unter gemeinsamer Verwaltung zusammen. Die französische Zone trat im März 1948 bei („Trizone“). Der geschaffene Wirtschaftsraum sollte von dem amerikanischen Hilfsprogramm mit den Namen „European Recovery Program“ zum Wiederaufbau Europas profitieren. Das Programm wurde nach dem US-Außenminister George C. Marshall auch als „Marshallplan“ bezeichnet. Insgesamt hatte das Hilfsprogramm einen Umfang von 24 Milliarden US-Dollar (Wert 2022: 130 Milliarden US-Dollar). Die USA stellten den europäischen Staaten Kredite sowie amerikanische Waren, Rohstoffe und Lebensmittel bereit, mithilfe derer sie den Wiederaufbau in Gang setzen sollten. Daran waren Vorgaben geknüpft. Es mussten 50 Prozent der Waren mit amerikanischen Schiffen transportiert werden und die Nehmerländer waren verpflichtet, an die USA bestimmte Waren zu verbilligten Preisen zu verkaufen. Die Sowjetunion deutete den Marshall-Plan als „imperialistische Strategie“ und untersagte der SBZ und den osteuropäischen Ländern die Teilnahme.

Währungsreform und Berlin-Blockade 1948/49

Ab Oktober 1947 ließen die USA unter größter Geheimhaltung 500 Tonnen neuer deutscher Banknoten drucken. Am 20. Juni 1948 erhielt jeder volljährige Bürger der Trizone 40 Deutsche Mark ausgezahlt. Sparguthaben in Reichsmark wurden im Verhältnis 100:6,5 und Schulden im Verhältnis 10:1 umgerechnet. Die Zwangsbewirtschaftung mit Lebensmittelkarten wurde aufgehoben und die meisten Preise freigegeben. Die Währungsreform ermöglichte in kurzer Zeit, dass sich die Geschäfte mit Waren füllten und der Schwarzmarkt bedeutungslos wurde. Für die Unternehmen lohnte es sich wieder zu produzieren. Das Warenangebot stieg, weil die Händler die Waren angesichts der wertlosen Reichsmark nicht mehr zurückhielten, und die Menschen konnten sich für die D-Mark wieder etwas kaufen. Mit der Währungsreform wurde am 20. Juni 1948 die Deutsche Mark nur in den westlichen Besatzungszonen, nicht aber in den Westsektoren Berlins eingeführt.

Am 23. Juni ordnete die sowjetische Besatzungsmacht in der SBZ ebenfalls eine Währungsumstellung an: die deutsche Ost-Mark wurde eingeführt. An dem Anspruch Stalins, dass diese in ganz Berlin gelten sollte, verschärfte sich der Konflikt zwischen West und Ost. Unter dem Vorwand einer „technischen Störung“ legte die sowjetische Besatzungsmacht am 23. Juni 1948 die Stromversorgung in Westberlin lahm. Alle Land- und Wasserwege von den westlichen Zonen nach Westberlin wurden gesperrt, alle Lieferungen von Versorgungsgütern eingestellt. Der Plan, die Westmächte so zur Aufgabe ihres Berlin-Sektors zu zwingen, scheiterte. Auf die Provokation reagierten die USA und Großbritannien mit einer Versorgung Westberlins durch die „Luftbrücke“: Rund 550 000 Flüge brachten 2,1 Millionen Tonnen Fracht, vor allem Lebensmittel, Kohle und Baustoffe, nach Westberlin. Die Luftbrücke bewirkte eine deutliche Verbesserung des Verhältnisses zwischen der deutschen Bevölkerung und den westlichen Alliierten. Zugleich verschlechterte sich die Einstellung der Westdeutschen und Westberliner gegenüber der Sowjetunion und den von ihnen abhängigen deutschen Kommunisten. Nach elf Monaten gab Stalin die Blockade auf.

M 3

Am 12. Oktober 1946 gaben die vier Mächte die sogenannte Direktive (= ein Befehl) Nr. 40 für Deutschland heraus:

1. Mit Rücksicht auf die Notwendigkeit, die militärische Sicherheit zu wahren, soll es den deutschen demokratischen Parteien ebenso wie der deutschen Presse gestattet sein, deutsche politische Probleme frei zu besprechen. Kommentare über die Politiker der Besetzungsmächte sind erlaubt ...

2. Mitglieder der deutschen politischen Parteien und die deutsche Presse müssen sich aller Erklärungen, der Veröffentlichung oder Wiedergabe von Artikeln enthalten [= schweigen], die:

a) dazu beitragen, nationalistische ..., militärische, faschistische oder antidemokratische Ideen zu verbreiten;

b) Gerüchte verbreiten, die zum Ziel haben, die Einheit der Alliierten zu untergraben, oder welche Misstrauen oder Feindschaft des deutschen Volkes gegen eine der Besatzungsmächte hervorrufen;

c) Kritiken enthalten, welche gegen Entscheidungen der Konferenzen der Alliierten Mächte bezüglich Deutschlands oder gegen Entscheidungen des Kontrollrates gerichtet sind;

d) die Deutschen zur Auflehnung gegen demokratische Maßnahmen, die die Zonenbefehlshaber in ihren Zonen treffen, aufreizen.

3. Wer dieser Direktive zuwiderhandelt, setzt sich strafrechtlicher Verfolgung aus.

*Zit. nach Geschichte in Quellen. Die Welt seit 1945, bearbeitet von Helmut Krause und Karlheinz Reif, München (bsv) 1980, S.84.**

M 4

US-Außenminister James F. Byrnes in einer Rede in Stuttgart, 6. September 1946

A Zur Wirtschaftslage in Deutschland:

Die Vereinigten Staaten sind der festen Überzeugung, dass Deutschland als Wirtschaftseinheit verwaltet werden muss und dass die Zollschranken ... fallen müssen ... Die Schranken zwischen den vier Zonen Deutschlands sind weit schwieriger zu überwinden, als die zwischen normalen unabhängigen Staaten. Die Zeit ist gekommen, wo die Zonengrenzen nur als Kennzeichnung der Gebiete angesehen werden sollten, die aus Sicherheitsgründen von den Streitkräften der Besatzungsmächte besetzt gehalten werden, und nicht als eine Kennzeichnung für in sich abgeschlossene wirtschaftliche oder politische Einheiten. Das war der Gang der Entwicklung, wie er in den Potsdamer Beschlüssen vorgesehen war, und das ist auch der Gang der Entwicklung, den die amerikanische Regierung mit ihrer ganzen Autorität verfolgen wird. Sie hat offiziell die Absicht ausgedrückt, die Wirtschaft in ihrer eigenen Zone mit einer oder mit allen anderen zu vereinigen, die hierzu bereit sind ... Selbstverständlich soll diese Vereinigungspolitik nicht jene Regierungen ausschließen, die heute noch nicht zum Beitritt bereit sind, die Vereinigung steht ihnen jederzeit frei ... Wenn eine vollständige Vereinigung nicht erreicht werden kann, werden wir alles tun, was in unseren Kräften steht, um eine größtmögliche Vereinigung zu sichern ...

B Zur politischen Zukunft Deutschlands:

Das amerikanische Volk wünscht, dem deutschen Volk die Regierung zurückzugeben. Das amerikanische Volk will dem deutschen Volk helfen, seinen Weg zurückzufinden zu einem ehrenvollen Platz unter den freien und friedliebenden Nationen der Welt ...

Die amerikanische Regierung steht auf dem Standpunkt, dass jetzt dem deutschen Volk innerhalb ganz Deutschlands die Hauptverantwortung für die Behandlung seiner eigenen Angelegenheit bei geeigneten Sicherungen übertragen werden sollte. Seit dem Ende der Feindseligkeiten ist mehr als ein Jahr vergangen. Die Millionen deutscher Menschen sollten nicht gezwungen werden, in Ungewissheit über ihr Schicksal zu leben. Die amerikanische Regierung ist der Ansicht, dass die Alliierten dem deutschen Volk unverzüglich die wesentlichen Friedensbedingungen klarmachen sollten, deren Annahme und Befolgung sie vom deutschen Volk erwarten. Wir sind der Ansicht, dass dem deutschen Volk Erlaubnis und Unterstützung gewährt werden sollten, die notwendigen Vorbereitungen für eine demokratische deutsche Regierung zu treffen, die in der Lage ist, diese Bedingungen anzunehmen und zu befolgen.

*Zit. nach www.byrnes-rede.de/index-php?id=3271 (Stand: 22.04.2021).***

M 5 *Wahlplakate verschiedener Parteien, die 1946/47 bei Gemeinde- und Landtagswahlen um Wähler warben. Begriffserklärung zum Plakat der Freien Demokratischen Partei (FDP): Eine Scholle ist ein Stück Land.*

M 6

Plakate zum Marshallplan in der Westzone (1947; links) und rechts in der Ostzone (1948; rechts)

MK **1** **Gruppenarbeit:** Bildet Vierergruppen:
a) **Methode:** Wähle ein Plakat aus M5 aus und untersuche es mithilfe der Arbeitsschritte auf S. 271 oder mithilfe der Kopiervorlage im Webcode.
b) Arbeite aus den Plakaten die Probleme heraus, die die Parteien zu lösen versuchten.
c) Präsentiert euch eure Ergebnisse.

2 **a)** Fasse die politischen Ziele der Alliierten für die Westzone zusammen. Nutze dazu den Darstellungstext und M4B. Nutze den **Wortschatz**.
b) Überprüfe anhand von M3, wie die Alliierten ihre Ziele aus Aufgabe 2 a) umsetzten.

3 Nenne die Unterschiede und Gemeinsamkeiten in den Entwicklungen der SBZ (S. 38–41) und der Westzonen. Du kannst dazu auch ein Venn-Diagramm (→ S. 262) erstellen. **Tipp** → S. 250.

4 **a)** Erkläre mithilfe des Darstellungstextes und des linken Plakats in M6 die Ziele des Marshallplans.
b) Begründe anhand des Darstellungstextes und des rechten Plakats in M6, warum die Sowjetunion den Marshallplan ablehnte.

5 Nenne Ursachen und Folgen der Berlin-Blockade 1948. Nutze den Darstellungstext, M1 und M2.

MK **6** **a)** **Methode:** Analysiere die Rede M4A mithilfe der Arbeitsschritte auf S. 272 oder der Kopiervorlage im Webcode auf S. 74.
b) Stelle Vermutungen an, wie die sowjetische Reaktion auf diese Rede ausgesehen haben könnte.

7 **Wähle eine Aufgabe aus:**
a) Erkläre, warum sich Frankreich zunächst der Bizone nicht angeschlossen hatte (Darstellungstext).
b) Verfasse aus Sicht eines Beraters des französischen Außenministers eine Stellungnahme zur Stuttgarter Rede von Byrnes (M4) und seinem Vorhaben die Besatzungszonen zu vereinen. Nutze den Darstellungstext.

cornelsen.de/webcodes
+ *Webcode: yinoci*
Kopiervorlage Methodentabelle

Wortschatz: liberale (= freiheitliche) Werte vertreten • ein Wirtschaftsraum (= ein Wirtschaftsgebiet) • eine Währungsreform durchführen (= die Ausgabe neuer Geldscheine, das alte Geld wird wertlos) • eine Luftbrücke (= ein von der Außenwelt abgeschnittenes Gebiet wird aus der Luft mit Lebensmitteln versorgt)

Die Gründung der Bundesrepublik Deutschland

Angesichts der Konfrontation zwischen den Blöcken beschlossen die drei westlichen Alliierten, die Gründung eines westdeutschen Staates voranzutreiben.
- ***Welche Schritte führten zur Gründung und welche Staatsform erhielt die BRD?***

M 1

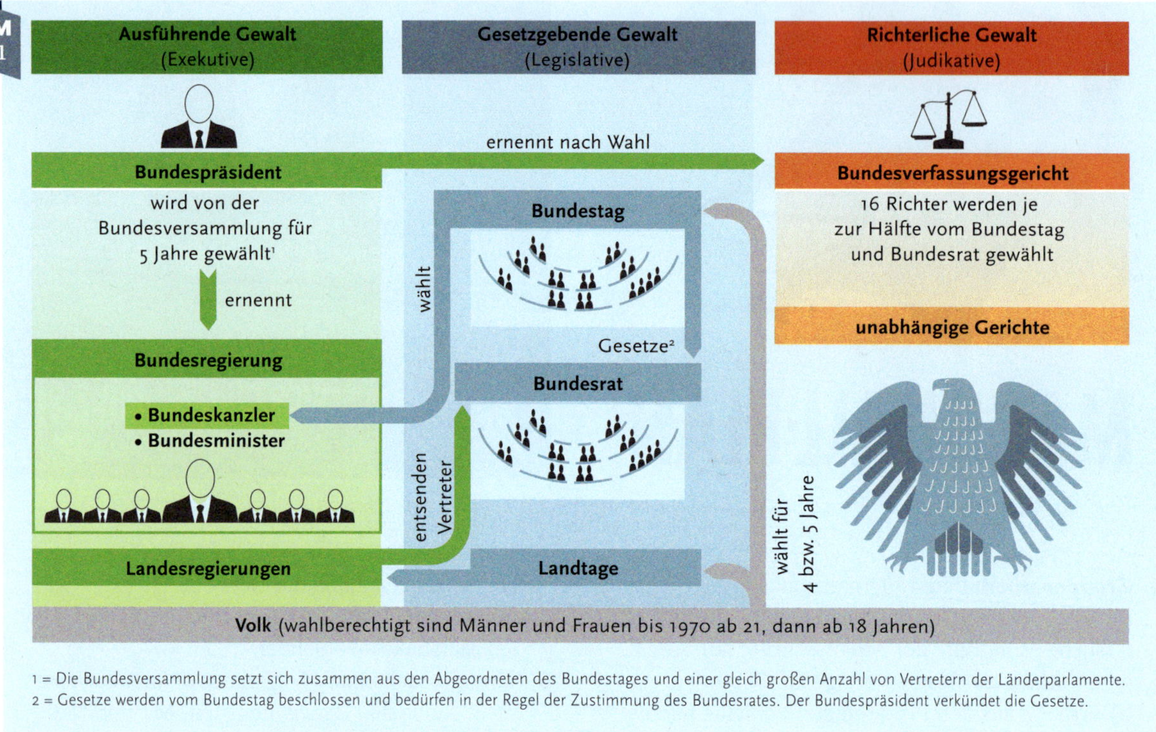

Staatsaufbau der Bundesrepublik Deutschland

Die Westzonen werden zur BRD

Der neue Staat aus den drei westlichen Zonen sollte nach amerikanischen Vorgaben ein „Bollwerk (= Abwehr) gegen den Kommunismus" darstellen. Ab Ende Dezember 1947 verhandelten die drei westlichen Alliierten zusammen mit Vertretern der drei Benelux-Staaten als direkte Nachbarn Deutschlands über die Gründung eines westdeutschen Teilstaates. Bedenken der Franzosen wegen der deutschen Überfälle in der Vergangenheit wurden auf Druck der USA verworfen. In der BRD sollte eine parlamentarische Demokratie* aufgebaut werden. Schon im Januar 1946 ließen die Amerikaner und im Herbst die Briten in ihren Besatzungszonen die ersten freien Gemeindewahlen zu. In verfassunggebenden Länderversammlungen entstanden Staatsordnungen für die neuen Bundesländer. Am 1. Juli 1948 übergaben die drei Westmächte den Ministerpräsidenten der neu geschaffenen Bundesländer ihrer Zonen die sogenannten „Frankfurter Dokumente". Diese enthielten den Auftrag, eine Verfassung für den neu zu gründenden westdeutschen Staat zu erarbeiten. Die Abgeordneten des „Parlamentarischen Rats", 65 Vertreter der Länderparlamente, berieten den von Experten erarbeiteten Verfassungsentwurf. Dieser sah einen föderativen* Staatsaufbau vor. Die Mitglieder des Parlamentarischen Rates hatten Bedenken gegen die Schaffung eines Teilstaates und sahen das Werk als eine vorläufige Verfassung. Zur Unterstreichung des provisorischen Charakters hieß die Verfassung „Grundgesetz". Es trat am 23. Mai 1949 in Kraft.

Wortschatz: Bedenken ausräumen • die drei Benelux-Staaten (= Belgien, Niederlande, Luxemburg) • über einen Entwurf beraten • eine Hauptstadt bestimmen • ein Amt übernehmen • ein souveräner (= eigenständiger) Staat

Vorangestellt wurde dem Text eine Präambel*, in der das Ziel einer künftigen Wiedervereinigung Deutschlands festgesetzt wurde. Das Grundgesetz sollte dem „staatlichen Leben für eine Übergangszeit eine neue Ordnung geben". Bonn wurde neue Hauptstadt. Zum ersten Kanzler der BRD wurde am 15. September 1949 Konrad Adenauer (CDU) gewählt. Das Amt des ersten Bundespräsidenten übernahm Theodor Heuss (FDP). Die BRD war kein souveräner Staat. Die westlichen Siegermächte behielten in der Außenpolitik die oberste Kontrollaufsicht. 1955 wurde die BRD Mitglied der NATO und damit Teil des westlichen Bündnissystems.

M 2

Die Gründung der BRD am 23. Mai 1949 in Bonn. Konrad Adenauer (in der Mitte) bei der Verkündung des Grundgesetzes. Links neben Adenauer: Helene Weber, Hermann Schäfer, rechts von ihm: Adolf Schönfelder und Jean Stock, alle Mitglieder des „Parlamentarischen Rats", Foto, 1949

1 Erstelle eine (digitale) Zeitleiste (→ S. 266) zur Gründung der Bundesrepublik Deutschland. Nutze den Darstellungstext. **Tipp** → S. 250.

2 Erkläre mithilfe des Darstellungstextes und M2 die Funktion des „parlamentarischen Rates".

3 Erläutere den Namen „Grundgesetz" für die heutige Verfassung. Nutze den **Wortschatz**.

4 **Methode:** Analysiere M1 mithilfe der Arbeitsschritte auf S. 271 oder der Kopiervorlage im Webcode.

5 **a)** Vergleiche die Verfassung der BRD mit der der Weimarer Republik. Nutze den Webcode.
b) Beurteile, inwiefern der Parlamentarische Rat Lehren aus der Weimarer Zeit gezogen hat.

6 Arbeite heraus, was Adenauer an dem Vorgehen der Westalliierten und der UdSSR kritisiert (M3).

7 Beurteile, ob mit der Gründung der BRD die deutsche Nation gespalten wurde.

M 3

Aus der Regierungserklärung Konrad Adenauers (CDU) vom 20. September 1949:

Der Fortschritt gegenüber den Verhältnissen, die seit 1945 bei uns bestanden, auch gegenüber den Zuständen des nationalsozialistischen Reichs, ist groß. Zwar müssen wir uns immer bewusst sein, dass Deutschland und das deutsche Volk noch nicht frei sind, dass es noch nicht gleichberechtigt neben den anderen Völkern steht, dass es ... in zwei Teile zerrissen ist. Aber wir erfreuen uns doch einer wenigstens relativen staatlichen Freiheit ... Niemand kann bei uns, wie das im nationalsozialistischen Reich der Fall war, und wie es jetzt zu unserem Bedauern in weiten Teilen Deutschlands in der Ostzone der Fall ist, durch geheime Staatspolizei ... der Freiheit und des Lebens beraubt werden ... Wenn wir auch kein Ministerium des Auswärtigen haben, so bedeutet das keineswegs, dass wir damit auf jede Betätigung auf diesem Gebiete Verzicht leisten ... Deutschland ist ... enger mit dem Ausland verflochten als jemals zuvor ... Durch die Denazifizierung ist viel ... Unheil angerichtet worden. Die wirklich Schuldigen ... sollen mit aller Strenge bestraft werden. Aber im Übrigen dürfen wir nicht mehr zwei Klassen von Menschen ... unterscheiden: die politisch Einwandfreien und die nicht Einwandfreien ... Und nun lassen Sie mich übergehen zu Fragen, die ... für unser gesamtes Volk Lebensfragen sind. Es handelt sich um ... die Oder-Neiße-Linie. Im Potsdamer Abkommen heißt es ausdrücklich ..., dass die endgültige Bestimmung der polnischen Westgrenzen bis zur Friedenskonferenz vertagt werden muss. Wir können uns daher unter keinen Umständen abfinden mit einer von Sowjetrussland und Polen später einseitig vorgenommenen Abtrennung dieser Gebiete ...

*Zit. nach www.konrad-adenauer.de/dokumente/erklarungen/regierungserklarung (Stand: 08.04.2021).**

cornelsen.de/webcodes
Webcode: susapa
Kopiervorlage Methodentabelle und Kopiervorlage Verfassungsschaubild

Die Gründung der Deutschen Demokratischen Republik

Als Reaktion auf die Gründung der BRD im Mai 1949 veranlasste die Sowjetunion die Umwandlung ihrer Besatzungszone in die Deutsche Demokratische Republik (DDR). Sie wurde am 7. Oktober 1949 gegründet.

- ***Welche Schritte führten zur Gründung der DDR und wer übernahm die Regierung?***

M 1

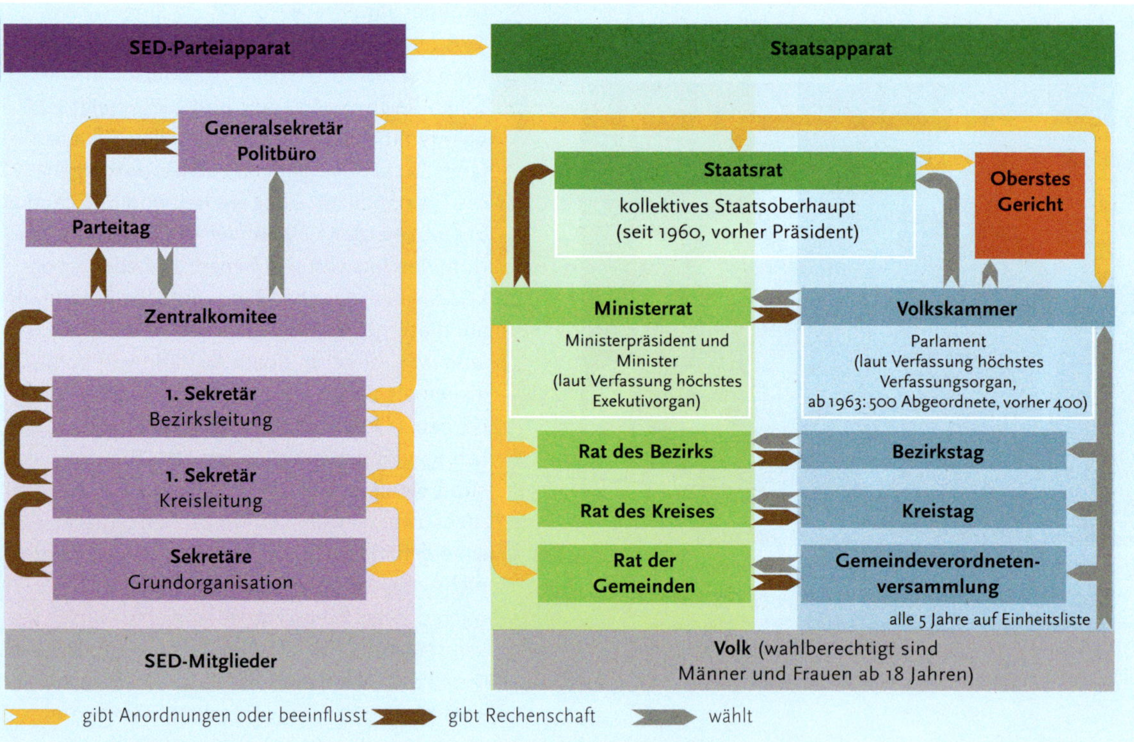

Staatsaufbau und Herrschaftsverhältnisse in der Deutschen Demokratischen Republik bis 1989

Staatsgründung im Osten

Seit 1947 zog sich die Sowjetunion aus verschiedenen Gremien gemeinsamer Zusammenarbeit mit den Westalliierten zurück. Ursache waren unterschiedliche Zielsetzungen und ideologische Gegensätze.

Auf die Bemühungen der Westmächte zur Zusammenlegung ihrer Zonen und der Gründung eines westdeutschen Staates reagierte die Sowjetunion umgehend. In der SBZ hatte die SED im Dezember 1947 einen Deutschen Volkskongress zur Zukunft Deutschlands einberufen, an dem auch über 2000 ausgesuchte Delegierte (= Abgeordnete) aus den Westzonen teilnahmen. Der zweite Volkskongress (100 der 400 Delegierten kamen aus den Westzonen) erhielt den Auftrag, eine Verfassung für ganz Deutschland auszuarbeiten. Der Anspruch auf einen gesamtdeutschen Staat nach sozialistischem Vorbild entsprach auch den Zielen der Sowjetunion, den eigenen Einflussbereich zu vergrößern und eine „Pufferzone" gegen die Westmächte zu errichten. Der Verfassungsentwurf wurde im Oktober 1948 vorgelegt. Die dritte Volkskammer veröffentlichte Ende Mai 1949 die neue Verfassung. Am 7. Oktober

Wortschatz: jemanden oder etwas degradieren (= herabsetzen) • eine Verletzung eines Abkommens (= dessen Bestimmungen wurden nicht eingehalten) • Rechenschaft abgeben (= sich für etwas verantworten)

bildete sich aus dem Volksrat die Provisorische Volkskammer als Parlament. Somit entstand der zweite deutsche Staat, die DDR. Es handelte sich um eine Volksdemokratie nach dem Prinzip des realen Sozialismus*. Präsident wurde Wilhelm Pieck, Ministerpräsident Otto Grotewohl, beide SED-Vorsitzende. Wie in der BRD lag in der DDR die oberste Entscheidung in zentralen Fragen der Politik bei der Besatzungsmacht. Ähnlich wie das Grundgesetz sollte auch die DDR-Verfassung nur provisorischen Charakter haben bzw. später für ein vereintes Deutschland gelten.

Eine demokratische Ordnung?

Die Verfassung glich zum Teil denen der westlichen demokratischen Staaten. Sie enthielt unter anderem die Festlegung der Einhaltung der Grundrechte, gab die Grundsätze der allgemeinen, gleichen, unmittelbaren und geheimen Wahlen der Abgeordneten an und legte auch die Mitsprache der Länder fest.

In der Praxis hatte die Verfassung keine Bedeutung. Der Beschluss der SED-Führung vom 17. Oktober 1949, alle Gesetze von ihrer Zustimmung abhängig zu machen, degradierte Regierung und Parlament zu Ausführungsorganen. Die Wahl der Volkskammer erfolgte nach einer „Einheitsliste*" (siehe S. 98/99) mit festgelegter Sitzverteilung. Da die SED alle Bereiche der Gesellschaft dominierte und keine unabhängige Justiz existierte, konnten individuelle Grundrechte nicht wirksam werden. Es gab keine Gewaltenteilung. Das eigentliche Machtzentrum bildete das Politbüro der SED mit Walter Ulbricht, der von 1950 bis 1971 Generalsekretär war. Daher wird auch von der SED-Diktatur gesprochen.

1 Ergänze die Zeitleiste von S. 46/47 mit den Stationen, die zur Gründung der DDR geführt haben. Nimm den Darstellungstext zur Hilfe.

2 **a)** Vergleiche M2 mit M3 auf S. 47.
b) Erkläre die unterschiedlichen Sichtweisen auf die Ereignisse in den Jahren 1948/49. Nutze den **Wortschatz**.

MK 3 **Methode:** Analysiere das Verfassungsschaubild in M1 mithilfe der Arbeitsschritte auf S. 270 oder der Kopiervorlage im Webcode auf S. 47.

4 Vergleiche die Verfassung der DDR (M1) mit der Verfassung der BRD (M1, S. 46) hinsichtlich der Gewaltenteilung und der Rolle der Parteien.

MK 5 Diskutiert, wer die Verantwortung für die deutsche Teilung trägt. Führt dazu eine Online-Abstimmung mithilfe einer App (→ S. 266) durch.

Zusatzaufgabe → S. 239.

M 2

Auszug aus der Regierungserklärung Otto Grotewohls (SED) vom 7. Oktober 1949:

Als die Sowjetregierung feststellen musste, dass infolge der systematischen Verletzung des Potsdamer Abkommens durch die Westmächte, infolge der mit Bildung des separaten Weststaates vollzogenen Spaltung Deutschlands eine neue Lage entstanden war, die neue grundlegende Entscheidungen erforderlich machte, hat die Sowjetregierung nicht gezögert, ... dem deutschen Volke die im Potsdamer Abkommen zugebilligten Rechte zu gewähren ... Die befreiende Tat der Sowjetunion, die uns die Bildung einer eigenen deutschen Regierung ermöglichte, verpflichtet uns, in Zukunft noch mehr als bisher für die Freundschaft mit der Sowjetunion einzutreten ... Die Politik des Friedens und der Freundschaft zur Sowjetunion findet ihre Ergänzung im Verhältnis ... mit unseren Nachbarn, dem neuen Polen und der Tschechoslowakischen Republik ... Die Oder-Neiße-Grenze ist für uns eine Friedensgrenze, die ein freundschaftliches Verhältnis mit dem polnischen Volke ermöglicht ... Wer übrigens dem Besatzungsstatut zugestimmt und damit seine Bereitschaft bewiesen hat, ganz Deutschland als Kolonie an die imperialistischen Mächte auszuliefern, hat auch kein Recht, über Grenzfragen im Osten zu zetern [= zu klagen] ... Die Größe der ... Gefahren, die das deutsche Volk bedrohen, erfordert eine neue Art der Beziehungen zwischen den Parteien ..., erfordert enge freundschaftliche Zusammenarbeit und Einmütigkeit in den Beschlüssen und Handlungen ... Die Zusammenfassung aller Kräfte des deutschen Volkes, ... die Politik des Blocks der demokratischen Parteien hat bereits große Erfolge gezeitigt ... Während sich in Westdeutschland die Anzeichen der herannahenden Wirtschaftskrise bemerkbar machen, ... Millionen Menschen ohne Arbeit und ausreichenden Verdienst leben müssen, ist es uns dank der Hilfe der Sowjetunion ... gelungen, unsere Wirtschaft von der krisenhaften Entwicklung der kapitalistischen Welt freizuhalten ... Wir sind an unseren Aufbau herangegangen, ohne uns durch Dollarkredite in die Abhängigkeit ausländischer Finanzkreise zu begeben.

*Otto Grotewohl, Im Kampf um die einige Deutsche Demokratische Republik, Reden und Aufsätze, Bd. 1: 1945–1949, Berlin (Dietz Verlag) 1954, S. 521 f.***

„Operation Marriage" – die Gründung von Nordrhein-Westfalen

M 1

Landeswappen von Nordrhein-Westfalen

Noch vor der Gründung der beiden deutschen Staaten entstanden in den Westzonen die späteren Bundesländer. Frankreich und Russland verlangten, dass das Ruhrgebiet unter internationale Aufsicht gestellt werden sollte. Doch die Briten entschieden sich für eine Zusammenlegung der rheinischen und der westfälischen Gebiete ihrer Zone.

- ***Wie kam es 1946 zur Gründung des neu zusammengesetzten Landes Nordrhein-Westfalen und warum wurde Düsseldorf die Landeshauptstadt?***

M 2

Nordrhein-Westfalen (NRW) im Jahr 1947

Die Briten gründen das neue Bundesland

Die Briten befürchteten 1946, dass bei den ersten freien Wahlen in der wichtigsten deutschen Industrieregion mit großer Wahrscheinlichkeit die Kommunisten siegen könnten. Daher wurde in London beschlossen, ländliche Gebiete wie Ostwestfalen, den Niederrhein und Teile der Eifel in das neue Bundesland einzubeziehen. Diese Gebiete waren konservativ-katholisch geprägt und sollten bei Wahlen politisch ausgleichend wirken. Das Ruhrgebiet lieferte den wichtigsten Energieträger der Zeit, die Steinkohle. Die Kohlebergwerke waren trotz der alliierten Luftangriffe weitgehend intakt. Kohle war unverzichtbar für die Stromerzeugung, Heizung und den Eisenbahntransport mit Dampflokomotiven. Am 17. Juli 1946 gab der Militärgouverneur im Düsseldorfer „Stahlhof" die „Vermählung" (= Hochzeit) bekannt, die am 23. August 1946 mit der britischen Verordnung Nr. 46 rechtskräftig wurde. Düsseldorf wurde Landeshauptstadt, da das bevölkerungsreichere Köln stärker zerstört war. Die Mehrheit der Bevölkerung stand der Gründung von NRW angesichts des Mangels von Lebensmitteln und Brennmaterial zunächst gleichgültig gegenüber. Die Briten setzten als ersten Ministerpräsidenten Rudolf Amelunxen (parteilos, später Zentrum) ein. Eine Landesregierung trat am 30. August 1946 zur ersten Sitzung zusammen. Aus den ersten Landtagswahlen 1947 ging der Christdemokrat Karl Arnold als Ministerpräsident hervor.

Liebesheirat oder Zwangsehe?

Im Januar 1947 erhielt das neue Land sein heutiges Aussehen durch Beitritt von Lippe-Detmold. Bis dahin war die „Operation Marriage" unter Politikerinnen und Politikern im Rheinland und in Westfalen umstritten. In Westfalen verfolgten einige Politiker bis Mitte 1946 Pläne eines Zusammenschlusses mit Lippe, Osnabrück und Südoldenburg. Zudem lehnten nach Umfragen 1946 große Teile der Bevölkerung in Westfalen eine Verbindung mit dem Rheinland ab. Andere sahen in NRW nur eine Übergangserscheinung bis zur endgültigen Regelung der deutschen Frage*. Auch gab es Bedenken, das bevölkerungsreiche, wirtschaftlich starke NRW könne in der BRD eine vorherrschende Rolle wie Preußen zur Zeit der Weimarer Republik übernehmen. Noch 1954 wurde für den Fall einer Neugliederung der Bundesländer die Auflösung der Länder Rheinland-Pfalz und NRW vorgesehen. Die anfangs unübersehbaren Spannungen zwischen den beiden Landesteilen des künstlichen „Bindestrichgebildes" lösten sich nach der Inkraftsetzung der Landesverfassung 1950 langsam auf.

M3 *Der Künstler Jacques Tilly entwarf dieses Plakat im Jahr 2016 zum 70-jährigen Bestehen des Bundeslandes Nordrhein-Westfalen.*

1 a) Lies den Darstellungstext.

b) Partnerarbeit: Beschreibt mithilfe von M3 das Kriegsende im Westen und die Gründung des Bundeslandes Nordrhein-Westfalen. Beginnt oben links und geht gegen den Uhrzeigersinn unterhalb des Rheins entlang zur Figurengruppe in der Mitte. Nutzet folgende Hilfestellungen: *Hürtgenwald = Waldgebiet südöstlich von Aachen in der Nordeifel, von September 1944 bis Februar 1945 Schauplatz erbitterter Kämpfe zwischen Wehrmacht und US-Army; Karl Berbuer: Kölner Karnevalist und Schlagersänger, bekannt durch seinen Song „Wir sind die Eingeborenen von Trizonesien" von 1948; der Mann hinter dem Plakat „Bonn wird Bundeshauptstadt" ist der erste Bundeskanzler Konrad Adenauer; Kardinal Josef Frings: siehe S. 16; Heinrich Drake: der letzte Landespräsident der Länder Lippe und Schaumburg-Lippe; die Lippische Rose war das Wappenzeichen der Edelherren zur Lippe und war im Staatswappen des Landes Lippe enthalten, einem deutschen Staat, der 1946 seine Selbstständigkeit verlor, als er in das neue Bundesland Nordrhein-Westfalen eingebunden wurde; in Bad Oeynhausen befand sich der Sitz der britischen Militärregierung.* **Tipp** → S. 250.

c) Fasse die Entstehung des Bundeslandes NRW mithilfe des Darstellungstextes sowie M2 und M3 in einer kurzen Darstellung zusammen. Nimm den **Wortschatz** zu Hilfe.

2 Partnerarbeit: Diskutiert, ob es sich bei M3 um eine Quelle oder um eine Darstellung handelt.

3 a) Erläutere, warum der Karikaturist die „Erinnerungsorte" und Personen in M2 für seine Darstellung der Geschichte von Nordrhein-Westfalen auswählte. **Tipp** → S. 250.

b) Beurteile, was deiner Meinung nach fehlt oder überflüssig erscheint.

MK **4** Recherchiere die Bedeutung des Wappens des Landes Nordrhein-Westfalen (M1).

Wortschatz: ein Gebiet zuweisen • der Gründung des Landes gleichgültig oder ablehnend gegenüberstehen • einen Plan verfolgen • eine Übergangserscheinung darstellen • eine beherrschende Rolle einnehmen

cornelsen.de/webcodes
Webcode: gimora
Entstehung des Bundeslandes NRW

1945 | 1946 | 1947

8./9. Mai Kapitulation der deutschen Wehrmacht

April (Zwangs-)Vereinigung von KPD und SPD in der sowjetischen Zone zur SED

17. Juni–2. August 1945 Potsdamer Konferenz

1. Januar Zusammenschluss der britischen und amerikanischen Zone zur Bizone

ab November Nürnberger Prozesse

Herbst/Winter Parteiengründungen in den Westzonen

Deutschland nach 1945

Zusammenbruchgesellschaft und Besatzung

Weite Teile Deutschlands waren nach dem Krieg massiv zerstört. Wasser,- Gas- und Stromleitungen funktionierten nicht mehr. Der Mangel an Nahrungsmitteln, Kleidung und Wohnraum bestimmte das Leben der Menschen. Geld war wertlos, sodass auf dem Schwarzmarkt Tauschgeschäfte getätigt wurden. **Flüchtlinge** und **Vertriebene** aus dem Osten sowie heimgekehrte Soldaten mussten integriert werden, was sich aufgrund der angespannten wirtschaftlichen Lage schwierig gestaltete.

Politischer Neubeginn

Im Juli und August 1945 verhandelten die drei Siegermächte USA, Sowjetunion und Großbritannien in Potsdam über die Zukunft Deutschlands. In ihrem Abkommen einigten sie sich auf die „**4 Ds**“: **Demokratisierung, Denazifizierung, Dezentralisierung** und **Demilitarisierung.** Deutschland wurde in **vier Besatzungszonen** aufgeteilt, Berlin in vier Sektoren. Dort übernahm jeweils eine Besatzungsmacht die Regierungsgewalt (USA, UdSSR, GB, später Frankreich). Meinungsverschiedenheiten entstanden zwischen den drei westlichen Besatzungsmächten und der Sowjetunion bezüglich der Höhe der Reparationen, der Demontage von Industrieanlagen und der Ostgrenze Deutschlands. Die Sowjetunion hatte mit der Festsetzung der Oder-Neiße-Linie als Ostgrenze Deutschlands und der „Westverschiebung Polens“ bereits Fakten geschaffen.

In Nürnberg fanden ab November 1945 die Prozesse („**Nürnberger Prozesse**“) gegen die Hauptkriegsverbrecher statt. Besonders im Westen wurden zahlreiche Täter nicht belangt und gelangten in hohe Ämter zurück.

Im Sinne der Demokratisierung erfolgte in den **Westzonen** schon 1945 wieder die Wieder- oder Neugründung von Parteien. Die Alliierten schufen neue Bundesländer als unabhängige Verwaltungseinheiten. Die Bevölkerung wählte die Länderparlamente in freier und geheimer Wahl. In der **Sowjetischen Besatzungszone** entstanden bereits vor der **Potsdamer Konferenz** Parteien. In Moskau geschultes Personal sollte die Bevölkerung vom Scheitern des Kapitalismus überzeugen und für die KPD werben. Angesichts schwacher Umfragewerte für die Kommunisten erfolgte im April 1946 die Zwangsvereinigung der Arbeiterparteien KPD und SPD zur SED, die von da an die Politik in der SBZ bestimmte.

Kalter Krieg und der Weg zur Spaltung

Ideologische Antagonismen, die Ausbreitung des Einflussgebietes und die Entwicklung von Atombomben verschärften den Konflikt zwischen den USA und der Sowjetunion – von „Containment“ (= Eindämmung des Kommunismus) und „Zwei Lagern“ war jetzt die Rede. In dieser Zeit des „**Kalten Krieges**“ verschärften sich in Deutschland die Spannungen zwischen den westlichen Besatzungsmächten und der Sowjetunion durch die Vereinigung ihrer Zonen. Die UdSSR sah darin eine Verletzung der Potsdamer Beschlüsse. Als die USA im Sommer 1947 ein groß angelegtes Hilfsprogramm für Europa (**Marshallplan**) verabschiedeten, das die vom Krieg zerstörten europäischen Staaten beim Wiederaufbau der Wirtschaft unterstützen sollte, war eine weitere Eskalationsstufe erreicht. In den westlichen Besatzungszonen wurde mit der **Währungsreform** im Juni 1948 die Deutsche Mark anstelle der wertlosen Reichsmark eingeführt. Die Sowjetunion reagierte darauf mit einer eigenen Währungsreform und der Blockade der Westsektoren im geteilten Berlin. Eine einheitliche Deutschlandpolitik war damit gescheitert. Die Befehlshaber der Westzonen beauftragten daraufhin die Ministerpräsidenten mit der Ausarbeitung eines Verfassungsentwurfs. Das Grundgesetz der **BRD** wurde am 23. Mai 1949 verkündet. Am 7. Oktober 1949 erfolgte die Gründung der **DDR.** Damit war Deutschland bis 1990 in zwei Staaten geteilt.

1948 | 1949 | 1950

1947/1948 Marshallplan und Gegenprogramm der UdSSR

März Gründung der Trizone

Juni Währungsreform in den Westzonen und in der SBZ

Juni 1948–Mai 1949 Berlin-Blockade

Juli Übergabe der „Frankfurter Dokumente“

23. Mai Gründung der BRD

7. Oktober Gründung der DDR

M1

Eine Schreibkonferenz durchführen:
Mithilfe einer Schreibkonferenz könnt ihr Darstellungstexte erstellen und bearbeiten. Orientiert euch an den folgenden Arbeitsschritten:

1. Schreibe deine eigene Darstellung in die Mitte eines Blattes. Achte darauf, dass an allen Seiten genügend Rand bleibt. Nutze dazu am besten ein großes DIN-A3-Blatt.

2. Bildet Gruppen und tauscht eure Darstellung untereinander aus: Jede Darstellung sollte von allen gelesen werden.

3. Notiert an den Rand jeder Darstellung, was euch gut gefällt, wo ihr noch Fragen oder Verbesserungsvorschläge habt und wo eurer Meinung nach noch nachgebessert werden sollte. Schreibt eure Namen unter längere Bemerkungen. Kennzeichnet beim Lesen auch Rechtschreib- oder Ausdrucksfehler (siehe M2).

4. Achtet auf die wichtigen Merkmale eines historischen Sachurteils:

- sind Aussagen in der Darstellung mit Quellen belegt?
- Sind verschiedene Sichtweise (Perspektiven) berücksichtigt?
- Bezieht sich die Darstellung auch auf die Fragestellung?
- Ist eine Einleitung, ein Hauptteil und ein Fazit zu erkennen?
- Nimmt dein Mitschüler selbst aus heutiger Sicht Stellung zur Fragestellung (historisches Werturteil) und trennt er dies von historischen Sichtweisen?
- Werden Verlaufsformen beachtet: Was geschah wann und wo, wie hingen die Ereignisse zusammen?

5. Wenn jedes Gruppenmitglied alle Darstellungen gelesen hat, überarbeitet die Autorin oder der Autor die eigene Darstellung. Dabei bleibt es ihr oder ihm überlassen, welche Vorschläge aufgenommen werden und welche nicht berücksichtigt werden.

6. Wenn ihr die technischen Möglichkeiten habt, probiert die Schreibkonferenz auch digital aus (siehe 212/213).

M2

√	=	An dieser Stelle fehlt etwas.
———	=	Ein Rechtschreibfehler.
∼∼∼	=	Der Begriff passt nicht.
(Begriff)	=	Dazu gibt es eine Frage, ein Lob oder einen Verbesserungsvorschlag.
ww	=	Eine vermeidbare Wortwiederholung.
?	=	Dieser Textabschnitt ist nicht verständlich.

Rechtschreibung und Ausdruck bei einer Schreibkonferenz korrigieren

1 Wählt eine Aufgabe aus:
Führt mithilfe von M1 und M2 eine Schreibkonferenz zu einer der beiden Aufgaben durch. Nutzt jeweils den Darstellungstext:

a) Beurteilt die Auswirkungen des beginnenden Kalten Krieges auf die internationale Nachkriegsordnung und das geteilte Deutschland.

b) Warum kommt es zur doppelten Staatsgründung? – Stellt den Verlauf und Ursachen dar.

In diesem Kapitel konntest du folgende Kompetenzen erwerben:

- den gesellschaftlichen, wirtschaftlichen und politischen Neubeginn in den Besatzungszonen erläutern
- ideologische Voraussetzungen der Blockbildung und deren Konsequenzen für die Beziehungen zwischen den USA und der UdSSR nach 1945 beschreiben
- Folgen der Flucht- und Vertreibungsbewegungen beurteilen
- den Einfluss der USA und der UdSSR auf die internationale Nachkriegsordnung und das geteilte Deutschland beurteilen
- zentrale Ereignisse und Phasen der deutsch-deutschen Geschichte von der Teilung bis zur Wiedervereinigung erläutern
- die Handlungsspielräume in beiden deutschen Staaten bezüglich der „deutschen Frage" beurteilen
- **Medien und Methoden:** Arbeiten im Archiv
- **Medien und Methoden:** Perspektiven von Zeitzeugen untersuchen
- **Medien und Methoden:** Politische Reden vergleichen

M 1

„Zweie sind schon ein Verein – doch viere würden besser sein." Karikatur aus dem „Daily Herald" vom 2. August 1946

M 2

Flüchtlinge auf einem Flüchtlingstreck verlassen gegen Ende des Zweiten Weltkrieges ihre Heimat, Foto, 1945

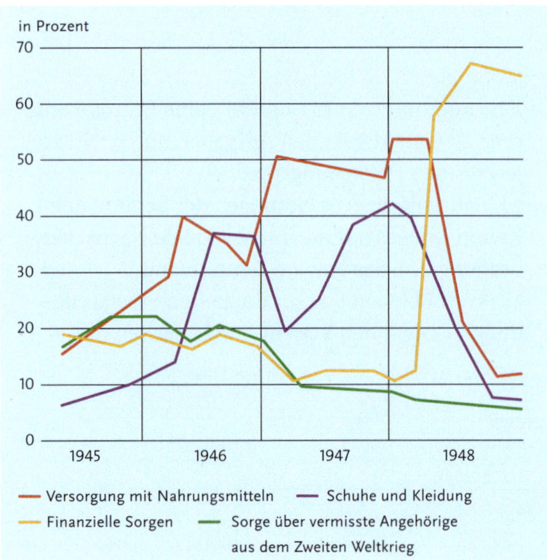

M 4

Die Blockbildung im Kalten Krieg:
die NATO – der Warschauer Pakt – Sozialismus/Kommunismus – der Marshallplan – Reparationen – Demontagen – Wirtschaftsaufbau – die doppelte Staatsgründung – die Währungsreform – die Bizone / die Trizone – die Truman-Doktrin – Besatzungszonen – das Wettrüsten – der Eiserne Vorhang – der Ost-West-Konflikt – die Antagonismen

M 3

Umfrageergebnisse der amerikanischen Militärregierung über die Hauptsorgen der Deutschen 1945–1948. Die Aufnahme von Flüchtlingen und Vertriebenen aus ehemaligen östlichen Gebieten des Deutschen Reichs führte zu einer Verschärfung der Situation.

M 5

Erklärung von Marschall Wassilij Sokolowski, Führer der SMAD, vor dem Alliierten Kontrollrat zur Bildung der Bizone (25. 2. 1947):
In letzter Zeit sind hinsichtlich des britisch-amerikanischen Übereinkommens über die Vereinigung der beiden Zonen Berichte erschienen, nach denen in der britischen und amerikanischen Besatzungszone Deutschlands die Gründung von Zweizoneninstituten von nicht nur wirtschaftlichem, sondern auch politischem Charakter beabsichtigt wird ... Dieses Übereinkommen wurde ohne den Kontrollrat abgeschlossen, obwohl ein solches Vorgehen unzweifelhaft die vereinbarten Grundsätze unserer gemeinsamen Arbeit in der Eigenschaft als Mitglieder des Kontrollrates ... verletzte ... Es taucht die Frage auf, ob nicht mit dem Übereinkommen über die Vereinigung der britischen und amerikanischen Zonen beabsichtigt wird, die Besatzung in Deutschland ... dazu zu benutzen, die deutsche Wirtschaft zu verschlingen, sie den britischen und amerikanischen Monopolen zu unterwerfen ... und somit Deutschland oder wenigstens Westdeutschland zu einem Anhängsel ausländischer Monopole zu verwandeln ... Wäre es nicht besser, dem deutschen Volk die Möglichkeit zu geben, frei und ohne Zwang selbst seine Meinung über den Staatsaufbau seines Landes zu äußern?

*Zit. nach Gennadi Aleksandrovich Belov (Hg.), Um ein antifaschistisch-demokratisches Deutschland. Dokumente aus den Jahren 1945–1949, Berlin (Staatsverlag der Deutschen Demokratischen Republik) 1968, S. 417 ff.**

M 6

Der US-amerikanische Außenminister John Foster-Dulles über die außenpolitische Strategie der USA im Umgang mit der Sowjetunion (1953):
[Wir werden] niemals einen sicheren Frieden oder eine glückliche Welt haben ..., solange der sowjetische Kommunismus ein Drittel aller Menschen, die es gibt, beherrscht und dabei ist, mindestens den Versuch zu machen, seine Herrschaft auf viele andere auszuweiten. Diese versklavten Menschen sind Menschen, die die Freiheit verdienen ...
Deswegen müssen wir immer die Befreiung dieser unterjochten Völker im Sinn behalten. Nun bedeutet Befreiung nicht einen Befreiungskrieg. Befreiung kann auch erreicht werden durch Vorgänge unterhalb der Kriegsschwelle ... Die Bedrohung durch den sowjetischen Kommunismus ist meiner Meinung nach nicht nur die schwerste Bedrohung, der sich die Vereinigten Staaten je ausgesetzt sahen, sondern auch die schwerste Bedrohung, dem das, was wir westliche Kultur nennen, oder überhaupt jede Kultur, die vom Glauben an Gott geprägt ist, je ausgesetzt war. Der sowjetische Kommunismus ist seinem Wesen nach atheistisch und materialistisch. Er glaubt, menschliche Wesen seien nicht mehr als etwas bessere Tiere ... Glaubt man jedoch an die göttliche Natur des Menschen, dann ist es eine Ideologie, die völlig unannehmbar ist und die mit diesem Glauben vollständig unvereinbar ist.

*Zit. nach: Carl-Christoph Czempiel & Ernst-Otto Schweitzer, Weltpolitik der USA nach 1945, Opladen (Leske + Budrich) 1984, S. 125 f.***

Sachkompetenz:

1 Fasse in einer eigenen Darstellung zusammen, wie es nach 1945 zur Blockbildung kam. Nutze dazu passende Begriffe aus M4.

2 Stelle mithilfe von M6 dar, welche Konsequenzen sich für die Beziehungen zwischen den USA und der UdSSR aus der Blockbildung ergaben.

3 Erkläre anhand von M1 und M5, warum es zur Teilung Deutschlands kam.

4 **a)** Erläutere mithilfe von M3 die Hauptsorgen der Deutschen in der Nachkriegszeit.
b) Erkläre die starke Veränderung 1948.

Urteilskompetenz:

5 Diskutiere die doppelte Staatsgründung vor dem Hintergrund der Handlungsmöglichkeiten der beteiligten Akteure in Ost und West. Nimm die Ergebnisse aus Aufgabe 3 zur Hilfe.

6 Beurteile anhand von M5 und M6 den Einfluss der USA und UdSSR auf die internationale Nachkriegsordnung und das geteilte Deutschland. Berücksichtige dabei auch die passenden Begriffe aus M4.

7 Beurteile die Folgen der Flucht- und Vertreibungsbewegungen für die Betroffenen und die Nachkriegsgesellschaft (M2). Nimm S. 22–25 zu Hilfe.

cornelsen.de/webcodes
Webcode: zotaqo
Selbsteinschätzungsbogen

HOW TO KILL EVERYBODY
HOW TO LIVE WITH EVERYBODY

cornelsen.de/webcodes
Code: fojezu
alle Darstellungstexte zum Anhören

2

Die Welt im „Ost-West-Konflikt“

Gemeinsam hatten die USA und die Sowjetunion das nationalsozialistische Deutschland besiegt. Doch aus den Verbündeten wurden in den Jahren nach dem Ende des Zweiten Weltkrieges Feinde. Beide Mächte entwickelten immer mehr Atomwaffen. Fast 50 Jahre beherrschte der Konflikt zwischen dem amerikanisch-kapitalistischen „Westen“ und dem sowjetisch-kommunistischen „Osten“ die Weltpolitik.

Fasse zusammen, wie der Karikaturist seine Zeit beschreibt. Welche Probleme für die Zeit nach dem Zweiten Weltkrieg werden aus der Karikatur deutlich?

„Atom Bomb“, Karikatur des US-Amerikaners Daniel R. Fitzpatrick, 1945. Auf der Atombombe links steht: „Wie man jeden tötet“, auf dem Fragezeichen rechts steht: „Wie ist ein gemeinschaftliches Zusammenleben möglich“.

1945 1950 1955 1960 1965

1947–1990/91 Kalter Krieg/Ost-West-Konflikt
Entkolonialisierung: Ende der europäischen Kolonialherrschaft in Afrika und Asien

1968 Atomwaffensperrvertrag (USA, GB und UdSSR)

1948/49 Berlin-Blockade

1950–1953 Koreakrieg

1949 Gründung der NATO

1955 Gründung des Warschauer Paktes

1962 Kubakrise

1964–1973 Vietnamkrieg der USA

Die Welt im „Ost-West-Konflikt"

Im Ost-West-Konflikt stand die Welt mehrfach am Rande eines Dritten Weltkriegs. Ab 1949 verfügte auch die Sowjetunion (UdSSR) über Atomwaffen. Der Nachfolger Stalins in der Führung der Sowjetunion wurde 1953 Nikita Chruschtschow. Er sah sich gezwungen, dem Westen ein Angebot „friedlicher Koexistenz" zu unterbreiten. In Ost und West zeichnete sich eine Haltung ab, den „Status quo" zu akzeptieren. Das „atomare Patt" oder „Gleichgewicht des Schreckens" zwischen den USA und der Sowjetunion verhinderte einen direkten Krieg der beiden Supermächte. Beide bemühten sich, durch wirtschaftliche und militärische Unterstützung befreundeter Staaten ihre Einflussgebiete zu vergrößern.

In die Zeit des Ost-West-Gegensatzes fiel auch die Auflösung der europäischen Kolonien in Afrika und Asien. Einige Regierungen neuer Staaten in Afrika verbündeten sich mit der Sowjetunion als Unterstützerin der antikolonialen Befreiungsbewegungen.

Im Kalten Krieg wechselten sich Phasen der Konfrontation und der Entspannung ab. Nach der Berlin-Blockade 1948/49 (S. 43) war der Krieg in Korea die zweite Stufe der Eskalation des Kalten Krieges. Der Koreakrieg 1950–1953 gilt wie der Vietnamkrieg der USA (1964–1975) als „Stellvertreterkrieg*", weil sich dabei die Supermächte nur indirekt gegenüberstanden. In der Kubakrise 1962 drohte erstmals eine direkte militärische Auseinandersetzung.

Untersuche in diesem Kapitel folgende Fragen:

- An welchen Schauplätzen kam es zu Stellvertreterkriegen zwischen den beiden Blöcken?
- Wie kam es zur Entkolonialisierung und welche Auswirkungen hatte sie?
- Welche Phasen der Eskalation und Entspannung können im Ost-West-Konflikt festgestellt werden?
- Welche Gefahren brachten technische Neuerungen in der Vergangenheit und heute?

M 1

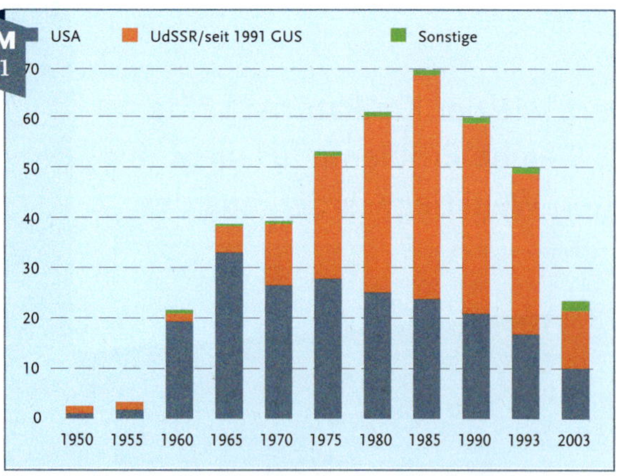

Zahl der weltweit vorhandenen Atomwaffen 1950 bis 2003. GUS = Gemeinschaft Unabhängiger Staaten (siehe S. 182/183).

M 2

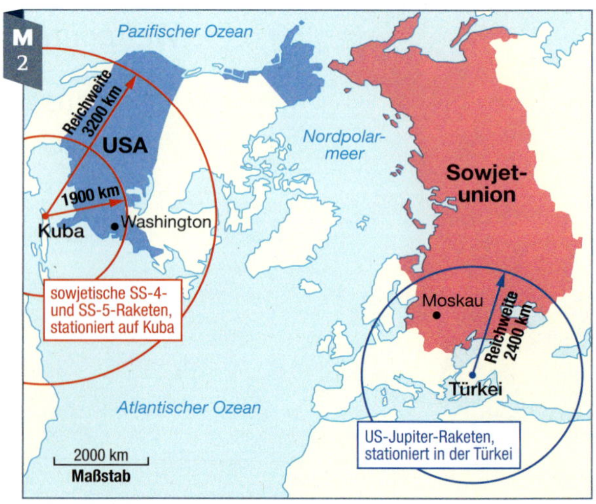

Reichweiten von amerikanischen und sowjetischen Raketen 1962. Die Sowjetunion stationierte 1962 Raketen auf Kuba, die USA in der Türkei.

1970 | 1975 | 1980 | 1985 | 1990 | 1995

1988 UdSSR kündigt massiven Abbau der Truppen in Europa an

1973–1975 Konferenz für Sicherheit und Zusammenarbeit in Europa (KSZE)

1979 Einmarsch sowjetischer Truppen in Afghanistan

1972 SALT I (Abrüstungsgespräche)

M 3

Der amerikanische „Hecht“ und die koreanische Belehrung (Plakat zum Koreakrieg 1950–1953). Die Inschrift auf der fliegenden nordkoreanischen Artilleriegranate in Richtung des amerikanischen Flugzeugträgers lautet: „Den amerikanischen Aggressoren vom koreanischen Volk!“ Sowjetisches Plakat, 1952

M 4

Proteste gegen den Rüstungswettlauf zwischen den Vereinigten Staaten und der UdSSR auf der Hofgartenwiese in Bonn, Foto, 1983. Über 150 000 Menschen demonstrierten auf der Bonner Hofgartenwiese am 22. Oktober 1983 gegen den NATO-Doppelbeschluss, der die Stationierung neuer amerikanischer Raketen in Deutschland vorsah.

1 Beschreibe mithilfe der Statistik M1 und der Karte M2 die atomare Bedrohung im Kalten Krieg. Nutze auch den Webcode.

2 Erstelle eine Tabelle und ordne aus deiner Sicht mögliche wichtige Ereignisse entweder unter der Überschrift „Konfrontation im Kalten Krieg“ oder „Entspannung“ ein. Nutze dafür die Zeitleiste und die Materialien M1–M5.

3 Stelle Vermutungen an, ob der Begriff „friedliche Koexistenz“ aus dem Darstellungstext für die Zeit des Kalten Krieges angemessen ist. Nutze M1–M5.

M 5

Atombombentest der USA auf dem Bikini-Atoll im Pazifischen Ozean am 1. Juli 1946 (Operation Crossroads). Zu sehen ist ein Atompilz nach der Detonation der Bombe. Foto, 1946. Die Sowjetunion führte ihren ersten Atomwaffentest im August 1949 durch.

cornelsen.de/webcodes
Code: betiki
Atombomben

Wettkampf der Systeme: „Space race“ ins All

Heute umkreisen Tausende von Satelliten die Erde, regelmäßig fliegen Astronautinnen und Astronauten zur internationalen Weltraumstation ISS. Erstmals sind 2021 Menschen als Touristen ins Weltall geflogen. Das klingt nach friedlicher Raumfahrt, doch der Beginn war Teil des Wettstreits der Supermächte im Kalten Krieg.

- *Gab es in diesem Wettlauf einen Sieger?*
- *Welche Rolle spielten dabei die beiden deutschen Staaten?*

M 1

Eine mongolische Briefmarke erinnert an die Hündin Laika. 1963

M 2

Die Hündin Laika wurde 1957 in einer sowjetischen Sojus-2-Raumkapsel mit einer etwa 29 Meter hohen Trägerrakete in den Weltraum geschossen. Foto, 1957

Deutsche Erfinder im Dienst der Supermächte

Das „Space race“, der Wettlauf ins All, begann in den 1950er Jahren: Sowjets und Amerikaner forschten an der Entwicklung von Raketen, die Atombomben über weite Distanzen schießen sollten. Dabei griffen beide Seiten auf deutsche Technik und deutsche Ingenieure zurück, die im Zweiten Weltkrieg für die Wehrmacht Raketenwaffen entwickelt hatten. Der bekannteste dieser Ingenieure, Wernher von Braun, wurde später zu einem der Organisatoren des amerikanischen Mondfahrtprogramms „Apollo“.

Doch der Sowjetunion gelangen zur Überraschung der Weltöffentlichkeit die ersten Erfolge im Wettlauf ins All: Mit „Sputnik 1“ brachten die Sowjets 1957 den ersten künstlichen Satelliten in eine Umlaufbahn und versetzten den USA und ihren westlichen Verbündeten den „Sputnik-Schock“. Die Hündin Laika flog einen Monat später als erstes Lebewesen in den Weltraum. Eine Rückkehr der Hündin war nicht vorgesehen, sie starb nach wenigen Stunden im All. Am 12. April 1961 umkreiste Juri Gagarin mit dem Raumschiff Wostok 1 („Osten“) als erster Mensch die Erde, 1963 folgte Walentina Tereschkowa als erste Frau im All. Der Russe Alexei Leonow unternahm 1965 den ersten „Weltraumspaziergang“.

Das amerikanische Projekt Mondlandung

US-Präsident John F. Kennedy gab 1961 den Startschuss für ein ehrgeiziges Programm: Vor Ablauf der nächsten zehn Jahre sollte ein US-Amerikaner den Mond betreten und wieder auf die Erde zurückkehren. Tatsächlich landeten am 20. Juli 1969 mit der Apollo 11-Mission zwei US-Amerikaner, Neil Armstrong und Buzz Aldrin, als erste Menschen auf dem Mond (Siehe M5 auf S. 87).

Raumfahrt in der DDR und in der BRD

In der DDR lösten der Sputnik-Start und der Weltraumflug von Juri Gagarin großen Stolz auf das eigene politische System aus: Auf Plakaten und Briefmarken grüßten die Raumfahrt-Helden, Kinder träumten davon, Kosmonaut zu werden und es wurden viele Science-Fiction-Bücher gekauft. Am 26. August 1978 startete der DDR-Bürger Sigmund Jähn mit der sowjetischen Rakete Sojus 31 als erster Deutscher in den Weltraum. Nach seiner Rückkehr wurde Jähn in der DDR zum Volkshelden.

In der westlichen Welt stieg nach den ersten Raumfahrt-Erfolgen der Sowjetunion die Angst vor einem Atomkrieg, denn mit Atomwaffen bestückte Raketen konnten in kurzer Zeit jeden Punkt der Erde treffen. Die Bundesregierung investierte daher wie andere westliche Staaten in den 1960er Jahren mehr Geld in die Rüstung und förderte die naturwissenschaftliche Forschung. Gleichzeitig unterstützte sie Raumfahrtprogramme mit anderen europäischen Staaten. Der erste Westdeutsche startete fünf Jahre nach Sigmund Jähn in den Weltraum: 1983 flog Ulf Merbold mit der US-amerikanischen Raumfähre „Space Shuttle Columbia“ in den Weltraum.

cornelsen.de/webcodes
Code: xiviyi
Film: Der Wettlauf ins All

M 3

In der DDR-Zeitung „Neues Deutschland“ erschien am 27. August 1978 der Artikel „Der erste Deutsche im All ein Bürger der DDR“:

... Der Start des Raumschiffes Sojus 31 mit Kosmonauten der Sowjetunion und der Deutschen Demokratischen Republik an Bord, der in der Zeit der Vorbereitung auf ein historisches Ereignis, den 30. Jahrestag der Gründung des ersten sozialistischen deutschen Staates, vollzogen wurde, ist ein erneutes markantes Beispiel für die weitere Festigung der brüderlichen Freundschaft und der engen Zusammenarbeit zwischen den Völkern der UdSSR und der DDR. Dieser Flug kennzeichnet einen neunen wichtigen Schritt zur konsequenten Verwirklichung des umfangreichen Planes der Zusammenarbeit der sozialistischen Bruderländer im Rahmen des Interkosmosprogramms, das die gemeinsame Erkundung des Weltraums im Interesse der Wissenschaft und der Volkswirtschaft zum Ziel hat. Die sozialistische Gemeinschaft bietet der Welt ein Beispiel der Erkundung und Nutzung des Weltalls zu friedlichen Zwecken auf der Grundlange uneigennütziger internationaler Zusammenarbeit und kameradschaftlicher gegenseitiger Hilfe.

*Neues Deutschland. 27. August 1978 (Jahrgang 33), S. 1.**

M 4

Gedicht „Laika“ des ostdeutschen Schriftstellers Günter Kunert (1963):

In einer Kugel aus Metall,
Dem besten, das wir besitzen,
Fliegt Tag für Tag ein toter Hund
Um unsre Erde
Als Warnung,
Dass so einmal kreisen könnte
Jahr für Jahr um die Sonne,
Beladen mit einer toten Menschheit,
Der Planet Erde,
Der beste, den wir besitzen.

Gunter Kunert, Gedichte. Auswahl von Franz Josef Görtz, Stuttgart (Reclam) 1987, S. 11.

M 5

US-Präsident John F. Kennedy (rechts) und Vizepräsident Lyndon B. Johnson (Mitte) treffen den im Dienste der USA stehenden Raketeningenieur Wernher von Braun auf einem US-Militärflughafen. Foto, 1962

MK **1** Erstelle eine digitale Zeitleiste (→ S. 266) zur internationalen und deutschen Geschichte der Raumfahrt (M2, Darstellungstext, Webcode).

2 a) Erläutere, welche Gefahren in dem Gedicht von Kunert (M4) deutlich werden. **Tipp** → S. 250.
b) Nenne Beispiele für technische Neuerungen, die in der Gegenwart oder in der nahen Zukunft Gefahren oder neue Chancen mit sich bringen könnten. **Tipp** → S. 250.
c) Partnerarbeit: Diskutiert eure Ergebnisse. Seht ihr in der heutigen Weiterentwicklung der Technik und der zunehmenden Digitalisierung eine zukünftige Gefahr für die Menschen?

3 Nimm dazu Stellung, ob die Gedenkbriefmarke in M1 angemessen erscheint.

4 Analysiere den Zeitungsbericht M3.

5 Diskutiert, warum es sich bei M3 um einen Propagandatext aus der Zeit des Kalten Kriegs handelt.

MK **6** Sigmund Jähn und Wernher von Braun (M5): Helden der Raumfahrt? Recherchiere die Lebensläufe und formuliere eine Antwort. Nutze den **Wortschatz**.

Zusatzaufgabe → S. 239.

Wortschatz: ein Projekt umsetzen • einen Vorsprung aufholen • ins All/in den Weltraum fliegen • ein/e Astronaut/in • ein/e Kosmonaut/in • zu einem Helden werden • eine Umlaufbahn um einen Planeten

Die Auswirkungen der Ost-West-Konfrontation

Als die Sowjetunion 1957 den ersten Satelliten Sputnik I mit einer Rakete in den Weltraum beförderte, löste dies einen Schock in der westlichen Welt aus. Sowjetische und amerikanische Raketen mit Atombomben waren in der Lage, jede Stadt der gegnerischen Macht zu vernichten. Die Kriegsgefahr war allgegenwärtig. Bis zum Zerfall der Sowjetunion (1991) kam es zu zwei großen sogenannten Stellvertreterkriegen und einer direkten Konfrontation der Supermächte in der Kubakrise.*

- *Untersucht in einem Gruppenpuzzle diese drei Auseinandersetzungen: Welche Bedeutung hatten sie im Ost-West-Konflikt?*

M 1

„Hilfe, ich werde verfolgt!" Karikatur von Horst Haitzinger, 1981

Die atomare Gefahr

Die Gründung der NATO und des Warschauer Paktes vertiefte die Teilung der Welt. Die Vereinten Nationen (UNO*), 1945 als Organisation zur Friedenssicherung gegründet, konnten nur wenig zur Problemlösung beitragen, weil sich dort die USA und die Sowjetunion bei Abstimmungen gegenseitig blockierten. Zum ersten und einzigen Kampfeinsatz von Atomwaffen kam es 1945 durch die USA über den japanischen Städten Hiroshima und Nagasaki. Eine Atombombe setzt bei der Explosion ein Vielfaches der Sprengkraft von konventionellen (= bis dahin genutzten) Bomben frei. Eine Atombombe kann innerhalb weniger Sekunden ganze Städte und Landstriche zerstören.

Ein Rüstungswettlauf beginnt

Ab 1949 kam es zu einem Rüstungswettlauf zwischen den beiden Atommächten UdSSR und USA. Dieser Wettlauf führte zu einem „Gleichgewicht des Schreckens": Keine der Supermächte hätte einen atomaren Angriff starten können, ohne die eigene Vernichtung in Kauf zu nehmen. Mit der Anzahl an Atomwaffen konnte die Erde rechnerisch mehrmals zerstört und unbewohnbar gemacht werden.

Sowohl den amerikanischen als auch den sowjetischen Politikern war klar, dass jede der beiden Mächte in der Lage war, den Gegner vollständig zu vernichten. Daher sollte ein Atomkrieg um jeden Preis verhindert werden. Die Regierungschefs sprachen zwar von „Atoms for peace" (1954, USA) und „Friedlicher Koexistenz" (1956, Sowjetunion), doch die Kriegsgefahr blieb allgegenwärtig.

Die USA und die Sowjetunion stellten sicher, dass im Fall eines Angriffs die atomare Vergeltung folgen würde. Atombomben konnten jederzeit gestartet werden. Flugzeuge und U-Boote befanden sich unerreichbar für den Gegner an wechselnden Orten in den Weltmeeren oder in der Luft (S. 58, M2).

Stellvertreterkriege zwischen Ost und West

Zu einer direkten Konfrontation zwischen Armeen der Sowjetunion und der USA kam es während des Kalten Krieges nicht. Vielmehr kam es zu „Stellvertreterkriegen", die in anderen Ländern außerhalb des US-amerikanischen und des sowjetischen Territoriums stattfanden. Die Großmächte unterstützten die Kriegsparteien indirekt, zum Beispiel durch Waffenlieferungen oder Geld, aber auch direkt durch den Einsatz eigener Soldaten. Zu den Stellvertreterkriegen zählen der Koreakrieg (1950–1953) und der Vietnamkrieg der USA (1964–1973). In der Kubakrise (1962) konnte eine direkte militärische Auseinandersetzung zwischen der Sowjetunion und den USA im letzten Moment verhindert werden.

Vorschlag für ein Gruppenpuzzle:

A Stammgruppe

1. Bildet Dreiergruppen. Erklärt zunächst, wie es zum Rüstungswettlauf im Kalten Krieg kam (Darstellungstext, M1). Nutzt den **Wortschatz**.
2. Anschließend entscheidet sich jedes Mitglied für eines der drei Themen auf den S. 64 bis 69.

B Einzelarbeit

3. Lege im Heft eine Tabelle an (Vorlage siehe unten oder Webcode). Bearbeite dein gewähltes Thema in Einzelarbeit. Nutze dazu die Materialien und bearbeite die Aufgaben auf der jeweiligen Doppelseite, bevor du deine Tabelle befüllst.

C Expertengruppe

4. Sucht Mitschülerinnen oder Mitschüler aus anderen Gruppen, die das gleiche Thema bearbeitet haben. Vergleicht und ergänzt eure Ergebnisse.
5. Diskutiert die Bedeutung des Ergebnisses für die jeweils beteiligten Mächte.

D Stammgruppe

6. Kehrt in eure Stammgruppen zurück. Stellt euch gegenseitig eure Ergebnisse vor und ergänzt eure Tabelle.
7. Vergleicht die Auseinandersetzungen auf Gemeinsamkeiten und Unterschiede.
8. Beurteilt, inwiefern es sich bei den Kriegen und Krisen um Stellvertreterkriege handelte.

Untersuchungspunkte	Der Krieg in Korea (1950–1953) S. 64–65	Die Kubakrise (1962) S. 66–67	Der Vietnamkrieg der USA (1964–1973) S. 68–69
Wer war wie beteiligt?			
Worin lagen die Ursachen für den Ausbruch des Stellvertreterkrieges oder der Konfrontation?			
Welches Ergebnis hatte der Krieg oder die Konfrontation?			
Welche Auswirkungen und Bedeutung hatte das Ergebnis für die Beteiligten? Begründet.			

cornelsen.de/webcodes
Code: vofuca
Kopiervorlage Tabelle

Wortschatz: ein atomares Wettrüsten • eine Rakete in den Weltraum schicken • ein atomarer Sprengkopf • den Weltraum erobern • eine atomare Vergeltung (= Rache) üben • ein Stellvertreterkrieg • ein Gleichgewicht des Schreckens

Der Krieg in Korea (1950–1953)

M 1

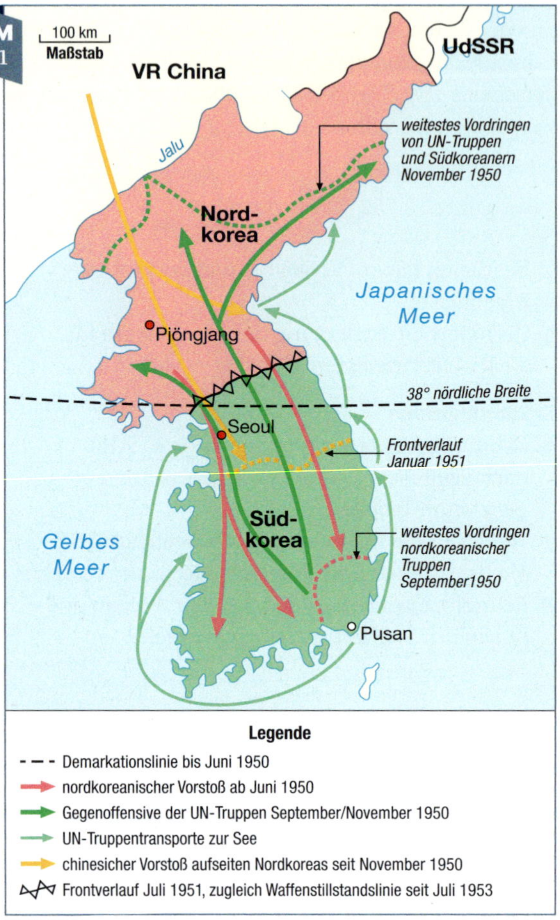

Koreakrieg 1950–1953

Die Teilung Koreas nach dem Zweiten Weltkrieg

Nach der Kapitulation Japans im September 1945 wurde das seit 1910 von den Japanern beherrschte Korea von der Sowjetunion und den USA besetzt. Der Süden kam unter amerikanische und der Norden unter sowjetische Verwaltung. Die Grenze wurde am 38. Breitengrad gezogen.

Die Vereinten Nationen (UNO), die 1945 gegründet worden waren, übernahmen 1947 die Aufgabe einer Wiedervereinigung Koreas, waren aber nicht erfolgreich. Unterstützt von den USA, entstand im Süden die „Republik Korea" (Südkorea). Im Norden rief der Kommunist Kim Il-Sung die „Demokratische Volksrepublik Korea" aus, die von den kommunistischen Ländern Volksrepublik China und Sowjetunion unterstützt wurde. Beide koreanische Regierungen sahen sich als alleinige Vertreter Koreas und strebten eine Wiedervereinigung an. Dieser Wunsch verstärkte sich nach dem Abzug der amerikanischen und sowjetischen Truppen 1949.

Der Koreakrieg 1950–1953 und seine Folgen

Im Juni 1950 drangen nordkoreanische Truppen mit Billigung des sowjetischen Staatschefs Stalin in Südkorea ein. Der UN-Sicherheitsrat* verurteilte diesen Angriff. Truppen aus 16 UN-Mitgliedsstaaten sollten mit einem Auftrag (= Mandat) der Vereinten Nationen die Nordkoreaner zurückdrängen. Den Oberbefehl führten die Amerikaner. Als China mit 400 000 Soldaten – aus der Luft unterstützt durch sowjetische Kampfflugzeuge – zugunsten Nordkoreas in den Krieg eingriff, forderte der amerikanische Oberbefehlshaber MacArthur den Einsatz von Atombomben. Präsident Harry Truman lehnte dies ab.

Im Juli 1951 begannen Friedensverhandlungen. Nach dem Tod Stalins wurde am 27. Juli 1953 ein Waffenstillstandsabkommen vereinbart. In der Folge wurde die innerkoreanische Grenze vom 38. Breitengrad zur Demarkationslinie (= Waffenstillstandslinie, siehe M1) verschoben.

Im Koreakrieg starben 3,5 bis 4,5 Millionen Menschen, darunter etwa 40 000 Soldaten der UN-Truppen. Die meisten getöteten Soldaten der UN-Truppen waren Amerikaner. In den westlichen Staaten führte der Koreakrieg zu einer schnelleren NATO-Erweiterung und zu einer beschleunigten Aufrüstung. Die Militärausgaben der USA stiegen von 15 Milliarden US-Dollar im Jahre 1947 auf 70 Milliarden im Jahre 1952. Für Westeuropa trug der Koreakrieg zur wirtschaftlichen Erholung nach dem Weltkrieg bei. Besonders die westdeutsche Industrie lieferte große Mengen Maschinen, Werkzeuge und Fahrzeuge an die Amerikaner. Eine militärische Aufrüstung gab es auch in der Sowjetunion. Die sowjetische Armee verdoppelte ihre Truppenstärke zwischen 1945 und 1955. Auch fanden in den USA 1952 und in der Sowjetunion 1953 erste Versuche mit einer neuen Generation von Atombomben (Wasserstoffbomben) statt.

Wortschatz: etwas billigen (= befürworten) • jemandem ein Mandat erteilen • eine NATO-Erweiterung (= neue Mitgliedsstaaten werden aufgenommen)

M 2

Der amerikanische Präsident Harry S. Truman in einer Ansprache am 19. Juli 1950:

Heute Mittag habe ich dem [US-]Kongress eine Botschaft zur Lage in Korea übermittelt. Ich spreche heute Abend zu Ihnen, um diese Lage darzustellen und was sie für die Sicherheit der Vereinigten Staaten und für unsere Hoffnungen auf Frieden in der Welt bedeutet.

Korea ist ein kleines Land, Tausende von Meilen entfernt, aber was dort geschieht, ist für jeden Amerikaner wichtig. Am Sonntag, dem 25. Juni griffen kommunistische Kräfte die Republik Korea an. Dieser Angriff macht zweifellos deutlich, dass die internationale kommunistische Bewegung bereit ist, durch einen bewaffneten Überfall unabhängige Nationen zu erobern.

Ein solcher Akt der Aggression erzeugt eine unmittelbare Gefahr für die Sicherheit aller freien Nationen.

Der Angriff auf Korea ist ein glatter Friedensbruch und ein Verstoß gegen die Charta der Vereinten Nationen[1]. Mit ihren Aktionen in Korea haben die kommunistischen Führer ihre Verachtung für die grundlegenden moralischen Prinzipien gezeigt, auf denen die Vereinten Nationen gegründet sind. Dies ist eine direkte Kampfansage an die Bemühungen der freien Nationen, eine Welt aufzubauen, in der die Menschen in Freiheit und Frieden leben können ... Der Angriff auf die Republik Korea am 25. Juni erfolgte ohne Vorwarnung und ist ein Akt der rohen Aggression, für die es keine Rechtfertigung gibt. Der kommunistische Überfall erfolgte mit einer großen Zahl von Flugzeugen, Panzern und mit Artillerie. Das Ausmaß des Überfalls und seine Geschwindigkeit machen deutlich, dass er lange im Voraus geplant wurde ...

*Zit. nach https://teachingamericanhistory.org/library/document/radio-and-television-address-on-the-situation-in-korea/ (Stand: 03.09.2021). Übers. v. Verf.***

[1] Gründungsvertrag der Vereinten Nationen (UNO). Die Charta ist ein völkerrechtlicher Vertrag, der alle 51 Mitgliedsstaaten an das Völkerrecht bindet.

M 3

Der sowjetische Staatschef Stalin in einer geheimen Botschaft an den sowjetischen Botschafter in Prag am 27. August 1950:

Nach unserem Rückzug aus dem Sicherheitsrat[1] hat sich Amerika in eine militärische Intervention in Korea verstrickt und verspielt nun sein militärisches Prestige [= Ansehen] und seine moralische Autorität. Nur wenige ehrliche Menschen können jetzt daran zweifeln, dass Amerika jetzt als Aggressor und Tyrann in Korea agiert und dass es militärisch nicht so mächtig ist, wie es zu sein behauptet. Darüber hinaus ist es klar, dass die Vereinigten Staaten von Amerika gegenwärtig im Fernen Osten von Europa abgelenkt sind. Verschafft uns das nicht einen Vorteil in der weltweiten Machtbalance? Das tut es zweifelsohne.

Nehmen wir an, dass die amerikanische Regierung weiterhin im Fernen Osten gebunden ist und auch China in den Kampf um die Freiheit Koreas und seiner eigenen Unabhängigkeit hineinzieht. Was könnte dabei herauskommen?

Erstens kann Amerika, wie jedes andere Land auch, nicht mit China fertig werden, einem Land, das so große Streitkräfte bereithält. Daraus folgt, dass Amerika sich in diesem Kampf überfordern würde. Zweitens würde Amerika, nachdem es sich in dieser Angelegenheit überfordert hat, in naher Zukunft nicht in der Lage sein, einen dritten Weltkrieg zu führen. Daher würde ein dritter Weltkrieg auf unbestimmte Zeit verschoben werden, was die nötige Zeit für die Stärkung des Sozialismus in Europa schaffen würde, ganz zu schweigen davon, dass der Kampf zwischen Amerika und China den gesamten Fernen Osten revolutionieren würde. Ist das alles nicht ein Vorteil für uns aus der Perspektive des globalen Kräfteverhältnisses? ...

*Zit. nach https://digitalarchive.wilsoncenter.org/document/112225 (Stand: 03.09.2021). Übers. v. Verf.***

[1] Gemeint ist der Sicherheitsrat der Vereinten Nationen (UNO). Nach Ausbruch des Koreakrieges boykottierte die Sowjetunion den Sicherheitsrat.

1 Beschreibe den Verlauf und das Ergebnis des Koreakrieges (M1).

2 Analysiere die Quellen M2 und M3 im Hinblick auf die Einschätzung von Truman und Stalin zum Koreakrieg.

3 Beurteile die Folgen der Koreakrieges für den Kalten Krieg (Darstellungstext). Nutze den **Wortschatz**.

4 Vervollständige die Tabelle von S. 63 mithilfe der Informationen dieser Doppelseite.

Die Kubakrise (1962)

M 1

Der sowjetische Regierungschef Chruschtschow (links) und US-Präsident Kennedy (rechts) während der Kubakrise, Karikatur aus der „Daily Mail“, London 1962. Die Bildunterschrift lautet: „Einverstanden, Herr Präsident, wir wollen verhandeln …“. Das „H“ (= chemisches Zeichen für Wasserstoff) steht für die neuen atomaren Wasserstoffbomben.

Ein sozialistischer Staat in der Karibik

Im Jahre 1959 stürzte auf der Insel Kuba eine Gruppe von Revolutionären um Fidel Castro und Ernesto „Che“ Guevara den langjährigen Diktator Fulgencio Batista. Unter Batista war Kuba wirtschaftlich eine Kolonie der USA. Nach der Machtübernahme 1959 enteignete Fidel Castro die Großgrundbesitzer und verstaatlichte das Eigentum von US-Firmen ohne Zahlung von Entschädigungen. Als der Versuch der Amerikaner misslang, Castro mithilfe von Exilkubanern (= von vor Castro geflüchteten Kubanern) und einem militärischen Einsatz zu stürzen, durften auf Druck der USA westliche Staaten und Firmen mit Kuba keinen Handel mehr treiben. Wegen des Handelsverbots und der Furcht vor einem weiteren Invasionsversuch von US-Truppen suchte Kuba die Annäherung an den Ostblock. Die UdSSR verpflichtete sich zur Abnahme der gesamten Zuckerproduktion, dem Hauptexportgut Kubas. Sie sah in Kuba aufgrund seiner geografischen Nähe zu den USA einen idealen Verbündeten. Die UdSSR lieferte Kuba im Gegenzug Erdöl und versuchte dort Atomwaffen zu stationieren. Damit antwortete die UdSSR auf die Stationierung amerikanischer Raketen in Italien und der Türkei. Im Jahre 1962 befanden sich zudem 42 000 sowjetische Soldaten auf Kuba.

Die Krise spitzt sich zu

Am 14. Oktober 1962 fotografierte ein amerikanisches Aufklärungsflugzeug den fast fertigen Bau einer sowjetischen Basis für atomare Raketen auf Kuba. US-Präsident John F. Kennedy informierte daraufhin in einer Fernsehansprache an die amerikanische Nation die Weltöffentlichkeit über diese sowjetische Basis auf Kuba (M3).

Die amerikanische Marine verhängte eine Seeblockade vor Kuba für sowjetische Schiffe, um die weitere Anlieferung von Raketen zu unterbinden. Fidel Castro zog als Reaktion darauf Truppen zusammen und die Sowjetunion entsandte Kriegsschiffe. Auf amerikanischer Seite drängten führende Militärs den Präsidenten zum Angriff. Am 27. Oktober zwang ein US-Kriegsschiff ein sowjetisches U-Boot mit Atomwaffen an Bord zum Auftauchen. Kurz darauf wurde ein amerikanisches Aufklärungsflugzeug abgeschossen. Nun standen die Zeichen auf Krieg. Im letzten Moment einigten sich Kennedy und Chruschtschow in Geheimverhandlungen auf eine friedliche Lösung des Konflikts. Die Sowjetunion zog ihre Raketen von Kuba ab. Im Gegenzug verpflichteten sich die USA, Kuba nicht anzugreifen und in einer zunächst geheim gehaltenen Zusage, die in der Türkei stationierten amerikanischen Raketen abzubauen (S. 58 M2).

Die Folgen der Krise

Die Kubakrise machte allen Beteiligten klar, dass eine „Politik der Stärke“ die Welt an den Rand eines Atomkrieges geführt hatte. Statt weiterer Konfrontation sollten nun eine Politik der Kriegsvermeidung und mehr Diplomatie angestrebt werden.

Als ein erster Schritt auf diesem Weg wurde im Juni 1963 zwischen dem Kreml und dem Weißen Haus eine direkte Fernschreiberverbindung, der sogenannte „Heiße Draht“, eingerichtet. Im Notfall konnten die Regierungschefs der beiden Supermächte direkt schriftlich miteinander kommunizieren. Die Kubakrise wurde zum Auftakt einer beginnenden Entspannung zwischen der USA und der Sowjetunion, obwohl diese immer wieder durch die Entwicklung neuer Waffensysteme im Rahmen des Wettrüstens unterbrochen wurde (siehe S. 80 ff.).

Wortschatz: Soldaten oder Raketen stationieren • eine Lage deeskalieren (= einen Konflikt entschärfen oder beruhigen) • einen Atomkrieg riskieren • eine „Politik der Stärke“ verfolgen • eine politische Entspannung

M 2

In seiner Fernseh- und Rundfunkansprache an die Nation am 22. Oktober 1962 sagte der amerikanische Präsident John F. Kennedy (1917–1963):
Im Laufe der letzten Woche haben eindeutige Beweise die Tatsache erhärtet, dass momentan auf dieser unterdrückten Insel [= Kuba] mehrere Abschussrampen von Angriffsraketen errichtet werden. Das Ziel dieser Anlagen ist kein anderes, als die Möglichkeit eines atomaren Angriffs auf die westliche Welt [hier: die USA] zu schaffen ... Wir werden weder voreilig noch ohne Not einen weltweiten Atomkrieg riskieren ... Unsere Politik war geduldig und zurückhaltend, wie sie einer friedlichen und starken Nation, die ein weltweites Bündnis führt, ansteht. Wir waren entschlossen, uns davon durch Störenfriede und Fanatiker nicht abbringen zu lassen. Aber jetzt bedarf es weiterer Aktionen, die bereits im Gange sind; und diese Aktionen sind vielleicht nur der Anfang. Wir wollen weder voreilig oder unnötig einen weltweiten Atomkrieg riskieren, aber wir werden auch nicht vor diesem Risiko zurückschrecken, ... falls es zu irgendeinem Zeitpunkt eingegangen werden muss.

*Zit. nach www.jfklibrary.org/Asset-Viewer/sUVmChsBomoLfrBcaHaSg.aspx (Stand: 16. 4. 2018). Übers. v. Autor.***

M 3

Briefwechsel zur Lösung der Krise

3A Während der Kubakrise kam es zu einem Briefwechsel zwischen Washington und Moskau. Auf die Vorschläge von Chruschtschow antwortete Kennedy am 26. Oktober:

Wie ich Ihrem Schreiben entnehme, sind die Kernpunkte Ihrer Vorschläge ... die Folgenden:

1. Sie würden der Beseitigung dieser Waffensysteme auf Kuba unter angemessener Beobachtung und Überwachung der Vereinten Nationen zustimmen und sich unter geeigneten Garantien verpflichten, die weitere Einfuhr solcher Waffen nach Kuba zu stoppen.
2. Wir würden unsererseits ... zustimmen: (a) sofort die jetzt bestehenden Sperrmaßnahmen aufzuheben, und (b) Garantien gegen eine Invasion Kubas zu geben.

3B Chruschtschow antwortete Kennedy am 28. Oktober:

Ich verstehe sehr wohl Ihre Befürchtung und die Befürchtung des Volkes der USA im Zusammenhang mit der Tatsache, dass die Waffen, die Sie als Angriffswaffen bezeichnen, tatsächlich furchtbare Waffen sind ... Um den gefährlichen Konflikt schneller zu beenden, der Sache des Friedens zu dienen, allen mit Sehnsucht nach dem Frieden erfüllten Völkern mehr Vertrauen zu geben und das Volk Amerikas zu beruhigen, das, dessen bin ich sicher, den Frieden ebenso wünscht wie die Völker der Sowjetunion, hat die sowjetische Regierung den Befehl ... zur Demontage der Waffen ..., zu ihrer Verpackung und Rückführung in die Sowjetunion erlassen.

*Zit. nach Archiv der Gegenwart 32/1962, Königswinter (Siegler) S. 10, 200 f.**

1 Erläutere Kennedys Reaktion auf die Stationierung von sowjetischen Raketen auf Kuba (M2).
2 Beurteile die Lösungsstrategien von Kennedy und Chruschtschow hinsichtlich ihrer Erfolgsaussicht (M3A und M3B).
3 Diskutiere die Aussage, die Kubakrise sei sowohl Höhe- als auch Wendepunkt des Ost-West-Konflikts (M1, Darstellungstext). Nutze den **Wortschatz**.
4 Vervollständige die Tabelle von S. 63 mithilfe der Informationen dieser Doppelseite.

cornelsen.de/webcodes
Code: yunupo
Film: Countdown zum Dritten Weltkrieg

Der Vietnamkrieg der USA (1964–1973)

M 1

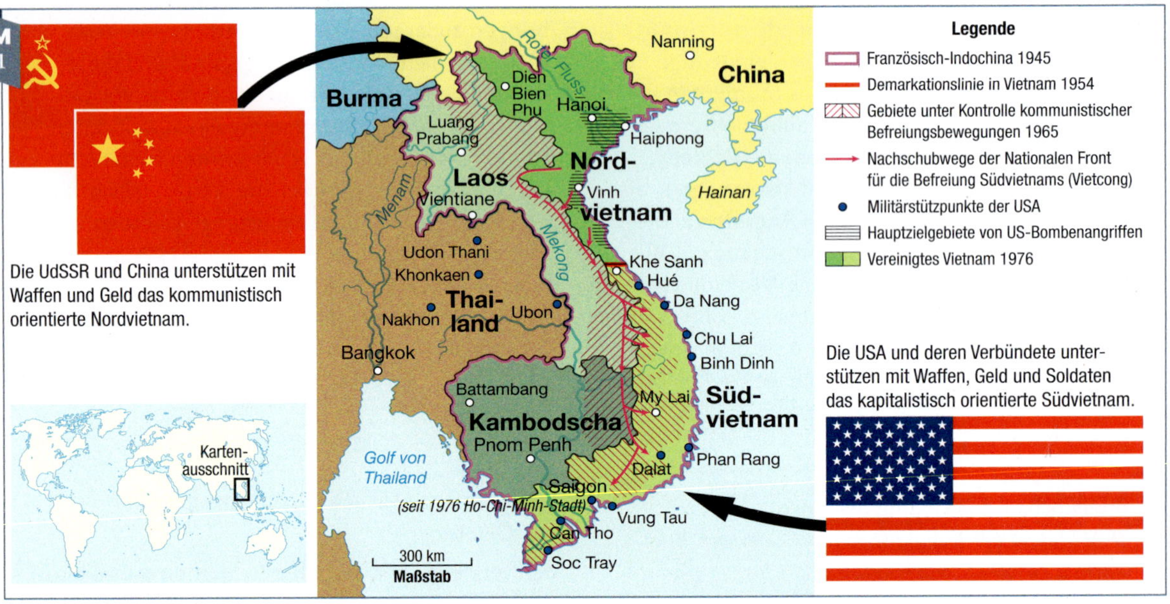

Der Vietnamkrieg 1955–1975. Karte von „Indochina“ mit den Ländern Vietnam, Laos und Kambodscha

Der Kampf Vietnams gegen die Kolonialmächte

Während des Zweiten Weltkrieges unterstützten die USA die Vietnamesen im Kampf um ihre Unabhängigkeit gegen die Besatzungsmacht Japan. Die Japaner hatten 1941 die französische Kolonie Indochina besetzt. Nach der Kapitulation Japans erklärte sich Vietnam am 2. September 1945 unter dem Kommunistenführer Ho Chi Minh für unabhängig. Amerikanische Offiziere saßen bei der Zeremonie auf der Ehrentribüne. Die Kolonialmacht Frankreich war nicht bereit, ihre Kolonie Indochina nach dem Abzug der Japaner aufzugeben, und entsandte Truppen. Das führte 1946–1954 zum „Indochinakrieg“ zwischen Franzosen und der vietnamesischen Unabhängigkeitsbewegung. Die Sowjetunion und China unterstützten die Vietnamesen militärisch. Die Amerikaner gaben ihre während des Krieges gemachten Versprechen gegenüber Vietnam auf und halfen dem wirtschaftlich angeschlagenen Frankreich finanziell. Als Frankreich den Krieg verlor, befürchteten die Amerikaner, dass Vietnam und seine Nachbarstaaten nach der Domino-Theorie* wie „kippende Dominosteine“ unter kommunistische Herrschaft gerieten.

Die Teilung Vietnams

Auf der Indochina-Konferenz wurde Vietnam 1954 geteilt: In Nordvietnam entstand ein von China und der Sowjetunion unterstützter kommunistischer Staat. In Südvietnam herrschte der autoritär regierende antikommunistische Machthaber Ngo Dinh Diem mit amerikanischer Unterstützung. Die Grenze zwischen Nord- und Südvietnam wurde am 17. Breitengrad gezogen.
Ab 1955 herrschte Krieg in Vietnam, nachdem der nordvietnamesische Kommunistenführer Ho Chi Minh versuchte, Südvietnam durch die von ihm gelenkte Guerillabewegung der „Nationalen Front für die Befreiung Südvietnams“ (NFB oder „Vietcong“) zu erobern und mit dem kommunistischen Norden zu vereinen.
Der „Ho-Chi-Minh-Pfad“, ein Netzwerk aus Wegen im dichten Dschungel von Laos und Vietnam mit riesigen Tunnelsystemen zum Schutz der Soldaten, diente dabei als Nachschubweg. Die USA erhöhten ihre Unterstützung Südvietnams. Es wurden (noch) keine regulären Truppen entsandt, sondern bereits ab 1961 militärische Ausrüstung, militärische Berater und Geld.

Wortschatz: ein Guerillakampf (= ein Kampf, der von Partisanen oder Aufständischen geführt wird) • ein Prestige (= Ansehen) gewinnen • ein Trauma (= eine unbewältigte Ausnahmesituation)

Der Vietnamkrieg*

Als sich abzeichnete, dass Südvietnam den Krieg gegen Nordvietnam verlieren würde, weiteten die USA ab 1964 den Einsatz massiv aus. Die Amerikaner flogen nun Luftangriffe auf Nordvietnam. Ein Jahr später folgte der Einsatz amerikanischer Bodentruppen. Hochgiftige Pflanzenvernichtungsmittel („Agent Orange*") entlaubten riesige Tropenwälder, damit die Amerikaner die Nachschubwege der Nordvietnamesen erkennen und bombardieren konnten. Über Laos, Vietnam und Kambodscha warfen die Amerikaner mehr Bomben ab als im gesamten Zweiten Weltkrieg. Trotz der Luftangriffe und dem Einsatz von Brandbomben gelang es der US-Armee nicht, sich gegen den Guerillakrieg der im Dschungelkampf erprobten Vietcong durchzusetzen und deren Nachschubwege aus dem Norden zu unterbinden.

Die Sowjetunion und China unterstützten in diesem Stellvertreterkrieg das kommunistische Nordvietnam mit Waffen, Geld und militärischen Beratern. 1968 gab es aufseiten der USA Pläne zum Einsatz von Nuklearwaffen in Vietnam. Einen solchen lehnte der amtierende US-Präsident Lyndon B. Johnson ab.

Insgesamt starben zwei Millionen vietnamesische Zivilisten und eine unbekannte Zahl von Vietcong-Kämpfern. Über zwei Millionen Menschen überlebten mit Verstümmelungen. Auf amerikanischer Seite starben 59 000 Soldaten. Bis heute führen die Folgen der giftigen Pflanzenvernichtungsmittel zu Missbildungen bei Kindern. Nicht entdeckte Minen töten bei Explosion Menschen, die auf Feldern arbeiten. Der Rückzug der Amerikaner nach dem Friedensabkommen 1973 glich einer Flucht. Die Niederlage in Vietnam wurde zum Trauma der amerikanischen Politik. Der sich nach dem Abzug der Amerikaner fortsetzende Bürgerkrieg zwischen Nord- und Südvietnam endete 1975 mit der Kapitulation Südvietnams. Das Land wurde zur „Sozialistischen Republik Vietnam" vereinigt.

M 2

Der amerikanische Präsident Lyndon B. Johnson in einer Rede am 07. April 1965 an der Johns Hopkins University in Baltimore:

Wir kämpfen, weil wir kämpfen müssen, wenn wir in einer Welt leben wollen, in der jedes Land sein Schicksal selbst bestimmen kann. Nur in einer solchen Welt wird unsere eigene Freiheit endgültig gesichert sein. Diese Welt wird niemals durch Bomben und Kugeln gebaut werden. Aber die Schwächen des Menschen bringen es mit sich, dass Gewalt oft der Vernunft und die Zerstörungen des Krieges oft den Werken des Friedens vorausgehen müssen ... Warum sind wir in Vietnam? Wir sind dort, weil wir ein Versprechen zu halten haben ... Wir sind dort, um die Ordnung der Welt zu stärken. Auf der ganzen Erde ... leben Völker, deren Wohlstand zum Teil auf dem Glauben beruht, dass sie auf uns zählen können, wenn sie angegriffen werden.

*Zit. nach http//:1.scds.org/resources/US-History/1965_LBJ%20Hopkins.pdf (Stand: 28. 3. 2015). Übers. vom Autor.**

M 3

Der Präsident von Nordvietnam, Ho Chi Minh, antwortete am 13. Februar 1967 auf einen Friedensappell des Papstes:

[Die Amerikaner] haben die furchtbarsten Waffen wie Napalm [= Brandbomben], chemische Produkte und giftige Gase benutzt, um unsere Dörfer, Kirchen, Krankenhäuser und Schulen niederzubrennen ... Um seine Unabhängigkeit und seinen Frieden zu verteidigen, kämpft das vietnamesische Volk entschlossen gegen die Aggressoren. Es vertraut darauf, dass die Gerechtigkeit triumphieren wird. Die US-Imperialisten müssen ihre Aggression gegen Vietnam beenden, bedingungslos und endgültig der Bombardierung und allen anderen Kriegshandlungen ... ein Ende setzen, von Südvietnam alle ... Truppen zurückziehen ... und das vietnamesische Volk seine Angelegenheiten selbst bestimmen lassen.

*Ho Chi Minh, zit. nach: Manfred Schlenke, Wolfgang Lautemann (Hg.): Die Welt seit 1945, übers. v. Helmut Krause u. Karlheinz Reif. München (bsv) 1980, S. 602.***

1 Fasse die Entwicklung Vietnams von 1941 bis 1954 zusammen (M1, Darstellungstext). **Tipp** → S. 250.

2 Erkläre die Rechtfertigung des Krieges durch die USA (M2, M3, Darstellungstext). Nutze den **Wortschatz**. **Tipp** → S. 250.

3 Arbeite die Ziele und Forderungen Nordvietnams aus M3 heraus.

4 Vervollständige die Tabelle von S. 63 mithilfe der Informationen dieser Doppelseite.

Zusatzaufgabe → S. 240.

Der Vietnamkrieg – ein Krieg der Bilder

Der Stellvertreterkrieg der USA in Vietnam war Amerikas längster Krieg und der erste, der verloren ging. Erstmals lieferte das Fernsehen Bilder aus dem Krieg, und Fotografien von Reportern beeinflussten die öffentliche Meinung.

- ***Welchen Stellenwert haben Bildquellen für die Bewertung von kriegerischen Ereignissen?***

M 1

Der amerikanisch-südvietnamesische Kriegsreporter Huyin Cong Út (genannt Nick Út) nahm am 8. Juni 1972 dieses Foto auf. Er wartete mit einer Reihe anderer Fotoreporter am Rand des Dorfes Trang Bang an der wichtigen Überlandstraße von Saigon in den Norden des Landes auf einen angekündigten Angriff südvietnamesischer Flugzeuge auf vermutete Stellungen nordvietnamesischer Soldaten dort. Das neunjährige Mädchen Kim Phúc (Mitte) floh mit seinen Geschwistern aus dem Dorf und hat sich die brennende Kleidung vom Leib gerissen. Kim Phúc überlebte mit schwersten Verbrennungen. Die kommunistische Regierung Vietnams machte sie zum bekanntesten Opfer amerikanischer-südvietnamesischer Grausamkeit und schickte sie später zum Medizinstudium nach Kuba. Bei der Rückkehr nutzte sie eine Zwischenlandung in Kanada zur Flucht und ließ sich in Toronto nieder.
Für die Veröffentlichung wählte die Agentur einen verkleinerten Bildausschnitt (roter Rahmen), der den amerikanischen Kriegsreporter rechts, der gerade in aller Ruhe einen neuen Film in seine Kamera einlegt, ausblendete.

Auswirkungen des Vietnamkrieges

Durch die Bilder im Fernsehen und in den Zeitungen konnten die Menschen die Schrecken des Krieges hautnah miterleben. Beeinflusst von den Bildern, demonstrierten weltweit vor allem junge Menschen gegen den Vietnamkrieg. Die Demonstrationen fielen in eine Zeit eines „Wertewandels" (siehe S. 112/113) in der westlichen Welt. In vielen Studentendemonstrationen gegen den Krieg wurde der nordvietnamesische Staatsgründer Ho Chi Minh zum Idol gegen Kolonialismus und für das Selbstbestimmungsrecht einer Nation.

Wortschatz: eine vermutete Stellung (= Position) von Soldaten • eine grausame Kriegsführung • den Blick fokussieren • zum Idol werden • sich gegen Krieg positionieren • eine Studentendemonstration

M 2

Propagandabilder und deren Einfluss auf die Kunst. Links: Foto der Gefangennahme des abgeschossenen amerikanischen Piloten Dewey Wayne in Nordvietnam am 5. Juli 1967, unbekannter nordvietnamesischer Fotograf. Mitte: Inszenierung der Gefangennahme zwei Wochen später auf Bitte der Nordvietnamesen durch den DDR-Fotografen Thomas Billhardt, Farbfoto 1967, zu Propagandazwecken weit verbreitet. Rechts: La bataille du riz (Kampf im Reisfeld), Gemälde des französischen Künstlers Gilles Aillaud, 1968

M 3

Der Historiker Gerhard Paul über die Wirkung von Bildern (2005):

Bilder spiegeln Geschichte nicht einfach wider … Sie sind gleichermaßen Zeugnis und Urteil … Die Fotografie des Mädchens Kim Phúc wurde als authentisches Dokument des Vietnamkriegs millionenfach reproduziert und damit zur Ikone … Es wurde für die unterschiedlichsten politischen, kommerziellen und religiösen Zwecke verwendet. Nachdem die Flugzeuge abgedreht hatten und sich die Rauchschwaden aufzulösen begannen, kamen die ersten verängstigten Anwohner sowie einige ebenfalls von dem Angriff überraschte südvietnamesische Soldaten aus Richtung Trang Bang auf die vor dem Dorf wartenden Journalisten und Soldaten zu, unter ihnen das neunjährige Mädchen Kim Phúc … Eine Gruppe von Journalisten war den Fliehenden bereits entgegengegangen. Dabei fokussierte sich der Blick der Kameras schnell auf die nackte Kim Phúc … Die wartenden Fotografen wussten, so die chinesische Autorin Denise Chong, „dass sie das Bild des Tages vor sich hatten. Sie schossen ein Foto nach dem anderen, bis sie keinen Film mehr in den Kameras hatten. Sie stellten sich schon vor, wie sie das Bild aussuchen würden, das Leben und Tod voneinander trennte. Die Lebenden vermitteln die Schrecken des Krieges besser; die Gesichter der Toten sprechen nicht mehr.“ … Das Foto bediente beide Lager: Einmal Befürworter eines weiteren US-Engagements, da Südvietnam alleine nicht in der Lage sei, den Krieg erfolgreich zu führen. Auf der anderen Seite bestätigte die Fotografie die Kriegsgegner und Pazifisten in ihrer ablehnenden Haltung gegen den Krieg.

*Gerhard Paul, Die Geschichte hinter dem Foto. Authentizität, Ikonisierung und Überschreibung eines Bildes aus dem Vietnamkrieg, in: Zeithistorische Forschungen/Studies in Contemporary History, Online-Ausgabe, 2 (2005), H. 2, https://zeithistorische-forschungen.de/2-2005/4632 (Stand: 08.07.2021).**

MK **1** **Methode:** Analysiere M1 mithilfe der Arbeitsschritte „Eine historische Fotografie analysieren“ (→ S. 270). oder der Kopiervorlage im Webcode.

2 Diskutiere, warum das Bild M1 bei Studentendemonstrationen gegen den Vietnamkrieg genutzt wurde (Darstellungstext). Nehmt M3 zu Hilfe.

3 Beschreibe die drei Bilder in M2. Achte auf die Hintergründe.

4 Erkläre, warum das Bild in der Mitte von M2 für Propagandazwecke besser geeignet erschien als das Bild links.

MK **5** Bewerte den Einfluss von Medien wie Kriegsbildern auf die öffentliche Wahrnehmung des Krieges (Darstellungstext). Nutze den **Wortschatz**.

cornelsen.de/webcodes
Webcode: nufafi
Kopiervorlage Methodentabelle

Die Entkolonialisierung und das Beispiel Kongo

Bis weit ins 20. Jahrhundert besaßen viele europäische Staaten Kolonien in Afrika und Asien. In den 1950er und 1960er Jahren wurden die meisten Kolonien zu selbstständigen Staaten. Viele waren im Ost-West-Konflikt auf ausländische Kredite, Exportmöglichkeiten und Entwicklungshilfe angewiesen.

- ***Untersuche an einem Fallbeispiel: Wie verlief die Entkolonialisierung des Kongo?***

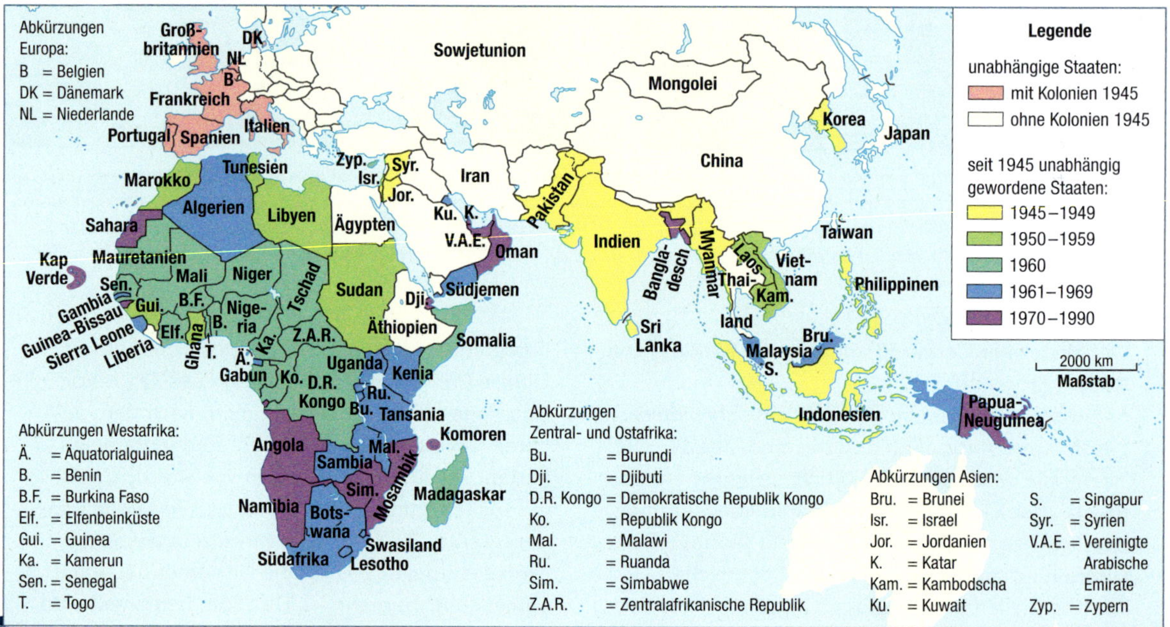

M 1 *Verlauf der Entkolonialisierung von 1945 bis 1990*

Das Ende der europäischen Vorherrschaft

Nach 1945 erhofften sich Menschen in Afrika und Asien sowie zahlreiche antikoloniale Befreiungsbewegungen die Erfüllung eines amerikanischen Versprechens: Das Selbstbestimmungsrecht der Völker sollte weltweit gelten. Die UdSSR sah sich als Schutzmacht der meisten Befreiungsbewegungen. Die europäischen Kolonialmächte waren durch den Krieg geschwächt und konnten den Prozess der Auflösung ihrer Kolonialreiche nicht aufhalten. Die Philippinen erhielten 1946 ihre Unabhängigkeit von den USA. Die Niederlande mussten bis 1949 nach kriegerischen Auseinandersetzungen das Inselreich Indonesien als Kolonie aufgeben. Am 14. August 1947 entließ Großbritannien nach jahrzehntelangen Auseinandersetzungen seine größte Kolonie Indien in die Selbstständigkeit. Auf den weitgehend friedlichen Machtübergang folgte der Zerfall in ein islamisch geprägtes Pakistan (Ostpakistan wurde zu Bangladesh) und ein von hinduistischer Kultur geprägtes Indien. Über eine Million Menschen starben bei Umsiedlungen und Vertreibungen bei der Teilung in die beiden Staaten Indien und Pakistan. Mehrere Konflikte dieser beiden Atommächte um Grenzregionen wie Kaschmir sind bis heute nicht gelöst. In Indochina wurden 1954 Kambodscha, Vietnam und Laos unabhängig. Die Supermächte versuchten, die neuen Staaten in die Interessen ihres Blockes einzubinden – so wurden diese in den Ost-West-Konflikt hereingezogen. 1960 erlangten 18 ehemalige Kolonien als neue Nationalstaaten die Unabhängigkeit. Die Hoffnung auf eine erfolgreiche eigene Entwicklung bestätigte sich zunächst. Willkürlich von den Kolonialmächten gezogene Grenzen erzeugten jedoch Konflikte zwischen den neuen Nationen (postkoloniale Konflikte). Die Supermächte USA und Sowjetunion verlagerten mit Stellvertreterkriegen ihre Auseinandersetzungen auch in einige neue Staaten Afrikas.

Ein Beispiel: Die Geschichte des Kongo

1885 Berliner „Afrika-Konferenz“: Der belgische König Leopold II. erhält das Kongobecken als Privatbesitz. Die Bevölkerung wird zum Sammeln des Rohstoffs Kautschuk für die Gummiproduktion gezwungen.

1960 Die Europäer verlassen den Kongo mit seinen 200 unterschiedlichen Ethnien (Völkern). Erster Präsident des freien Kongo wird Joseph Kasavubu, erster Ministerpräsident Patrice Lumumba, der einen antikolonialen Kurs vertritt. Nach der Unabhängigkeit spaltet sich die rohstoffreiche Provinz Katanga ab.

1961 Die Rohstoffe Katangas und des Kongo werden auch nach der Unabhängigkeit weiter von belgischen Bergbaukonzernen beherrscht. Lumumba will die Sowjetunion als Partner gewinnen. Da die USA von den Rohstoffen Uran und Cobalt abhängig ist, wird er vom Militär unter Mithilfe Belgiens und des amerikanischen Geheimdienstes abgesetzt und später ermordet. Es kommt zu Bürgerkriegen. Der von den Amerikanern unterstützte Joseph-Désiré Mobutu putscht sich an die Macht und errichtet eine 32 Jahre dauernde Diktatur. Mobutu garantiert einen strikt antikommunistischen Kurs, benennt das Land in Zaire um, bekämpft den Einfluss der Sowjetunion in Afrika und lenkt Gewinne aus Rohstoffverkäufen auf private Konten.

1961–1964 Rebellenarmeen bekämpfen Mobutu.

1994 Völkermord in Ruanda, bei dem die Hutu etwa 800 000 bis 1 Million Tutsi und moderate Hutu ermorden. Hunderttausende gemäßigte Hutus, die nicht am Völkermord an den Tutsi im benachbarten Ruanda beteiligt sind, fliehen in den Kongo. Die Rivalitäten zwischen Hutus und Tutsi setzen sich im Kongo fort. Mobutu solidarisiert sich mit den Hutus. Die Tutsis vereinigen sich mit gegnerischen Gruppen und stürzen Mobutu; neuer Präsident wird Laurent-Désiré Kabila.

1998–2003 „Afrikanischer Weltkrieg“. Acht afrikanische Armeen, unter anderem aus Ruanda, Uganda und Angola, stehen im Land und kämpfen für unterschiedliche Ziele; rund fünf Millionen Kongolesen sterben; das Wirtschaftsleben liegt am Boden.

2001 Ermordung von Präsident Laurent Désiré Kabila, sein Sohn Joseph Kabila wird sein Nachfolger. Die UNO übernimmt faktisch die Verwaltung im Osten des Landes (MONUSCO); es ist die einzige UNO-Mission, in der Soldaten aktiv kämpfen dürfen.

Seit 2002 Es gibt einen Friedensvertrag, jedoch geht der Krieg im Ostkongo weiter. Über vier Millionen Flüchtlinge wurden innerhalb des Kongo vertrieben. Hilfsorganisationen und Friedenstruppen der UNO leisten Hilfe, die Bevölkerung wirft den UN-Truppen mangelnden Schutz, Korruption und Ausbeutung vor.

Patrice Lumumba (1925–1961)

war einer der Führer der Unabhängigkeitsbewegung des Kongo. Er wurde 1960 Ministerpräsident des unabhängigen Kongo. 1961 wurde er mit Mithilfe des belgischen und des amerikanischen Geheimdienstes ermordet, um das rohstoffreiche Land „vor dem Kommunismus zu bewahren“.

Joseph-Désiré Mobutu (1930–1997)

war seit 1961 Oberbefehlshaber der kongolesischen Armee. 1965 wurde er nach einem Putsch Staatspräsident. Mobutu errichtete eine Diktatur und ruinierte durch Bevorzugung seiner Verwandtschaft bei der Vergabe wichtiger Stellen, Korruption und persönliche Bereicherung die kongolesische Wirtschaft.

M 2

Die Historikerin Gabriele Metzler über den europäischen Kolonialismus (2018):

Die westeuropäischen Gesellschaften betonten lange Zeit eher die positiven Seiten ihrer Kolonialherrschaft. Prominent argumentiert beispielsweise der britische Historiker Niall Ferguson, dass gerade das britische Empire weltweiten Handel gefördert, in seinem Bereich korruptionsfreie Institutionen etabliert und westliche Standards von guter Regierung verbreitet habe. Andere Historiker ... verweisen darauf, dass die Europäer medizinischen und wissenschaftlichen Fortschritt und moderne Infrastrukturen, ein modernes Bildungswesen und soziale Versorgungssysteme nach Asien und Afrika gebracht hätten. Diese Bilanz wird in den aktuellen Debatten stark in Frage gestellt. Vor allem in Museen und Ausstellungen werden Perspektivwechsel und bislang Ausgeblendetes sichtbar ... Neben diesen offiziellen Präsentationen sind vielfältige lokale Initiativen aktiv, die der postkolonialen Erinnerung vor Ort öffentlichen Raum verschaffen.

*Zit. nach Informationen zur politischen Bildung 338 (Januar 2018), S. 74f.**

M 3

Staatsbesuch des belgischen Königs Baudouin (weiße Uniform) anlässlich der Unabhängigkeitsfeier des Kongo, 29. Juni 1960 (Foto: Robert Lebeck). Inmitten einer jubelnden Menge entreißt ein junger Kongolese dem belgischen Monarchen seinen Parade-Degen.

cornelsen.de/webcodes
Webcode: pagohu
Kopiervorlage Methodentabelle

M 4

Rede von Ministerpräsident Patrice Lumumba bei der Unabhängigkeitsfeier am 30. Juni 1960:

Für diese Unabhängigkeit des Kongo, wie sie heute zusammen mit Belgien gefeiert wird, ein befreundetes Land, mit dem wir von gleich zu gleich handeln, wird kein Kongolese, der diesen Namen verdient, vergessen, dass wir sie im Kampf gewannen ...

Wir haben zermürbende Arbeit kennengelernt, mussten sie für einen Lohn erbringen, der es uns nicht ermöglichte, den Hunger zu vertreiben, uns angemessen zu kleiden oder in anständigen Verhältnissen zu wohnen oder unsere Kinder als geliebte Wesen großzuziehen. Wir haben Spott, Beleidigungen und Schläge kennengelernt, die wir morgens, mittags und abends ertragen mussten, weil wir Schwarze sind. Wer wird vergessen, dass zu einem Schwarzen „Du“ gesagt wurde, bestimmt nicht als ein Freund, sondern weil das ehrenwertere „Sie“ allein für die Weißen reserviert war? Wir haben gesehen, wie unser Land im Namen von angeblich rechtmäßigen Gesetzen aufgeteilt wurde, die tatsächlich nur das Recht des Stärkeren anerkannten. Wir haben gesehen, dass das Gesetz für Schwarze und Weiße nicht gleich ist, bequem für Erstere, grausam und unmenschlich für Letztere. Wir haben entsetzliches Leiden erlebt von denjenigen, die für ihre politische oder religiöse Gesinnung verurteilt wurden; in ihrem eigenen Land im Exil, ihr Schicksal wahrlich schlimmer als der Tod selbst ... Wer wird je die Massaker vergessen, in denen so viele unserer Geschwister umgekommen sind, die Zellen, in die jene geworfen wurden, die sich weigerten, sich einem Regime der Unterdrückung und Ausbeutung zu unterwerfen? All dies, meine Brüder, haben wir erlitten. Wir jedoch ... sagen ganz laut ... all dies hat nun ein Ende ... Die Republik von Kongo ist ausgerufen worden, und unser Land ist nun in der Hand der eigenen Kinder. Zusammen, meine Brüder, meine Schwestern, werden wir einen neuen Kampf beginnen, ein erhabener Kampf, der unser Land zu Frieden, Wohlstand und Größe führen wird. Zusammen werden wir soziale Gerechtigkeit aufbauen und sicherstellen, dass alle eine gerechte Entlohnung für ihre Arbeit erhalten. Wir werden der Welt zeigen, was Schwarze tun können, wenn sie in Frieden arbeiten, und wir werden Kongo zum Zentrum des strahlenden Glanzes der Sonne für ganz Afrika machen ... Wir werden der Unterdrückung freier Meinungsäußerung ein Ende setzen und dafür sorgen, dass alle Bürgerinnen und Bürger vollends die Grundrechte genießen, die in der Erklärung der Menschenrechte vorgesehen sind. Wir werden nicht mit dem Frieden der Gewehre und Bajonette regieren, sondern mit einem Frieden des Herzens und des Wollens ... Es lebe die Unabhängigkeit und die afrikanische Einheit. Es lebe der unabhängige Kongo!

*Zit. nach https://www.boell.de/de/navigation/afrika-rede-patrice-lumumba-kongo-zaire-9523.html (Stand: 13.07.2021).**

M 5

Der niederländische Historiker David Van Reybrouck über die Umstände der Entkolonialisierung Kongos (2012):

Vier Monate waren noch Zeit, einen Staat zusammenzubasteln. Die „To-do-Liste" sah beeindruckend aus: Man musste eine Übergangsregierung bestimmen, eine Verfassung erstellen, ein Parlament aufbauen, Ministerien schaffen, Wahlen abhalten, eine Regierung bilden, ein Staatsoberhaupt ernennen ... Die erste Regierung übernahm von Belgien ein Land mit gut ausgebauter Infrastruktur ... Doch was nutzte ein vollständig ausgestattetes Land, wenn niemand damit umzugehen wusste? Am Tag der Unabhängigkeit gab es im Kongo 16 Menschen mit einem Universitätsabschluss. Es gab Hunderte gut ausgebildete Krankenpfleger und Verwaltungsangestellte, aber weder einen einheimischen Arzt noch einen Juristen, keinen Agrar- oder Wirtschaftswissenschaftler.

Zit. nach David Van Reybrouck, Kongo – eine Geschichte, Berlin (Suhrkamp) 2012, S. 308 und 316. Übers. von Waltraud Hüslert.*

M 6

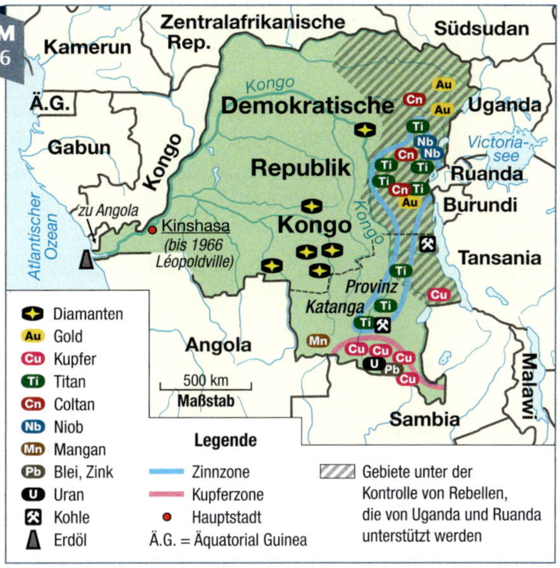

Die Demokratische Republik Kongo heute: Bodenschätze und Krisengebiete. Coltan ist ein bedeutendes Metall für Handys, Computer oder Digitalkameras. Niob ist einer der begehrtesten Stoffe der Erde als Metall für Pipelines, Raketen und Kernbrennstäbe. Etwa 40 000 Kinder arbeiten 2020 in den Minen; sie müssen 24 Stunden unter Tage verbringen und erhalten ein bis zwei US-Dollar pro Tag.

Der Kongo 2022

- 92, 4 Mio Einwohner (2021)
- Wirtschaftsentwicklung: +5,6 % (2022)
- Rohstoffreichtum (siehe M6) sorgt für Staatseinnahmen
- das Land setzt auf Ausbau erneuerbarer Energien
- hohe Gefahr politischer Instabilität
- vielerorts schlechte Infrastruktur

1 a) Beschreibe mithilfe von M1 und dem Darstellungstext in welchen Regionen Asiens und Afrikas dekolonisiert wurde.
b) Erkläre die Folgen bis heute (M2, Infokasten).

MK **2** Gestalte eine Mind-Map (→ S. 262) über die Ursachen und Folgen der Entkolonialisierung (Darstellungstext). Du kannst die Mind-Map auch digital (→ S. 265) erstellen.

3 Erläutere, warum M3 als „Schlüsselbild der Entkolonialisierung" bezeichnet werden könnte.
Tipp → S. 250.

MK **4** **Methode:** Analysiere M4 hinsichtlich der Perspektive, die Lumumba für sein Land und Afrika nach der Entkolonialisierung entwickelte (Arbeitsschritte auf S. 269 oder Kopiervorlage im Webcode auf S. 74).

5 Beurteile, ob die Perspektive Lumumbas der Realität entsprach (Darstellungstext, Chronologie, M5 und M6). Nutze den **Wortschatz**.

6 Beurteile mithilfe der Materialien den Einfluss des Ost-West-Konfliktes auf den Entkolonialisierungsprozess des Kongo.

7 Entwickelt Vorschläge, wie heute an den Kolonialismus in Afrika erinnert werden sollte (M2).

8 Heute gibt es in Afrika viele wirtschaftlich erfolgreiche Staaten. Recherchiere ein Beispiel und stelle es in der Klasse vor.

Wortschatz: ein Degen • ein postkolonialer (= die Zeit nach dem Kolonialismus) Konflikt • sich an die Macht putschen (= durch eine Revolte an die Macht gelangen) • die Hutus und die Tutsis (= Ethnien in Ruanda und Burundi)

cornelsen.de/webcodes
Code: gekesu
Kongo

Einen Podcast erstellen

Darstellungen werden meistens von Historikerinnen und Historikern verfasst und in Büchern abgedruckt oder im Internet veröffentlicht. Es gibt aber noch weitere Möglichkeiten, historische Darstellungen zu veröffentlichen – in einem Podcast zum Beispiel.

- *Erstellt einen Podcast über die kurz- und langfristigen Folgen des Kolonialismus im Kongo. Die Arbeitsschritte leiten euch an.*

M 1

Die Politologin Nadine Ansorg über die Folgen des Kolonialismus in der Demokratischen Republik Kongo (2020):

Der [heutige] Konflikt in der [Demokratischen Republik] Kongo ist nur vor dem Hintergrund der kolonialen Ausbeutung durch den belgischen König Leopold II. (1888–1908) und Belgien (1910–1960) sowie des mehr als 30-jährigen Regimes des Diktators Mobutu (1965–1997) zu erklären. Im Kongo gab es nie einen funktionierenden Staat, geschweige denn Vertrauen in staatliche Institutionen, wie Polizei, Militär, Justiz oder Parteien. König Leopold II. wie Mobutu bereicherten sich massiv an den natürlichen Ressourcen des Landes, während sie gleichzeitig das staatliche und Verwaltungssystem systematisch ihrem Gewinnstreben unterordneten und die Bevölkerung ausbeuteten, unterdrückten und verhungern ließen.
Mit dem Ende des Kalten Krieges [1990/1991] wuchs auch der internationale Druck auf Mobutu, das politische System in Kongo/Zaire zu reformieren. Die Krise nahm im Gefolge des Genozids im benachbarten Ruanda (1994) und der Flucht der Verantwortlichen sowie hunderttausender Hutus in den Kongo und andere Nachbarstaaten ein kaum zu bewältigendes Ausmaß an. Das Land versank im Chaos. 1997 wurde Mobutu ... unter Beteiligung der Streitkräfte mehrerer Nachbarstaaten gestürzt.
Seitdem konnte [keine] stabile politische und gesellschaftliche Ordnung aufgebaut werden. Die fehlenden staatlichen Strukturen sowie der mangelnde Wille der politischen Eliten erschwerten den Wiederaufbau und die Befriedung des Landes. Trotz des Wirtschaftswachstums der vergangenen Jahre, das hauptsächlich auf die Ausbeutung der reichen Bodenschätze zurückzuführen ist, gehen der Aufbau und die Modernisierung der staatlichen Strukturen nur schleppend voran. Es gibt zwar Institutionen, wie Parlament, Polizei, und Militär, doch sind diese in erheblichem Maße von Korruption und Vetternwirtschaft betroffen und oftmals selbst Urheber von Gewalt gegen die Zivilbevölkerung.
Die chronische Schwäche des Staates hatte zur Folge, dass sich Rebellengruppen ausbreiten und ihrerseits von der Ausbeutung der reichen Bodenschätze profitieren konnten. Bis heute sichert eine [sich kräftig entwickelnde Kriegswirtschaft] den ständig wechselnden Rebellengruppen lukrative [= gewinnbringende] Einkünfte. Hinzu kommt, dass es insbesondere für die Bewohner im Osten des Landes, der zum Haupteinzugsgebiet der Rebellengruppen gehört, kaum wirtschaftliche Alternativen gibt. Viele sehen in der Teilnahme am Krieg die einzige Option. Mittlerweile gibt es eine ganze Generation junger Menschen, die nur Krieg, Flucht und Gewalt kennengelernt hat ...
Die andauernde Gewalt ... zeigt die Grenzen internationaler Friedenssicherung auf ... Das Sagen haben weiterhin die alten Eliten, die oftmals die Verbindung zur lokalen Bevölkerung verloren haben und eher an persönlicher Bereicherung interessiert sind.

*https://www.bpb.de/internationales/weltweit/innerstaatliche-konflikte/54628/kongo (Stand: 15.6.2021).***

Arbeitsschritte „Einen Podcast erstellen"

Das Medium kennenlernen	Tipps
1. Falls euch das Medium noch nicht bekannt ist, sucht im Internet nach verschiedenen Podcasts und hört euch diese an.	• *Ein Podcast kann sowohl aus Interviews, aus Musikbeiträgen oder einfach nur aus eingesprochenen Informationen in Form einer Reportage bestehen.*
Das Thema finden und den Schwerpunkt festlegen	
2. Wie soll das Thema des Podcasts lauten? Worüber wollt ihr mit eurem Podcast informieren?	• *zum Beispiel „Was waren die kurz- und langfristigen Folgen des Kolonialismus im Kongo?"*
Informationen sammeln und gliedern	
3. Sucht nach Materialien, die ausreichend Informationen zu dem Thema liefern.	• *Sichtet die Informationen und überlegt euch, was ihr davon für wichtig und was für eher unwichtig haltet. Beachtet, dass ihr keine unangemessenen Medien und ausschließlich seriöse Quellen und Materialien verwendet. Wenn ihr euch bei rechtlichen Fragen unsicher seid, könnt ihr eure Lehrerin oder euren Lehrer um Hilfe bitten.* • *Erstellt eine Gliederung, zum Beispiel: 1. Der Kolonialismus im Kongo; 2. Der Prozess der Dekolonialisierung im Kongo; 3. Postkoloniale Konflikte*
4. Dokumentiert, woher die Informationen und eventuell genutzte Audiobeiträge stammen. Beachtet das Urheber- und Nutzungsrecht.	
5. Fertigt eine Gliederung für euren Podcast an. Auf welche Aspekte wollt ihr eingehen?	
6. Teilt die einzelnen Gliederungspunkte auf die Gruppenmitglieder auf.	
Ein Skript für den Podcast erstellen	
7. Erstellt zu jedem Gliederungsschwerpunkt eine eigene Darstellung.	• …
Einsprechen des Podcasts	
8. Bevor ihr den Podcast aufnehmt, solltet ihr ihn einmal vollständig durchsprechen.	• *Achtet darauf, langsam und deutlich zu sprechen, lasst an den geeigneten Stellen ausreichend Pausen.*
Aufnehmen des Podcasts	
9. Nehmt den Podcast auf (Computer oder Smartphone) und präsentiert ihn in der Klasse.	• *Für eine bessere Tonqualität könnt ihr ein Mikrofon benutzen.*

1 a) Arbeite die Aussagen aus M1 heraus.
b) Diskutiere kurz- und langfristige Folgen des Kolonialismus im Kongo. Berücksichtige dabei auch M2 und die S. 72–75.

MK **2 Gruppenarbeit**: Erstellt mithilfe eurer Ergebnisse aus Aufgabe 1 einen Podcast mit dem Titel: „Die kurz- und langfristigen Folgen des Kolonialismus im Kongo". Nutzt die Arbeitsschritte. **Tipp** → S. 250.

MK **3** Diskutiert in der Klasse, was bei der Nutzung eines Podcasts zu beachten ist. **Tipp** → S. 250.

M 2

UN-Soldaten patrouillierten im Juli 2006 durch Kinshasa, der Hauptstadt der Demokratischen Republik Kongo. Die europäische Einsatzgruppe EUFOR RD Kongo sicherte die erste freie Wahl im Kongo seit mehr als 40 Jahren ab. Foto, 2006.

cornelsen.de/webcodes
Code: tevofa
Kopiervorlage Methodentabelle

Ist die sowjetische Vorherrschaft in Gefahr?

Während die Supermächte um Einfluss in den neuen Staaten Afrikas und Asiens rangen, kam es in Europa in Ungarn und der Tschechoslowakei zu Aufständen gegen die herrschenden Kommunisten und gegen die sowjetische Vorherrschaft.

- ***Untersuche beide Aufstände und deren Folgen.***

M1

Niedergerissene Stalin-Statue, Foto, Budapest 1956

Krise im Ostblock

In den Ländern Osteuropas herrschten nach 1945 kommunistische Einheitsparteien, die von Moskau gelenkt wurden. Die sozialistische Planwirtschaft* (S. 100/101) konnte die Versorgung mit Lebensmitteln und Gütern des täglichen Bedarfs nicht sicherstellen. In der Bevölkerung entstand eine große politische Unzufriedenheit. Der sowjetische Parteiführer Nikita Chruschtschow (Reg. 1953–1964) rechnete in einer Geheimrede auf dem 20. Parteitag der Kommunistischen Partei der Sowjetunion (KPdSU) mit der Terrorherrschaft seines 1953 gestorbenen Vorgängers Stalin ab. Innenpolitisch wurden Wirtschaftsreformen in Gang gesetzt und Millionen Männer und Frauen aus den unter Stalin entstandenen Arbeitslagern entlassen. Außenpolitisch forderte Chruschtschow als neue Leitlinie die „friedliche Koexistenz“, ein gewaltloses Nebeneinander der Sowjetunion und der kapitalistischen Staaten. Die Veränderungen in der Sowjetunion weckten in der Bevölkerung der Ostblockstaaten die Hoffnung auf mehr Freiheiten.

Der Ungarnaufstand 1956

Nach 1945 geriet Ungarn in den Machtbereich der Sowjetunion. Die kommunistische Partei errichtete eine gewaltsame Herrschaft, der rund eine Million Ungarinnen und Ungarn zum Opfer fielen. Ausgangspunkt für den antikommunistischen Aufstand in Ungarn waren Proteste von Studenten und Arbeitern. Sie stürzten die überlebensgroße Stalin-Statue (M1) und forderten einen Abzug der sowjetischen Truppen, demokratische Grundrechte und die Einführung einer parlamentarischen Demokratie mit freien Wahlen. Der Reformkommunist Imre Nagy (Aussprache: Nodsch) wurde neuer Regierungschef. Er verkündete das Ende des Einparteiensystems und stellte tiefgreifende Wirtschaftsreformen in Aussicht. Politische Häftlinge wurden freigelassen. Die sowjetischen Truppen zogen sich aus Budapest zurück und in der Bevölkerung machte sich Siegesstimmung breit. Als Nagy den Austritt Ungarns aus dem Warschauer Pakt und die Neutralität des Landes bekannt gab schlugen sowjetische Truppen den Aufstand der Ungarn nieder. Die ungarischen Aufständischen mussten sich nach tagelangen Kämpfen geschlagen geben. Insgesamt wurden 22 000 Ungarn und 2300 Sowjetsoldaten getötet oder schwer verwundet. Etwa 100 000 Ungarn wurden verhaftet, davon 23 000 zu langen Gefängnisstrafen verurteilt und 600 hingerichtet. Nagy flüchtete in die jugoslawische Botschaft, wurde jedoch an die sowjetische Polizei ausgeliefert und in einem Geheimprozess zum Tode verurteilt.

Der „Prager Frühling*“ 1968

Nachdem 1968 in der Tschechoslowakei (ČSSR) der Reformkommunist Alexander Dubček erster Sekretär der Kommunistischen Partei (KPČ) wurde, versuchte er einen „Kommunismus mit menschlichem Antlitz“ (= einen Kommunismus mit mehr persönlichen Freiheiten, daher auch „Prager Frühling“) umzusetzen. Es wurden

M2

Protestplakat aus der ČSSR, 21. August 1968

Wortschatz: Reformen anstoßen • mit jemandem oder etwas abrechnen • eine Einparteienherrschaft abschaffen • in einem Land intervenieren • ein Einschüchterungsversuch • eine Liberalisierung der Wirtschaft

Meinungs- und Pressefreiheit eingeführt, die Einparteienherrschaft wurde abgeschafft und in den Bereichen Handwerk und bäuerliche Produktion wurde die Marktwirtschaft* (S. 100/101) eingeführt. Eine Welle der Reformbegeisterung erfasste die ČSSR. Die Führungen der anderen Ostblockstaaten betrachteten das Reformprogramm mit Misstrauen, da sie ihre eigene Macht bedroht sahen. Trotz aller Einschüchterungsversuche der Sowjetunion führte Dubček die Reformen weiter fort. Im August 1968 besetzten Truppen der UdSSR und des Warschauer Paktes die ČSSR und beendeten die Reformbewegung. Dubček wurde zunächst verhaftet und später auf einen Verwaltungsposten in der Provinz versetzt. In den sich anschließenden „Verhandlungen" wurden sämtliche Reformprojekte aufgehoben. Nach der Intervention in der ČSSR wurde der Führungsanspruch der Sowjetunion in Osteuropa mit der „Breschnew-Doktrin" (Leonid Breschnew war von 1964 bis 1982 Führer der Sowjetunion) gerechtfertigt. Zehntausende Tschechen und Slowaken nutzten die wenigen Tage offener Grenzen für eine Flucht in den Westen.

M 3

Alexander Dubček in seinen Memoiren (1993) über das Reformprogramm von 1968:

Das Programm war ein einzigartiges Dokument in der Geschichte der ... kommunistischen Bewegung. Keine andere kommunistische Partei hatte je ein so umfassendes und grundsätzliches Programm der Abkehr von Theorie und Praxis des [sowjetischen Kommunismus] erarbeitet. Es war ein Programm der allmählichen Rückkehr zum Konzept des demokratischen Sozialismus ... Das Aktionsprogramm sprach nicht einmal von der Möglichkeit einer unabhängigen Initiative in der Außenpolitik – das war zunächst noch zweitrangig. Unser Programm konzentrierte sich ausschließlich auf die inneren Angelegenheiten politischer, wirtschaftlicher und kultureller Natur. Die Sowjets waren es gewohnt, sich sogar in diese Bereiche einzumischen. Ganz offensichtlich gefiel ihnen nicht, dass das Aktionsprogramm ohne ihren Rat und ihre Zustimmung erstellt worden war. Das Dokument durfte ... keine Provokation sein ... Die von uns verwendete Sprache war zurückhaltend und vorsichtig ... Es war ein ketzerisches [= treuloses/andersdenkendes] Programm, aber wir taten alles, um es zu verbergen.

*Alexander Dubček, Leben für die Freiheit, München (Bertelsmann) 1993, S. 219 ff.** Übers. v. Andrea Geller u. a.*

M 4

Auszug aus der „Breschnew-Doktrin" (1968):

Die KPdSU setzte sich immer dafür ein, dass jedes sozialistische Land die ... Formen seiner Entwicklung auf dem Wege zum Sozialismus ... selbst bestimmte. Aber bekanntlich ... gibt es auch allgemeine Gesetzmäßigkeiten des sozialistischen Aufbaus, und ein Abweichen von diesen Gesetzmäßigkeiten könnte zu einem Abweichen vom Sozialismus im Allgemeinen führen. Und wenn innere und äußere ... Kräfte ... auf eine Wiederherstellung der kapitalistischen Zustände zu drängen versuchen, wenn also eine ernste Gefahr für die Sache des Sozialismus in diesem Lande, eine Gefahr für die Sicherheit der ganzen sozialistischen Gemeinschaft entsteht – dann wird dies nicht nur zu einem Problem für das Volk dieses Landes, sondern auch zu einem gemeinsamen Problem .... Begreiflicherweise stellt militärische Hilfe für ein Bruderland zur Unterbindung einer für die sozialistische Ordnung entstandenen Gefahr eine erzwungene, außerordentliche Maßnahme dar. Sie kann nur durch direkte Aktionen der Feinde des Sozialismus im Landesinnern und außerhalb seiner Grenzen ausgelöst werden, durch Handlungen, die eine Gefahr für die gemeinsamen Interessen des sozialistischen Lagers darstellen.

*Europa-Archiv, XXIV. Jg., 1969, S. D 257 f.**

1 Erkläre mithilfe der Strukturlege-Technik (→ S. 263), wie es zum Volksaufstand in Ungarn und dem „Prager Frühling" kam (Darstellungstext, M1). Nutze den **Wortschatz**.

2 Erläutere die Sichtweise des Karikaturisten (M2).

3 Charakterisiere das Reformprogramm der KPČ (M3).

4 Beurteile die Bedeutung der Breschnew-Doktrin (M4) hinsichtlich:

a) der Rolle der UdSSR im Warschauer Pakt

b) der Folgen für die Regierungen sowie die Bevölkerung in den Staaten des Ostblocks

Entspannungspolitik – erfolgreiche Strategie gegen die Konfrontation?

In der Zeit des Kalten Krieges gab es nicht nur innenpolitische Probleme, die die UdSSR lösen musste. Die Kubakrise zeigte, dass die Welt am Rand eines Atomkrieges gestanden hatte. Die UdSSR und die USA gingen in den Bereichen Rüstung, Wirtschaft und Kultur nun aufeinander zu. Phasen der Entspannung und neue Konfrontationen wechselten sich ab.

- ***Untersuche die Gründe für die Entspannungspolitik*.***

Schritte zur Entspannung

Die UdSSR und die USA vereinbarten, den Rüstungswettlauf zu verlangsamen. Durch die andauernde Steigerung der Militärausgaben war dieser sehr teuer geworden. 1963 entstand zwischen dem Weißen Haus in Washington und dem Kreml in Moskau eine Fernschreiberverbindung als direkte Kommunikationsmöglichkeit. Diese Verbindung wurde der „Heiße Draht“ genannt (siehe S. 66). Einen wichtigen Schritt zur Entspannung stellte der Vertrag über das Verbot von Atomwaffentests zu Lande, im Weltraum und unter Wasser dar. Dieser wurde ebenfalls 1963 im Jahr nach der Beendigung der Kubakrise geschlossen. 1968 folgte der Atomwaffensperrvertrag zwischen den Nuklearmächten USA, UdSSR, Großbritannien sowie weiteren 40 Staaten, der die Weitergabe von Atomwaffen untersagte. Er trat 1970 in Kraft.

Konfrontation und Entspannung

Trotzdem gab es auch immer wieder Rückschläge in der Entspannungspolitik. So schlug die UdSSR 1968 gemäß der „Breschnew-Doktrin“ die Reformbemühungen in der Tschechoslowakei mit Gewalt nieder (S. 78/79). Ebenso hemmte der Vietnamkrieg die Entspannungsbemühungen, doch wurden die Gespräche nicht abgebrochen. Weiterhin füllten die Supermächte ihre Waffenarsenale weiter auf. Die USA und die UdSSR entwickelten Raketen mit Mehrfachsprengköpfen und prüften Pläne für eine Raketenabwehr aus dem Weltraum.

1972 übertraf die UdSSR die USA im Wettrüsten mit der Zahl ihrer Interkontinentalraketen. Zeitgleich näherten sich die USA und die kommunistische Volksrepublik China diplomatisch an, sodass die UdSSR um ihre führende außenpolitische Rolle im kommunistischen Block fürchtete. Vor diesem Hintergrund kam es 1972 zur Unterzeichnung einer Vereinbarung zur Begrenzung der strategischen Rüstung (Strategic Arms Limitation Talks = SALT). Dabei handelte es sich weder beim SALT-I-Vertrag noch bei dem 1979 ausgehandelten SALT-II-Vertrag um eine echte Abrüstung, sondern vielmehr um eine Beschränkung der weiteren Aufrüstung bis 1985. Es sollten keine weiteren Raketen in Bereitschaft gebracht werden.

Die Schlussakte der KSZE

Neben den SALT-Abrüstungsgesprächen kam es seit 1969 zu Verhandlungen über eine bessere Zusammenarbeit in Europa. Ein wichtiger Schritt war dabei die „Konferenz für Sicherheit und Zusammenarbeit in Europa (KSZE)“, an der nahezu alle europäischen Staaten, die UdSSR, die USA und Kanada teilnahmen. Am 1. August 1975 wurde mit der Unterzeichnung der Schlussakte von Helsinki ein Programm zum Ausbau der zwischenstaatlichen Beziehungen beschlossen. Alle Teilnehmer erkannten unter anderem die „souveräne* Gleichheit“ aller teilnehmenden Staaten an. Der Westen erreichte Zugeständnisse der osteuropäischen Staaten und der Sowjetunion bei den Menschenrechten. Außerdem verpflichteten sich die Teilnehmer der KSZE zur

- Unverletzlichkeit der Grenzen,
- friedlichen Regelung von Konflikten,
- Nichteinmischung in die inneren Angelegenheiten anderer Staaten,
- Achtung der Menschenrechte,
- Zusammenarbeit in Wirtschaft und Technik.

Bis 1990 fanden Folgekonferenzen statt, in denen die Kontakte zwischen West und Ost vertieft werden sollten. 1995, nach Auflösung der UdSSR und dem Ende des Kalten Krieges 1990/1991, entstand aus der KSZE die „Organisation für Sicherheit und Zusammenarbeit in Europa“ (OSZE) mit Zentrale in Prag.

Wortschatz: deeskalierend wirken • eine Vernichtung in Kauf nehmen • sich diplomatisch annähern • ein Ausbau zwischenstaatlicher Beziehungen • sich auf etwas berufen • einer Sache Nachdruck verleihen

M 1

Der US-Politiker Henry A. Kissinger, ab 1969 Sicherheitsberater amerikanischer Präsidenten und Außenminister, schrieb 1969:

Die größte Herausforderung für uns liegt darin, die schöpferischen Kräfte einer pluralistischen [= vielfältigen] Welt zu beschwören, um eine Ordnung auf politischer Multipolarität [= mehrere Zentren] zu gründen, selbst wenn die beiden Supermächte weiterhin über eine überragende militärische Stärke verfügen ... Die Stärke eines Staates konnte bis zum Zweiten Weltkrieg an der Fähigkeit gemessen werden, seine Bevölkerung vor einem Angriff schützen zu können. Das Atomzeitalter hat diesen traditionellen Maßstab zerbrochen. Kein denkbarer Rüstungsstand – nicht einmal ein umfassendes Raketenabwehrsystem ... kann Schäden verhindern, die die Verwüstung während der zwei Weltkriege weit in den Schatten stellen würden ... Das Widersinnige an der militärischen Stärke heute ist, dass die gewaltige Machtentfaltung in keinem Verhältnis mehr zur Politik steht ... Dieses Dilemma [= Problem/Konflikt] hat das Interesse an Verhandlungen für eine Rüstungskontrolle neu belebt ...

*Zit. nach Manfred Görtemaker & Gerhard Wettig, USA-UdSSR. Dokumente zur Sicherheitspolitik, Hannover (Niedersächsische Landeszentrale für politische Bildung) 1986, 44 f.***

M 2

Der sowjetische Generalmajor A.N. Sidelnikow schrieb 1973 in der Armeezeitung „Krasnaja Swesda“ (Roter Stern):

Die vermehrte Macht der sowjetischen Streitkräfte und der Armeen der übrigen Länder der sozialistischen Gemeinschaft kann nur diejenigen beunruhigen, denen die Interessen des Friedens, des sozialen Fortschritts und der Sicherheit der Völker fremd sind und die versuchen, die Entspannung zur Schwächung der Positionen des Sozialismus zu missbrauchen. Solange es auf der Erde aggressive ... Kräfte des Imperialismus ... gibt, die fähig sind, einen Kriegsbrand zu entfachen, wird die Festigung und Stärkung der Kampfmacht und Kampfbereitschaft der Streitkräfte der UdSSR mit allen Mitteln eine unserer wichtigsten Aufgaben ... bleiben. „Wir halten es“, sagte Genosse ... Breschnew, „für unsere heilige Pflicht, eine solche Politik zu betreiben, dass wir nicht überrumpelt werden können.“ Nach manchen Artikeln der ... Presse zu urteilen, hoffen unsere Klassenfeinde, dass die Entspannung zur Minderung unserer Kampfbereitschaft und Wachsamkeit und zur Abschwächung ... der Kampffähigkeit unserer Armee und Flotte führen werde. Das sind unerfüllbare Hoffnungen.

*Zit. nach Manfred Görtemaker & Gerhard Wettig, USA-UdSSR. Dokumente zur Sicherheitspolitik. Opladen (Leske + Budrich) 1987, S. 198.***

M 3

„Weight Watchers“, Karikatur aus der englischen Zeitschrift „Punch“ vom 20. April 1977. Abgebildet sind der amerikanische Präsident Jimmy Carter und der sowjetische Generalsekretär Leonid Breschnew.

1 Erläutere die Politik der Supermächte nach der Kubakrise (Darstellungstext). Nutze den **Wortschatz**.

2 **Partnerarbeit:**

a) Eine/r untersucht M1, der/die andere M2 hinsichtlich der beiden dort beschriebenen Positionen.

b) Vergleicht die beiden Positionen miteinander.

MK 3 **Methode:** Interpretiere die Karikatur M3 (→ S. 270 oder Kopiervorlage im Webcode auf S. 31).

4 **Wähle eine Aufgabe aus:**

a) Erörtere mithilfe der Materialien, inwiefern der Rüstungswettlauf zur Entspannung beigetragen hat.

b) Beurteile mithilfe der Materialien: Warum konnten sich die Supermächte nicht auf eine vollständige Abrüstung einigen?

Die Politik der Abrüstung in den 1980er Jahren

Trotz mehrerer Verträge, die eine weitere militärische Aufrüstung stoppen sollten, waren die Beziehungen zwischen der USA und der UdSSR Anfang der 1980er Jahre an einem Tiefpunkt angelangt. Mit der Wahl von Ronald Reagan zum US-Präsidenten und Michail Gorbatschow zum Regierungschef der UdSSR wurde aber ein neues Kapitel in den amerikanisch-sowjetischen Beziehungen aufgeschlagen.

- ***Wie kam es zur militärischen Abrüstung in den 1980er Jahren?***

M 1

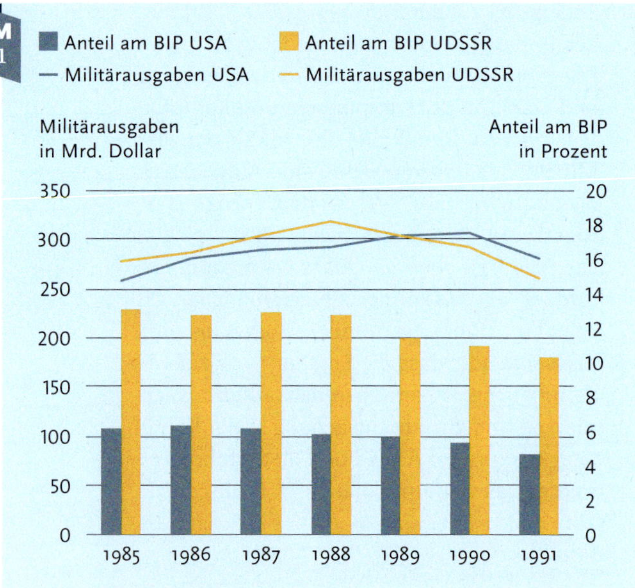

Militärausgaben der USA und der UdSSR (Angaben der UdSSR geschätzt). BIP = Bruttosozialprodukt pro Einwohner

Eine erneute Aufrüstung

Die nach Abschluss der KSZE-Schlussakte bestehende Hoffnung auf eine weltweite Abrüstung erfüllte sich nicht. Stellvertreterkriege verschärften während der Entkolonialisierungsprozesse den Ost-West-Konflikt (siehe S. 72–75). Es folgte eine erneute Aufrüstung. Ende der 1970er Jahre begann die Sowjetunion mit der Stationierung von modernen Mittelstreckenraketen des Typs SS-20, die mit Atomsprengköpfen bestückt werden konnten. Die UdSSR sah darin eine Angleichung an die Zahl der in Europa stationierten Raketen der NATO. Die NATO wiederum empfand die neu stationierten sowjetischen Raketen als gesteigerte Bedrohung für Westeuropa. Da die UdSSR unter Breschnew nicht bereit war, die Raketen bis 1983 abzurüsten, reagierte die NATO auf die neue Bedrohungslage im Dezember 1979 mit dem NATO-Doppelbeschluss*. Dieser sah die Nachrüstung von atomaren Mittelstreckenraketen (Pershing II und Cruise missiles) in Westeuropa vor, falls die UdSSR ihre Mittelstreckenraketen nicht abbauen würde.

Zeitgleich verschärfte sich ein Konflikt in Afghanistan. Die UdSSR unterstützte die kommunistische Regierung des Landes gegen islamische Widerstandskämpfer (Mudschaheddin), die wiederum Waffenlieferungen aus den USA erhielten. Dieser weitere, blutige Stellvertreterkrieg dauerte bis 1989.

Frieden durch Stärke?

Der neue US-Präsident Ronald Reagan verfolgte gegenüber der UdSSR ab 1980 eine Politik der Stärke, indem er ein gewaltiges Rüstungsprogramm auflegte. Zu diesem gehörte auch die Planung eines Raketenabwehrsystems im Weltraum. Mithilfe dieses Raketenabwehrsystems sollte ein waffentechnischer Vorsprung gegenüber der UdSSR erlangt werden, indem sowjetische Raketen bereits im Weltraum abgefangen und zerstört werden könnten. Die USA wollte die UdSSR durch diesen Technologievorsprung in die Knie zwingen, obwohl die neue Technologie für die USA hohe Kosten verursachte.

Die Sowjetunion gab ebenfalls enorme Summen für das Militär aus. Diese Militärausgaben belasteten die sowjetische Wirtschaft sehr. Dies hatte zur Folge, dass sich die Leistungsfähigkeit der Wirtschaft und der Lebensstandard der Bevölkerung verschlechterten.

Neue Impulse kamen mit Michail Gorbatschow, der 1985 zum Generalsekretär der KPdSU gewählt wurde und eine Reformpolitik begann (siehe S. 152/153). Gorbatschow bemühte sich um die Beendigung des Wettrüstens und gute Beziehungen zu den USA.

Wortschatz: eine Mittelstreckenrakete • eine Rakete abfangen • ein Technologievorsprung • ein nukleares Abrüstungsabkommen unterzeichnen • eine Außerdienststellung von altgedienten (= bewährten) Raketen

Nach mehreren Verhandlungen in Genf 1985 und Reykjavik 1986 zwischen Gorbatschow und Reagan unterzeichneten beide Regierungschefs 1987 in Washington den INF-Vertrag (= Intermediate Range Nuclear Forces Treaty). Dieser regelte den Abbau aller Mittelstreckenraketen in Europa und gilt als Wendepunkt in der Abrüstungspolitik. Anders als bisher führte dieses Abkommen nicht zu einer Außerdienststellung von altgedienten Raketen, sondern zu einer Verschrottung neuartiger Waffensysteme. Es war das erste nukleare Abrüstungsabkommen dieser Art.

Gorbatschow gab am 7. Dezember 1988 vor der UNO überraschend bekannt, dass die UdSSR massiv Truppen in Europa abbauen werde, und zwar unabhängig von den amerikanischen Bemühungen um Abrüstung.

M 2

Button der westdeutschen Friedensbewegung, die gegen die Aufrüstung und die Stationierung von amerikanischen Raketen demonstrierte. In vielen europäischen Staaten und auch in der USA gab es dagegen massive Proteste.

M 3

Reaktion auf die einseitigen Abrüstungsmaßnahmen der UdSSR

3A Das US-Verteidigungsministerium veröffentlichte am 15. Juni 1989 in der „Frankfurter Rundschau" diesen Kommentar:

Trotz der umfangreichen Abrüstungsschritte beharrt das US-Verteidigungsministerium auf einem hohen Rüstungsstand der NATO, was eine Modernisierung der atomaren, konventionellen [= bis dato genutzten] und chemischen Waffen einschließe. Nach einer Studie des Verteidigungsministeriums ... geriete die NATO im Kriegsfall gegenüber dem Warschauer Pakt bei den Chemiewaffen stark ins Hintertreffen. Mitteleuropa bleibe die Schwachstelle ... Trotz der jüngsten sowjetischen Vorschläge zur Truppenreduzierung in Europa sei es „viel zu früh", dieses Problem aufzugeben. Die sowjetischen Absichten ließen sich noch nicht einschätzen. Es bestehe daher größter Anlass zur Besorgnis darüber, dass die Mitglieder [der NATO] nicht die erforderlichen Investitionen vornehmen werden, um dieser Herausforderung zu begegnen".

3B Der Direktor des Instituts für USA-Studien der Akademie der Wissenschaften der UdSSR und Sicherheitsexperte Georgi Arkadjewitsch Arbatow veröffentlichte am 14. Juni 1989 in der Zeitung „taz" folgenden Artikel:

Wir haben für die USA eine schwierige Frage aufgeworfen, wir haben ihnen den Feind weggenommen. Ohne Feindbild ist die Fortsetzung der Aufrüstungspolitik schwer möglich ... Wir gehen dabei weiter, wir kürzen unser Budget um 40 Prozent in den nächsten Jahren. Bisher will die NATO noch drei Prozent zulegen. Nicht nur der militärische-industrielle Komplex nutzt seine Macht, auch die ganze politische Elite des Westens denkt noch leider in traditioneller Weise. Zwischen den angebotenen unterschiedlichen Krisenszenarios fehlt den USA immer noch das wichtigste: dasjenige nämlich, mit dem Rüsten aufzuhören und eine grundsätzliche neue Ordnung herzustellen.

*M3A zit. nach Frankfurter Rundschau v. 15.06.1989**,*
*M3B taz v. 14.06.1989, zit. nach: https://taz.de/!1808940/.**

1 Erkläre, wie es zur Unterzeichnung des INF-Vertrags kam (Darstellungstext). Nutze den **Wortschatz**.

2 **Wähle eine Aufgabe aus:**

a) Analysiere M1 und die Auswirkungen des Wettrüstens. Beachte dabei M2.

b) Erläutere, warum in der BRD eine Friedensbewegung entstand (Darstellungstext, M1, M2).

3 **Partnerarbeit:**

a) Arbeitet in Einzelarbeit die jeweilige Position in M3A und M3B heraus.

b) Vergleicht beide Positionen miteinander.

c) Beurteilt den Erfolg der amerikanischen und sowjetischen Politik in Bezug auf die Abrüstung.

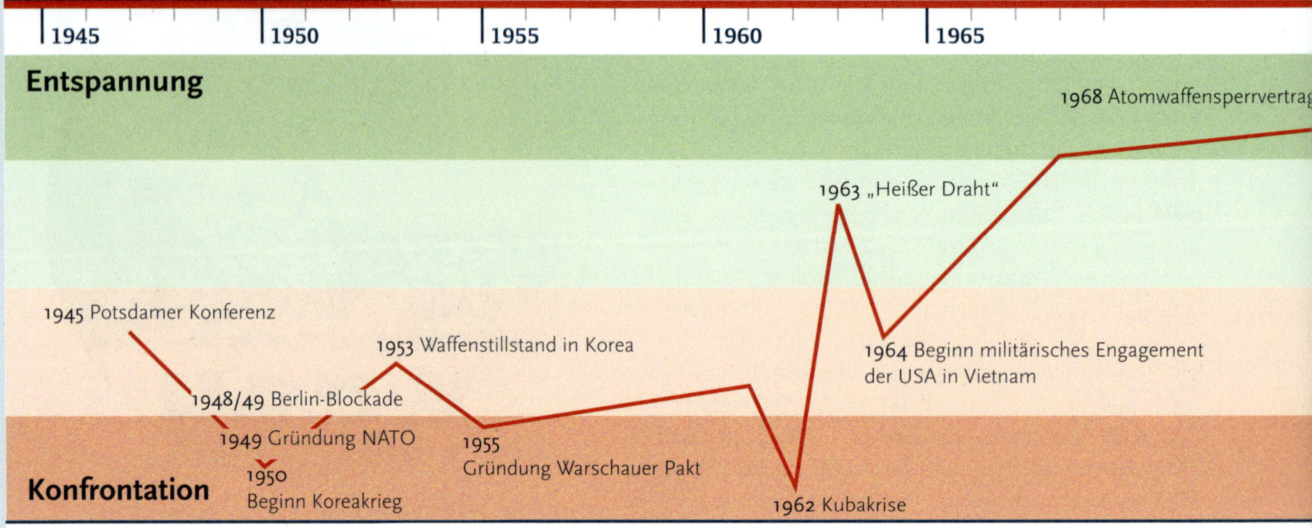

Die Welt im „Ost-West-Konflikt“

Friedliche Koexistenz oder „Gleichgewicht des Schreckens“?

Durch das Streben der Supermächte USA und Sowjetunion nach politischer, militärischer und ideologischer Vorherrschaft entwickelte sich der Ost-West-Konflikt seit 1947 zum sogenannten Kalten Krieg. Beide Großmächte verfügten nach dem Zweiten Weltkrieg über **Atombomben.** Der Führung der USA und der Sowjetunion war klar, dass ihr Bestand an Atomwaffen es ermöglichte, den Gegner vollständig zu vernichten. Zugleich bestand die Gefahr, durch einen atomaren Gegenschlag selbst vernichtet zu werden. Dazu konnten Atombomben beider Supermächte jederzeit aus versteckten unterirdischen Lagern für Raketen, von Flugzeugen oder Unterseebooten gestartet werden. Diese Flugzeuge und U-Boote befanden sich ständig an wechselnden Positionen in den Weltmeeren und in der Luft. Das oberste Ziel der Sicherheitspolitik war daher die Verhinderung eines Atomkriegs durch das „**Gleichgewicht des Schreckens**“ der Waffenarsenale.

Die Welt am atomaren Abgrund

Obwohl die beiden Supermächte sich nie offiziell im Kriegszustand befanden, gab es trotzdem Krisen und kriegerische Auseinandersetzungen, an denen die USA und die Sowjetunion aktiv oder passiv beteiligt waren. Diese heizten den Konflikt zusätzlich an und trugen zur Verhärtung der Fronten bei.

- So zeigte die **Berlin-Blockade** 1948/49 (siehe S. 43) den Versuch der Sowjetunion, die drei alliierten Westsektoren der Stadt zu isolieren, was mittels der britisch-amerikanischen „Luftbrücke“ zur Aufrechterhaltung der Versorgung Westberlins misslang.
- Im Koreakrieg 1950–1953 kämpfte der von der UdSSR und China unterstützte kommunistische Norden gegen den von den USA unterstützten Süden Koreas. Der Koreakrieg wurde unter hohen Verlusten an Menschenleben zum ersten „**Stellvertreterkrieg**“.
- Die **Kubakrise** von 1962 markierte den Höhepunkt des Ost-West-Konflikts. Die Stationierung sowjetischer Atomraketen auf Kuba bedrohte das amerikanische Festland. Die besonnene Haltung der beiden Staatschefs Kennedy (USA) und Chruschtschow (UdSSR) konnte die Krise durch einen Kompromiss entschärfen und einen Atomkrieg im allerletzten Moment verhindern.
- Im Ostblock schlugen Truppen der Sowjetunion **Aufstände gegen die kommunistische Diktatur** in Ungarn 1956 und in der ČSSR 1968 nieder. Ein Eingreifen des Westens blieb aufgrund des hohen Risikos eines „heißen Krieges“ aus.
- Im **Vietnamkrieg** kämpften US-amerikanische Truppen (1964–1973) aufseiten Südvietnams gegen das von der UdSSR und China unterstützte Nordvietnam. Die USA befürchteten nach dem Ende der französischen Kolonialherrschaft in Indochina eine Ausbreitung des Kommunismus von Nordvietnam auf andere Länder Südostasiens („Domino-Theorie“).

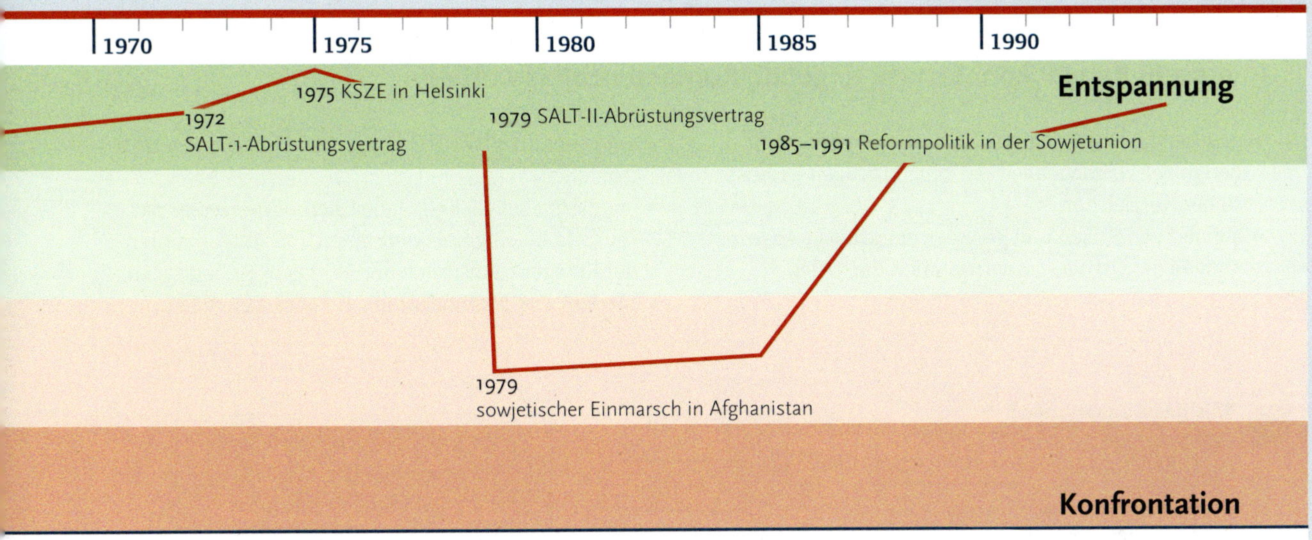

Die Entkolonialisierung und ihre Auswirkungen

Die Forderungen von Befreiungsbewegungen in den europäischen Kolonien in Asien und Afrika nach Unabhängigkeit führten zur schrittweisen **Entkolonialisierung** in den 1950er und 1960er Jahren. Die Entlassung der neuen Staaten in die politische Eigenständigkeit führte in vielen Fällen zu **postkolonialen Konflikten.** Dazu zählen Unruhen und Kämpfe rivalisierender Volksgruppen wegen der von den Kolonialmächten willkürlich gezogenen Grenzen. Demokratisch gewählte Regierungen mussten oft nach kurzer Zeit Militärdiktaturen weichen.

Die wirtschaftliche Bindung an die ehemaligen Kolonialmächte, die Abhängigkeit vom Weltmarkt und von ausländischen Krediten belasteten die Entwicklung. Hinzu traten innenpolitische Spannungen. Im Jahre 1960 wurden zahlreiche ehemalige europäische Kolonien in Afrika in die Unabhängigkeit entlassen, darunter der bis dahin zu Belgien gehörende Kongo. Der Mangel an einheimischen Fachleuten verhinderte die Bildung eines funktionierenden Staatswesens. Zahlreiche neue Staaten gerieten im Ost-West-Konflikt unter den Einfluss der USA oder der Sowjetunion.

Als Folge entstand zusätzlich zum Ost-West-Konflikt ein **Nord-Süd-Konflikt** zwischen den Industrieländern auf der nördlichen Erdhalbkugel und den Entwicklungsländern* auf der südlichen.

Zwischen Entspannung und Konfrontation

Als Konsequenz der Kubakrise beschlossen die USA und die Sowjetunion 1963, eine ständige Fernschreiberverbindung zwischen dem Moskauer Kreml und dem Weißen Haus in Washington zu installieren. Darüber hinaus verhandelten die beiden Supermächte über die Möglichkeiten, die Gefahr eines Atomkriegs zu reduzieren. 1970 trat der Atomwaffensperrvertrag in Kraft, bei dem sich die Atommächte verpflichteten, Atomwaffen nicht an Drittstaaten weiterzugeben. Außerdem sah der Vertrag eine Begrenzung der Zahl der Interkontinentalraketen im SALT-I-Abkommen zwischen den USA und der Sowjetunion vor. Ein bedeutender Schritt in der **Entspannungspolitik** war die **Konferenz für Sicherheit und Zusammenarbeit in Europa (KSZE)** im finnischen Helsinki. Mit der „**Schlussakte von Helsinki**“ verpflichteten sich 1975 die Unterzeichnerstaaten, die europäischen Grenzen zu respektieren und die Menschenrechte und Grundfreiheiten zu achten.

Trotz der Entspannungsversuche kam es vor allem infolge der sowjetischen Invasion in Afghanistan Ende 1979 zu einem erneuten **Wettrüsten** der Supermächte. US-Präsident Reagan erhöhte den wirtschaftlichen Druck auf die UdSSR, indem er durch seine „Politik der Stärke“ einen neuen Rüstungswettlauf anfachte. Zeitgleich belastete der Afghanistankrieg die UdSSR finanziell schwer. Der ab 1985 neu regierende sowjetische Regierungschef **Gorbatschow** entwarf eine neuen Militär- und Sicherheitspolitik der UdSSR. Neben dem Truppenabzug aus Afghanistan handelte er zusammen mit US-Präsident Reagan 1987 den INF-Vertrag aus, der die Abrüstung von Mittel- und Kurzstreckenraketen vorsah.

1 Diskutiert mithilfe eines Placemats (→ S. 261), ob in der Zeit des Kalten Krieges insgesamt eher eine Entspannung oder neue Konfrontationen im Vordergrund standen.

In diesem Kapitel konntest du folgende Kompetenzen erwerben:

- gesellschaftliche Debatten um technische Innovationen in der Vergangenheit mit gegenwärtigen Diskussionen vergleichen
- anhand von Krisen und Stellvertreterkriegen Auswirkungen der Ost-West-Konfrontation darstellen
- kurz- und langfristige Folgen postkolonialer Konflikte darstellen
- am Beispiel eines Entkolonialisierungsprozesses das Handeln beteiligter Akteurinnen und Akteure unter der Kategorie Anspruch und Wirklichkeit beurteilen
- **Medien und Methoden:** Einen Podcast erstellen

M 1

Was passt zusammen?

1 KSZE

5 Rüstungswettlauf

4 Ostblock

E von den Supermächten USA und Sowjetunion unterstützte Kriege außerhalb ihres Territoriums

B Entkolonialisierung

A Konferenz für Sicherheit und Zusammenarbeit in Europa

3 Befreiung aus der Abhängigkeit von Kolonialmächten

2 Stellvertreterkrieg

D Bezeichnung für die kommunistischen Staaten

C militärische Aufrüstung sich gegenüberstehender Staaten

M 2

Der Historiker Gerhard Henke-Bockschatz schrieb 2004 über die Entkolonialisierung:

Die ... Ex-Kolonien übernahmen im Allgemeinen eine staatliche Herrschaft, deren Grundlage ... von den Ex-Kolonialherren gemäß deren Interessen und Zwecken eingerichtet worden war. Die Frage, ob dies der Lebensweise der Menschen überhaupt entsprach, wurde nicht gestellt ... Auch die [wirtschaftlichen] Probleme wurden ... oft verkannt. Aus der auf Subsistenz orientierten Lebensweise [= zum Lebensunterhalt werden nur Produkte für den Eigenbedarf angebaut] der meisten Menschen in den unabhängig gewordenen Staaten war bis dahin weder eine konkurrenzfähige Volkswirtschaft noch das Bedürfnis nach einem Territorialstaat und nach einer Nation entstanden. Nach der Erringung der Unabhängigkeit zeigte sich schnell, dass der gemeinsame politische Wille nur auf der Ablehnung der Kolonialmacht beruhte. War dieser ausgeschaltet, drohte die Gesellschaft ... zu zerfallen. Nur in wenigen Ländern und oft nur für eine kurze Zeit entstand deshalb eine bürgerliche Demokratie europäischen Zuschnitts ... In der Regel ließen die Regierungen aber keine oppositionellen Parteien zu, sondern organisierten das politische Leben in Einparteiensystemen ... Das Ende der direkten Fremdherrschaft war noch lange nicht das Ende der materiellen Benutzungs- und Ausbeutungsverhältnisse ... Rückblickend fällt das Urteil über die Hoffnungen und Befürchtungen, die einst mit der Entkolonialisierung verbunden waren, ernüchternd aus. Die Versuche, einen ... Weg zwischen Kapitalismus und Sozialismus zu finden, sind fehlgeschlagen. Die meisten Länder ... sind heutzutage politisch und wirtschaftlich stärker abhängig denn je ... Vielerorts kann nicht einmal das Gewaltmonopol [des Staates] nach innen aufrechterhalten werden. Staaten zerfallen – oftmals entlang ethnischer Unterscheidungslinien – in Herrschaftsbereiche selbsternannter Warlords[1].

*Gerhard Henke-Bockschatz, Entkolonialisierung, in: Geschichte lernen, H. 99, 2004, S. 19 ff.***

[1] *englisch: Kriegsfürst; ein Warlord ist ein Anführer, der ein begrenztes Gebiet militärisch kontrolliert und hier die Staatsgewalt übernommen hat.*

M 3

Der Historiker Wilfried Loth schrieb 2002 über die „Formation der Blöcke“:

[Die] Auseinandersetzung zwischen Ost und West wurde [seit 1947] nicht länger als bloßes machtpolitisches Ringen um Einflusssphären und Sicherheitsansprüche verstanden, sondern immer mehr als existenzieller Kampf zwischen gegensätzlichen Gesellschaftsordnungen und Lebensformen ... Die Gesamtaussage kann daher im Wesentlichen unverändert bleiben: Der Kalte Krieg war angesichts der machtpolitischen Konstellation [= Gesamtlage], zu der der Zweite Weltkrieg im Ergebnis geführt hatte, durchaus wahrscheinlich, aber er war nicht unvermeidlich. Eine kooperative Nachkriegsordnung war denkbar, sie lag im Sicherheitsinteresse der Sowjetunion ebenso wie im Interesse an der Durchsetzung westlicher Prinzipien. Dass sie nicht gelang, ist in erster Linie den Kurzsichtigkeiten westlicher Politik zu verdanken, doch hat auch die Politik Stalins ... höchst aktiv zum Scheitern der Kooperation beigetragen.

*Wilfried Loth, Die Teilung der Welt, 10. Aufl., München (dtv) 2002, 224 ff.***

M 4

KSZE-Gipfel in Helsinki, Foto, 1975. Zu sehen sind von links nach rechts: Bundeskanzler Helmut Schmidt, der Staatsratsvorsitzende der DDR, Erich Honecker, US-Präsident Gerald Ford und der Bundeskanzler der Republik Österreich, Bruno Kreisky.

M 5

Die US-Astronauten Neil Armstrong und Buzz Aldrin landeten am 20. Juli 1969 als erste Menschen auf dem Mond. Nach ihrer Rückkehr auf der Erde wurden beide in den USA und den Westmächten als Helden gefeiert.

Sachkompetenz

1 Ordne die Begriffe in M1 den richtigen Erklärungen zu. Bilde ganze Sätze und füge weitere Erläuterungen hinzu.

2 Wähle eine Aufgabe aus:
Fass stichpunktartig die wesentlichen Aspekte zu folgenden Ereignissen zusammen:
a) Vietnamkrieg. Verwende den Begriff Stellvertreterkrieg.
b) „Prager Frühling“. Verwende den Begriff Breschnew-Doktrin.

3 Erläutere mithilfe von M2 kurz- und langfristige Folgen postkolonialer Konflikte.

4 Erläutere, inwiefern die „Konferenz für Sicherheit und Zusammenarbeit in Europa“ den Durchbruch der Entspannungspolitik markierte (M4).

Urteilskompetenz

5 Diskutiere mithilfe von M3 die Aussage: „Ohne Atombombe wäre der der Kalte Krieg ein ‚heißer‘ Krieg geworden.“

6 Wähle eine Aufgabe aus:
Recherchiere den Weg einer ehemaligen Kolonie bis zu deren Befreiung (Karte M1, S. 72):
a) in Afrika **b)** in Asien
Stelle dein Ergebnis in einem Kurzvortrag (→ S. 261) der Klasse vor. **Tipp** → S. 250.

7 Beurteile, ob von einem „Sieger im Space Race“ gesprochen werden kann (M5, Film im Webcode auf S. 60).

cornelsen.de/webcodes
Code: wugene
Selbsteinschätzungsbogen

nstraße
Stallschreiberstraße
50-64
YOU ARE LEAVI
THE AMERICAN SE
ВЫ ВЫЕЗЖАЕТЕ
АМЕРИКАНСКОГО СЕ
VOUS SORTEZ
DU SECTEUR AMÉR
SIE VERLASSEN DEN AMERIKANISCHE

cornelsen.de/webcodes
Webcode: nuwowi
alle Darstellungstexte zum Anhören

3 Das geteilte Deutschland

Anwohner aus den Westsektoren Berlins betrachten am 26. August 1961 die gerade errichtete Mauer, die die Westsektoren vom Ostsektor der Stadt trennt. Die bis dahin offene Grenze wurde damit zur unüberwindbaren Mauer und zum Symbol der Teilung Deutschlands und Europas – eine Folge des Zweiten Weltkrieges.

Versuche dich in die Lage der Menschen auf dem Foto zu versetzen: Was könnten die drei Personen denken, die durch den Stacheldraht blicken? Was könnte dem DDR-Grenzsoldaten hinter der Mauer durch den Kopf gegangen sein? Mit welchen Gedanken und Gefühlen könnte die Frau mit dem Kinderwagen über die Mauer schauen?

Westberliner an der Sektorengrenze am 26. August 1961, Foto

1945 | 1950 | 1955 | 1960

23. Mai 1949 Gründung der BRD

7. Oktober 1949 Gründung der DDR

17. Juni 1953 Volksaufstand in der DDR

1950 Gründung des Ministeriums für Staatssicherheit („Stasi")

13. August 1961 Mauerbau

Das geteilte Deutschland

Die Geschichte der BRD und der DDR ist eng mit dem „Kalten Krieg" verknüpft. Dieser Konflikt beeinflusste die politische, wirtschaftliche und gesellschaftliche Entwicklung in den beiden deutschen Staaten: Für die westdeutsche Politik war die DDR eine kommunistische Diktatur unter sowjetischer Bevormundung. Politiker der DDR bezeichneten die BRD als Ableger des amerikanischen Imperialismus, in der ehemalige Nationalsozialisten wieder in führende Positionen gelangten. An der Grenze zwischen den beiden deutschen Staaten trafen diese beiden Ideologien aufeinander und beide Seiten beobachteten sehr genau, was auf der anderen Seite geschah.

Der Bau der Mauer im Jahr 1961 wurde zu einem Höhepunkt des Ost-West-Konflikts und untermauerte die deutsche Spaltung. Mit dem Regierungswechsel von 1969 kam in der BRD mit Willy Brandt erstmals ein sozialdemokratischer Kanzler an die Macht. Seine Koalitionsregierung aus SPD und FDP betrieb eine „neue Ostpolitik", die eine vorsichtige Entspannung im Verhältnis der beiden deutschen Staaten einleitete.

- Wie wurde in der BRD und in der DDR mit der NS-Vergangenheit umgegangen?
- Welche wirtschaftlichen und politischen Systeme entwickelten sich in der BRD und DDR?
- Warum errichtete die DDR mit der Berliner Mauer eine fast undurchlässige Grenze?
- Welchen Einfluss hatten die Verträge und Abkommen von DDR und BRD mit ihren Bündnispartnern?
- Wie kam es zu einer Annäherung zwischen den beiden deutschen Staaten?

M 1

Politisch-militärische Bündnisse in Europa 1945 bis 1990

1965 | 1970 | 1975 | 1980

1963–1965 Auschwitz-Prozess in Frankfurt

ab 1968 „Studentenbewegung“ und gesellschaftlicher Wertewandel

ab 1969 neue Ostpolitik unter Willy Brandt

21. Dezember 1972 Grundlagenvertrag zwischen BRD und DDR

M2

Auf dem Potsdamer Platz in Ostberlin fliehen Teilnehmer eines Protestzuges vor den herannahenden sowjetischen Panzern. Foto, 17. Juni 1953

M3

„Berlin-Krise“ 1961: Sowjetische und amerikanische Panzer stehen sich am Grenzübergang Checkpoint Charlie in Berlin gegenüber. Foto (vom Westsektor aufgenommen), 1961

M4

US-Präsident John F. Kennedy besucht am 26. Juni 1963 Berlin, Foto. Das Bild zeigt Kennedy (links) mit Bundeskanzler Konrad Adenauer (rechts) und Willy Brandt (Mitte), dem Regierenden Bürgermeister von Berlin und späteren Bundeskanzler 1969–1974. Im Hintergrund ist das Brandenburger Tor zu sehen, das nach dem Bau der Mauer (13. August 1961) auf dem Gebiet der DDR lag. Ein Blick nach Osten war nicht möglich: Die Durchgänge des Tores waren mit roten Tüchern und einer DDR-Fahne verhängt. Auf den gelben Tafeln stand in roter Schrift, dass die DDR den Nationalsozialismus auf ihrem Staatsgebiet erfolgreich bekämpft habe, verbunden mit der Frage, wann dies in der BRD und Westberlin geschehe.

1 Überprüfe mithilfe der Karte im Umschlag des Buches, welche Staaten in der Karte M1 es heute nicht mehr gibt bzw. welche neu entstanden sind.

2 **Partnerarbeit:** Formuliert mithilfe der Bilder M1 bis M3 Vermutungen und Fragen über die Beziehungen zwischen der DDR und der BRD in den 1950er und 1960er Jahren. Beachtet dabei auch den Zeitstrahl.

Wie wurden die Bundesrepublik und die DDR in die Blöcke integriert?

Die Gründung zweier deutscher Staaten im Jahr 1949 bedeutete die Verfestigung der deutschen Teilung, die sich während der Besatzungszeit seit 1945 herausgebildet hatte. Beide deutsche Staaten traten im Ost-West-Konflikt verschiedenen Machtblöcken bei, die BRD den westlichen Organisationen und Bündnissen und die DDR den östlichen.

- *Untersuche, wie sich die Einbindung in die Blöcke auf die „deutsche Frage" und somit auf das Ziel einer deutschen Einheit auswirkte.*

M 1

„Brandstifter Adenauer", Karikatur aus der DDR, 1952

M 2

Wahlplakat der CDU zur Wiederbewaffnung der Bundeswehr, 1953

Westintegration* der BRD

Die BRD war bei ihrer Gründung im Mai 1949 kein souveräner Staat. Aufgrund des Besatzungsstatus vom 21. September 1949 bestimmten die alliierten Westmächte die Innen- und Außenpolitik. Zehntausende alliierte Soldaten blieben auf deutschem Boden stationiert. Eigene Streitkräfte durfte die BRD nicht aufbauen. Die Außenpolitik und die Einhaltung des Grundgesetzes überwachten die alliierten „Hohen Kommissare". Einen westdeutschen Außenminister und deutsche Botschaften im Ausland gab es nicht. Bundeskanzler Konrad Adenauer, der am 15. September 1949 gewählt worden war, wollte die BRD mithilfe von Verträgen zum Partner der westlichen Staaten machen und trieb die Westintegration voran. Im Petersberger Abkommen vom 22. November 1949 handelte er mit den westlichen Siegermächten USA, Großbritannien und Frankreich den Stopp von Demontagen und die Möglichkeit zu internationalen Handelsbeziehungen aus. Wirtschaftlich profitierte die BRD von den Hilfen des Marshallplans. Der französische Unternehmer und Politiker Jean Monnet unterbreitete dem französischen Außenminister Robert Schuman (S. 196/197) die Idee des Zusammenschlusses der Kohle- und Stahlindustrie in

Westeuropa unter Einbeziehung des einstigen Kriegsgegners Deutschland. Kohle und Stahl waren damals bedeutende Rohstoffe für eine Kriegführung. Der Vertrag über die „Europäische Gemeinschaft für Kohle und Stahl“ (EGKS, „Montanunion“) am 25. Juli 1952 schuf einen europäischen Markt für die Schwerindustrie ohne Zölle und Handelsbeschränkungen. Über die Verwaltung dieses wichtigen Wirtschaftszweigs entstand allmählich eine neue, vertiefte Beziehung zu Frankreich und die Grundlage der späteren europäischen Einigung. Ein viel diskutiertes Thema kurz nach Gründung der BRD war die Frage der deutschen Wiederbewaffnung durch den Neuaufbau von Heer, Luftwaffe und Marine. Während Bundeskanzler Adenauer und die Regierungskoalition aus CDU und FDP eine Wiederbewaffnung und Aufrüstung befürworteten, gab es in der Opposition und in der Öffentlichkeit zum Teil heftige Proteste gegen dieses Vorhaben. Der Ausbruch des Koreakrieges (1950–1953, siehe S. 64/65) bestärkte Adenauer in seinem Vorhaben. Die BRD sollte, vor allem auf Wunsch der USA, einen „Verteidigungsbeitrag“ für die Verteidigung Westeuropas gegen die Sowjetunion leisten und in eine „Europäische Verteidigungsgemeinschaft“ (EVG) integriert werden. Dieser Plan wurde von der französischen Nationalversammlung abgelehnt.

Trotz dieser Bedenken wurde 1952 von der BRD und den drei Besatzungsmächten der Deutschlandvertrag (auch Generalvertrag) verabschiedet, in dem die Erlangung der weitgehenden staatlichen Souveränität der BRD sowie die Beendigung des Besatzungsstatuts von 1949 ausgehandelt wurde. Diese traten mit den am 5. Mai 1955 von Adenauer unterzeichneten Pariser Verträgen in Kraft. Gleichzeitig wurde die BRD Mitglied der militärischen Bündnisse der Westeuropäischen Union und der NATO. Das hatte die Einführung der allgemeinen Wehrpflicht und den Aufbau der Bundeswehr zur Folge. Die BRD erlangte durch diese Schritte ihre völkerrechtliche Souveränität. Allerdings bestanden die Alliierten auf einem Mitspracherecht bei der deutschen Außen- und Verteidigungspolitik sowie bei allen Fragen, die Gesamtdeutschland betrafen.

1957 schlossen sich Frankreich, Italien, Luxemburg, Belgien, die Niederlande und die BRD zur Europäischen Wirtschaftsgemeinschaft (EWG) zusammen. Ziel war eine gemeinsame Wirtschaftspolitik. Im Rahmen der Römischen Verträge wurde neben der EWG auch die Europäische Atomgemeinschaft (EURATOM) mit dem Ziel einer Zusammenarbeit auf dem Gebiet der Kernenergie gegründet (siehe Kapitel 6).

Ostintegration der DDR

Die Regierung unter Walter Ulbricht übte formal die politische Macht aus, stand aber unter der Kontrolle der sowjetischen Kontrollkommission, der Nachfolgerin der SMAD (S. 38). Bereits vor 1949 wurde das Gebiet der späteren DDR wirtschaftlich und politisch an das System der Sowjetunion angepasst. Am 25. September 1950 folgte die Aufnahme in den Rat für gegenseitige Wirtschaftshilfe (RGW). Der RGW war als Gegenstück zum Marshallplan gegründet worden und sollte die wirtschaftlichen Beziehungen der Staaten im sowjetischen Machtbereich verbessern. Der Handel der DDR mit den Staaten des Ostblocks stieg mit dem Beitritt und weiteren Handelsverträgen von 10% (1948) auf über 70% (1950) an. Ab Mitte der 1950er Jahre

M 3

Protest gegen die Wiederbewaffnung und die Einführung der Wehrpflicht, Foto, 1955

M 4

SPD-Plakat, ca. 1955

verbesserte sich die wirtschaftliche Lage auch mithilfe sowjetischer Finanzhilfen und dem Verzicht auf weiteren Reparationen*. Die DDR wurde kurz nach ihrer Gründung von anderen Staaten des Ostblocks anerkannt. Freundschaftsabkommen und Verträge mit befreundeten Staaten zur wissenschaftlichen und kulturellen Zusammenarbeit ergänzten diesen Schritt.
Infolge der stärkeren Einbindung der DDR in das östliche Staatenbündnis gewährte die sowjetische Regierung am 20. September 1955 dem ostdeutschen Staat eine teilweise Souveränität. Die Regierung der DDR stand jedoch weiterhin unter der Kontrolle Moskaus. Als Reaktion auf die Gründung und Einbindung der Bundeswehr in die NATO wurde 1956 die Nationale Volksarmee (NVA) gegründet und in den 1955 geschaffenen Warschauer Pakt integriert.

Die Stalin-Note 1952

Als die Westmächte Anfang der 1950er Jahre die Westintegration der BRD immer stärker vorantrieben, unterbreitete ihnen der sowjetische Diktator Josef Stalin am 10. März 1952 das Angebot, Verhandlungen über eine deutsche Wiedervereinigung zu führen. Voraussetzung dafür war ein Friedensvertrag der Alliierten mit ganz Deutschland, für den Stalin Bedingungen nannte. Diese Vorschläge übermittelte er in einem diplomatischen Brief: einer „Note". Die Westmächte gingen darauf aber nicht ein. In ihrer Antwort stellten die Westmächte ihrerseits Bedingungen und verlangten eine freie Entscheidung über die Einbindung Deutschlands in ein Verteidigungsbündnis und die Abhaltung freier, demokratischer Wahlen unter der Aufsicht der UNO. Das wiederum lehnte Stalin ab. In dieser Phase arbeitete die Bundesregierung bereits intensiv an der Westbindung. Der sowjetische Vorschlag wurde deshalb als Vorwand betrachtet, um diese Außenpolitik der BRD zu stören. Die DDR verwies danach häufig darauf, dass der Westen eine Gelegenheit zum Frieden ungenutzt gelassen habe. In der Folge verstärkte die DDR ihre Grenzsicherung.

Eine verpasste Chance?

Vor allem im Westen wurde lange darüber gestritten, ob Stalins Angebot ernst gemeint und umsetzbar gewesen wäre. Bis heute setzte sich vor allem das Urteil durch, die Stalin-Note sei ein taktischer Vorwand gewesen, um den Ostblock zu stabilisieren und den Westen in ein schlechtes Licht zu rücken. In Ostdeutschland spielte diese Frage kaum eine Rolle. Das lag auch daran, dass die Regierung der DDR nur wenig Einfluss auf die Ereignisse nehmen konnte.

M 5

Plakat der DDR zur Stalin-Note, 1952

M 6

Aus der Stalin-Note vom 10. März 1952:
Politische Leitsätze [für einen zukünftigen Friedensvertrag]:
Deutschland wird als einheitlicher Staat wiederhergestellt. Damit wird der Spaltung Deutschlands ein Ende gemacht und das geeinigte Deutschland gewinnt die Möglichkeit, sich als unabhängiger, demokratischer, friedliebender Staat zu entwickeln. Sämtliche Streitkräfte der Besatzungsmächte müssen spätestens ein Jahr nach Inkrafttreten des Friedensvertrages aus Deutschland abgezogen werden. Gleichzeitig werden sämtliche ausländischen Militärstützpunkte auf dem Territorium Deutschlands liquidiert. Dem deutschen Volk müssen die demokratischen Rechte gewährleistet sein ...
Deutschland verpflichtet sich, keinerlei Koalitionen oder Militärbündnisse einzugehen ...

*Zit. nach Bundesministerium für gesamtdeutsche Fragen (Hg.), Die Bemühungen der Bundesrepublik um Wiederherstellung der Einheit Deutschlands durch gesamtdeutsche Wahlen, Teil 1, 4. Aufl., Bonn (Deutscher Bundes-Verlag) 1958, S. 85 ff. Bearb. v. Verf.***

Wortschatz: in ein Bündnis eingebunden werden • eine Westintegration • eine Ostintegration • eine Wiederbewaffnung • eine Wehrpflicht einführen • als Staat anerkannt werden • eine Regierungskoalition (= ein Bündnis politischer Parteien zur gemeinsamen Regierung) bilden

M 7

Aus einem Brief von Oppositionsführer Kurt Schumacher (SPD) an Bundeskanzler Konrad Adenauer vom 22. April 1952:

Meines Erachtens ist es notwendig, den Regierungen der drei Westmächte [= USA, Großbritannien, Frankreich] als gemeinsamen deutschen Standpunkt vorzutragen, dass nichts unversucht bleiben darf festzustellen, ob die Sowjetnote eine Möglichkeit bietet, die Wiedervereinigung Deutschlands in Freiheit durchzuführen ... [Es] sollten von deutscher Seite einige Alternativmöglichkeiten zur Diskussion gestellt werden. Solche Möglichkeiten wären: ... Die vier Mächte [= die drei Westmächte und die Sowjetunion] einigen sich auf eine aus neutralen Staaten zusammenzusetzende Kommission zur Durchführung der internationalen Kontrolle der Wahlen. Falls die vier Mächte selbst die Kontrolle ausüben wollen, kommt es darauf an zu gewährleisten, dass keine der vier Mächte eine deutsche Partei benachteiligen oder bevorzugen kann.

*Zit. nach Konrad Adenauer, Erinnerungen 1953–1955, Stuttgart (DVA) 1968, S. 84 ff.***

M 8

Aus den Memoiren des ehemaligen Bundeskanzlers Konrad Adenauers (CDU), 1968:

Sowjetrussland versuchte offensichtlich, die Integration [= Zusammenschluss] Europas zu hemmen mit all den Konsequenzen, die sich daraus ergeben würden ... Ohne Deutschland war die Integration Europas von Anfang an zum Scheitern verurteilt ... Angesichts ... der Unmöglichkeit, ein vereintes Europa zu schaffen, würde sich das amerikanische Volk enttäuscht von Europa abwenden. Ein wichtiges Ziel Sowjetrusslands wäre erreicht. Der Weg für eine schrittweise erfolgende kommunistische Unterminierung [= Einflussnahme] der einzelnen europäischen Staaten läge frei. Das Endergebnis wäre die völlige Abhängigkeit Europas von der Sowjetunion ... Die sowjetische Note stellte ferner einen Versuch dar, auf den deutschen Nationalismus einzuwirken. Man bemühte sich, uns Deutsche in der Note dadurch zu locken, dass man sagte: Ihr Deutsche sollt nationale Streitkräfte bekommen ... Ein wiedervereinigtes, neutralisiertes Deutschland würde aber weder wirtschaftlich noch aufgrund unseres Zurückbleibens in der modernen Forschung in der Lage sein, durch eigene Streitkräfte sein Territorium zu schützen.

*Konrad Adenauer, Erinnerungen 1953–1955, Stuttgart (DVA) 1968, S. 70 f.***

1 **a)** Vergleiche die Einbindung der BRD und der DDR in das weltpolitische Bündnissystem (Darstellungstext, Z. 1–103). **Tipp** → S. 251.
b) Erläutere die Folgen der Einbindung beider deutscher Staaten in die Blöcke. **Tipp** → S. 251.

2 Begründe, warum es in der BRD zu heftigen Protesten gegen die geplante Wiederbewaffnung kam (Darstellungstext Z. 35–49, M3, M4).

3 Arbeite aus M6 heraus, was Stalins Vorschlag für eine deutsche Wiedervereinigung umfasste. Nutze auch den Darstellungstext Z. 104–135.

4 **a)** Stelle mithilfe von M5, M7 und M8 die Urteile zur Stalin-Note gegenüber. **Tipp** → S. 251.
b) Beurteile die Motive des in M7 und M8 vorgeschlagenen Umgangs mit der Stalin-Note. **Tipp** → S. 251.

MK 5 **Partnerarbeit:** Eine/r bearbeitet a), der/die andere b) im Hinblick auf die Einbindung der Staaten in das jeweilige Bündnis. Bearbeitet c) gemeinsam.
a) **Methode:** Analysiere die Karikatur M1 mithilfe der Arbeitsschritte auf S. 270. Nutze den Webcode.
b) **Methode:** Analysiere das Plakat M2 mithilfe der Arbeitsschritte auf S. 271. Nutze den Webcode.
c) Präsentiert euch eure Ergebnisse.

MK 6 **Wähle eine Aufgabe aus:**
a) Gestalte mithilfe der Materialien einen Blogeintrag zur Frage, ob die Bündnispolitik zur deutschen Teilung führte. **Tipp** → S. 251.
b) Gestalte mithilfe der Materialien einen Blogeintrag zur Frage, ob auch ein vereintes, bündnisloses Deutschland möglich gewesen wäre.
Nutze jeweils den **Wortschatz**.

cornelsen.de/webcodes
Webcode: woheju
Hintergrundinformationen zu M1 und M2.

Der Umgang mit der NS-Vergangenheit

Viele Deutsche glaubten, dass mit den Nürnberger Prozessen die Schuld des Nationalsozialismus beglichen und genügend aufgearbeitet sei. Doch der Holocaust und die deutschen Kriegsverbrechen holte beide deutschen Staaten immer wieder ein.
- ***Wie gingen die beiden deutschen Staaten mit der NS-Vergangenheit um?***

M 1

Karikatur von Leo Haas zum Auschwitzprozess, ca. 1965. Haas wurde im heutigen Tschechien geboren und entstammte einer jüdischen Familie. Er war in mehreren KZ inhaftiert und ging 1956 in die DDR.

Verordneter Antifaschismus in der DDR

Die DDR verstand sich als „antifaschistischer Staat" und als Gegenentwurf zum Nationalsozialismus. Im Aufbau des Sozialismus* sah das SED-Regime die Voraussetzung, um ein Wiederaufleben des Faschismus* zu verhindern. Dieser verordnete Antifaschismus befreite die Menschen in der DDR davor, sich ihrer persönlichen Verantwortung und Schuld stellen zu müssen. Die DDR-Regierung sah in der kapitalistischen BRD den Nachfolgestaat des NS-Regimes. Sie selbst wies jede Verantwortung für die NS-Verbrechen von sich. Erinnert wurde vor allem an den kommunistischen Widerstand.

„Schlussstrichmentalität" in der BRD

In der BRD wurde die Verantwortung und Schuld meist verdrängt. Viele forderten, einen „Schlussstrich" unter die Beteiligung der deutschen Bevölkerung an den NS-Verbrechen zu ziehen. Die Mehrheit sah sich als Opfer, die durch die Nationalsozialisten verführt wurden. Meinungsumfragen der Alliierten zeigten ein anderes Bild: 1949 fand eine Mehrheit der Deutschen die Politik des Nationalsozialismus gut, sie sei nur schlecht ausgeführt worden. 1952 meinten 37 % der Deutschen, dass es besser sei, wenn in Deutschland keine Juden lebten. In dieser Atmosphäre grenzte sich die Politik zwar vom nationalsozialistischen Gedankengut ab, beschloss dennoch Amnestien* für NS-Täter. Ein 1951 erlassenes Gesetz ermöglichte über 300 000 Beamten, Richtern, Professoren und Soldaten trotz Beteiligung an nationalsozialistischen Gewaltverbrechen eine Rückkehr in ihre Berufe.

NS-Prozesse in der DDR und BRD

Bereits im April 1950 fanden in der DDR die „Waldheimer Prozesse" statt. Angeklagt waren 3432 Insassen eines ehemaligen sowjetischen Gefangenenlagers. In den Gerichtsverfahren, die im Schnellverfahren nur 20–30 Minuten dauerten, urteilten Volksrichter* über NS-Täter, aber auch über viele Unschuldige. Den Angeklagten standen keine Verteidiger zur Seite. Der Staatsratsvorsitzende Walter Ulbricht gab die Weisung aus, die Angeklagten seien so schnell und so hart wie möglich zu verurteilen. Die Urteile standen schon vorher fest. 24 Personen wurden zum Tode, die Übrigen zu langen oder lebenslangen Haftstrafen verurteilt. Die Bevölkerung der DDR erfuhr erst nach Beginn der Prozesse davon. Da der Eindruck vermittelt werden sollte, dass in diesen Prozessen nur Personen verurteilt würden, die schwere NS-Verbrechen begangen hatten, folgten weitere zehn Schauprozesse gegen KZ-Kommandeure und hohe ehemalige nationalsozialistische Funktionäre vor einem ausgewählten Publikum. 1958 wurde in der BRD die „Zentralstelle zur Verfolgung nationalsozialistischer Gewaltverbrechen" gegründet. Der hessische Generalstaatsanwalt Fritz Bauer forderte mehr Mut zur „Aufarbeitung der Geschichte" und trieb die Anklage des Personals des Konzentrationslagers Auschwitz voran. Dank der Berichterstattung über die „Auschwitz-Prozesse" von 1963 bis 1965 konnte die deutsche Bevölkerung die Zeugenaussagen von Überlebenden lesen und sich ein Bild vom Holocaust machen. Am Ende des Prozesses wurden nur sechs der 22 Angeklagten für über 15 000 Morde verurteilt. Das

Wortschatz: einen Schlussstrich ziehen • die Verantwortung von sich weisen oder übernehmen • Lehren aus der Vergangenheit ziehen • eine Amnestie (= Straferlass) gewähren • eine Schuld begleichen

Gericht bestätigte damit die herrschende Meinung, dass eine kleine Gruppe von NS-Politikern die Verantwortung für den Massenmord trage und alle anderen nur Befehle ausgeführt hätten.

Aufarbeitung und moralische Verantwortung

Willy Brandt (SPD, Bundeskanzler 1969–1974) leistete während des Zweiten Weltkrieges im Exil Widerstand gegen das NS-Regime. Er verstand die Kriegsniederlage als Befreiung und warb um Aussöhnung mit den Opfern des Krieges. Sein Kniefall in Warschau (S. 116/117) am Mahnmal für die Opfer des Warschauer Aufstandes im Jahr 1970 wurde zum Symbol für die Akzeptanz der deutschen Schuld und Verantwortung für die NS-Verbrechen. 1979 führte die Ausstrahlung der amerikanischen Spielfilm-TV-Serie „Holocaust" im Fernsehen der BRD zu einer großen Betroffenheit in der Bevölkerung und einer intensiven Berichterstattung in den Medien über die Shoah. Das so angefachte öffentliche Interesse führte zu einer intensiveren Aufarbeitung des Nationalsozialismus.

M 2

Barbara Just-Dahlmann, Mitarbeiterin der Zentralstelle zur Verfolgung nationalsozialistischer Gewaltverbrechen, über das Vorgehen der Justiz in der BRD im Jahre 1961:

Ein Mann, der des Mordes an 12 000 Personen dringend verdächtig ist, wird gegen eine Kaution von 12 000 DM aus der Untersuchungshaft entlassen ... Wenn man die Presse aufmerksam verfolgt, dann wundert man sich hier und da über die unverhältnismäßig niedrigen Strafen bei festgestelltem Mord oder Beihilfe dazu. Ein Beispiel für andere: Ein Kinderarzt ... tötet – ohne Befehl – mit seiner zivilen Reiter-SS 200 zusammengetriebene Juden. Strafe: sechs Jahre. Die ... Staatsanwälte haben eine Gleichung aufgestellt, die nicht wörtlich und nicht mathematisch zu nehmen ist und die sie in Zeiten der Resignation gebrauchen: „Ein Toter gleich zehn Minuten Gefängnis."

*Barbara Just-Dahlmann & Helmut Just, Die Gehilfen. NS-Verbrechen und die Justiz nach 1945, Frankfurt am Main (Athenäum) 1988, S. 44f.**

M 3

Ein Gesetz der DDR über die Aufgaben von NS-Gedenkstätten, 1961. Ziel war es:

a) den Kampf der deutschen Arbeiterklasse und aller demokratischen Kräfte gegen die drohende faschistische Gefahr;
b) die Rolle der KPD als der stärksten und führenden Kraft im Kampf gegen das verbrecherische Naziregime;
c) den antifaschistischen Widerstand in den Jahren 1933 bis 1945 in Deutschland und in den europäischen Ländern;
d) den SS-Terror ... und seine Methoden der Missachtung des menschlichen Lebens;
e) den gemeinsamen Kampf der europäischen Nationen, besonders den Kampf der sowjetischen Häftlinge ...;
f) den wiedererstandenen Faschismus und Militarismus in Westdeutschland;
g) die historische Rolle der Deutschen Demokratischen Republik
darzustellen und zu erläutern.

*Zit. nach Deutscher Bundestag (Hg.), 30. Sitzung der Enquete-Kommission „Aufarbeitung von Geschichte und Folgen der SED-Diktatur in Deutschland" am 5. März 1993, Bonn 1994, S. 20 ff.**

1 Beschreibe die Entwicklung des Umgangs mit dem Nationalsozialismus in der BRD (Darstellungstext). Nutze den **Wortschatz**.

2 **Wähle eine Aufgabe aus:**
a) Analysiere M1 mit Blick auf die Haltung des Karikaturisten zu den Auschwitzprozessen.
b) Erkläre das Vorgehen der westdeutschen Justiz bei der Verurteilung von NS-Verbrechern (M1, M2, Darstellungstext).

3 Vergleiche den Umgang mit NS-Verbrechern in BRD und DDR (Darstellungstext, M2).

4 Erläutere, wie die DDR das Erinnern an die NS-Verbrechen für eigene Zwecke nutzte (M3).

5 Bewerte die Aufarbeitung der NS-Gewaltherrschaft in BRD und DDR (Darstellungstext, M1-M3).

MK 6 **a)** Recherchiere zum Projekt „Stolpersteine".
b) Bewerte diese Form der Erinnerung an die Opfer des Nationalsozialismus.

Zusatzaufgabe → S. 241.

cornelsen.de/webcodes
Webcode: zejiku
Stolpersteine

Wahlen in der Bundesrepublik und der DDR

Bei den ersten Wahlen nach der NS-Diktatur konnte für die BRD niemand vorhersagen, wie die Bürgerinnen und Bürger abstimmen würden. Die Wahlergebnisse in der DDR waren hingegen vorhersehbarer.

- ***Welche Unterschiede gab es bei den Wahlsystemen zwischen West und Ost?***
- ***Welche Auswirkungen hatten die Wahlsysteme auf die politische Entwicklung der beiden deutschen Staaten?***

Wahlen in der BRD

In den Demokratien des Westens gelten allgemeine, freie, gleiche, geheime und unmittelbare Wahlen als Ausdruck des politischen Willens der Bevölkerung. In der BRD wählten am 14. August 1949 31 Millionen Männer und Frauen den ersten Deutschen Bundestag. Die Wahlbeteiligung lag bei 78,5 Prozent. Von den 19 Parteien schafften elf den Einzug ins Parlament. Im Jahre 1949 kam jede Partei ins Parlament, die in mindestens einem Bundesland mehr als fünf Prozent der Stimmen erhielt. Die heutige Unterscheidung von Erst- und Zweitstimmen gab es 1949 nicht. Die Fünfprozenthürde als Sperrklausel für den Einzug ins Parlament wurde erst 1953 beschlossen.

Seit 1949 bestimmten vier Parteien die Politik der folgenden Jahrzehnte. Die liberale FDP war an mehreren Koalitionsregierungen mit den großen Parteien CDU/CSU oder SPD beteiligt. Die KPD war nach dem Weltkrieg noch in mehreren Landtagen vertreten und wurde in der Zeit des Kalten Krieges 1956 in der BRD verboten. Neue Parteien im Bundestag waren ab den 1980er Jahren „Die Grünen“ und nach der Wiedervereinigung Deutschlands „Die Linke“ (zuvor PDS) sowie seit 2017 die „Alternative für Deutschland“ (AfD).

M 1

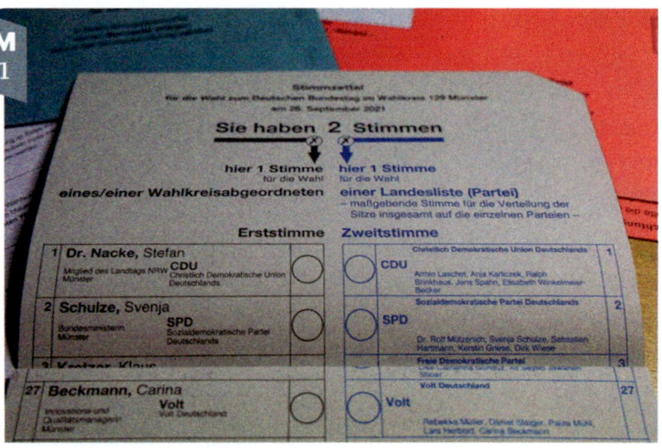

Stimmzettel für die Bundestagswahl vom 26. September 2021, Foto

Wahlen in der DDR

Die Wahlen zur Volkskammer* der DDR (siehe S. 48/49) fanden – ebenso wie die Wahlen zum westdeutschen Bundestag – alle vier Jahre, ab 1972 alle fünf Jahre statt. Vor der ersten Volkskammerwahl 1950 erklärten sich alle fünf Parteien (siehe S. 38) und Massenorganisationen der DDR, wie der Gewerkschaftsbund und die Jugendorganisation FDJ, zur „Nationalen Front“. Sie legten die Abgeordneten und die Sitzverteilung für die Volkskammer bereits vor der Wahl fest. Bei der Wahl am 15. Oktober 1950 wurde diese Einheitsliste* dann nur noch durch die Wähler bestätigt. Auf dem Stimmzettel wurde kein Kreuz gemacht. Es galt als Zustimmung, wenn der ganze Zettel gefaltet in die Wahlurne geworfen wurde. Die „Nationale Front“ verstand sich als „Einheitsblock“ mit der SED, die laut DDR-Verfassung in allen staatlichen Bereichen einen Führungsanspruch besaß. Folglich bekam die SED die meisten Sitze in der Volkskammer zugesprochen.

M 2

Wahlwerbung an einer Berufsschule in der DDR, Foto, Oktober 1950

M 3

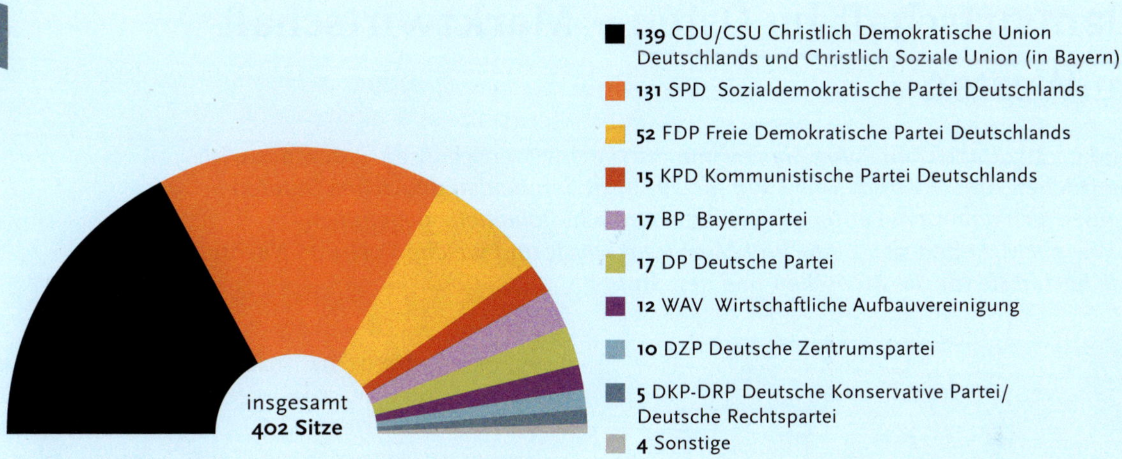

Die Zusammensetzung des ersten Deutschen Bundestags 1949

M 4

Der Historiker Stefan Wolle über Wahlen in der DDR (2013):

„Bei uns gibt es kein Parteiengezänk [= Parteienstreit] zu den Wahlen", erklärte der Leiter des Amts für Information drei Monate vor den ersten Volkskammerwahlen, die für den 15. Oktober 1950 angesetzt waren. „Alle unsere Anstrengungen richten sich auf den Aufbau und auf das schnelle Erreichen weiterer Erfolge. Dafür ist die Zusammenarbeit der Parteien notwendig. Im Westen wird es einen Wahlkampf der Parteien gegeneinander geben. Die Preise werden weiter steigen und die Lebenshaltung wird sinken. Unsere Bevölkerung wird sich entscheiden, ob sie den einen oder den anderen Weg gehen will." Doch es gab nichts mehr zu entscheiden und schon gar nicht durch die Bevölkerung. Die Volkskammerwahlen erfolgten nach einer Einheitsliste. Die Mandate und Fraktionsstärken waren festgelegt. Wozu noch Parteiengezänk, wenn es die eine Partei gab, die immer Recht hatte? Doch es stellte sich die Frage, warum überhaupt noch Wahlen durchgeführt werde sollten. Die kommunistische politische Theorie lehnte das Prinzip einer Mehrheitsentscheidung ab. Der westliche Staat mit seinen parlamentarischen Institutionen war dem Wesen nach das Machtinstrument der herrschenden Kapitalisten. Es musste zerstört und durch den proletarischen Staat ersetzt werden.

*Stefan Wolle, Die DDR, Sonderausgabe der Bundeszentrale für politische Bildung, Bonn 2015, S. 81 f.***

MK

1 **Methode:** Erläutere in einem Erklärvideo (→ S. 268) das Wahlverfahren für den deutschen Bundestag in der BRD (Darstellungstext, M1, M3, Webcode).

2 Arbeite Unterschiede zwischen den Wahlen in der DDR im Vergleich zur BRD heraus (Darstellungstext, M1, M2, M3). Nutze den **Wortschatz**.

3 Stelle dar, wie die DDR-Führung das Wahlverfahren rechtfertigte (M4).

4 Erkläre, wie der Historiker Stefan Wolle das Wahlsystem der DDR beurteilt (M4).

5 Beurteile die Auffassungen zu „Demokratie" in West und Ost am Beispiel der Wahlen.

cornelsen.de/webcodes
Webcode: bakuhi
Wahlverfahren in der BRD

Wortschatz: einen politischen Willen zum Ausdruck bringen • eine Fünfprozenthürde • eine Erst- und Zweitstimme • ein Mandat / ein Direktmandat • eine Koalition/Regierung bilden • ins Parlament einziehen

Planwirtschaft im Osten – Marktwirtschaft im Westen

Als die „30 glorreichen Jahre“ bezeichnet die Fachwissenschaft die Jahre des wirtschaftlichen Aufschwungs von 1945 bis 1975. In den beiden deutschen Staaten standen sich dabei zwei entgegengesetzte Wirtschaftsmodelle gegenüber.

- *Wie entwickelten sich Plan- und Marktwirtschaft und welche Vor- und Nachteile hatten sie für die Menschen und den Staat?*

M 1

Schlange vor einem Laden in Rostock, Foto, ca. 1982

Sozialistische Planwirtschaft im Osten

In der DDR wurden noch bestehende private Unternehmen zu „Volkseigenen Betrieben“ (VEB) und alle Bauernhöfe in „Landwirtschaftliche Produktionsgenossenschaften“ (LPGs) umgewandelt. Da fast alle Betriebe in Staatsbesitz waren, gab es keine Konkurrenz und damit auch keine Preisgestaltung nach dem Prinzip von Angebot und Nachfrage. Eine zentral gelenkte Planwirtschaft sollte einen Wirtschaftsaufschwung garantieren. Die Ausgangsbedingungen waren wegen der sowjetischen Demontagen, des Wegfalls der Zuliefergebiete von Steinkohle und des Verlustes traditioneller Absatzmärkte schwieriger als im Westen.

Ab 1951 stellten Planungskommissionen Fünfjahrespläne für alle Betriebe auf. Diese legten fest, welche Waren zu welchen Preisen produziert werden sollten. Diese Pläne funktionierten in der Praxis nicht gut. Den Planungskommissionen gelang es nicht vorherzusagen, welche Rohstoffe und Ersatzteile wann oder zu welchem Zeitpunkt benötigt wurden. Die Fünfjahrespläne konzentrierten sich zunächst auf den Aufbau der Schwerindustrie (= Eisen- und Stahlindustrie sowie Bergbau). Die Produktion von Konsumgütern wie Kleidung oder Möbel und der Wohnungsbau wurden vernachlässigt. Wegen der Versorgungsprobleme aufgrund falscher Planung wuchs die Unzufriedenheit. Bis zum Mauerbau 1961 wanderten zwei Millionen Arbeitskräfte in den Westen ab.

Großzügige Sozialleistungen in der DDR

Neue Wohnblocks aus Fertigteilen aus Beton („Plattenbauten“) linderten die Wohnungsnot. Der Grundbedarf der Bevölkerung konnte sichergestellt werden. In der DDR kosteten Grundnahrungsmittel, Mieten, Energie und der öffentliche Nahverkehr zehnmal weniger als in der BRD. Dies sollte die „Überlegenheit des Sozialismus“ zeigen. Die teuren Subventionen und Sozialleistungen erhöhten die Staatsverschuldung. Da es in der DDR einen Anspruch auf einen Arbeitsplatz gab, wurden Arbeitsplätze oft doppelt besetzt und so Betriebe künstlich am Leben gehalten, obwohl sie eigentlich nicht genug Gewinn erwirtschafteten. Mangelnder Arbeitseinsatz wurde durch Anreize verbessert. Es gab Ehrungen zur „Heldin“ oder zum „Held der Arbeit“ oder kostenlosen Urlaub. Dennoch blieb kaum Geld übrig, um Produktionsanlagen und die Infrastruktur zu erneuern oder Umweltschäden zu beheben.

Die Krise der Planwirtschaft

Die vielen Sozialleistungen waren teuer und belasteten den Staatshaushalt der DDR. Seit dem Ende der 1970er Jahre geriet die DDR in eine anhaltende Wirtschaftskrise. Der Siegeszug des Computers beschleunigte ab den 1970er Jahren die Automatisierung der Produktion und überforderte die Planwirtschaft. Die DDR-Führung präsentierte 1988 im Fernsehen feierlich den „Ein-Megabit-Chip“, der zum Zeitpunkt seiner Produktion bereits veraltet war. In den 1980er Jahren stand das

Wortschatz: etwas stark vernachlässigen • etwas durch Subventionen finanzieren • konkurrenzfähig sein • einen gesetzlichen Rahmen vorgeben • für einen Kredit bürgen • einen Fünfjahresplan aufstellen

Land vor dem finanziellen Ruin. Zwei Milliardenkredite westdeutscher Banken, für die die Bundesregierung in Bonn bürgte, retteten 1984 die Kreditwürdigkeit der DDR. Dennoch stiegen die Staatsschulden im Jahre 1989 auf 49 Milliarden Mark an.

Soziale Marktwirtschaft* im Westen

In der BRD blieben Kapital, Fabriken, Bauernhöfe und Maschinen in Privatbesitz. Die Anbieter der Waren mussten um die Käuferinnen und Käufer konkurrieren. Der „Markt* als Wechselspiel von Angebot, Nachfrage und Preisbildung sollte die Wirtschaft regeln. Zugleich verbot der Staat Zusammenschlüsse von Unternehmen, wenn der freie Wettbewerb gefährdet war. Sozialgesetze grenzten das „freie Spiel der Marktkräfte" ein. Die BRD wurde in den 1950er Jahren zu einem „Sozialstaat", in dem Arbeitnehmer nach Firmenzusammenbrüchen geschützt, die Lohnfortzahlung bei Krankheit garantiert und die Renten den steigenden Einkommen angepasst wurden.

Das „Wirtschaftswunder*"

Die soziale Marktwirtschaft war zunächst kein Erfolg, da das Wechselspiel von Angebot und Nachfrage nicht automatisch zu günstigen Preisen führte. Nach der Währungsreform 1948 gab der spätere Wirtschaftsminister und Bundeskanzler Ludwig Erhard in der Bizone die staatlich festgesetzten Preise frei. Obst und Gemüse wurden dreimal so teuer, Schuhe und Kleider wurden unerschwinglich. Die Fahrpreise für Bus und Bahn konnten sich 90 % der Fahrgäste nicht mehr leisten. Das zeigte, dass der Markt allein die Preisgestaltung nicht regelte, sondern staatliche Lenkung notwendig wurde.
Der Marshallplan, die Einbeziehung der BRD in die „Montanunion" und die Europäische Wirtschaftsgemeinschaft (EWG) sowie die starke Nachfrage nach Kohle und Stahl infolge des Koreakrieges 1950–1953 führten dazu, dass die deutsche Wirtschaft immer mehr exportierte. Im internationalen Vergleich waren die Löhne in Deutschland niedriger und die Arbeitszeiten länger. Bei einem Umtauschkurs von vier Mark für einen Dollar waren die begehrten deutschen Produkte auf dem Weltmarkt für die ausländischen Käufer vergleichsweise billig. Allmählich wuchs auch die Nachfrage im Inland. Haushaltsgeräte, Motorroller, Autos und Reisen sind als Kennzeichen des „Wirtschaftswunders" der 1950er Jahre im Gedächtnis vieler Menschen geblieben. Allerdings konnte sich nicht jeder diese Konsumgüter leisten. Für den Kauf einer Waschmaschine musste eine Familie Mitte der 1950er Jahre drei Monatsgehälter eines Durchschnittsverdienstes aufbringen. Die hohen Preise für Konsumgüter verstärkten die soziale Ungleichheit und Armut.

M 2

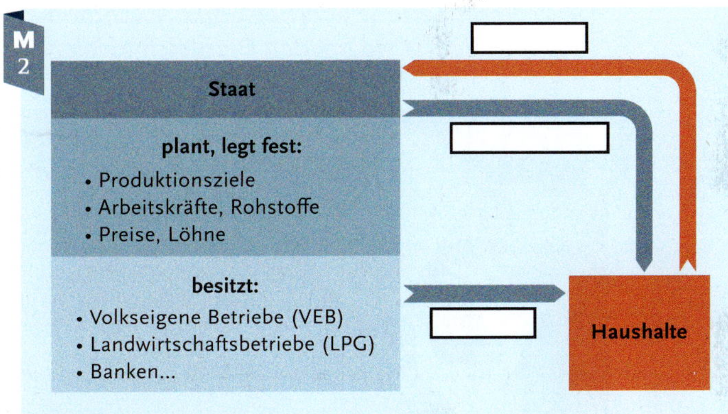

Schaubild zur ...

M 3

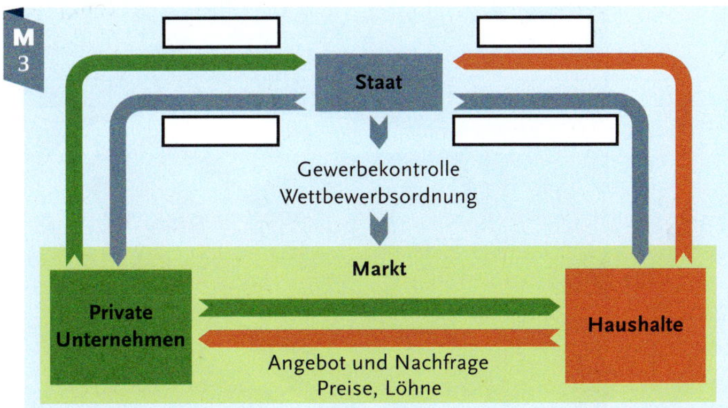

Schaubild zur ...

MK **1 a)** Lade dir über den Webcode eine Vorlage der beiden Schaubilder M2 und M3 herunter.
b) Vervollständige mithilfe des Darstellungstextes die Bildunterschrift von M2 und M3. **Tipp** → S. 251.
c) Fülle die offenen Kästen mithilfe des Darstellungstextes aus. **Tipp** → S. 251.
d) Erläutere die Wirtschaftsmodelle der DDR und der BRD (M2, M3, Darstellungstext). Nutze den **Wortschatz**. **Tipp** → S. 251.

2 Charakterisiere die wirtschaftliche Situation in der BRD und der DDR in den 1950er Jahren. Fertige dazu eine Tabelle an (Darstellungstext, M1).

3 Beurteile, inwiefern der Begriff „Wirtschaftswunder" für den wirtschaftlichen Aufschwung in der BRD angemessen ist (Darstellungstext).

4 Diskutiere die Vor- und Nachteile der beiden Wirtschaftssysteme.

cornelsen.de/webcodes
+ *Webcode: homuna*
Kopiervorlage und Filme

Plakate vergleichen

Die Regierungen der BRD und der DDR stellten jeweils „ihr" Wirtschaftssystem als das bessere dar. Dazu wurden politische Plakate oder Werbeplakate an Schautafeln und in Zeitungen eingesetzt. Das Fernsehen spielte als Massenmedium erst ab den 1960er Jahren zunehmend eine Rolle. Das Internet gab es noch nicht. Auf Plakaten werden die Inhalte häufig auf Symbole oder einen kurzen Text reduziert. Die Gestaltung von Bild und Text ist dabei so angelegt, dass die Botschaft vom Betrachter schnell zu verstehen ist. Plakate sollen für eine bestimme Sache werben und den Betrachter überzeugen. Deren Wirkung ist umstritten, aber sie geben Aufschluss über das Selbstverständnis einer Partei, einer Firma oder einer Organisation. Daher sind sie eine wichtige historische Quelle.

- *Auf dieser Seite wiederholst du die Methode „Politische Plakate analysieren" und erweiterst sie um den Vergleich zweier Plakate.*

M 1

Westdeutsches Werbeplakat, 1955. Deutsche Autos wurden aufgrund ihrer Qualität zu einem Exportschlager und Symbol des wirtschaftlichen Aufschwungs in der BRD.

M 2

Propagandaplakat der DDR (zu sehen ist Walter Ulbricht) für den ersten Fünfjahresplan, 1952. Die DDR setzte unter Walter Ulbricht nach Vorbild der Sowjetunion auf die Schwerindustrie. Dadurch wurde die Konsumgüterindustrie und die Versorgung der Bevölkerung vernachlässigt.

Arbeitsschritte „Plakate vergleichen"

Erster Eindruck	Sprachliche Formulierungshilfen
1. Was fällt dir beim ersten Betrachten der Plakate auf?	• *Das Plakat M1 wirkt sehr dynamisch, während das Plakat M2 ...*
Formale Analyse	
2. Wer sind die Grafiker bzw. die Auftraggeber?	• *Die Gestalter sind nicht angegeben. Auftraggeber sind bei M1 ... und bei M2 vermutlich ...*
3. Wann und aus welchem Anlass wurden die Plakate veröffentlicht?	• *Die Plakate wurden ... veröffentlicht. Sie sollen den Betrachter ...*
4. An wen sind die Plakate gerichtet?	• *Gerichtet sind die Plakate vermutlich an ...*
Inhaltliche Analyse	
5. Welche Gestaltungsmittel (Schrift, Personen, Gegenstände, Symbole, Farbgebung, Perspektiven, Proportionen) sind verwendet worden?	• *M1: Dargestellt ist ein VW-Käfer in einer steilen Kurve; Deutung: Symbol für ...* • *M2: Im Hintergrund wird eine ... dargestellt; Deutung: Symbol für ...*
Vergleich	
6. Welche Vergleichsaspekte sind geeignet?	• *Während auf Plakat M1 ... zu sehen ist, wird auf Plakat M2 ... dargestellt.* • *Eine Gemeinsamkeit der Plakate ist ...* • *Im Gegensatz zu Plakat M1 wird auf Plakat M2 ...* • *Betrachtet man beide Plakate, fällt auf, dass ...*
Einordnung	
7. In welchem historischen Zusammenhang sind die Plakate entstanden?	• *Epoche: Die Plakate entstanden kurz nach der doppelten Staatsgründung in Deutschland in den Jahren ...* • *Die Wirtschaftssysteme und die wirtschaftliche Situation sind gekennzeichnet durch ...*
Gesamtaussage und Urteil	
8. Wie lässt sich die zentrale Botschaft der Plakate auf der Grundlage der Untersuchungsergebnisse zusammenfassen?	• *Die wirtschaftliche Situation in der BRD wird ... dargestellt.* • *Das Plakat soll die Menschen überzeugen, dass ...*
9. Welche Intention verfolgen die Auftraggeber? Welche Wirkung soll beim zeitgenössischen Betrachter erzielt werden?	• *Das Plakat aus der BRD dient ...* • *Das Plakat aus der DDR soll ...*

MK 1 Vergleiche die beiden Plakate M1 und M2 mithilfe der Arbeitsschritte oder der Kopiervorlage im Webcode. Ergänze die sprachlichen Formulierungshilfen (…).

2 Erläutere, warum die Plakate eindeutig einem Wirtschaftssystem zugeordnet werden können.

cornelsen.de/webcodes
Webcode: midoqe
Kopiervorlage Methodentabelle

17. Juni 1953 – Volksaufstand in der DDR

Am 17. Juni 1953 begannen die Bauarbeiter in der Ostberliner Stalinallee einen Streik, der sich zu einem landesweiten Aufstand ausbreitete. Der Aufstand konnte nur durch den Einsatz sowjetischer Panzer niedergeschlagen werden. Der 17. Juni wurde in der Bundesrepublik daraufhin zum „Tag der deutschen Einheit" erklärt.

- ***Warum kam es dazu und welche Folgen hatte der Aufstand?***

M 1

Demonstranten werfen am Leipziger Platz in Ostberlin am 17. Juni 1953 Steine auf einen sowjetischen Panzer, Foto. Damit das Foto dramatischer wirkt, wurde es beschnitten. Durch Heranzoomen wurden die beiden Männer und die Panzer vergrößert.

„Aufbau des Sozialismus" als Ziel der DDR

Im Juli 1952 verkündete die Staatsführung der DDR auch offiziell den „planmäßigen Aufbau des Sozialismus". Wer den Kurs der SED kritisierte, galt als Oppositioneller* und wurde verfolgt. Mit dem „Gesetz zum Schutz des Volkseigentums" wurden bereits geringfügige Diebstähle und Unterschlagungen hart bestraft, was die Zahl der Häftlinge innerhalb eines Jahres auf 60 000 verdoppelte. Seit Juni 1952 wurden selbstständige Bauern, Handwerker und Kaufleute durch hohe Steuern und politischen Druck zur Aufgabe ihrer Selbstständigkeit gezwungen. Produktionsstätten und landwirtschaftliche Flächen wurden zu VEBs bzw. LPGs zusammengeschlossen. Der erste Fünfjahresplan legte den Fokus auf den Aufbau einer eigenen Schwerindustrie, um von westlichen Importen unabhängig zu sein. Daher waren kaum Ressourcen für die Konsumgüterindustrie übrig und die Lebensmittelversorgung verschlechterte sich. Das Land litt unter den Reparationszahlungen an die Sowjetunion und den Besatzungskosten von über zwei Milliarden Mark jährlich. Angesichts der radikalen Umgestaltung des wirtschaftlichen und politischen Systems in der DDR wuchs der Strom der Flüchtlinge nach Westen. Diese gelangten meist über die bis zum Mauerbau 1961 in Berlin noch offene Grenze in die Westsektoren der Stadt und von dort auf dem Luftweg in die BRD.

Vom Streik zum Aufstand

Um die Planvorgaben zu erfüllen, beschloss die SED, die Arbeitsnormen* zu erhöhen. In gleicher Zeit und bei unverändertem Lohn musste nun mehr produziert werden. Praktisch bedeutete das eine Lohnkürzung von 20 bis 30 Prozent. Daraufhin legten am 17. Juni 1953 die Bauarbeiter der Stalinallee, ein Vorzeigeprojekt der DDR-Regierung für modernen Wohnungsbau, die Arbeit nieder und forderten den Rücktritt der Regierung und freie Wahlen. Der Aufstand weitete sich auf viele Städte der DDR aus. Bis zu einer Million Menschen nahmen daran teil. Parteibüros der SED wurden gestürmt, Häftlinge befreit und viele Bauern verließen die Landwirtschaftlichen Produktionsgenossenschaften (LPGs, siehe S. 39). Die SED konnte auch durch die Rücknahme der Arbeitsnormen den Aufstand nicht beenden. Als die Lage immer weiter außer Kontrolle geriet, rief die Regierung das sowjetische Militär um Hilfe. Dieses trieb die Demonstranten mit Panzern auseinander. Es gab Tote, Verletzte und Verhaftungen. Einige Demonstranten wurden zum Tode, zu langen Haftstrafen oder Zwangsarbeit verurteilt.

Nach dem 17. Juni wurde die Überwachung der Menschen verstärkt und die Opposition geriet noch stärker unter Druck. Die Zahl der Flüchtlinge in den Westen stieg erneut sprunghaft an.

Wortschatz: die Wirtschaft verstaatlichen • einen Plan erfüllen • eine Arbeitsnorm erhöhen • Forderungen aufstellen • den Kriegszustand verhängen • Demonstranten auseinandertreiben • ein Komitee bilden

M 2

Telegramm des Bitterfelder Streikkomitees vom 16. Juni 1953 an die Regierung:

Wir Werktätigen ... fordern von Ihnen:

1. Rücktritt der ... Regierung, die sich durch Wahlmanöver an die Macht gebracht hat, ...

2. freie, geheime, direkte Wahlen ...

3. sofortige Freilassung der politischen Häftlinge (Kirche, weltliche Anschauung, sog. Wirtschaftsverbrecher) ...

4. sofortige Normalisierung des Lebensstandards ohne Lohnsenkung;

5. Zulassung sämtlicher großer demokratischer Parteien Westdeutschlands;

6. keine Repressalien [= Bestrafung] gegen die Streikenden.

*Zit. nach Ilko-Sascha Kowalczuk, 17.6.1953.: Volksaufstand in der DDR. Ursachen – Abläufe – Folgen, Bremen (Edition Temmen) 2003, S. 203 ff.***

M 3

Veröffentlichung des Zentralkomitees der SED vom 26. Juli 1953 zum Volksaufstand:

Der 17. Juni hat bewiesen, dass in der DDR eine von den Amerikanern organisierte und unterstützte faschistische Untergrundbewegung vorhanden ist. An diesem Tage traten ... ganze Gruppen maskierter Volksfeinde aus der Anonymität hervor und provozierten Unruhen ... Außerdem bestanden in einigen Städten illegale Organisationen aus ehemaligen SPD-Mitgliedern, die ... leicht Opfer der Agenten ... wurden, welche unter den Arbeitern faschistische Losungen verbreiteten und Streiks organisierten. Die ehrlichen Arbeiter, die früher Mitglied der SPD waren und den Agenten Gehör schenkten, begriffen nicht, dass sie damit gegen die eigenen Interessen und gegen die alten Ideale der Arbeiterbewegung antraten ... Daraus entsteht für die Partei die ernste Aufgabe, besonders in den Großbetrieben mithilfe der Arbeiter die feindlichen Elemente zu entlarven und für ihre Entlassung ... zu sorgen.

*Zit. nach Hermann Weber, Die DDR 1945–1990, München (Oldenbourg) 1993, S. 200 f.**

M 4

Der Bundesminister für gesamtdeutsche Fragen Jakob Kaiser sprach auf einer Trauerkundgebung für die Opfer des Aufstandes am 23. Juni 1953:

Mit Bewunderung und Schmerz haben wir die Erhebung verfolgt. Die Träger und die Nutznießer des augenblicklichen Systems in Ost-Berlin und in der Zone wissen genau so, wie wir es wissen, daß es die seelische und die materielle Not war, die die ausgebeuteten Menschen auf die Straße getrieben hat ... Sie hatten ihrer Macht zu sehr vertraut, aber vor der Entschlossenheit der deutschen Bevölkerung fiel diese Macht in ein Nichts zusammen. Erst die sowjetischen Panzer retteten das Grotewohl-Regime und seinen Apparat. Und nun versucht man uns der Anstiftung des Aufstandes zu bezichtigen ... Diese Opfer hier vor uns und die drüben im Ostsektor von Berlin und in der Sowjetzone haben einer wirklichen Friedenspolitik den einzig richtigen Weg gewiesen: Beseitigung des kommunistischen Systems in der Sowjetzone und Beseitigung der Teilung unseres Landes ... Wir bekennen uns zu einer Politik der Wiedervereinigung unseres Vaterlandes, die dem entschlossenen Willen der Männer und Frauen zum 16. und 17. Juni gerecht wird.

*Zit. nach Herbert Hupka (Hg.), 17. Juni – Reden zum Tag der Deutschen Einheit, Schriftenreihe der Bundeszentrale für politische Bildung, Bonn 1964.**

MK **1** **Methode:** Analysiere das Foto M1 mithilfe der Arbeitsschritte auf S. 270. und des Webcodes.

MK **2** Fasse in einer (digitalen) Mind-Map (→ S. 262) Ursachen, Forderungen, Verlauf und Ergebnisse des Volksaufstandes zusammen (Darstellungstext, M1, M2). Nutze auch das Video im Webcode.

3 **a)** Arbeite heraus, wie der Aufstand in DDR und BRD dargestellt wurde (M3, M4). Nutze den **Wortschatz**.

b) Beurteile, welche Absichten mit den beiden Texten verfolgt wurde.

4 In der BRD wurde der 17. Juni infolge des Aufstandes zum gesetzlichen Feiertag erklärt. Nimm Stellung zu der Angemessenheit dieses Feiertages.

Zusatzaufgabe → S. 241.

cornelsen.de/webcodes
Webcode: segodo
Hintergrundinformationen zu M1 und Film: Volksaufstand in der DDR

Der Bau der Berliner Mauer 1961

Am 13. August 1961 begannen Bauarbeiter unter dem Schutz von Volkspolizisten und Soldaten die Grenze zwischen dem sowjetischen Sektor und den westlichen Sektoren Berlins durch Stacheldraht abzuriegeln. Die DDR hatte den Bau einer Mauer rund um die drei Westsektoren mit der Sowjetunion abgestimmt.

- ***Welche Folgen hatte der Mauerbau und wie reagierte der Westen?***

M 1

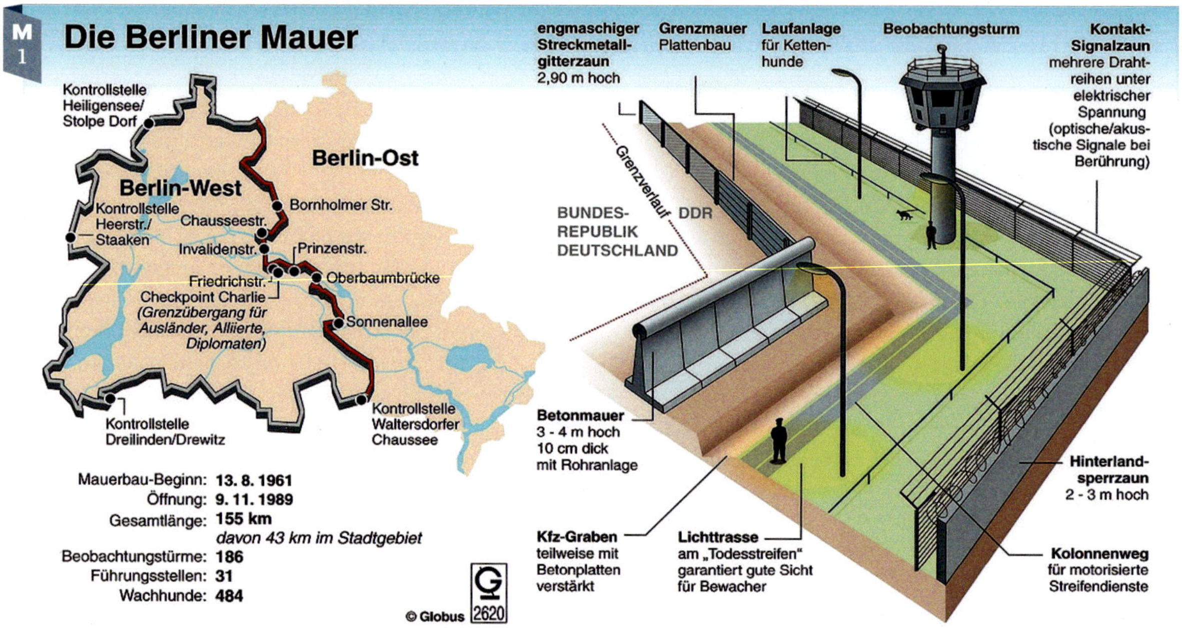

Ähnlich wie die Berliner Mauer waren auch die Sperranlagen entlang der Grenze zwischen der BRD und der DDR aufgebaut.

Der „antifaschistische Schutzwall" entsteht

Auf der Konferenz von Potsdam wurde Berlin in vier Sektoren aufgeteilt. Die Bewohner Berlins durften sich zwischen den vier Sektoren frei bewegen. Die DDR-Führung in Ostberlin drängte auf eine Änderung des Status von Westberlin, da sich innerhalb der Stadt der einfachste Fluchtweg für DDR-Bürger bot: Über die offenen Sektorengrenzen konnten sie die DDR ohne Kontrolle in die Westsektoren Berlins wechseln und per Flugzeug in die BRD gelangen. Durchschnittlich über 100 000 meist junge und gut ausgebildete Arbeitskräfte verließen auf diesem Weg jährlich die DDR.

Die Abwanderung machte sich in einem Rückgang der DDR-Wirtschaftsleistung bemerkbar. Obwohl die Errichtung der Mauer im August 1961 einen Bruch des Viermächtestatus von Berlin darstellte, nahmen die Westmächte den Bau unter Protest hin. Viele Menschen befürchteten den Ausbruch eines Dritten Weltkriegs. US-Präsident Kennedy bestätigte den „Erhalt eines freien Westberlins", doch gab es keinen Versuch der Westmächte, den Weiterbau der Mauer zu verhindern oder rückgängig zu machen. Zahlreiche Bewohner des Ostsektors Berlins begrüßten zunächst den Mauerbau, da er die Bewohner der Westsektoren daran hinderte, ihnen die wegen der staatlichen Subventionen viel billigeren Lebensmittel „wegzukaufen". Doch 1961 ahnten die wenigsten, dass aus der einfachen Steinmauer im Laufe der Jahre eine undurchdringliche Grenzanlage wurde, die jede Form der Flucht unmöglich machen sollte. Nach heutigen Untersuchungen kamen an der innerdeutschen Grenze mindestens 327 Menschen ums Leben, 80 % waren jünger als 35 Jahre. Der Mauerbau konnte zwar die Flucht in den Westen eindämmen, eine positive Auswirkung auf die Wirtschaft aber gab es nur kurzfristig.

Wortschatz: ein Fluchtweg • eine Grenze überschreiten • vor etwas entfliehen wollen • ein Gebiet abriegeln • eine unüberwindbare Sperranlage

M 2

Mittwoch, 16. August 1961 • 10 Pf

Bild Zeitung

Der Osten handelt – was tut der Westen?

... denn Zigarren raucht der Mann!

Der Westen tut NICHTS!

Enttäuscht

Präsident Kennedy schweigt...

Macmillan geht auf die Jagd...

...und Adenauer schimpft auf Willy Brandt

Mehr über das Thema Berlin auf der letzten Seite

Titelseite der „Bild-Zeitung“ vom 16. August 1961

M 3

Flüchtlinge aus der gesamten DDR in die BRD zwischen 1949 und 1964:

Jahr	Personen	Anteil der unter 25-Jährigen (in %)
1949–1951	492 681	–
1952–1954	697 981	48,6
1955–1957	793 681	50,1
1958–1960	547 197	48,7
1961	207 026	49,2

Zusammengestellt v. Verf.

1 Analysiere die Statistik M3.

2 Erkläre mithilfe des Darstellungstextes die Ursachen für den Mauerbau. Nutze den **Wortschatz** und Webcode.

3 Erläutere mithilfe von M1 und des Webcodes die Bezeichnung „Todesstreifen“ für die Grenzanlage.

4 Untersuche die Aussagen zum Mauerbau in M4 und M5. **Tipp** → S. 251.

5 **Partnerarbeit:** Diskutiert die Schlagzeile M2. Berücksichtigt Handlungsalternativen der Westalliierten und mögliche Folgen.

Zusatzaufgabe → S. 241.

M 4

Beschluss des Ministerrates der DDR vom 12. August 1961, veröffentlicht am 13. August 1961 in der Ostberliner Tageszeitung „Neues Deutschland“:

Die Erhaltung des Friedens erfordert, dem Treiben der westdeutschen Revanchisten und Militaristen einen Riegel vorzuschieben ... Es wird eine systematische Bürgerkriegsvorbereitung durch die Adenauer-Regierung gegenüber der Deutschen Demokratischen Republik betrieben ... Von westdeutschen und Westberliner Agentenzentralen wird eine systematische Abwerbung von Bürgern der DDR und regelrechter Menschenhandel organisiert ... Zur Unterbindung der feindlichen Tätigkeit der ... Kräfte Westdeutschlands und Westberlins wird eine solche Kontrolle an den Grenzen der DDR einschließlich der Grenze zu den Westsektoren von Groß-Berlin eingeführt ... Diese Grenzen [= nach Westberlin] dürfen von Bürgern der DDR nur noch mit besonderer Genehmigung passiert werden.

*Zit. nach Europa-Archiv, Folge 17/1961, S. 531 ff.***

M 5

Rede des Westberliner Bürgermeisters Willy Brandt vor dem Deutschen Bundestag, 18. August 1962:

Was geschehen ist, ist mehr als ein schreiendes Unrecht. Man muss die Unzahl menschlicher Tragödien im Auge haben, die sich in diesen Tagen abspielen. Mitten durch eine Stadt, in der es noch immer täglich vieltausendfache Verbindungen gab, sind die Betonpfähle einer Grenze eingerammt worden ... Was zusammengehört, ist weiter auseinandergerissen, es wird brutal zerschlagen. Das Recht auf Freizügigkeit wurde zertrampelt. Dabei ist es primitives Menschenrecht, fliehen zu dürfen von einem Land in das andere ... Berlin ist nicht mehr der Ort, zu dem die Menschen kommen konnten, um die Luft der Freiheit zu atmen, um sich neue Kraft zu holen, bevor sie in ihren grauen Zonenalltag zurückkehrten ... Für den Oberbürgermeister Ostberlins blieb die klägliche Aufforderung übrig, seinen Bürgern zu sagen, dass sie nicht mehr in Westberlin arbeiten dürfen, und sie aufzufordern, sich eine neue Arbeit zu suchen.

*Zit. nach Das Parlament, Nr. 35, 23. August 1961, S. 3 ff.**

cornelsen.de/webcodes
Webcode: qebota
Bau der Mauer

Mit einer Augmented Reality App arbeiten

Mit Augmented Reality Apps lassen sich virtuell Zeitzeugen, historische Orte und Ereignisse, aber auch Gegenstände aus Museen und Ausgrabungsstätten direkt ins Klassenzimmer holen. Rekonstruktionen, 3D-Simulationen, Filme, Audioaufnahmen und Bilder aus der Zeit lassen Geschichte lebendig werden.

- ***Die Arbeitsschritte zeigen dir, wie du mit einer Augmented Reality App arbeiten kannst. Probiere selbst die MauAR App dazu aus.***

M1

Screenshots der Augmented Reality App „MauAR“, Foto

Was ist eine Augmented Reality App?

Augmented Reality heißt übersetzt erweiterte oder angereicherte Realität. Das bedeutet, dass mithilfe eines Endgeräts (Handy, Tablet, VR-Brille) die reale Umgebung durch zusätzliche Informationen und Medien ergänzt werden kann. Dabei filmt das Handy oder Tablet die reale Umgebung und zeigt über das Display die Umgebung mit den hinzugefügten Elementen. Das können Personen, Gegenstände oder auch Simulationen sein. Es können zerstörte Gebäude oder längst vergangene Ereignisse rekonstruiert und damit vorstellbar gemacht werden. Für Augmented Reality Apps wird in der Regel nur ein Smartphone oder Tablet mit Kamerafunktion sowie eine stabile Internetverbindung benötigt.

Die MauAR App

Die MauAR App visualisiert die Geschichte der Berliner Mauer. Die App kann sowohl am historischen Ort in Berlin als auch außerhalb von Berlin genutzt werden. In der App werden verschiedene Ausbaustufen der Mauer in den Jahren 1961, 1971 und 1981 gezeigt. In einer Story wird am Beispiel von zwei fiktiven Figuren, Andreas aus Ostberlin und Johanna aus Westberlin, die Geschichte der Mauer erzählt. Es finden sich auch fünf Sonderepisoden zur Geschichte der Friedlichen Revolution (siehe S. 160/161) in der App. Sie entstand anlässlich des 30. Jubiläums des Mauerfalls 2019. Die Erzählungen beruhen nach Angaben der Produzenten auf verschiedenen Zeitzeugeninterviews.

Arbeitsschritte „Mit einer Augmented Reality App arbeiten“

App vorstellen	Sprachliche Formulierungshilfen
1. Welchen historischen Gegenstand behandelt die App?	• *Die App visualisiert ...*
2. Wer ist die Anbieter/Entwickler der App? Für welchen Zweck wurde die App erstellt?	• *Die App wurde von ... entwickelt.* • *Die App kann sowohl am historischen Ort, im Klassenraum als auch unterwegs genutzt werden.*
3. Unter welcher Fragestellung soll mit der App gearbeitet werden?	• ...
4. Wie ist die App aufgebaut? Welche Themen können mit der App untersucht werden?	• *Die App bietet in einem Auswahlmenü ...* • *Mit der App kann man ...*
App ausprobieren	
5. Welche Emotionen löst die Nutzung der App aus?	• *Die App löst Spannung/Irritation/Freude/Angst/Bedrohung/Mitgefühl/Langeweile ... aus, weil ...*
6. Mit welchen Mitteln arbeitet die App? Wodurch entsteht das Gefühl eines authentischen Erlebnisses?	• *Die App arbeitet mit Zeitzeugeninterviews, Animationen, Rekonstruktionen, Audioaufnahmen, Filmen ...* • *Besonders authentisch/glaubwürdig/mitreißend/wissenswert ... ist ..., weil...*
Bezug zur Geschichte herstellen	
7. Aus welcher Perspektive wird Geschichte in der App präsentiert?	• *Die App nimmt die Perspektive eines ... ein.*
8. Was kann zum historischen Hintergrund erfahren werden? Welche Informationen können zur Beantwortung der Fragestellung verwendet werden?	• *Die App bezieht sich auf ...* • *Relevant für die Fragestellung ist ...*
Kritischer Umgang mit der App	
9. Welche neuen Eindrücke und Informationen bietet die App?	• *Durch ... ermöglicht es die App ...* • *Besonders der Einsatz von ... helfen, um ...*
10. Sind die Informationen glaubwürdig und historisch belegbar? Arbeitet die App mit fiktiven Elementen?	• *Die Informationen zu ... wirken glaubwürdig, weil ...* • *Die App arbeitet mit fiktiven ... ..., die zwar anschaulich sind, es muss aber beachtet werden ...*
11. Ist die App zu Behandlung des Themas / der Fragestellung geeignet?	• *Der Einsatz der App lohnt sich (nicht), weil ...* • *Hilfreich/irreführend/kritisch zu sehen ist, dass ...*

MK **1** Untersuche mithilfe der MauAR App und der Arbeitsschritte den Bau der Berliner Mauer und deren Folgen für die Menschen in Ost und West.

MK **2** Vergleiche den Aufbau der Berliner Mauer in der App mit der Abbildung M1 auf Seite 74.

3 Nimm zu beiden Darstellungen zum Aufbau der Mauer mit Blick auf Stärken und Schwächen kritisch Stellung.

cornelsen.de/webcodes
Webcode: hucotu
Kopiervorlage Methodentabelle und MauAR App

Die Stasi – der Geheimdienst der SED

Wie alle Diktaturen duldete die DDR keinen Widerstand und wollte einen erneuten Aufstand wie am 17. Juni 1953 verhindern. Seit 1950 bestand das Ministerium für Staatssicherheit (MfS bzw. „Stasi"). Es bildete als „Schild und Schwert der Partei" das wichtigste Machtinstrument der SED-Führung.

- ***Wie ging die Stasi vor und welche Folgen hatte dies für die Bürgerinnen und Bürger in der DDR?***

Aufgaben des Ministeriums für Staatssicherheit

Obwohl die Stasi offiziell ein Ministerium war, unterstand es nicht dem Ministerrat (siehe S. 48/49). Es unterstand direkt der SED-Führung, die es anleitete und kontrollierte. Dabei bestand zwischen MfS und SED eine enge personelle Verzahnung durch Doppelfunktionen. Erich Mielke war als Minister für Staatssicherheit (1957–1989) zugleich Mitglied des SED-Politbüros. Das MfS sollte die Macht der SED sichern und alle Gegner der Partei überwachen und bekämpfen. Es baute ein Spionagenetz im westlichen Ausland auf, vor allem in der BRD. Die Stasi beschäftigte eigene Verhörexperten und Staatsanwälte und betrieb eigene Gefängnisse, in denen auch gefoltert wurde. Folgende Aufgabenbereiche wurden definiert:

- Bestrebungen gegen die sozialistische Gesellschaftsordnung der DDR aufdecken sowie politisch aktive Personen überprüfen, überwachen und einschätzen
- „nicht legale" und unerwünschte Gruppierungen ausspionieren, „unterwandern" und ihre Aktivitäten in der Öffentlichkeit verhindern
- „Straftaten gegen die Staatsgrenze" vereiteln, die Durchreise von Westbürgern durch die DDR nach Westberlin überwachen
- die Volkswirtschaft gegen Sabotage und Kriminalität schützen
- Pläne und Aktivitäten anderer Staaten und ausländischer Organisationen aufklären, wissenschaftlich-technische Informationen beschaffen
- Tätigkeiten fremder Geheimdienste unterbinden
- „faschistische Kriegsverbrecher" aufdecken

Systematische Bespitzelung der Bevölkerung

Hatte die Stasi bei ihrer Gründung „nur" ca. 1000 hauptamtliche Mitarbeiter, so belief sich ihre Anzahl 1989 auf ca. 91 000. Somit kam in den letzten Jahren der DDR auf 180 Einwohner je ein hauptamtlicher Mitarbeiter der Stasi. Außerdem gab es ca. 174 000 „Inoffizielle Mitarbeiter" (IM), die auch als „Augen und Ohren" bezeichnet wurden. Sie erhielten Bespitzelungsaufträge, oft im näheren Bekannten- oder Verwandtenkreis, und gaben auch sonst alles Verdächtige an die Zentrale weiter. Das MfS förderte das elitäre Bewusstsein seiner Mitarbeiter, indem sie bei der Versorgung von Konsumartikeln oder bei der Berufswahl bevorzugt wurden.

Nicht alle von ihnen waren freiwillig für die Stasi tätig. Viele wurden unter Druck gesetzt und erpresst. Jeder DDR-Bürger wusste, dass die Stasi bei allen öffentlichen Veranstaltungen präsent war, dass die Telefone abgehört wurden und die Post vor der Zustellung bei Verdacht geöffnet wurde. Zahlreiche Wohnungen wurden überwacht. Besonders im Visier der Stasi standen Personen des öffentlichen Lebens wie Schauspielerinnen und Schauspieler, Musikerinnen und Musiker, Journalistinnen und Journalisten, Schriftstellerinnen und Schriftsteller und Sportlerinnen und Sportler, da diese die öffentliche Meinung beeinflussen konnten.

Das Fallbeispiel „Tuchscherer"

Klaus Tuchscherer galt in der Sportart Nordische Kombination als Nachwuchshoffnung in der DDR. Bei seiner Teilnahme an den Olympischen Winterspielen in Österreich 1976 nutzte er die Gelegenheit, sich aus dem DDR-Team abzusetzen und im Westen zu bleiben. Er hatte sich ein Jahr zuvor in eine junge Österreicherin verliebt und heimlich mit ihr Briefkontakt gehalten. Die Stasi begann gegen den nun als „Sportverräter" bezeichneten Tuchscherer zu ermitteln. Das Ziel war es, ihn zu einer Rückkehr in die DDR zu bewegen. Um den Druck zu erhöhen, weitete das MfS die Maßnahmen auch gegen seine Familie und sein Umfeld aus.

cornelsen.de/webcodes
Webcode: futogo
Stasi

Wortschatz: jemanden bespitzeln (= überwachen) • etwas unterwandern • im Visier von jemandem stehen • eine Tätigkeit unterbinden • eine Sabotage • einen Aufenthaltsort feststellen • jemanden observieren • jemanden verhören • einen Kontakt feststellen • jemanden unter Druck setzen

M 1

Auszug eines Berichts des MfS über das Verlassen der DDR-Olympiamannschaft durch Klaus Tuchscherer (Foto) vom 16.02.1976:

Da Tuchscherer auch am Abend des 15.2.1976 nicht wieder in das Quartier der nordischen Skisportler in Mösern zurückgekehrt war, wurden erst Überprüfungsmaßnahmen durchgeführt ... Aus ersten Gesprächen mit Aktiven und Trainern wurde bekannt, das Tuchscherer bei seinen wiederholten Aufenthalten in Österreich Kontakte zu Bürgern in Bischofshofen geschlossen hatte ... Eine Durchsuchung der persönlichen Sachen des T. ergab, dass er den zur Olympiaausstattung gehörenden Kleiderkoffer mit einigen Sachen und Utensilien des persönlichen Bedarfs mitgenommen hat ... Durch die sich in Innsbruck befindenden operativen Mitarbeiter wurden sofort Maßnahmen eingeleitet, um den Aufenthalt des Tuchscherer festzustellen sowie ihn zur Delegation [= Olympiamannschaft der DDR] zurückzuführen.

*Zit. nach https://www.stasi-mediathek.de/medien/information-ueber-das-verlassen-der-ddr-olympiamannschaft-durch-klaus-tuchscherer/ (31.01.2021).***

M 2

Aus einem Interview von 1998 mit Robert P. (Name wurde geändert), Jahrgang 1966, der als IM tätig war:

Frage: Wann und wie hat die Staatssicherheit Kontakt aufgenommen zu dir?

Robert P.: Das fing an mit 17. Irgendwann hatten die bei meinen Eltern zu Hause gewartet, mit falschen Ausweisen und irgend'nem Vorwand. Sagten, sie seien von der Polizei; in der Schule sei etwas vorgefallen, und sie bräuchten mich als Zeugen ... Das ging am Anfang eigentlich gar nicht um die kirchlichen Gruppen. Es ging eher um Stimmungsbilder in der Schule ... Es war auch keine direkte Erpressung ... Sie hatten mich über Tage hinweg beobachtet und mit allen möglichen Leuten fotografiert. Bei ÖkoTagen, bei Rockkonzerten, vor der Schule. Sie wollten die Namen wissen. Da konnte ich schlecht sagen, die kenne ich nicht ... Naja – vorher war das immer so: Stasi, das waren die anderen. Mein Kreis war der geschützte, die Stasi war außerhalb. Jetzt begriff ich: Wenn die zu mir kommen, zu wem dann noch? ... Mit einem Mal konnte ich keinem mehr trauen.

*Zit. nach Klaus Behnke & Jürgen Wolf (Hg.), Stasi auf dem Schulhof, 2. erg. u. verb. Auflage, Bonn (Bundeszentrale für politische Bildung) 2012, S. 224 ff.***

M 3

Ehemalige Geruchsproben, Foto, 2017. Mit der „Geruchskonservenmethode" wurde der Individualgeruch von Bürgern konserviert. Im Bedarfsfall konnten Spürhunde verdächtige Personen identifizieren, wenn sie an einer „Tatortgeruchskonserve" Witterung aufnehmen konnten.

1 Beschreibe die Bedeutung des MfS für die SED-Führung (Darstellungstext). Nutze den **Wortschatz**.

2 Erläutere, wie das MfS gegen verdächtige Personen oder Gruppen vorging (Darstellungstext, M1-M3).

3 Beurteile die Folgen der Stasi-Aktivitäten für den Umgang der Menschen untereinander (M2).

MK 4 Untersuche das Fallbeispiel „Tuchscherer" mithilfe des Webcodes und setze den Darstellungstext von Seite 110 fort (Darstellungstext, M1).

MK 5 **Wähle eine Aufgabe aus:**

a) Recherchiere zu einem der folgenden Stasi-Opfer und berichte darüber in deiner Klasse: Matthias Domaschk, Jürgen Fuchs, Rainer Eppelmann.

b) Recherchiere zu einem der folgenden Stasi-Mitarbeiter und berichte darüber in deiner Klasse: Karl-Heinz Kurras, IM „Donald". **Tipp** → S. 251.

Zusatzaufgabe → S. 242.

„1968“ – ziviler Ungehorsam oder ein Wertewandel?

Aufgabe für alle:
Diskutiert, ob es sich bei der „68er-Bewegung“ um jugendliche Rebellion oder den Beginn eines gesellschaftlichen Wandels handelte.

Mit der „68er-Bewegung“ verbinden viele Menschen in der BRD Proteste und Aufstände gegen die herrschenden Verhältnisse im Staat, aber auch den Wandel zu „moderneren“ Lebensformen.
- ***Wähle A, B oder C: Untersuche die Frage in der Überschrift.***

Studentenproteste
Das Jahr 1968 steht für weltweite Studenten- und Bürgerrechtsbewegungen, die sich in den 1960er Jahren in den USA und in Westeuropa bildeten. Ausgangspunkt waren Proteste gegen den Vietnamkrieg. In der BRD wurde außerdem gegen die Notstandsgesetze demonstriert. Diese sollten im Verteidigungsfall, bei inneren Unruhen und Naturkatastrophen die Macht der Regierung und den Einsatz der Bundeswehr ausweiten und die Bürgerrechte einschränken. Die westdeutschen Studenten kritisierten auch die unzureichende Auseinandersetzung der Elterngeneration mit den Ursachen und der Schuldfrage der Verbrechen der NS-Zeit.
Es kam immer wieder zu Protesten und Straßenkämpfen zwischen Polizei und Demonstranten. Im Juni 1967 wurde der Student Benno Ohnesorg bei einer Demonstration gegen den Besuch des autoritär regierenden persischen Schahs in Westberlin von einem Polizisten erschossen. Im April 1968 wurde der Anführer der Studentenbewegung, Rudi Dutschke, bei einem Attentat durch einen Rechtsextremisten schwer verletzt.

Neue Lebensformen der „68er“
Mit politischen Aktionen und ihrer Antihaltung, die sich sowohl in Kleidung, Musik- und Drogenkonsum als auch in der Suche nach alternativen Lebensformen ausdrückte, wandten sich die „68er“ gegen die aus ihrer Sicht unerträgliche Erstarrung der Gesellschaft. Frauen sollten selbstbestimmt leben können. Neue Wohnformen wie die Wohngemeinschaften entstanden. Schüler und Studenten protestierten mit Sitzstreiks und der Besetzung von Hörsälen gegen den „Muff“ an Schulen und Hochschulen.

Folgen der „68er-Bewegung“
Aus den Protesten der Studenten formierten sich Bürgerbewegungen wie die Friedens- und Umweltbewegung der 1970er und 1980er Jahre. Aus verschiedenen Bürgerinitiativen entstand die neue Partei „Die Grünen“, deren Wählerinnen und Wähler sich im bisherigen Parteiensystem nicht vertreten sahen. Ein kleiner Teil der „68er-Bewegung“ radikalisierte sich und erklärte dem westdeutschen Staat den bewaffneten Kampf (siehe S. 114/115).

A

M1 **Der Bundesgerichtshof zur moralischen Ordnung in der Bundesrepublik, 1961:**
Die moralische Ordnung fordert, dass körperliche Beziehungen zwischen den Geschlechtern grundsätzlich sich nur in monogamen Ehen vollziehen, da der Zweck und Ergebnis dieser Beziehung das Kind ist.
Zit. nach. BGH FamRZ, 1961, S. 169.

M2 **Eine damalige Studentin über die sexuelle Revolution in der „68er-Bewegung“ (2018):**
Es war einfach Aufbruch. Wir hatten die Pille. Plötzlich konnte man selber entscheiden. 50 Prozent der Menschheit, zumindest in unseren Breiten, war befreit von dieser Angst, unfreiwillig schwanger zu werden. Und das rief ein wunderbares Gefühl hervor. An Selbstbestimmung. Und ohne Pille wäre das nicht denkbar gewesen.
Zit. nach https://www.deutschlandfunkkultur.de/sexuelle revolution-wer-zweimal-mit-derselben-pennt.976.de.html?dram:article_id=419832 (06.05.2021).

MK 1 Recherchiere zum Begriff und den Auswirkungen der „sexuellen Revolution“ in der „68er-Bewegung“ mithilfe des Links im Webcode.

2 Beurteile die Auswirkungen der „68er-Bewegung“ auf die Sexualität und das Frauenbild (M1, M2).

cornelsen.de/webcodes
Webcode: bucufo
Die „68er-Bewegung“

B

M 3

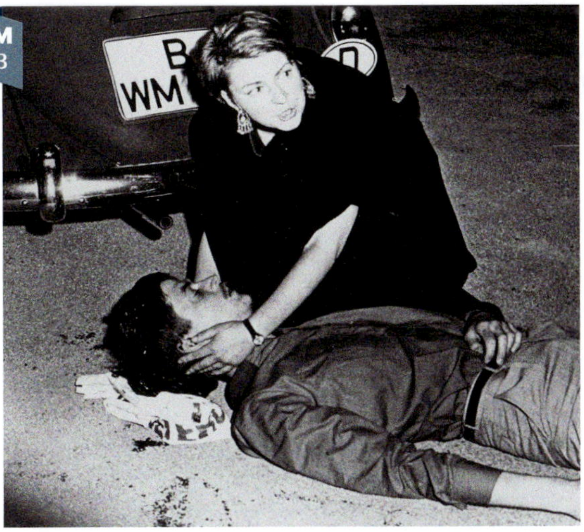

Der Student Benno Ohnesorg wird bei einer Demonstration von einem Polizisten erschossen. Foto, Berlin, 02.06.1967

1 Recherchiere zum Tod von Benno Ohnesorg mithilfe des Films im Webcode.

2 Beurteile die Folgen des Mordes an Ohnesorg auf die Studentenbewegung (Darstellungstext, M3, M4).

M 4

Der „68er"-Aktivist und heutige Journalist Cordt Schnibben erinnert sich an den Tag, an dem Benno Ohnesorg starb:

Mit jedem Jahr, das seither verging, wurde klarer, was an diesem 2. Juni 1967 passiert war ... Bis dahin war die Bundesrepublik eine Art ... Obrigkeitsstaat, in dem sich der Untertan schon dann rechtswidrig verhielt, wenn er sich öffentlich über einen Polizisten empörte, der sich rechtswidrig verhielt; ein Land, in dem das Gitarrespielen an einem Brunnen ausreichte, um einen Polizeiaufmarsch auszulösen ... Zwei Drittel der Studenten bezeichnete sich als apolitisch ... Der Tod des Studenten ... machte aus einer antiautoritären Revolte in Westberlin die Protestbewegung der 68er, die das Land umkrempelte und bis heute prägt ... 65 Prozent der Studenten gaben später an, in den Wochen nach dem Tod [Ohnesorgs] seien sie politisch geworden.

*Zit. nach Der Spiegel 23/1997, S. 109–111.***

C

M 5

Bundeskanzler Kurt Georg Kiesinger über das Attentat auf Rudi Dutschke (13. April 1968):

... In dem Zusammenhang mit dem verbrecherischen Anschlag auf Rudolf Dutschke haben in den beiden letzten Tagen radikale studentische Gruppen in einigen deutschen Städten eine Reihe von gewalttätigen Aktionen unternommen ... In unserer Demokratie haben die Vertreter jeder politischen Meinung das unbestreitbare Recht, diese zum Ausdruck zu bringen und für sie zu werben. Keiner Gruppe kann aber das Recht zugestanden werden, ihre politischen Auffassungen und Ziele mit Gewalt durchsetzen zu wollen. Die staatlichen Reaktionen waren bisher bewusst zurückhaltend, um unnötige Opfer zu vermeiden. Seit Wochen wurden jedoch diese Gruppen davor gewarnt, ihre ungesetzlichen Aktionen fortzusetzen, weil sonst zwangsläufig die Mittel der staatlichen Abwehr verschärft werden müssten ... Gewalt provoziert Gegengewalt, die sich zwangsläufig ständig ausbreiten und steigern muss. Um eine solche unheilvolle Entwicklung zu vermeiden, muss sich der weit überwiegende Teil der Studentenschaft, die für die Aufrechterhaltung unserer demokratisch-parlamentarischen Ordnung eintritt, den radikalen Rädelsführern [= Anführern] verweigern ... Ich weiß mich in der Entschlossenheit, keine gewaltsame Störung der rechtsstaatlichen Ordnung ... zu dulden, mit unserem Volke einig.

*Zit. nach Carsten Seibold (Hg.), Die 68er – das Fest der Rebellion, München (Knaur) 1988, S. 246 f.***

1 Erläutere die Haltung des damaligen Bundeskanzlers zur „68er-Bewegung" (M5).

2 Begründe, wie die Rede Kiesingers auf die Studenten gewirkt haben könnte (Darstellungstext, M5).

3 Recherchiere, warum eine Ohrfeige Geschichte schrieb, die eine junge Frau namens Beate Klarsfeld auf dem CDU-Parteitag 1968 Bundeskanzler Kurt Georg Kiesinger verpasste.

RAF-Terror in der Bundesrepublik

Anfang der 1970er Jahre entstand aus dem Umfeld der Studentenbewegung die „Rote Armee Fraktion" (= RAF), eine linksextreme Terror-Organisation, die sich gegen den Staat stellte.

- ***Wer gehörte der RAF an, welche Ziele vertrat sie und wie wurde sie bekämpft?***

M 1

Der entführte Arbeitgeberpräsident Hanns Martin Schleyer am 6. Oktober 1977, Foto. Bei dem Bild handelt es sich um die dritte von insgesamt vier Aufnahmen dieser Art. Im Hintergrund ist auf jedem Foto ein roter Stern mit dem RAF-Logo zu sehen. Schleyer hält stets ein anderes Schild mit anderer Aufschrift in den Händen. Es gibt auch eine kleine Anzahl von Ausschnitten und Standbild-Clips aus zwei Videoaufzeichnungen, die von den Entführern gezielt an die Presse und die Polizei übergeben wurden.

Krieg gegen Staat und Gesellschaft

Am 16. Mai 1974 wurde Helmut Schmidt (SPD) zum Kanzler gewählt. Wie schon die Vorgängerregierung unter Willy Brandt sah sich auch diese Regierung mit einem Problem konfrontiert, das es so bisher in der BRD nicht gegeben hatte: mit dem Terrorismus der sogenannten „Rote Armee Fraktion" (RAF). Diese war aus dem Umfeld der Studentenbewegung hervorgegangen. Die RAF sah in der westdeutschen Demokratie eine Fortdauer des Faschismus*. Sie wollte den „kapitalistischen Unterdrückerstaat" stürzen, griff den „US-Imperialismus" an und verehrte südamerikanische Revolutionäre wie Che Guevara oder Fidel Castro. Mit Bomben, Sprengfallen und Maschinenpistolen attackierten die Terroristen der RAF aus dem Untergrund führende Repräsentanten aus Wirtschaft und Politik. Schulung im Waffengebrauch erhielten sie von palästinensischen Gruppen in Jordanien. Geld beschafften sie sich durch Banküberfälle.

Der „heiße Herbst" 1977

Mehr als dreißig Menschen fielen im „heißen Herbst" 1977 der RAF in Mordanschlägen zum Opfer. Im April wurden der Generalbundesanwalt Siegfried Buback und im Juli der Vorstandssprecher der Dresdner Bank, Jürgen Ponto, ermordet. Einen traurigen Höhepunkt der Mordserie stellt die Entführung und spätere Ermordung des Arbeitgeberpräsidenten und ehemaligen SS-Hauptsturmführers Hanns Martin Schleyer dar. Bei dem Überfall im September kamen Schleyers Fahrer und drei Sicherheitsbeamte ums Leben. Der Plan, die RAF-Gefangenen Andreas Baader, Gudrun Ensslin und Jan-Carl Raspe zusätzlich mit der Entführung der Lufthansa-Maschine „Landshut" freizupressen, scheiterte am Widerstand der Bundesregierung. Die Flugzeuggeiseln wurden befreit, die drei Inhaftierten nahmen sich das Leben.

Ende und Folgen der RAF

Nach 1977 ging die Zahl der Anschläge deutlich zurück, die Gefährdung durch terroristische Akte blieb jedoch bis 1992 bestehen. 1998 erklärten die inhaftierten RAF-Mitglieder ihr „Projekt" für beendet. Die RAF erhielt zeitweise Unterstützung durch die SED-Diktatur. Sie bot den Terroristen einen Rückzugsraum. Im Zuge der Terrorismusbekämpfung kam es zu einer Verschärfung des bundesdeutschen Strafrechts. So wurde die sogenannte „Rasterfahndung" eingeführt, die es erlaubte, Personen aufgrund von zuvor eingegebenen Merkmalen aus öffentlichen und privaten Datenbanken herauszufiltern. Diese Vorgehensweise wurde von vielen Bürgern und Rechtsexperten kritisiert, da sie in ihren Augen die verfassungsmäßigen Rechte einschränkte und damit den Rechtsstaat aushöhlte.

Wortschatz: aus dem Untergrund agieren • jemanden freipressen • das Recht verschärfen • den Rechtsstaat aushöhlen • das verfassungsmäßige Recht auf … • die Grundrechte verteidigen • jemanden freipressen

M 2

Das ehemalige RAF-Mitglied Silke Maier-Witt (geb. 1950) in einem Interview (2001):

Frage: Wie fing bei Ihnen das Umdenken an?

Antwort: Im Knast, wo ich wieder anfing, mich mit der Frage auseinanderzusetzen, wieso bin gerade ich da reingekommen. Ich bin im Grunde aus einer Position der Schwäche in die RAF gekommen. Ich habe, als ich inhaftiert war, eine Frau kennengelernt, die war in einer Sekte, und da habe ich gemerkt: So unterschiedlich ist das gar nicht. In der RAF zu sein, hat mich immerhin der Notwendigkeit enthoben, mir immer wieder neu darüber klar zu werden: Was mache ich? In welche Richtung geht das? Wen unterstütze ich? Es gab nur: Entweder du bist auf der richtigen Seite oder du bist vollständig auf der falschen. Dazwischen gab es nichts.

Frage: Ihre Abkehr von der Gewalt – war das ein abrupter Schnitt oder ein langwieriger Prozess?

Antwort: Es gab schon einen konkreten Anlass: nachdem eine unschuldige Frau 1979 in der Schweiz bei einem Banküberfall der RAF erschossen wurde. Aber damals habe ich die Politik der RAF noch nicht für völlig falsch gehalten. Erst später habe ich klargekriegt, dass da ein ganz grundsätzlicher Widerspruch besteht: Die Menschheit zu retten und Gewalt anzuwenden, das geht nicht.

Frage: Und bei der RAF heiligte der Zweck jedes Mittel?

Antwort: Das ist es, was ich mir im Nachhinein auch am meisten übel genommen habe. Dass ich sehr wohl gesehen habe, wie entsetzlich das war, gerade bei Schleyer, wo also wirklich brutalst diese vier Leute in einem Kugelhagel ermordet wurden. Auf die wurde im Grunde kein Gedanke verschwendet ... Dass es mir gelungen ist, für eine Ideologie so weit zu gehen, alle moralischen Bedenken fortzuwerfen, das war für mich dann schon eine entscheidende Selbsterkenntnis. Da habe ich auch verstanden, wie das in der Nazi-Zeit gewesen ist. Also wie gefährlich das ist, eine Ideologie und eine Gruppe zu haben, der man sich zugehörig fühlt und die einem das Denken dann ja auch abnimmt.

*Silke Maier-Witt, „Die Menschheit zu retten und Gewalt anzuwenden, das geht nicht", in: fluter, Ausgabe 01 (bpb) 2001, S. 55.**

M 3

Aus der Regierungserklärung Helmut Schmidts (1977):

Jedermann hat Anspruch auf ein ordnungsgemäßes Gesetzesverfahren. Ein Sonderprozessrecht für Terroristen darf es nicht geben ... Wer einer falschen und verhängnisvollen Solidarisierung mit Desperados [= Gesetzlosen] von großer krimineller Energie entgegenwirken will und wer die Täter von der Gemeinschaft total isolieren will, darf dabei nicht riskieren, dass die Freiheit der Person zu einem Ausstellungsstück wird, das nicht mehr berührt, sondern nur noch in der Vitrine besichtigt werden kann. Wir haben in Wahrheit zwei Aufgaben zu leisten: Zum Ersten den Terrorismus ohne Wenn und ohne Aber und ohne sentimentale Verklärung der Tätermotive zu verfolgen, bis er aufgehört haben wird, ein Problem zu sein. Aber die andere Aufgabe muss sein, die Meinungsfreiheit kämpferisch und entschlossen zu verteidigen und über jeden Zweifel klarzumachen, dass Kritik an den vielen Obrigkeiten nicht nur statthaft ist, sondern dass sie für jeden demokratischen Staat ... erwünscht ist.

*Zit. nach Keesings Archiv der Gegenwart, 1977, S. 20968 ff.***

MK **1** **Methode:** Bildet Gruppen und erstellt eine digitale Präsentation (→ S. 268) zu den Zielen, Mitgliedern, Vorgehen und Opfern der RAF. Nutzt dazu M1 und den Darstellungstext. Recherchiert im Internet passende Bilder.

2 **a)** Arbeite aus M2 heraus, wie Silke Maier-Witt ihre Mitgliedschaft in der RAF begründet.

b) Erläutere, wie sie die RAF heute bewertet.

3 Nimm Stellung, welche Reaktion ein demokratischer Staat auf Terror zeigen sollte. Nutze den **Wortschatz**. **Tipp** → S. 251.

cornelsen.de/webcodes
Webcode: dohifi
RAF

Die neue Ostpolitik: „Wandel durch Annäherung" oder „nationaler Verrat"?

Offizielle Kontakte auf Regierungsebene gab es zwischen der BRD und der DDR nicht. Das änderte sich 1969 durch die Wahl Willy Brandts (SPD) zum neuen Bundeskanzler einer sozialliberalen Koalition aus SPD und FDP.

- ***Untersuche die Merkmale der neuen Ostpolitik und warum sie umstritten war.***

M 1

Bundeskanzler Brandt kniet am 7. Dezember 1970 vor dem Ehrenmal für die Toten des Warschauer Ghettos in Warschau, Foto, 1970. „Spiegel"-Journalist Hermann Schreiber kommentierte den Kniefall mit einem berühmt gewordenen Zitat: „Dann kniet er, der das nicht nötig hat, da für alle, die es nötig haben, aber nicht da knien – weil sie es nicht wagen oder nicht können oder nicht wagen können. Dann bekennt er sich zu einer Schuld, an der er selber nicht zu tragen hat, und bittet um eine Vergebung, derer er selber nicht bedarf. Dann kniet er da für Deutschland." Brandt sagte dazu: „Ich bitte für mein Volk um Verzeihung, ich bete auch darum, das man uns verzeihen möge."

„Wandel durch Annäherung"

Unter den CDU-Bundeskanzlern Adenauer, Erhard und Kiesinger galt in der BRD außenpolitisch der „Alleinvertretungsanspruch": Da nur die BRD durch eine frei gewählte Regierung repräsentiert sei, dürfe auch nur sie die Gesamtheit aller Deutschen außenpolitisch vertreten. Mit Staaten, die diplomatische Beziehungen zur DDR unterhielten, nahm die BRD keinen Kontakt auf. Ausgenommen davon war die Sowjetunion. Die DDR wurde in der Zeit der Entkolonialisierung (S. 72–75) in den 1960er Jahren von immer mehr neuen Staaten in Afrika und Asien anerkannt. Daher gingen Brandt und sein Außenminister Walter Scheel (FDP) neue Wege. Unter dem Motto „Wandel durch Annäherung" wurde Brandts Staatssekretär Egon Bahr zum Architekten einer neuen Ostpolitik. In enger Absprache mit den westlichen Verbündeten sollten Verträge zur Zusammenarbeit mit der Sowjetunion, Polen, der Tschechoslowakei und insbesondere auch mit der DDR geschlossen werden. Am 12. August 1970 verpflichteten sich die Sowjetunion und die BRD im Moskauer Vertrag auf den Verzicht von Grenzänderungen und die Förderung des Entspannungsprozess zwischen Ost und West. Am 7. Dezember 1970 unterzeichneten die Volksrepublik Polen und die BRD den Warschauer Vertrag. Zu den Vereinbarungen gehörte die Normalisierung der zwischenstaatlichen Beziehungen und der Verzicht auf Gebietsansprüche. Damit akzeptierte die Bundesregierung die Existenz der Westgrenze Polens entlang der Flüsse Oder und Neiße. Diese Anerkennung war nicht staatsrechtlich verbindlich akzeptiert worden. Menschen, die am Ende des Zweiten Weltkrieges aus den deutschen Ostgebieten geflohen oder vertrieben worden waren, betrachteten die Vereinbarungen des Warschauer Vertrages als Verrat der Regierung an den Heimatvertriebenen.

Willy Brandt war 1970 der erste deutscher Bundeskanzler, der nach dem Zweiten Weltkrieg Polen besuchte. Es gab bis dahin keine diplomatischen Beziehungen zwischen den beiden Ländern. Wenige Stunden bevor er den Warschauer Vertrag unterzeichnete, legte Brandt vor einer Ehrenkompanie und 2000 polnischen Zuschauern einen Kranz am Grabmal des unbekannten Soldaten nieder. Bei der anschließenden Kranzniederlegung am Denkmal für den jüdischen Getto-Aufstand von 1943 waren lediglich zwei polnische Soldaten und rund 350 Zuschauer zugegen. Brandts spontaner Kniefall vor dem Denkmal löste weltweit Aufmerksamkeit aus. In der DDR wurde der Kniefall totgeschwiegen, während er in der BRD scharfe innenpolitische Auseinandersetzungen auslöste. Laut dem Nachrichtenmagazin „Der Spiegel" fanden 48 Prozent der Deutschen die Geste übertrieben, 41 Prozent fanden sie angemessen, 11 Prozent hatten keine Meinung.

Wortschatz: einen Vertrag unterzeichnen • einen Vertrag aushandeln • sich vertraglich zu etwas verpflichten • für eine Auseinandersetzung sorgen • Aufmerksamkeit auslösen • sich empört über etwas zeigen

M 2

Rede Egon Bahrs in der Evangelischen Akademie Tutzing, 15. Juli 1963:

Die Voraussetzungen zur Wiedervereinigung sind nur mit der Sowjetunion zu schaffen ... Die Wiedervereinigung ist ein außenpolitisches Problem. Die amerikanische Strategie des Friedens lässt sich auch durch die Formel definieren, dass die kommunistische Herrschaft nicht beseitigt, sondern verändert werden soll. Die Änderung des Ost-West-Verhältnisses, die die USA versuchen wollen, dient der Überwindung des Status quo[1], indem der Status quo zunächst nicht verändert werden soll. Das klingt paradox, aber es eröffnet Aussichten, nachdem die bisherige Politik des Drucks und Gegendrucks nur zu einer Erstarrung des Status quo geführt hat ... Die erste Folgerung, die sich aus einer Übertragung der Strategie des Friedens auf Deutschland ergibt, ist, dass die Politik des Alles oder Nichts ausscheidet. Entweder freie Wahlen oder gar nicht, entweder gesamtdeutsche Entscheidungsfreiheit oder ein hartes Nein, entweder Wahlen als erster Schritt oder Ablehnung, das alles ist nicht nur hoffnungslos antiquiert und unwirklich, sondern in einer Strategie des Friedens auch sinnlos. Heute ist klar, dass die Wiedervereinigung nicht ein einmaliger Akt ist, der durch einen historischen Beschluss an einem historischen Tag auf einer historischen Konferenz ins Werk gesetzt wird, sondern ein Prozess mit vielen Schritten und vielen Stationen. Wenn es richtig ist, was Kennedy sagte, dass man auch die Interessen der anderen Seite anerkennen und berücksichtigen müsse, so ist es sicher für die Sowjetunion unmöglich, sich die Zone[2] zum Zwecke einer Verstärkung des westlichen Potentials entreißen zu lassen. Die Zone muss mit Zustimmung der Sowjets transformiert werden ... Das ist eine Politik, die man auf die Formel bringen könnte: Wandel durch Annäherung. Ich bin fest davon überzeugt, dass wir Selbstbewusstsein genug haben können, um eine solche Politik ohne Illusionen zu verfolgen, die sich außerdem nahtlos in das westliche Konzept der Strategie des Friedens einpasst, denn sonst müssten wir auf Wunder warten, und das ist keine Politik.

*Zit. nach Deutschlandarchiv 8 (1973), S. 862–863.**

[1] *gegenwärtiger Zustand*

[2] *Damit war die DDR gemeint. In der westdeutschen Politik wurde nicht von der DDR gesprochen, da dies schon einer Anerkennung als zweiter deutscher Staat gleichgekommen wäre.*

M 3

Demonstration gegen die Ostverträge, Foto, 1972

cornelsen.de/webcodes
Webcode: tokero
Film: Der Kniefall von Warschau

1 Stelle die wichtigsten Inhalte der „Ostverträge" (Moskauer Vertrag, Warschauer Vertrag) zusammen (Darstellungstext).

MK **2 a)** **Methode:** Recherchiere den Lebenslauf von Willy Brandt mithilfe der Arbeitsschritte auf S. 267 oder der Kopiervorlage im Webcode auf S. 119.

b) Erkläre vor diesem Hintergrund das Zitat von Hermann Schreiber in der Bildunterschrift von M1.

3 Erläutere das Konzept „Wandel durch Annäherung" (M2, Darstellungstext).

4 a) Erläutere, warum viele Deutsche die Ostverträge als „Verrat" empfanden (M3, Darstellungstext)? Nutze den **Wortschatz**. **Tipp** → S. 251.

b) Es gab auch Demonstrationen für die Ostverträge. Entwirf ein Plakat, das auf einer solchen Demonstration gezeigt worden sein könnte.

5 **Wähle eine Aufgabe aus:**
Beurteile die Ostpolitik aus der Sicht
a) eines Westberliners, **b)** eines DDR-Oppositionellen, **c)** eines Vertriebenen.

Die deutsch-deutschen Beziehungen nach Unterzeichnung des Grundlagenvertrages

Die neue Ostpolitik von Bundeskanzler Willy Brandt veränderte auch die innerdeutschen Beziehungen: 1972 schlossen BRD und DDR den sogenannten „Grundlagenvertrag“.

- ***Untersuche die Folgen für das Verhältnis zwischen beiden deutschen Staaten.***

M 1

Karikatur des westdeutschen Karikaturisten Wolfgang Hicks zum Grundlagenvertrag mit dem Titel „Zartes Pflänzchen“ (1972). Der Text zur Karikatur: „Kraft seiner starken Wurzeln wird er alle Mauern sprengen!“. Die Personen im Bild sind Willy Brandt (links) und Egon Bahr.

Zwei Staaten – füreinander nicht Ausland

Kanzler Willy Brandt hatte in seiner Regierungserklärung erstmals die Existenz der DDR anerkannt - auch wenn er an der Einheit der deutschen Nation festhielt: „Auch wenn zwei Staaten in Deutschland existieren, sind sie doch füreinander nicht Ausland“. Die neue Bundesregierung ging von den realen Verhältnissen in Deutschland aus, um diese schrittweise zu verändern. Die DDR-Führung hielt an ihrer Forderung fest: Sie verlangte eine völkerrechtliche Anerkennung und wollte international als eigenständiger Staat behandelt werden. Erst auf Druck der Sowjetunion und dem Machtwechsel von Walter Ulbricht zu Erich Honecker als Generalsekretär der SED und Staatsratsvorsitzender erklärte sich die DDR 1971 zu Verhandlungen bereit. Das Ergebnis war der Grundlagenvertrag, der am 21. Dezember 1972 unterzeichnet wurde.

Die Umsetzung des Grundlagenvertrages

Im „Vertrag über die Grundlagen der Beziehungen zwischen der BRD und der DDR“ von 1972 war – gegen heftigen Widerstand der CDU - die Einrichtung „Ständiger Vertretungen“ in Bonn und Ostberlin festgelegt worden. Der Begriff „Botschaften“ wurde vermieden, um den besonderen Charakter der deutsch-deutschen Beziehungen zu unterstreichen. Zudem interpretierten die BRD und die DDR den Vertrag auf eigene Weise: Die BRD betonte in einem „Brief zur deutschen Einheit“, dass aus westdeutscher Sicht der Artikel 116 des Grundgesetzes gültig blieb. Dieser legte eine gemeinsame deutsche Staatsbürgerschaft fest. So konnte jeder Deutsche aus der DDR einen Pass in der BRD erhalten. Die Regierung in Ostberlin bestand auf der Anerkennung einer eigenen Staatsbürgerschaft und interpretierte den Grundlagenvertrag als völkerrechtliche Anerkennung ihres Staates durch die BRD. Die DDR verstärkte ihre Anstrengungen, überall in der Welt als souveränes Land wahrgenommen zu werden. Beide deutschen Staaten wurden am 18. September 1973 in die UNO aufgenommen.

Entspannung durch Abkommen und Handel

Bis 1989 wurden dreißig Abkommen in verschiedensten Bereichen geschlossen: Erleichterungen im Reiseverkehr und bei Post- sowie Telefonverbindungen, der Ausbau von Autobahnen und Kanälen, Sporttreffen, Kulturaustausch und Familienzusammenführungen. Die Bewohner der Grenzregionen im Westen erhielten die Erlaubnis für Tagesbesuche jenseits der Grenze bzw. Mauer. Aus der DDR durften nur sehr wenige Menschen zu Verwandtenbesuchen in den Westen reisen; Personen, die nicht mehr zur erwerbstätigen Bevölkerung gehörten, war die Fahrt in die BRD gestattet. Seit 1973 berichteten erstmals westdeutsche Journalisten – wenn auch mit Hindernissen durch Behörden der DDR – aus dem Osten. Wichtig für die DDR-Wirtschaft war der Aufschwung des Handels zwischen den beiden deutschen Staaten. Zudem entdeckten westdeutsche Unternehmer die DDR als billigen Produktionsstandort.

Wortschatz: an einer (Maximal-)Forderung festhalten • einen Kredit gewähren • einen Häftling freikaufen • jemandem das Vertrauen entziehen • Beziehungen aufrechterhalten/intensivieren • ein Staatsbankrott droht

Bundeskanzler Willy Brandt trat 1974 zurück, als ein enger Mitarbeiter als Spion der DDR enttarnt wurde. Brandts Nachfolger wurde Helmut Schmidt (SPD). Er setzte den Reformkurs im Innern und die Entspannungspolitik nach außen fort. Im Oktober 1982 entzog die Mehrheit der Bundestagsabgeordneten Helmut Schmidt das Vertrauen und wählte den Oppositionsführer Helmut Kohl (CDU) zum neuen Bundeskanzler. Er intensivierte die deutsch-deutschen Beziehungen und empfing 1987 Honecker. Dies war der einzige Staatsbesuch eines DDR-Staatschefs in der BRD.

Finanzhilfen für die DDR

Die Regierung in Ostberlin benötigte dringend westliche Zahlungsmittel wie D-Mark oder Dollar (Devisen), um damit Importe aus dem westlichen Ausland finanzieren zu können. Wichtig war daher der Verkauf von Industriegütern mit „Weltniveau" in westliche Staaten oder der Verkauf von wertvollen Antiquitäten im Westen. Außerdem zahlte die BRD in den 1970er und 1980er Jahren hohe Summen an die DDR, unter anderem für den Ausbau und die Nutzung der Verkehrswege nach Westberlin und für den Freikauf von Häftlingen, die in der DDR aus politischen Gründen eingesperrt worden waren. Erst nach der friedlichen Revolution 1989 wurde bekannt, dass die DDR ab 1982 vor dem Staatsbankrott stand und nur dank westdeutscher Kredite und Transferzahlungen wirtschaftlich bis 1989 überlebte.

M 2

Am 7. September 1987 empfing Bundeskanzler Helmut Kohl in der Bundeshauptstadt Bonn mit allen protokollarischen Ehren den Staatsratsvorsitzenden der DDR, Erich Honecker (rechts). Foto

M 3

Der ehemalige Bundeskanzler Helmut Kohl erinnert sich an den Besuch von Erich Honecker im Jahr 1987 (2005):

Ich war viele Monate lang nicht bereit, Honecker mit allen protokollarischen Ehren zu empfangen. Ich wollte den Besuch, aber ohne Fahnen und Hymnen und ohne ein Treffen in Bonn. Es sträubte sich alles in mir, wenn ich mir vorstellte, vor dem Bundeskanzleramt im Beisein Honeckers die DDR-Hymne anhören zu müssen ... [Mir war] nicht wohl bei dem Gedanken, dass es einen Empfang mit militärischen Ehren und dem Abschreiten der Ehrenformation geben könnte. Ich war unsicher, wie der Besuch bei uns und in der DDR in der Öffentlichkeit wirken würde. Klar war, dass die DDR alle protokollarischen Symbole der staatlichen Macht zu ihren Gunsten als staatliche Anerkennung interpretieren würde.

*Helmut Kohl, Erinnerungen 1982–1990, München (Droemer) 2005, S. 547.***

1 Erläutere, was Bundeskanzler Willy Brandt mit der Aussage „Auch wenn zwei Staaten in Deutschland existieren, sind sie doch füreinander nicht Ausland" ausdrücken wollte (Darstellungstext).

2 Begründe, warum die Veränderungen im Verhältnis der beiden deutschen Staaten zu einer Entspannung führten (Darstellungstext). Nutze den Wortschatz.

3 **a)** Formuliere die Kernaussage der Karikatur (M1).
b) Beurteile die Aussage der Karikatur.

MK 4 **a)** **Methode:** Recherchiere, was ein Staatsempfang „mit allen protokollarischen Ehren" bedeutet (M2). Nutze die Arbeitsschritte auf S. 267 oder die Kopiervorlage im Webcode.
b) Helmut Kohl bezeichnete diesen Tag in seinen Erinnerungen als „einen der schlimmsten Tage seiner Laufbahn". Erkläre diese Aussage mithilfe von M3.

cornelsen.de/webcodes
Webcode: giceke
Kopiervorlage Methodentabelle

1945 1950 1955 1960

1945–1991 Kalter Krieg

1950er Jahre „Wirtschaftswunder“ in der BRD

1950 Waldheimer Prozesse in der DDR ab 1952 „Planmäßiger Aufbau des Sozialismus“ in der DDR

17. Juni 1953 Volksaufstand in der DDR

1955 NATO-Beitritt der BRD und Gründung Warschauer Pakt: Rückgewinnung der Souveränität für BRD und DDR

13. August 1961 Beginn des Ba der Berliner Mauer

Das geteilte Deutschland

Der Umgang mit der NS-Vergangenheit

In beiden deutschen Staaten wurde unterschiedlich mit der **NS-Vergangenheit** umgegangen. In der BRD herrschte eine „Schlussstrichmentalität“: Die Mehrheit der Deutschen sah sich als Opfer des Krieges und wollte mit der Vergangenheit nichts zu tun haben. Viele Täter konnten nach erhaltener Amnestie wieder in ihre alten Berufe zurückkehren. Bei Gerichtsprozessen, wie den **Auschwitz-Prozessen** in den 1960er Jahren, kamen viele Täter straffrei davon.
Die DDR sah sich als antifaschistischen Staat und als Gegenentwurf zur BRD. In den **Waldheimer Prozessen** wurden 1950 insgesamt 3432 ehemalige Kriegsgefangene angeklagt. Sie wurden von den sowjetischen Behörden überstellt und ihnen wurden Kriegsverbrechen vorgeworfen. Die Gerichtsverfahren dauerten im Schnellverfahren und ohne eine Beweiserhebung nur 20–30 Minuten. Volksrichter urteilten dabei über NS-Täter, aber auch über viele Unschuldige, denen kein Verteidiger zur Seite stand. Die Urteile standen schon vor der Verhandlung fest.

Die Entwicklung in der BRD

In der BRD entwickelte sich auf der Basis des Grundgesetzes eine stabile **parlamentarische Demokratie.** Nach den konservativen Nachkriegsjahren änderte sich in den 1960er Jahren das politische Klima in der BRD: Studierende der sogenannten **„68er-Bewegung“** protestierten – wie in vielen Ländern der Welt – für Frieden, Rechte für Frauen oder gerechtere Bildungschancen. Infolge dieser Proteste entstanden Bürgerbewegungen wie die **Friedens- und Umweltbewegung** der 1970er und 1980er Jahre. Ein kleiner Teil der „68er-Bewegung“ radikalisierte sich: Die **„Rote Armee Fraktion“ (RAF)** erklärte dem westdeutschen Staat den bewaffneten Kampf.
In der BRD setzte sich das Konzept der **sozialen Marktwirtschaft** durch: Fabriken, Maschinen und Bauernhöfe blieben in Privatbesitz. Das Wechselspiel von Angebot und Nachfrage sollte die Wirtschaft und die Preisbildung regeln. Der Staat hielt sich bei Eingriffen in die Wirtschaft zurück, garantierte aber durch eine Reihe von Gesetzen die soziale Absicherung aller Bürgerinnen und Bürger. Die soziale Marktwirtschaft war zunächst kein Erfolg. Erst mit der steigenden Nachfrage nach deutschen Produkten auf dem Weltmarkt in der Folge des Koreakrieges und der Einbindung der BRD in westeuropäische Bündnisse stiegen Produktion und Wohlstand stetig an.

Die Entwicklung in der DDR

In der **SED-Diktatur** waren Wahlen zum Parlament (Volkskammer) nicht geheim. Die Wählerinnen und Wähler konnten nur einer Einheitsliste zustimmen oder diese ablehnen. Diese Liste sicherte der SED immer die Mehrheit. Alle wichtigen politischen Beschlüsse wurden deshalb nicht im Parlament, sondern auf den Parteitagen der SED gefällt.
In der Wirtschaft wurde seit 1952 der „planmäßige Aufbau des Sozialismus“ vorangetrieben. In der **sozialistischen Planwirtschaft** legte eine zentrale Behörde in Fünfjahresplänen den Umfang und die Art der Warenproduktion und die Preise fest. Es gab in der Planwirtschaft zwar keine Arbeitslosigkeit, aber wenig Anreize für die Arbeiterinnen und Arbeiter zu besonderem Einsatz. Wegen der Ausrichtung der Wirtschaft auf die Schwerindustrie waren Konsumgüter häufig **Mangelware.** Die politische Bevormundung und die

1965 | 1970 | 1975 | 1980

1968 Studentenbewegung; Attentate auf Benno Ohnesorg und Rudi Dutschke

1969–1974 Bundeskanzler Willy Brandt (SPD): Annäherung Ost und West

1971 Machtwechsel in der DDR; Beginn „Ära Honnecker“

1972 Grundlagenvertrag zwischen BRD und DDR

1979 Einmarsch sowjetischer Truppen in Afghanistan

1963–1965 Auschwitz-Prozesse in der BRD

1989 Mauerfall

Mangelwirtschaft führten zu großer Unzufriedenheit in der Bevölkerung. Am **17. Juni 1953** kam es wegen der Erhöhung der Arbeitsleistungen bei gleichen Löhnen und schlechter Versorgung zu **Demonstrationen und Aufständen** gegen die Politik der SED. Der Aufstand wurde durch die sowjetische Armee niedergeschlagen; es gab Tote und Verletzte. Die Verantwortlichen in der DDR reagierten mit Verhaftungen und einzelnen Todesurteilen. In dieser Situation verließen zahlreiche Menschen die DDR in Richtung BRD. Die Flucht gut ausgebildeter junger Menschen in den Westen wurde durch den Bau der Berliner Mauer und die Abriegelung der Grenze am **13. August 1961** gestoppt. Die innerdeutschen Grenzen wurden zu unüberwindlichen Hindernissen. Zur Machtsicherung ließ die SED alle Menschen, die ihr verdächtig erschienen, durch die **Staatssicherheit** überwachen. Rund 260 000 Personen arbeiteten dort als Mitglieder oder berichteten als „Inoffizielle Mitarbeiter“ (IM) aus dem Bekannten- oder Verwandtenkreis sowie von ihrer Arbeitsstelle für die Stasi. Das Spitzelsystem führte dazu, dass sich viele Bürger aus dem gesellschaftlichen und politischen Leben heraushielten und ihre Ansichten auch im privaten Kreis für sich behielten.

Die deutsch-deutschen Beziehungen

In den 1950er Jahren grenzten sich beide Staaten voneinander ab: Die DDR stilisierte sich zum antifaschistischen Deutschland und prangerte faschistische Kontinuitäten in der BRD an. Die BRD sprach der DDR die demokratische Legitimität ab und beanspruchte, für alle Deutschen zu sprechen (**Alleinvertretungsanspruch**). Die meisten Politiker und große Teile der Öffentlichkeit in Westdeutschland erwarteten die baldige Wiedervereinigung durch einen Zusammenbruch der DDR und setzten auf die wirtschaftliche und soziale Anziehungskraft der BRD und eine „Politik der Stärke“. Diese Erwartungen waren – das zeigte der „Volksaufstand“ vom 17. Juni 1953 – nicht unbegründet. Der Bau der Mauer stabilisierte die DDR. Gleichzeitig leiteten die USA und die UdSSR, auch im Gefolge der Berlin- und der Kubakrise, Bemühungen um eine **Entspannung** zwischen den Blöcken ein.

Neue Ost- und Deutschlandpolitik

Die Bundestagswahl 1969 führte zu einem Regierungswechsel: Willy Brandt (SPD) wurde von einer Koalition aus Sozialdemokraten (SPD) und Liberalen (FDP) zum Bundeskanzler gewählt. Die sozialliberale Regierung begann unter dem Motto „**Wandel durch Annäherung**“ eine neue Politik gegenüber den kommunistischen Staaten. Bundeskanzler Brandt unterschrieb im Rahmen seiner „**Ostpolitik**“ Abkommen zum Gewaltverzicht mit Polen und der Sowjetunion. Zwischen beiden deutschen Staaten regelte der **Grundlagenvertrag** von 1972 die Zusammenarbeit auf vielen Gebieten. Der Vertrag ermöglichte eine Reihe von „menschlichen Erleichterungen“ wie Verwandtenbesuche oder Briefkontakte. Zudem vereinfachte er die Kontrollen auf den Transitstrecken nach Westberlin. Beide deutschen Staaten wurden 1973 als Vollmitglieder in die UNO aufgenommen. In den 1980er Jahren setzten die DDR-Führung unter Erich Honecker und die Bundesregierung unter Kanzler Helmut Kohl die Deutschlandpolitik der 1970er Jahre weitgehend fort. 1987 besuchte Erich Honecker die BRD. Bei seinem Empfang in der Bundeshauptstadt Bonn bemühte sich die Bundesregierung unter Helmut Kohl um die Lösung praktischer Fragen, hielt aber an dem Ziel der Wiedervereinigung fest.

1 Erläutere anhand der Zeitleisten auf der Orientierungs- und auf der Zusammenfassungsseite, welche fünf Daten aus deiner Sicht in Bezug auf den deutsch-deutschen Teilungsprozess am wichtigsten waren.

In diesem Kapitel konntest du folgende Kompetenzen erwerben:

- den Zusammenhang zwischen der schrittweisen Erweiterung der Souveränitätsrechte beider deutscher Staaten und der Einbindung in politische und militärische Bündnisse in Ost und West darstellen
- Formen der Erinnerung sowie der juristischen und politischen Aufarbeitung der NS-Gewaltherrschaft in beiden deutschen Staaten bewerten
- die wirtschaftlichen und sozialen Entwicklungen vor und nach der Wiedervereinigung erörtern
- die Handlungsspielräume in beiden deutschen Staaten bezüglich der „deutschen Frage" beurteilen
- zentrale Ereignisse und Phasen der deutsch-deutschen Geschichte von der Teilung bis zur Wiedervereinigung erläutern
- sich aus unterschiedlichen politischen und wirtschaftlichen Systemen ergebende Formen des gesellschaftlichen Lebens in Ost- und Westdeutschland darstellen
- **Medien und Methoden:** Plakate vergleichen
- **Medien und Methoden:** Mit einer Augmented Reality App arbeiten

M1

Das geteilte Deutschland im Ost-West-Konflikt:

- Planwirtschaft
- Volksaufstand
- NATO
- Stasi
- Berliner Mauer
- Willy Brandt
- Flucht
- Warschauer Pakt
- Waldheimer Prozesse
- Erich Honecker
- Entspannungspolitik
- Marktwirtschaft
- Auschwitz-Prozesse
- Grundlagenvertrag
- Studentenbewegung

M2

Blick in ein kleines Geschäft in Frankfurt am Main (BRD), Foto, 1972

M3

Gesetz über den Tag der deutschen Einheit vom 4. August 1953:

Am 17. Juni 1953 hat sich das deutsche Volk in der sowjetischen Besatzungszone und in Ost-Berlin gegen die kommunistische Gewaltherrschaft erhoben und unter schweren Opfern seinen Willen zur Freiheit bekundet. Der 17. Juni ist dadurch zum Symbol der deutschen Einheit und Freiheit geworden.

Der Bundestag hat das folgende Gesetz beschlossen:

§1: Der 17. Juni ist der Tag der deutschen Einheit.

§2: Der 17. Juni ist gesetzlicher Feiertag ...

*Aus Bundesgesetzblatt, Jahrgang 1953, Teil I, S. 778.**

M4

„Menschliche Erleichterungen", Karikatur von Josef Blaumeiser zu den Ostverträgen, 1973

M5

Plakat aus der DDR, 1950. Hintergrund: Im Mai 1950 wurden im Südwesten und Norden der DDR massenhaft Kartoffelkäfer auf den Feldern entdeckt, die die Ernte bedrohten. Zehntausende DDR-Bürger wurden zum Aufsammeln der Kartoffelkäfer aufs Land geschickt. Saboteure (von Sabotage) sind Menschen, die absichtlich wirtschaftliche oder militärische Abläufe behindern oder Zerstörungen anrichten.

M6

Plakat aus der Bundesrepublik Deutschland, 1952. Hinweis: Die sozialistischen und kommunistischen Bewegungen bzw. Staaten wählten die rote Fahne zu ihrem farbigen Symbol, zum Beispiel die Flagge der – heute nicht mehr existierenden – Sowjetunion, versehen mit Hammer und Sichel als Symbole für die Arbeiter und Bauern.

Sachkompetenz

1 a) Erkläre mindestens fünf Begriffe in M1.
b) Ordne die Begriffe der BRD oder der DDR zu.

2 Stelle mithilfe der S. 92–95 dar, inwiefern die Rückgewinnung der Souveränitätsrechte beider deutscher Staaten mit der Einbindung in die politischen und militärischen Bündnisse zusammenhing.

Urteilskompetenz

3 Vergleiche die beiden Plakate M5 und M6 mithilfe der Arbeitsschritte auf S. 103.

4 Beurteile mithilfe von M2 die wirtschaftliche Entwicklung in der BRD.

5 a) Diskutiere, welche Position die Karikatur M4 zum Grundlagenvertrag zwischen BRD und DDR einnimmt.
b) Beurteile die Handlungsspielräume der politischen Akteure in der BRD und der DDR vor dem Hintergrund der Blockintegration.

6 Beurteile, wie die Teilung in den Plakaten M5 und M6 jeweils legitimiert wurde.

7 Diskutiere anhand deiner Kenntnisse über die Ursachen und den Verlauf des Volksaufstands vom 17. Juni 1953, ob das Gesetz über den Tag der deutschen Einheit (M3) gerechtfertigt war.

8 „Über 75 Jahre nach dem Ende des Zweiten Weltkrieges sollten wir uns nicht mehr so viel mit der Zeit des Nationalsozialismus beschäftigen, sondern endlich einen Schlussstrich ziehen." Bewerte diese Aussage.

cornelsen.de/webcodes
Webcode: qimaze
Selbsteinschätzungsbogen

274

cornelsen.de/webcodes
Webcode: yohugi
alle Darstellungstexte zum Anhören

4
Alltag und Leben im geteilten Deutschland

Olympische Spiele 1972 in München, Finale der 4 x 100-Meter-Staffel der Damen: Beim letzten Wechsel liegen zwei deutsche Mannschaften vorn: die Schlussläuferinnen Heide Rosendahl im weißen Trikot mit dem roten Brustring für die BRD und im blauen Trikot Renate Stecher für die DDR. Der Staffel der Bundesrepublik gelingt ein hauchdünner Olympiasieg in der Weltrekordzeit von 42,81 Sekunden vor der Staffel der DDR.

Diskutiert, wem vermutlich der Jubel der Menschenmenge in München galt.

Die 4 x 100-m-Frauenstaffel bei den Leichtathletik-Wettbewerben der Olympischen Sommerspiele am 10.09.1972 im Münchner Olympiastadion, Foto

1950

1960

1945–1991 Kalter Krieg

1946 Gründung der Freien Deutschen Jugend (FDJ) in der DDR

ab 1955 Anwerbung von „Gastarbeitern" in der BRD und „Vertragsarbeitern" in der DDR

1968 Studentenproteste in der BRD

1950er Jahre „Wirtschaftswunder" in der Bundesrepublik

13. August 1961 Bau der Berliner Mauer

ab 1952 „Planmäßiger Aufbau des Sozialismus" in der DDR

17. Juni 1953 Volksaufstand in der DDR

Alltag und Leben im geteilten Deutschland

Die Teilung Deutschlands hatte zur Folge, dass sich die Gesellschaft und der Alltag der Deutschen in der DDR und in der BRD unterschiedlich entwickelten. Beeinflusst wurde diese Entwicklung durch die jeweiligen Verbündeten: die sozialistischen „Bruderländer" unter Führung der Sowjetunion und das westliche Bündnis unter Führung der USA. So entwickelten sich im Lauf der Zeit, auch beeinflusst durch die jeweiligen politischen und wirtschaftlichen Systeme der Planwirtschaft und der sozialen Marktwirtschaft, unterschiedliche Gesellschaften in Ost- und Westdeutschland.

Der Blick „über die Mauer" gehörte jedoch für die meisten Menschen in Deutschland selbstverständlich dazu. Bundeskanzler Willy Brandt beschrieb das Verhältnis von DDR und BRD 1969 so: „Auch wenn zwei Staaten in Deutschland existieren, sind sie doch füreinander nicht Ausland". War das eine Hoffnung oder entsprach diese Aussage dem Alltag und dem Denken der Menschen in beiden deutschen Staaten?

- Wo gab es im Alltag Gemeinsamkeiten? Und wo gab es Unterschiede, deren Folgen möglicherweise bis heute spürbar sind?
- Welche Arbeitsmöglichkeiten und Karrierechancen eröffneten sich den Frauen in Ost und West?
- Wie lebten die Jugendlichen in Ost und West?
- Wie begegnete man Migrantinnen und Migranten, die in die DDR und in die BRD kamen?
- Welche Folgen hatte die Wirtschaftskrise 1973 in beiden deutschen Staaten?

M 1

Der hunderttausendste Trabant wird in der DDR ausgeliefert, Foto, 1973. Autos waren in der DDR ein seltenes Luxusgut. Der in der Planwirtschaft der DDR produzierte Trabant konnte auch in der BRD gekauft werden – jedoch wurden zum Beispiel bis 1967 nur 151 Autos in den Westen verkauft.

M 2

Feierstunde im Volkswagenwerk Wolfsburg anlässlich der Fertigstellung des millionsten VWs, Foto, 1955. Das Auto wurde weltweit millionenfach verkauft.

1970 | 1980 | 1990

1970er Terrorismus der RAF in der BRD

1972 Olympische Sommerspiele in München

1973 Wirtschaftskrise („Ölpreisschock")

1974 Fußballweltmeisterschaft in der BRD: DDR besiegt in Hamburg die BRD

1980–1990 wirtschaftlicher Niedergang der DDR

1989 Mauerfall

1990 Wiedervereinigung Deutschlands

M3

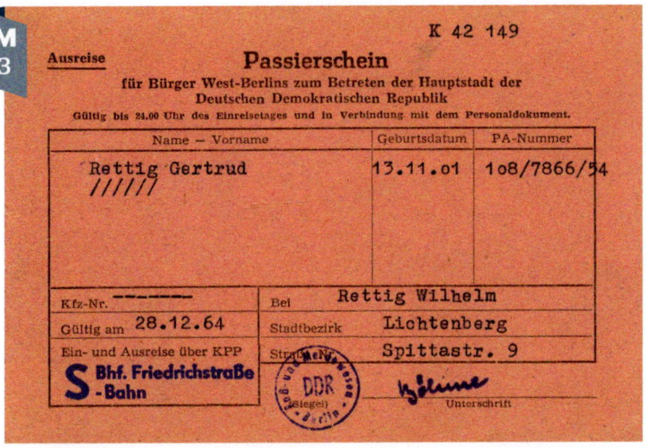

K 42 149

Ausreise

Passierschein

für Bürger West-Berlins zum Betreten der Hauptstadt der Deutschen Demokratischen Republik

Gültig bis 24.00 Uhr des Einreisetages und in Verbindung mit dem Personaldokument.

Name – Vorname	Geburtsdatum	PA-Nummer
Rettig Gertrud //////	13.11.01	108/7866/54

Kfz-Nr. --------	Bei Rettig Wilhelm
Gültig am 28.12.64	Stadtbezirk Lichtenberg
Ein- und Ausreise über KPP	Straße/Nr. Spittastr. 9
S Bhf. Friedrichstraße -Bahn	DDR (Siegel) Unterschrift

Passierschein für Bürger Westberlins zum Betreten der Hauptstadt der DDR. Das erste Passierscheinabkommen im Dezember 1963 ermöglichte Verwandtenbesuche im Osten, Westberliner konnten damit erstmals nach dem Mauerbau 1961 wieder in den Ostteil der Stadt reisen.

M4

DDR-Urlauber auf einem Campingplatz in Bulgarien, Foto, 1960er Jahre. DDR-Bürger konnten in der Regel nur in „sozialistischen Bruderländern" Urlaub machen. Eine Reise in nichtsozialistische Länder war nicht möglich.

M5

Siegerehrung der 4 x 100-Meter-Frauenstaffel bei der Olympiade in München 1972: Gold ging an die BRD, Silber an die DDR und Bronze an Kuba. Foto, 1972

M6

Westdeutsche Touristen bei einer Alpenüberquerung auf dem Weg nach Italien, Foto, 1961

1 Wähle mindestens ein Foto (M1–M6) aus und stelle Vermutungen an, inwiefern das Bild „typisch" für das Leben und den Alltag in der DDR beziehungsweise in der BRD war.

2 „Füreinander nicht Ausland"? Diskutiert in Kleingruppen anhand der Fotos M3 und M5 diese Aussage.

Alltag und Gesellschaft in der BRD und in der DDR

cornelsen.de/webcodes
Webcode: piqexe
Alltag in der BRD und der DDR

Die Gegensätze und Konfrontationen im Kalten Krieg und die unterschiedlichen politischen und wirtschaftlichen Systeme prägten das Leben der Menschen in der BRD und in der DDR – bis in den Alltag hinein.

- ***Wie sah der Alltag in der BRD und in der DDR aus?***

M 1

Aufmarsch der Freien Deutschen Jugend (FDJ) in Ostberlin, Foto, 1983

M 2

Andrang bei der Verlosung eines VW Käfers beim „Tag der offenen Autotür", Foto, Westberlin 1958

Gesellschaft und Alltag in der BRD

Vollbeschäftigung und steigende Löhne während der „30 glorreichen Wirtschaftsjahre" legten den Grundstein für die moderne Konsumgesellschaft. Die Unternehmen entwickelten immer bessere und neue Produkte. Auch die Arbeitnehmer profitierten von steigenden Löhnen und besseren Sozialleistungen. Die meisten Familien konnten sich im Verlauf der 1950er Jahre elektrische Haushaltsgeräte leisten, die den Alltag erleichterten. Bald waren auch Autos auf Raten erschwinglich und wurden zum Statussymbol der jungen BRD und Ausdruck des sogenannten „Wirtschaftswunders". Die Familie und das eigene Heim prägten nicht nur den werktäglichen Feierabend, sondern auch das Wochenende. Der gemeinsame Sonntagskaffee, Ausflüge am Wochenende oder der gemeinschaftliche Fernsehabend waren beliebte Freizeitbeschäftigungen. Zudem waren auch immer mehr Menschen in ihrer Freizeit sportlich aktiv. Erstmals war nach Kriegsende bei vielen Westdeutschen Zeit und Geld für einen Urlaub vorhanden. Erste Ziele waren die Nordsee, der Schwarzwald und Bayern, ehe Urlaubsreisen ins Ausland, vor allem nach Italien und Spanien, beliebter wurden. Später unternahmen immer mehr Westdeutsche auch Pauschal- und Fernreisen mit dem Flugzeug.

Gesellschaft und Alltag in der DDR

Der Alltag der Menschen in der DDR war viel stärker mit dem politischen System verknüpft als in der BRD. Um alle zu erreichen, setzte die DDR auf Massenorganisationen, die in nahezu allen Bereichen – privat wie beruflich – Einfluss ausübten: Die wichtigsten Organi-

Wortschatz: ein Statussymbol • von etwas profitieren • eine Fernreise unternehmen oder antreten • einem Kollektiv angehören • im Alltag verankert sein • eine Datsche besitzen • eine Massenorganisation • ein sozialer Aufstieg • sich in der Kirche engagieren • einen individuellen Urlaub organisieren

sationen waren die „Freie Deutsche Jugend“ (FDJ) und der Freie Deutsche Gewerkschaftsbund (FDGB).
DDR-Bürger gerieten in ihrem Alltag immer wieder in Situationen, in denen eine Anpassung an die SED-Ideologie nötig wurde, da sonst kein sozialer Aufstieg in höhere Berufspositionen möglich war. Fest im Alltag der Menschen verankert war das „Kollektiv“, die gemeinschaftliche Arbeitsgruppe. In der Produktion und im Handwerk hieß es „Brigade“. Das Kollektiv bestimmte Arbeitswelt und Freizeit. Die Menschen feierten gemeinsam mit der Arbeiterbrigade des eigenen Betriebs und fuhren oft zusammen in den Urlaub. Viele Betriebe unterhielten eigene Ferienheime. Für seine Mitglieder richtete der FDGB kostengünstige Ferienplätze ein. Die Angebote waren begehrt und die Reiseziele lagen in der eigenen Republik oder in den „sozialistischen Bruderländern“. Individueller Urlaub war schwerer zu organisieren. Für die Werktätigen gab es zahlreiche Kulturangebote in sogenannten „Kulturhäusern“, deren Betrieb staatlich subventioniert (= vom Staat finanziell gefördert) wurde. Freiräume fanden DDR-Bürger im privaten Freundeskreis, in der „Datsche“ (= das ist ein Garten- oder Wochenendhaus) oder durch Engagement in den Kirchen, wo sie sich der Beeinflussung durch die Partei entziehen konnten. Der Alltag in der DDR bot auch Vorteile: Jedem wurde ein Arbeitsplatz garantiert und die Preise für Mieten, Energie, Nahverkehr und Grundnahrungsmittel waren sehr niedrig. Obwohl sich in der ersten Hälfte der 1960er Jahre die wirtschaftliche Situation etwas besserte, blieb der Lebensstandard weit hinter dem der BRD zurück (S. 132/133).
Da in weiten Teilen der DDR die Fernseh- und Radioprogramme aus dem Westen empfangen werden konnten, waren die Menschen aus der DDR über Konsumverhalten, das Alltagsleben und die politische Entwicklung aus „Westsicht“ informiert.

M 3 **Interview mit dem in der DDR aufgewachsenen Historiker Stefan Wolle (2014):**

Reporter: Ehemalige DDR-Bürger beschwören oft ein Land, in dem sich jeder um den anderen gekümmert habe.

Wolle: Das ist eine ganz gefährliche Halbwahrheit. Es stimmt zum Teil natürlich – und stimmt auch wieder nicht. Sicherheit des Arbeitsplatzes, Sicherheit des Kindergartenplatzes, all die Dinge, die immer so gerühmt wurden, die hingen auch stark mit politischer Repression [= Unterdrückung] zusammen. Die Rolle des Kollektivs ist ein gutes Beispiel: Überall wimmelte es von Kollektiven, das Schülerkollektiv, das Lehrerkollektiv, das FDJ-Kollektiv, das Studentenkollektiv, das Arbeitskollektiv. Das schuf natürlich ein Gefühl von Gemeinsamkeit ... Aber zugleich war dieses Kollektiv ein Instrument der sozialen und politischen Kontrolle. Und jetzt kommt das Komplizierte hinzu: Das Kollektiv war auch Schutzraum. Unter den Kollegen wusste man, hier kann man offen sprechen, da sind sich alle einig, da kann man Witze erzählen, über Honecker oder Ulbricht, da passiert zumindest nichts. Und der Parteisekretär lacht gern mit. So war das in der Regel. Die DDR lässt sich nicht teilen in gute Seiten und schlechte Seiten – das eine bedingt das andere.

*Zit. nach Geo Epoche. Das Magazin für Geschichte, Nr. 64: Die DDR. Alltag im Arbeiter- und Bauern-Staat 1949–1990, Hamburg (Gruner+Jahr) 2014, S. 160.***

1 Beschreibe die Gesellschaft in der DDR und der BRD (Darstellungstext). Nutze den **Wortschatz**. **Tipp** → S. 251.

MK 2 Erläutere den Begriff „Konsumgesellschaft“ mithilfe einer Begriffskarte (→ S. 263). Nutze den Darstellungstext. **Tipp** → S. 251.

3 Stelle mithilfe des Darstellungstextes dar, welche typischen Merkmale der Gesellschaft der DDR bzw. der BRD in den Fotos M1 und M2 zu erkennen sind.

4 „Die DDR – ein Land in dem sich jeder um den anderen gekümmert hat“. Für den Historiker Stefan Wolle eine „gefährliche Halbwahrheit“.
a) Erkläre die Position von Stefan Wolle (M3).
b) Diskutiere das Fazit von Stefan Wolle in M3: „Die DDR lässt sich nicht teilen in gute Seiten und schlechte Seiten – das eine bedingt das andere.“
Tipp → S. 251.

Einen Museumsbesuch durchführen

Museen und Ausstellungen zur Zeitgeschichte sind gern besuchte Lernorte außerhalb der Schule. In den Museen ist ein bestimmtes Themenfeld der Geschichte mit Text-, Bild- oder Tondokumenten aufbereitet. Häufig gibt es auch eine eigene App. Auch Zeitzeugen kommen meist in Bild und Ton zu Wort. Das größte und bekannteste Museum in Nordrhein-Westfalen ist das „Haus der Geschichte" in Bonn. Bei einem Besuch dieses Museums könnt ihr mehr über den Alltag in der BRD und in der DDR lernen. Auf dieser Doppelseite erfahrt ihr, wie ein Museumsbesuch geplant und durchgeführt werden kann.

- *Die Arbeitsschritte auf dieser Doppelseite geben euch hierzu Anregungen.*

M1

M2

M3

M4

Arbeitsschritte „Einen Museumsbesuch durchführen“

Informationen beschaffen	Tipps
1. Sammelt auf der Webseite des Museums alle wichtigen Informationen zusammen.	• *Das „Haus der Geschichte“ hat ein umfangreiches Internetangebot. Nutze den Webcode.*
2. Informiert euch über spezielle Angebote des Museums, die für euch interessant sein könnten. **Tipp** → Prüft, ob es einen passenden Biparcours (→ S. 268) für euren Besuch gibt.	• *Es gibt Dauer- und Sonderausstellungen sowie spezielle Programme für Kinder und Jugendliche. Führungen oder Museumsrallyes geben einen guten Überblick. Das „Haus der Geschichte“ bietet auch einen Audioguide für das eigene Smartphone an.*
Besuch des Museums organisieren	
3. Sprecht einen Termin und den zeitlichen Rahmen ab, wählt das Verkehrsmittel und ermittelt die Kosten.	• *Nehmt mit dem Museum Kontakt auf und erkundigt euch nach den Öffnungszeiten. Recherchiert nach Fahrtkosten im Internet.*
Themen in der Schule vorbereiten	
4. Sichtet das Informationsmaterial aus dem Internet oder nutzt Flyer und Prospekte. Bildet Arbeitsgruppen und einigt euch in Abstimmung mit eurer Lehrkraft auf bestimmte Inhalte für den Museumsbesuch.	• *Prüft, ob ihr vor Ort auch einen Biparcours (→ S. 268) zu euren Themen erstellen könnt.*
5. Erarbeitet Fragen zu den ausgewählten inhaltlichen Schwerpunkten. Klärt vorher, ob Fotografieren erlaubt ist.	• *Zum Beispiel: Was war das Besondere an der Limousine von Bundeskanzler Adenauer? Was machte den Trabi so begehrt? …*
Im Museum orientieren und Entdeckungen machen	
6. Verschafft euch einen Überblick anhand des Lageplans im Museum.	• *Der Lageplan ist oftmals in einem Flyer abgedruckt, der im Museum bereitliegt.*
7. Fertigt Notizen zur Beantwortung der vorbereiteten Fragen an.	• …
Dokumentieren und nachbereiten	
8. Wertet eure Arbeitsergebnisse in der Schule aus. Jede Gruppe berichtet.	• *Zum Beispiel: Was haben wir erlebt? Welche Überraschungen gab es? Was war neu? Was würden wir beim nächsten Mal anders machen? …*
9. Entscheidet, wie ihr eure Ergebnisse dokumentieren wollt.	• *zum Beispiel auf einem Lernplakat, in einem Artikel in der Schülerzeitung oder auf der Website der Schule*

MK **1** **Gruppenarbeit:** Bildet Vierergruppen:
Plant mithilfe der Arbeitsschritte einen Besuch zum Museum im „Haus der Geschichte“ in Bonn. Teilt ein, wer wofür zuständig ist. Sprecht eure Planung mit der Lehrkraft ab. Nutzt dazu die Arbeitsschritte oder die Kopiervorlage im Webcode.

2 **Partnerarbeit:** Entwickelt mithilfe der Abbildungen M1–M4 Fragen, die ihr durch den Museumsbesuch beantworten könnt.

cornelsen.de/webcodes
Webcode: gikaru
Kopiervorlage Methodentabelle

Konsum in der DDR

Die Versorgung mit Lebensmitteln und Konsumgütern war immer wieder knapp. Diese „Mangelwirtschaft" erforderte von den Ostdeutschen Improvisationstalent.

- ***Untersuche A, B oder C: Wie wirkte sich die schlechte Versorgungslage auf den Alltag der Menschen in der DDR aus?***

Aufgabe für alle:
Beurteilt die Folgen der „Mangelwirtschaft" für den Alltag der Bürgerinnen und Bürger in der DDR.

Mangelwirtschaft in der DDR

Angesichts des rasanten wirtschaftlichen Aufschwungs in der BRD versprach das SED-Regime einen „Konsumsozialismus" mit hohem Lebensstandard. Zwar sicherte das Angebot an Waren in den Geschäften die Grundversorgung der Menschen, aber vor allem der Bedarf an Konsumgütern (= Produkte, die für den privaten Gebrauch und Verbrauch hergestellt werden) konnte nicht gedeckt werden. Engpässe gab es immer wieder beim Angebot von Möbeln, Bettwäsche, Fleisch, Wurst, Obst und Gemüse. Luxusgüter wie Kaffee, Südfrüchte, Schokolade, Jeans, Kosmetika oder Elektrogeräte gab es selten zu kaufen und wenn, dann nur in schlechterer Qualität als in der BRD. Waren sie in Läden verfügbar, mussten die Menschen stundenlang Schlange stehen, um die begehrten Waren zu erhalten. Für den Erwerb bestimmter Dinge mussten die Menschen lange warten: durchschnittlich zwölf Jahre auf ein Auto und unterschiedlich lange auf die Zuteilung einer Wohnung oder auf Baumaterial. Die Fünfjahrespläne der Planwirtschaft konnten den Bedarf und auch neue Entwicklungen nur bedingt vorhersagen. Daher waren begehrte Waren rasch ausverkauft und andere wurden zu „Ladenhütern", die niemand wollte.

„Westpakete"

Viele Menschen aus der BRD verschickten „Westpakete" an ihre Familien und Freunde in der DDR. 1988 erreichten 28 Millionen Westpakete mit Waren im Wert von 5,5 Milliarden Mark die DDR. Die Regierung versuchte zwar den Paketverkehr mit Regeln zu begrenzen, förderte ihn aber gleichzeitig, um besonders in den 1950er und 1960er Jahren Löcher in der eigenen Versorgung zu stopfen. Dazu gründete die DDR 1956 die Genex (Geschenkdienst- und Kleinexporte GmbH), die Kataloge mit dem Titel „Geschenke in die DDR" vertrieb. Die Genex sollte ausländische Währung für die DDR erwirtschaften. Aus diesem konnten die Bürgerinnen und Bürger der BRD Waren in D-Mark bestellen, die direkt an ihre Verwandten und Bekannten in der DDR versendet wurden.

A

M 1 **Ausstattung mit Konsumgütern in beiden deutschen Staaten 1969–1985:**

Erzeugnis	Von 100 Haushalten besaßen					
	in der Bundesrepublik Deutschland			in der DDR		
	1969	1978	1985	1969	1978	1985
Pkws	45	62	83	11	34	48
Rundfunkgeräte[1]	83	99	80	89	98	65
Fernsehgeräte	74	94	125	60	87	118
Kühlschränke	85	98	165	37	99	138
Waschmaschinen	61	82	101	38	79	99

[1] *einschließlich in Kombination mit Tonbandkassettengeräten usw.*

1 Analysiere die Tabelle M1 mithilfe der Arbeitsschritte auf Seite 272.

2 Erläutere, wie sich der Lebensstandard in West und Ost entwickelt hat (M1, Darstellungstext).

B

M2

Katalog des Versandhandels Genex, Foto, 1982

M3

Die Historikerin Petra Weber zur Bedeutung der Westpakete (2020):

Die Pakete aus der Bundesrepublik, die katastrophale Versorgungsmängel lindern sollten, begriff die SED-Führung als Waffe im Kalten Krieg ... Die nimmermüden Appelle des [Bundesministeriums für Gesundheit, BMG], die „Brüder und Schwestern in der Zone" nicht zu vergessen, waren eine Demonstration der Solidarität, aber auch westlicher Überlegenheit ... Die privaten Westpakete waren entsprechend den Empfehlungen des BMG neben Genussmitteln wie Kaffee, Kakao und Schokolade vor allem mit Grundnahrungsmitteln gefüllt, die die Westdeutschen auch häufig in den 1960er und 1970er Jahren noch nach „drüben" schickten, obwohl in jener Zeit die Grundversorgung schon sichergestellt war, was zu wechselseitigen Missverständnissen und Enttäuschungen führte. Die Ostdeutschen wollten nicht als „arme Verwandte" wahrgenommen werden.

*Zit. nach Petra Weber, Getrennt und doch vereint – Deutsch-deutsche Geschichte 1945–1989/90, 2. Aufl., Berlin (Metropol) 2020, S. 338 f.***

MK **1 a)** Beschreibe den Inhalt der Westpakete. Nutze dafür M2 und den Webcode.

b) Erläutere die Bedeutung der Westpakete für die Menschen in der DDR (Darstellungstext, M3).

C

M4

Die in der DDR aufgewachsene und 1980 ausgebürgerte Schriftstellerin Irene Bartsch schrieb 1986 über den Konsum in der DDR:

In der DDR regiert Geld die Welt nicht. Man hat ausreichend, um durchschnittlich zu leben, Wohnung und Grundnahrungsmittel zu bezahlen. Für Geld lässt sich wenig kaufen ...

Wenig Geld zu besitzen, ist keine Schande, ein hohes Konto ist suspekt ... Die Ware ist das wahre Tauschmittel des Landes. Wer etwas zu geben hat, hat Aussicht, etwas zu kriegen ... Da Mangel an fast allem herrscht, ist fast alles Tauschobjekt. Ein Normalfall verläuft so: Ein Mann braucht eine Etagenheizung, der Heizungsinstallateur braucht einen „Trabant" für seine Frau. Der Mann hat eine Tiefkühltruhe zu bieten. Er sucht (über eine Zeitung) den Tauschpartner „Tiefkühltruhe gegen Auto" (bei Wertausgleich), tauscht dann „Auto gegen Etagenheizung" (bei Wertausgleich). Wer nur mit Geld zahlt, hat wenig Aussicht; Ware plus Geld hat Chancen. Dieser einfache Tausch kann von jedermann bewältigt werden ... Menschen, die etwas „besorgen" [= organisieren] können, sind angesehen.

*Zit. nach Irene Böhme, Die da drüben – Sieben Kapitel DDR, Berlin (Rotbuch Verlag) 1986, S. 72 f.***

1 Beschreibe die Versorgungslage in der DDR (Darstellungstext, M4).

2 Erläutere, wie die Menschen in der DDR mit dem Mangel an Konsumgütern umgegangen sind (M4).

cornelsen.de/webcodes
Webcode: koniwi
Konsum in der DDR

Wie sah der Alltag der Frauen aus?

„Männer und Frauen sind gleichberechtigt" – ein Satz, der sowohl ins Grundgesetz wie auch in die DDR-Verfassung geschrieben wurde. In den 1970er Jahren rebellierten in den USA und in Westeuropa Frauen dagegen, von Männern bevormundet zu werden. „Man wird nicht als Frau geboren, man wird dazu gemacht" hieß die These der französischen Schriftstellerin Simone de Beauvoir.

- *Untersuche, ob Frauen in der DDR und in der BRD gleichberechtigt waren.*

M 1

Werbeplakat für das Waschmittel Wipp, BRD, 1959

M 2

Plakat zum internationalen Frauentag, DDR, 8. 3. 1954

Die Rolle der Frau in der BRD

Ohne die Erlaubnis des Mannes ein Konto zu eröffnen oder einen Führerschein zu machen, war für viele verheiratete Frauen der 1950er Jahre in der BRD undenkbar. Der Ehemann hatte das Sagen. Die „Hausfrauenehe", bei der die Frau auf Wunsch des Mannes keinen Beruf ausübte, galt als Ideal. Das traditionelle Rollenbild zu brechen, stellte keine einfache Aufgabe dar. Erst mit den Studentenprotesten 1968 kam es zu einem Wertewandel und dem Entstehen einer neuen Frauenbewegung. In den 1970er Jahren stieg der Bedarf an gut ausgebildeten Fachkräften in der BRD an. Es kam zu einer umfassenden Bildungsreform und Mädchen bekamen eine qualifizierte Schul- und Berufsausbildung. Erst 1977 wurde das Prinzip der Hausfrauenehe durch das partnerschaftliche Prinzip ersetzt. Die Aufteilung der Aufgaben in Haushalt und Familie war jetzt den Eheleuten überlassen. Ab den 1980er Jahren wurde dann die Kinderbetreuung in der BRD ausgebaut. Allerdings gingen die meisten Kinder nur am Vormittag in den Kindergarten. Daher lag die Last der Hausarbeit weiterhin bei den Frauen.

Wortschatz: ein Rollenbild brechen • eine Rollenverteilung ändern • eine Mehrfachbelastung tragen • Hausarbeit verrichten • jemandem eine (Spitzen-)Position verwehren • in Teilzeit arbeiten oder beschäftigt sein

Die Rolle der Frau in der DDR

In der DDR wurde das Frauenbild von der SED bestimmt: „Eine wirkliche Gleichberechtigung der Frau ist erst dann gegeben, wenn sie einen Beruf erlernt hat und eine gesellschaftswichtige Arbeit leistet" (SED-Chef Walter Ulbricht, 1949). Frauen wurden in der DDR auch deshalb als Arbeitskräfte benötigt, weil vor dem Mauerbau viele Menschen in die BRD abwanderten. So waren 1970 über 80 Prozent der Frauen in der DDR berufstätig, in der BRD lediglich rund 45 Prozent. Viele ostdeutsche Frauen waren besser qualifiziert als Frauen in der BRD: In der DDR arbeiteten mehr Frauen als Ärztin oder Ingenieurin. Spitzenpositionen blieben den Frauen in der DDR jedoch meist verwehrt. Im Politbüro, dem obersten Führungsorgan der SED, gab es bis 1989 keine einzige Frau. Auch in der DDR verrichteten Frauen den weitaus größten Teil der Hausarbeiten. Dies führte letztlich dazu, dass viele Frauen in Teilzeit beschäftigt waren – auch wenn es vielfältige Möglichkeiten für die Betreuung der Kinder gab. Auch in der DDR trugen die Frauen eine Dreifachbelastung – Berufstätigkeit, Haushaltsführung und Kindererziehung.

M3

Ein ironische Bemerkung zur Rolle der Frau in der DDR:

Leerlauf? Langeweile? Kennt die DDR-Frau nicht. Sie hat in der Linken den Einkauf für die Familie, in der Rechten das Jüngste ihrer Kinder, über sich die Große Wäsche, hinter sich die Nachtschicht und vor sich die Qualifizierung[1].

Zit. nach Anna Kaminsky, Frauen in der DDR, Berlin (Ch. Links) 2016, S. 104.

[1] *Gemeint ist die berufliche Weiterbildung.*

M4

Die Zeitzeugin Rosemarie Teuber (*1946) berichtete über ihre Erfahrungen in der DDR:

Dadurch, dass es für jedes Kind einen Kindergartenplatz gab, konnte jede Frau arbeiten ... Und die hatte schon ihre Freiheit, sie konnte sich ganz ihrer Arbeit hingeben. Und nachmittags wurden die Kinder abgeholt und da hatten sie ja dann das Familienleben, wie es sich gehört. Was natürlich schwer war: Es gab ja wenig Wurst, Fleisch, Gemüse, Obst. Also musste sie nach der Arbeit ihre Kinder an die Hand nehmen oder in den Kinderwagen legen und dann erst mal einkaufen. Wir müssen jetzt erst mal nach Gurke, Banane, Apfelsine und so weiter anstehen. Es gab nicht eine Kaufhalle, wo es alles gab. Wir sind von einem Ort zum anderen, wir wussten also, im Osten der Stadt gab es heute Bananen, also muss man da hingehen ... Das war schon ein bisschen kompliziert für die Familie, alles ranzuschaffen, wie sich das gehörte. Das war eine Herausforderung und das hat die Frau ja auch meistens gemacht. Das war schon eine Doppelbelastung ...

*Zit. nach http://www.zeitzeugen-portal.de/videos/sU4sbvL5puM (Stand: 27.10.2021).**

M5

Nach der Bundestagswahl vom 5. Oktober 1980 waren nur 8,5 Prozent Frauen im Bundestag vertreten. Daraufhin gründete sich die „Fraueninitiative 6. Oktober". Ein Auszug aus dem Gründungsaufruf:

Was wollen Frauen?

Sie wollen eine Selbstverständlichkeit verwirklichen, die vor über dreißig Jahren in die deutsche Verfassung aufgenommen wurde: Männer und Frauen sind gleichberechtigt ... Sie erleben jeden Tag in der Familie, im Beruf, in der Politik und im „öffentlichen" Leben, dass diese Forderung Stückchen für Stückchen ... erkämpft werden muss gegen die Interessen von Männern ... Die Frauen wollen Schluss machen mit der Rollenverteilung: ER hinaus ins feindliche Leben, SIE als züchtige Hausfrau ... Die Frauen suchen nach Wegen, ihre Interessen selbst zu vertreten ...

*Zit. nach Ilse Lenz (Hg.), Die Neue Frauenbewegung in Deutschland. Abschied vom kleinen Unterschied. Eine Quellensammlung, Wiesbaden (VS Verlag für Sozialwissenschaften) 2008. S. 590 f.**

1 Analysiere M1 und M2: Welche Rolle der Frau kommt hier jeweils zum Ausdruck?

2 Vergleiche die Rolle der Frau in der BRD und der DDR (Darstellungstext). **Tipp** → S. 251.

3 Erkläre die ironische Bemerkung in M3. Nutze dafür M4 und den Darstellungstext.

4 **Wähle eine Aufgabe aus:**

a) Gestalte ein Streitgespräch: Emanzipation in der Bundesrepublik und in der DDR – Schein oder Realität? **Tipp** → S. 251.

b) „Man wird nicht als Frau geboren, man wird dazu gemacht." Überprüfe dieses Zitat für die Rolle der Frauen in der DDR und der BRD.

Nutzt jeweils den Darstellungstext, M4, M5, den Webcode sowie den **Wortschatz**.

cornelsen.de/webcodes
Webcode: xosuhu
Rolle der Frau

Was bestimmte den Alltag der Jugendlichen in der BRD und in der DDR?

„Die Schlaffis kommen" – dies schrieb die Zeitschrift „Stern" Anfang der 1980er-Jahre über die Jugend in der BRD. Angeblich war die Jugend an politischen Dingen nicht interessiert, vielmehr stand der Konsum im Vordergrund. In der DDR hingegen sollten die Jugendlichen zu „sozialistischen Persönlichkeiten" erzogen werden – so der Anspruch der SED.

- ***Untersuche, wie der Alltag der Jugendlichen in der BRD und der DDR aussah.***

M 1

Rund 150 000 Fans umjubelten im Juli 1988 in Ostberlin den US-Rock-Star Bruce Springsteen. Foto, 1988

Jugend in der Bundesrepublik nach dem Krieg

In der BRD bemühten sich Eltern, Schule und kirchliche Organisationen in den 1950er Jahren darum, die Jugendlichen zu traditionellen Werten wie Disziplin, Fleiß, Ordnung und Gehorsam zu erziehen. Nicht alle passten sich an: Mit dem Rock ‚n' Roll in der 1950er Jahren und der Beatbewegung in den 1960er Jahren provozierten Jugendliche ihre Eltern.

In den 1980er Jahren waren Wohlstand und beruflicher Aufstieg für viele Jugendliche nicht mehr selbstverständlich. Aufgrund der Wirtschaftskrise (S. 140/141) fanden viele nach der Schule keine Arbeit. Durch hohe Mieten verschlechterte sich auch die Wohnsituation, obwohl viele Häuser leer standen. Wenige Jugendliche besetzten illegal die leerstehenden Häuser und gerieten immer wieder in Konflikte mit der Polizei. Auch die Friedensbewegung, die Anti-Atomkraftbewegung und die Umweltschutzbewegung gewannen unter jungen Menschen an Unterstützung. Gleichzeitig waren vielen Jugendlichen völlig unpolitische Dinge wichtig: Aus den USA kamen der Fitnesstrend „Aerobic", Hip-Hop und Breakdance oder das Skateboard nach Deutschland. In den 1980er Jahren fanden auch die ersten Computerspiele ihren Weg in die Jugendzimmer. Die Mode der 1980er war bunt: Leggins in schrillen Farben, Sneaker und Stirnbänder sowie Jeanshemden waren angesagt. Die Haare wurden mit Gel und Haarspray in Form gebracht. Auch Musik spielte im Leben der Jugendlichen eine zentrale Rolle: Das Spektrum reichte von internationalen Poplegenden wie Michael Jackson oder Madonna über die Musik der „Neuen Deutschen Welle" bis hin zu New-Wave-Musik, Punk, Rock oder Heavy Metal.

Jugend in der DDR

Die Jugend sollte in der DDR den Staat mit aufbauen und die sozialistischen Ideale vertreten. Darum versuchte die SED möglichst großen Einfluss auf die Jugend auszuüben. Die meisten Jugendlichen zwischen 14 und 25 Jahren wurden Mitglied in der Freien Deutschen Jugend (FDJ). 1987 waren etwa 87 Prozent der DDR-Jugendlichen Mitglied. Wer studieren oder beruflich aufsteigen wollte, trat in die FDJ ein. Wer sich verweigerte, musste Nachteile in Kauf nehmen. Die FDJ organisierte Ferien- und Freizeitangebote und unterstützte staatliche Großveranstaltungen. 1955 wurde in der DDR die Jugendweihe als Gegenstück zur Firmung und Konfirmation der christlichen Kirchen eingeführt. Sie fand am Ende des achten Schuljahres statt. Dabei bekannten sich die Jugendlichen in einem Gelöbnis zum Sozialismus und zur DDR als ihrem Staat. Die Jugendweihe war für die Familien ein besonderes Ereignis, das auch im privaten Kreis gefeiert wurde. Kommunion und Konfirmation gab es auch in der DDR. Diejenigen, die daran teilnahmen, mussten allerdings mit Nachteilen rechnen, indem ihnen beispielsweise der Weg zum Abitur oder zum Studium verbaut wurde. Viele Jugendliche waren von ihren Lebensbedingungen und Zukunftsaussichten enttäuscht. Im westdeutschen

Wortschatz: auf die Barrikaden gehen (= gegen etwas protestieren) • gegen etwas rebellieren • Freiheit jenseits (staatlicher) Einschränkungen • staatlicher Unterdrückung ausgesetzt sein • sich anpassen

TV-Programm sahen sie den vergleichsweisen hohen Lebensstandard und die vielen Konsumgüter. Diese waren in der DDR Mangelware, das modische Angebot war enorm eingeschränkt. Doch gegen die politischen und gesellschaftlichen Zustände rebellierten nur wenige. Kritik wurde über das Hören von Westmusik oder im Freundeskreis geäußert.

Trotzdem gab es auch sichtbaren Protest: Viele Jugendliche engagierten sich in oppositionellen Gruppen, die sich in Kirchengemeinden zu Diskussionen trafen. Musik war auch für die Jugendlichen in der DDR wichtig, in der Musikszene – geprägt durch Punker, Rocker oder Blueser – fanden viele eine Freiheit jenseits der staatlichen Einschränkungen. Dass Musik keinen Halt vor Grenzen machte, sah schließlich auch die SED ein. Sie genehmigte ab 1987 Konzerte internationaler Rock- und Popstars.

M2

Der Publizist Klaus Farin über die Jugend in der BRD in den 1980er Jahren (2010):

Die utopischen [= unwirklichen] Sinnsprüche der letzten Dekade [= des letzten Jahrzehnts] – „Wer keinen Mut zum Träumen hat, hat keine Kraft zum Kämpfen“, „Seid Realisten – fordert das Unmögliche“ – zieren immer noch als Aufkleber, Postkarten oder Graffiti Wohngemeinschaften und Universitäten, doch in die überall aus dem Boden sprießenden chromglänzenden Cafés und Klubs der Neue-Deutsche-Welle-Jugend passen sie nicht mehr hinein. Die Jugend denkt pessimistisch – und ist doch, vielleicht gerade deshalb, so engagiert wie nie zuvor. Nicht nur in den Großstädten, sondern auch in Kleinstädten ... kommt es zu Protestaktionen ... Überall boomen Initiativen, Basisgruppen, Aktionsbündnisse. Friedensbewegung, Anti-Atomkraft- und Ökobewegung, Hausbesetzer und Feministinnen [= Frauenrechtlerinnen] – die frühen Achtzigerjahre sind auch die große Zeit der Protestjugend. Besetzungen und Blockaden werden zu einem trendigen Mittel der politischen Meinungsäußerung. Es sind Minderheiten, die sich in all diesen Szenen und Netzwerken tummeln – aber sehr tatkräftige.

*Zit. nach https://www.bpb.de/geschichte/zeitgeschichte/jugendkulturen-in-deutschland/36242/einfuehrung (Stand: 27.10.2021).***

M3

Karikatur von Erich Rauschenbach, 1980

1 Vergleiche den Alltag der Jugendlichen in der DDR und in der BRD (Darstellungstext). **Tipp** → S. 251.

2 **Wähle eine Aufgabe aus:**

a) Begründe, warum die SED-Führung bis 1987 Konzerte von internationalen Superstars untersagte (Darstellungstext).

b) Erläutere, aus welchen Gründen internationale Stars ab 1987 doch Konzerte in der DDR geben durften (M1, Darstellungstext).

MK 3 **Methode:** In den 1980er Jahren entstanden in der BRD und in der DDR unterschiedliche Jugendszenen (Darstellungstext). Erstelle nach einer weiteren Recherche eine digitale Präsentation zu den Jugendszenen (→ S. 268). **Tipp** → S. 251.

4 „Die Jugend geht nicht mehr auf die „Barrikaden“, schrieb die westdeutsche Zeitschrift „Stern“ 1982.

a) Erläutere diese Aussage (Darstellungstext). Nutze den **Wortschatz**. **Tipp** → S. 252.

b) Nimm zu dieser Aussage Stellung. Beziehe dich dabei auch auf M2 und M3.

Zusatzaufgabe → S. 243.

cornelsen.de/webcodes
Webcode: fujudu
Jugend

Wie lebten und arbeiteten „Gast- und Vertragsarbeiter“ in Ost und West?

Der Alltag in der BRD und der DDR war auch von Einwanderung ausländischer Arbeitskräfte geprägt. Die ausländischen Arbeitnehmerinnen und Arbeitnehmer stammten aus Regionen mit hoher Arbeitslosigkeit und bitterer Armut.

- ***Untersuche, wie diese Menschen in Ost und West lebten und arbeiteten.***

M 1

Die Ankunft von Armando Rodrigues de Sá, Foto. Der Portugiese kam 1964 mit dem Zug nach Köln. Er war der einmillionste „Gastarbeiter“ in der BRD. Er bekam ein Moped geschenkt (heute im „Haus der Geschichte“ in Bonn).

„Gastarbeiter“ in der BRD

Ab 1955 wurden in der BRD wegen des anhaltenden Wirtschaftsbooms dringend benötigte Arbeitskräfte aus den Ländern Südeuropas (Italien, Griechenland, Spanien, Portugal) angeworben. Hierzu schloss die Regierung mit den Ländern sogenannte Anwerbeabkommen. Darin wurde festgelegt, dass die Arbeiter nur für eine begrenzte Zeit – als sogenannte „Gastarbeiter“ – in der BRD bleiben sollten. Es sollte theoretisch ein Rotationsprinzip gelten: Nachdem der Arbeitsvertrag ausgelaufen war, sollte der Gastarbeiter durch einen Neuankömmling ersetzt werden. Insgesamt kamen rund 2,6 Millionen Menschen in die BRD, viele sind geblieben. Als mit dem Mauerbau (1961) der Zustrom von Arbeitskräften aus der DDR endete, wurden weitere Anwerbeabkommen, unter anderem mit der Türkei, abgeschlossen. Mit der Wirtschaftskrise 1966/67 ging die Zahl der Anwerbungen deutlich zurück. Infolge der Ölkrise* von 1973 (S. 140/141) erließ die Bundesregierung einen Anwerbestopp. Neben den Italienern bildeten die Türken die größte Gruppe der „Gastarbeiter“. Angeworben wurden die meist ungelernten Männer vor allem für Jobs in der Industrie. Ihr Ziel war es, möglichst viel Geld zu sparen, um ihre Familien im Heimatland zu unterstützen und sich dort eine Existenz aufzubauen. In der Folge des Anwerbestopps von 1973 zogen immer mehr Familienangehörige nach. Zahlreiche Menschen erfuhren Ablehnung der deutschen Mehrheitsgesellschaft und wurden nicht integriert. Dies war ein Versäumnis, das bis heute Wirkung zeigt.

„Vertragsarbeiter“ in der DDR

Das westliche Modell der „Gastarbeit“ wurde in der DDR als Beispiel kapitalistisch-imperialistischer Ausbeutung scharf kritisiert. Dennoch wurden auch in der DDR „Vertragsarbeiter“ angeworben. Hierzu vereinbarte die DDR-Regierung entsprechende Verträge mit „sozialistischen Bruderländern“, zum Beispiel Polen, Ungarn, Kuba, Vietnam oder Angola. Die Arbeiterinnen und Arbeiter durften maximal fünf Jahre bleiben und lebten abgeschottet in Wohnheimen. Private Kontakte zu DDR-Bürgern waren nicht erlaubt. Ein Familiennachzug war verboten. Der zentrale Grund für die Anwerbung der „Vertragsarbeiter“ war der Mangel an Arbeitskräften, auch wenn die DDR-Regierung offiziell betonte, dass es sich bei den Verträgen um Ausbildungs- und Hilfsprogramme für die „sozialistischen Bruderstaaten“ handelte. Gemessen an der Gesamtbevölkerung der DDR und auch im Vergleich zur BRD, war der Anteil dieser „Vertragsarbeiter“ eher gering. Für das Jahr 1989 wird die Zahl auf rund 94 000 geschätzt. Die größte Gruppe unter ihnen waren Vietnamesen (rund 55 000 Arbeitskräfte). Die Mehrzahl der „sozialistischen Werktätigen“ waren junge Männer, die ebenso wie die „Gastarbeiter“ in der BRD wenig attraktive Arbeiten in der Industrie übernahmen.

Die „Gastarbeiter“ und die „Vertragsarbeiter“ waren zusammengenommen die größten Gruppen von Migranten, die nach 1945 nach Deutschland kamen.

Wortschatz: ein Wirtschaftsboom • Zustrom von Arbeitskräften • Arbeitskräfte anwerben • ein Abkommen abschließen • eine Existenz aufbauen • Angehörige ziehen nach / Nachzug von Familienangehörigen

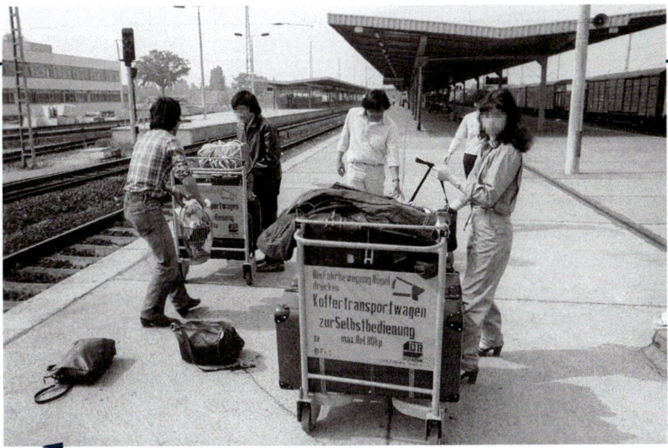

M 2 *Vertragsarbeiterinnen und Vertragsarbeiter aus Vietnam an einem Bahnhof in Ostberlin, DDR, Foto, 1984*

M 3

Die Historikerin Maren Möhring über „Gastarbeiter" in der DDR und BRD (2016):

In beiden Ländern stellte die Arbeitskräfterekrutierung[1] einen letztlich einseitigen Transfer in ein Land mit einer stärker entwickelten Industrie dar ... Ähnlich waren auch die Interessen der Entsendeländer, die neben der Reduktion [= Rückgang] ihrer Arbeitslosenzahlen darauf hofften, über Lohntransfers [= der Lohn wird ins Heimatland geschickt] ihre Schulden abzubauen oder Devisenquellen[2] zu erschließen. In Ost wie West wurden die ArbeitsmigrantInnen v. a. für relativ schlecht bezahlte, oft gesundheitsgefährdende und physisch belastende Arbeitsplätze, vielfach im Schichtsystem, angeworben, die von den deutschen Arbeitskräften gemieden wurden, wie der Fahrzeugbau, die Chemische Industrie oder die Gastronomie. Auf ein ähnliches Problem fanden also beide Staaten eine ähnliche Antwort ...

*Maren Möhring, Mobilität und Migration in und zwischen Ost und West, in: Frank Bösch (Hg.), Geteilte Geschichte: Ost- und Westdeutschland 1970–2000, Bonn (bpb) 2016, S. 430.***

[1] *Gewinnung von Arbeitskräften*

[2] *Devise: Zahlungsmittel in fremder Währung*

M 4

Artikel in einer DDR-Tageszeitung über die Lage der Gastarbeiter in der BRD (1974):

„Es war dunkel, als wir in Schalksmühle an der Volme in Westfalen eintrafen. In einer alten baufälligen Hammerschmiede fielen wir todmüde auf Strohsäcke, die man uns als Schlafstätten anbot. Die Schmiede war von Menschen überfüllt. Beleuchtung gab es nicht. Anderntags bei Sonnenaufgang, ohne daß man uns Zeit zum Waschen gelassen hatte, wurden wir von sogenannten Zubringern nach Lüdenscheid gefahren, auf einen riesigen Baukomplex. Sofort ging es an die Arbeit. Zehn Stunden täglich. Jeden Abend bei Arbeitsschluß erschienen unsere ‚Betreuer' und brachten uns wie eine Viehherde zu unseren Strohsäcken zurück." Mit diesen Worten schildert der spanische Arbeiter Manuel Sanchez Lindes in einer Zeitung seine unerträgliche Lage in der BRD ... Nach offiziellen Schätzungen gab es am Jahresende 1973 2,5 Millionen ausländische Arbeiter in der BRD und über 300 000 „Geisterarbeiter", die sich wie der Spanier Lindes illegal im Land aufhalten ... Das Profitinteresse [= Interesse an finanziellem Gewinn] der Unternehmer an den modernen Arbeitssklaven ist ... nach wie vor groß ... Allgemein wird angenommen, daß die Unternehmer bei der Beschäftigung von Ausländern je Stunde mindestens 20 Pfennig einsparen ... Auch für den Staat ist die Ausländerbeschäftigung eine gute „Sparbüchse" in der Infrastruktur. So brachten die sogenannten Gastarbeiter von 1961 bis 1971 genau 20,1 Milliarden DM Beiträge zur Rentenversicherung auf, nahmen aber nur 700 Millionen DM an Rentenleistungen in Anspruch. Ganz zu schweigen von der kolossalen Einsparung an Schul- und Ausbildungskosten und anderem mehr ...

*Zit. nach Neues Deutschland, 24. Januar 1974 (Jahrgang 29 / Ausgabe 24), S. 6.***

1 Erläutere, warum die „Gastarbeiter" bzw. „Vertragsarbeiter" angeworben wurden (Darstellungstext). Nutze den **Wortschatz**. **Tipp** → S. 252.

MK 2 **Wähle eine Aufgabe aus:**

a) Verfasse einen Audioguide über das Moped von Armando Rodrigues de Sá im „Haus der Geschichte". Berichte darin über die Lebensbedingungen der „Gastarbeiter" (M1, M3, Darstellungstext).

b) Verfasse einen Ausstellungstext zum Bild M2 für eine Museumsausstellung. Berichte darin über die Lebensbedingungen der „Vertragsarbeiter". Nutze dafür auch M3 und den Darstellungstext.

Tipp für beide Aufgaben → S. 252.

3 Erläutere die Intention des Artikels M4.

4 **Gruppenarbeit:** Sucht in eurem Heimatort nach Spuren von Zuwanderung und Zuwanderern und bereitet einen Kurzvortrag (→ S. 261) vor. **Tipp** → S. 252.

cornelsen.de/webcodes
+ *Webcode: xuhucu*
Migration

Welche Auswirkungen hatte die Wirtschaftskrise 1973?

Im Jahr 1973 kam es zu einer weltweiten Wirtschaftskrise, in der die Preise für Energie und insbesondere für Öl stark anstiegen. Auslöser des „Ölpreisschocks" war der Krieg zwischen Israel und Ägypten im Oktober 1973 (Jom-Kippur-Krieg).
Infolge dieser Krise kam es unter anderem in der BRD zum Anwerbestopp von „Gastarbeitern" und zu einem Fahrverbot für Autos. Damit und mit zahlreichen weiteren Maßnahmen sollte Energie gespart werden.

- *Untersuche die Ursachen für den „Ölpreisschock" und dessen Auswirkungen.*

M 1 *Autofreier Sonntag, Foto vom 25. November 1973. Leere Straßen und Autobahnen im Schatten der Zeche Ewald in Recklinghausen.*

M 2 *Bitterfelder Steinzeugwarenfabrik (DDR, heute in Sachsen-Anhalt). Dort wurden vor allem Steinrohre für die Kanalisation hergestellt. Foto, 1981*

Der „Ölpreisschock" für die Wirtschaft

Nach Ausbruch des Jom-Kippur-Krieges unterbrachen die arabischen Verbündeten Ägyptens die Lieferung von Erdöl an die westlichen Länder, die Israel unterstützten. Dieser Lieferstopp (Boykott) vervierfachte die Weltmarktpreise für Erdöl und Erdölprodukte. Die westlichen Industriestaaten waren hierauf nicht vorbereitet. Der Boykott verstärkte den Abschwung (Rezession) der Weltwirtschaft, der bereits zuvor begonnen hatte.

Für die BRD hatte das einschneidende Folgen: 1974 musste sie für den Import von Erdöl 23 Milliarden D-Mark ausgeben, das waren fast 153 Prozent mehr als im Vorjahr. In vielen Unternehmen, vor allem in der Autoindustrie, herrschte Krisenstimmung. Die Arbeitslosenzahl überstieg 1975 die Millionengrenze, 1973 waren es nur 273.000. Damit fehlten dem Staat Steuereinnahmen, die Staatsverschuldung stieg stark an. Zu den spürbaren Folgen zählten die Schließung von Hallenbädern, die Sonntagsfahrverbote für Autos oder auch die Verlängerung von Schulferien. Viele Menschen horteten Benzin, da sie befürchteten, dass es bald keines mehr zu kaufen gab.

Auch in der Planwirtschaft der DDR machte sich die Ölkrise bemerkbar, allerdings nachhaltig und mit Verzögerung. Zunächst erhielt die DDR noch Erdöl und Erdgas zu verbilligten Preisen aus der Sowjetunion. Dieses verkaufte die DDR dann an andere Staaten weiter, um an dringend benötigte Devisen (= ausländische Fremdwährungen) zu kommen. Ab Anfang der 1980er Jahre erhöhte die Sowjetunion die Preise für die Energielieferungen. Die DDR musste diese nun zu Weltmarktpreisen in US-Dollar von der Sowjetunion abkaufen. Dies bedeutete, dass die DDR für die Energielieferung aus der Sowjetunion nun 13-mal so viel zahlen musste wie vor der Krise.

Wortschatz: etwas boykottieren • ein Boykott • einen Boykott gegen jemanden beschließen/durchführen • auf einen Energieträger setzen • Energie gewinnen • in eine Rezession geraten/rutschen • eine (alternative) Energiequelle • sich für etwas engagieren • eine Bürgerinitiative

Weg vom Öl durch Energiesparen?

In der BRD wurde „Energiesparen“ zu einem neuen Schlagwort. Unter anderem warb die Bundesregierung für Energiesparmaßnahmen und förderte die Wärmedämmung von Häusern. Gleichzeitig setzte in vielen Ländern ein massiver Ausbau der Atomenergie ein. In der BRD wurde außerdem der Abbau der heimischen Braunkohle und der Steinkohle im Ruhrgebiet und im Saarland verstärkt.

Das Energiesparen spielte in der DDR keine große Rolle. Wegen der verteuerten Preise für Gas und Erdöl aus der Sowjetunion wurde stattdessen in der Folge fast ausschließlich wieder die Braunkohle zur Gewinnung von Energie genutzt. Dies war eine starke Belastung für die Umwelt. Da die DDR dennoch Erdöl benötigte, verschuldete sich das Land durch den weiteren Kauf des teuren Rohstoffs von der Sowjetunion noch mehr. Dies führte dazu, dass die DDR 1982 weitere Kredite von westlichen Banken aufnehmen musste. Ansonsten drohte die Zahlungsunfähigkeit und der Staatsbankrott.

„Grenzen des Wachstums“

1972 hatte der „Club of Rome“, eine internationale Expertengruppe, erstmals auf die Grenzen des wirtschaftlichen Wachstums hingewiesen und vor einer weiteren Ausbeutung der Erde durch den Menschen gewarnt. Die Verfasser der Studie erhielten massive Kritik aus Wissenschaft und Politik. Der Vorwurf: Der Blick in die Zukunft sei eine völlige Übertreibung und die Datengrundlage ungenau. Doch die Warnungen schienen sich durch die Ölkrise zu bestätigen. Umweltschutz wurde ein immer wichtigeres Thema: In der BRD entstanden viele Bürgerinitiativen. Sie forderten eine neue Umweltpolitik, protestierten gegen den Ausbau der Atomenergie und engagierten sich gegen die Luftverschmutzung durch Kohlekraftwerke und den Verkehr. Aus diesen Initiativen entstand die Partei „Die Grünen“, die erstmalig 1983 in den Bundestag gewählt wurde. 1986 kam es zur Gründung eines Ministeriums für Umwelt, Naturschutz und Reaktorsicherheit. Erst die grün-rote Bundesregierung aus SPD und Grünen ab 1998 förderte den massiven Ausbau alternativer Energiequellen aus Wind und Sonne.

In der DDR stand der Schutz der Natur seit 1968 in der Verfassung und seit 1972 gab es ein eigenes Umweltministerium. Doch für die Staatsführung der DDR hatte die wirtschaftliche Entwicklung eindeutig Vorrang vor Fragen des Umweltschutzes. Mit der immer schwierigeren Lage der DDR-Wirtschaft in den 1980er Jahren spielte der Umweltschutz eine immer geringere Rolle. Es wurde stattdessen versucht, Umweltschäden geheim zu halten. Im Erzgebirge kam es beispielsweise durch den ungefilterten Ausstoß von Abgasen aus Kraftwerken und Industrie zu einem massiven Waldsterben.

M3

Plakat der Partei „Die Grünen“ im Landtagswahlkampf Baden-Württemberg, 1980

1 Erkläre die Folgen der Wirtschaftskrise für beide deutschen Staaten. Nutze den **Wortschatz**.

2 Beurteile die Wirksamkeit der getroffenen Maßnahmen, um die Ölkrise zu lösen (Darstellungstext, M1). **Tipp** → S. 252.

MK 3 Recherchiere, was sich hinter dem Ausdruck „Bitteres aus Bitterfeld“ verbirgt. Formuliere eine passende Bildunterschrift für M2.

4 Erkläre den Zusammenhang zwischen dem „Ölpreisschock“ und der Entstehung der Umweltbewegung in der BRD (Darstellungstext).

MK 5 **Methode:** Analysiere das politische Plakat M3 mithilfe der Arbeitsschritte auf S. 271 oder der Kopiervorlage im Webcode.

MK 6 Erkläre den Aufdruck „Atomkraft ist nicht sicher“ auf dem Plakat M3 mithilfe einer Internetrecherche. **Tipp** → S. 252.

Zusatzaufgabe → S. 244.

cornelsen.de/webcodes
+ *Webcode: yinoci*
Kopiervorlage Methodentabelle

Zwei Staaten – eine Fußballnation?

Als Deutschland 2014 Fußballweltmeister wurde, freute sich der Präsident des Deutschen Fußball-Bundes: „Ich wüsste nicht, was in unserem Land mehr dieses Wir-Gefühl auslösen kann als diese Fußball-Weltmeisterschaft."

- ***Untersuche, wen die Zuschauerinnen und Zuschauer anfeuerten, als es zwei deutsche Staaten gab.***

M 1

Fußballweltmeisterschaft, Foto, 1954: das Endspiel der bundesdeutschen Nationalmannschaft gegen Ungarn. Zu sehen ist das Team mit Trainer Sepp Herberger (ganz links) und Kapitän Fritz Walter vom 1. FC Kaiserslautern (zweiter von links).

M 2

Fußballweltmeisterschaft, Foto, 1974: das Vorrundenspiel DDR gegen die BRD. Zu sehen sind die Mannschaftskapitäne der beiden Nationalmannschaften, links Franz Beckenbauer und rechts Bernd Bransch.

1954: Das „Wunder von Bern"

Der deutsche Fußball wurde nach dem Zweiten Weltkrieg von anderen Nationen boykottiert. Dennoch entstanden in der BRD und der DDR eigene Fußballverbände. Beide Staaten hatten eine eigene Nationalmannschaft. Der Mannschaft der BRD gelang es, sich für die WM 1954 in der Schweiz zu qualifizieren. Die DDR nahm an der Qualifikation nicht teil. Völlig unerwartet erreichte die BRD-Mannschaft am 4. Juli 1954 das Finale. Gegner war Ungarn, die Mannschaft galt damals als eine der besten der Welt. Rund 60 Millionen Deutsche – in der BRD und der DDR – verfolgten das Spiel, die meisten im Radio, wenige vor den ersten Fernsehern, die meistens in Gaststätten standen. Das Finale in Bern endete mit einem 3 : 2-Sieg für die BRD. Die Spieler um Kapitän Fritz Walter gingen als „Helden von Bern" in die deutsche Sportgeschichte ein. Der Titelgewinn löste große Begeisterung aus – in der BRD und auch in der DDR. Viele DDR-Bürger identifizierten sich mit der Nationalmannschaft der BRD. Für die DDR-Regierung galt die BRD als kapitalistischer Feind und der Endspielgegner Ungarn als „sozialistisches Bruderland".

1974: Die DDR schlägt den „Klassenfeind"

Im Jahr 1974 fand die Fußball-Weltmeisterschaft in der BRD statt, und zum ersten Mal war es der DDR gelungen, sich für eine WM-Endrunde zu qualifizieren. Die Auslosung ergab, dass die DDR in der Vorrunde auf die BRD treffen sollte. So kam es am 22. Juni 1974 in Hamburg zum ersten und einzigen deutsch-deutschen Länderspiel. Der Mannschaft der DDR gelang die Sensation: In der 77. Minute erzielte Jürgen Sparwasser das 1:0, die DDR besiegte den „Klassenfeind" und späteren Weltmeister. Viele vom System überzeugte DDR-Bürger sahen Jürgen Sparwasser danach als Helden der DDR an.

Wortschatz: sich (für ein Sportereignis) qualifizieren • etwas geht in die Geschichte ein • einen (sportlichen) Gegner schlagen • Begeisterung auslösen • sich (mit einer Mannschaft, einem Sportler) identifizieren

M 3

Zwei Nationalspieler erinnern sich an das Spiel DDR – Bundesrepublik 1974

3A *Jürgen Sparwasser berichtete:*

Wie war die Reaktion in der DDR auf Ihr 1:0-Tor gegen die Bundesrepublik?

Seltsam. Als ich in den DDR-Stadien aufgetreten bin, ... hat man einiges erfunden und Gerüchte in Umlauf gebracht. Man hat zum einen behauptet, der Sparwasser hat für sein Tor ein Haus gekriegt, ein Auto und viel Geld. Zum anderen ist ja bekannt, dass viele der ehemaligen DDR-Bürger zu Hause bei einem Länderspiel der Westdeutschen das Deutschlandlied gesungen und geradegestanden haben. Kein Wunder also, dass die sich über mein Tor geärgert haben. Ich habe zwei Jahre nach der WM meinen besten Freund kennengelernt, und er und sein Vater waren auch so orientiert, und der Vater hatte – wie er mir später erzählte –, nachdem ich dieses Tor geschossen habe, den Stuhl in den Fernseher geschmissen. Das Tor hat mir im Endeffekt, was die DDR angeht, geschadet. Und das war für mich unvorstellbar.

Wenn Sie schon im Volk für Ihr Tor fast verachtet wurden, wie reagierten denn die Offiziellen, die Funktionäre?

Es wurde versucht, den Sparwasser vor einen Karren zu spannen. Immer wieder wurde dieses Tor in den Mittelpunkt gerückt, um nach außen hin zu beweisen, wir haben sie schon mal geschlagen. Oder: Wir sind doch besser ... Auch auf politischer Ebene hat man mich immer wieder angesprochen, mehr zu tun, auch in der Öffentlichkeitsarbeit, und da hab ich gesagt: Also nein, das mach ich nicht. Ich war nie so 'n Typ, der diese Welle mitgeschwommen ist ... 1974 gab es keinen besseren Fußballer in der DDR als mich .... Fußballer des Jahres konnte nur einer werden, aber ich bin's nie geworden, weil das entweder von oben oder journalistisch so begleitet worden ist, dass man sagte, den Sparwasser wählen wir nicht dafür aus.

3B *Paul Breitner spielte für die Nationalmannschaft der Bundesrepublik:*

Woran dachten Sie, als Sie von der Auslosung zur WM 1974 hörten, die beide deutsche Teams zusammenbringen sollte?

Ich dachte mir sofort, dieses Spiel würde für einige peinlich werden, weil wir im Westen selten wussten, wie wir mit denen aus dem Osten umgehen sollten. Sollten wir sie bemitleiden, weil sie im „bösen, bösen Osten" lebten, oder ihnen lieber zehn Kilo Bananen schenken? Sollten wir sie verhätscheln, aufbauen oder bemitleiden? Wir hatten in all den Jahren einfach kein Gespür dafür, mit Leuten aus der DDR umzugehen ...

Was wussten Sie als Fußballer denn anno 1974 über die DDR?

Wenn jemand wie ich in Bayern 1970 sein Abitur ... gemacht hat, dann hieß es für ihn, dass die Geschichte 1945 endet. Das heißt, der Geschichtsunterricht endete effektiv in der 12. Klasse damals, im Jahr 1945, und es gab kein Danach. Es gab keine Ostzone, es gab keine DDR. Und so gesehen war oder ist für meine Generation, oder zumindest für einen Teil, die DDR immer das absolute Ausland gewesen. Überhaupt die Ostblockländer. Und wenn es immer hieß: unsere Brüder hinter der Mauer, dann hab ich immer gesagt: Leute, was soll diese Farce? Unsere Brüder sind vielleicht die Österreicher oder Schweizer, oder wir wollen wieder mit den Franzosen zusammenwachsen. Wir haben kein Gespür, kein Gefühl für – und auch keine Beziehung – zu den Leuten in der DDR, außer denjenigen, die Verwandte drüben hatten. Und so gesehen war das Spiel gegen die DDR für mich und für viele andere ein Spiel, wie wenn wir gegen Japan gespielt hätten, gegen Russland oder gegen Tunesien oder egal wen. Ein ganz normales Länderspiel.

M3A und B zit. nach Thomas Blees, 90 Minuten Klassenkampf. Das Länderspiel BRD–DDR 1974, Frankfurt a. M. (Fischer) 1999, S. 80 ff. (B) und S. 113 ff. (A).**

1 Wie haben wohl Zeitungen über die WM-Titel von 1954 und 1974 berichtet?

a) Gestalte mögliche Schlagzeilen und Überschriften von Zeitungen, die in der BRD erschienen (Darstellungstext, M1, M2).

b) Gestalte mögliche Schlagzeilen und Überschriften von Zeitungen, die in der DDR erschienen (Darstellungstext, M1, M2). **Tipp** → S. 252.

2 Beurteile, inwiefern es durch den Sport ein gemeinsames deutsches Wir-Gefühl gegeben hat (M3B). Nutze den **Wortschatz**.

3 Die DDR-Führung baute Sparwasser zum Helden der DDR auf. Beurteile, inwiefern dies erfolgreich war (M3A). **Tipp** → S. 252.

Zusatzaufgabe → S. 244.

cornelsen.de/webcodes
Webcode: tobufa
„Aktion Leder"

1945 1950 1955 1960 1965 1970 1975 1980 1985

1946 Gründung der Freien Deutschen Jugend (FDJ) in der SBZ

ab 1955 Anwerbung von „Gastarbeitern" in der BRD und „Vertragsarbeitern" in der DDR

1968 Studentenbewegung und Wertewandel

1972 Olympische Sommerspiele in München

1973 „Ölkrise"

Alltag und Leben im geteilten Deutschland

Alltagsleben in BRD und der DDR

Der **wirtschaftliche Aufschwung** in den 1950er Jahren brachte vielen Menschen in der BRD Wohlstand. Steigende Löhne und bezahlte Urlaubstage machten Reisen möglich, zum Teil sogar ins Ausland. In der Planwirtschaft der DDR waren Konsumgüter häufig Mangelware: Die Lieferzeiten für Neuwagen betrugen Jahre. Begehrte Produkte waren oft nur durch langes Anstehen zu erwerben und schnell ausverkauft. Dies machte viele Bürgerinnen und Bürger der DDR sehr unzufrieden. Im Mittelpunkt des DDR-Arbeitsalltags stand das „**Kollektiv**" als soziale Gemeinschaft. Verbilligte Urlaubsreisen wurden über die Betriebe ermöglicht und daher häufig mit den Arbeitskollegen unternommen. Ziele waren Heime in Urlaubsgebieten der DDR oder im sozialistischen Ausland.

Frauenrollen in Ost und West

Frauen waren in der DDR fast alle erwerbstätig und bei Löhnen und Aufstiegschancen gleichberechtigter als im Westen. Dort kämpften die Frauen bis in die 1970er Jahre gegen veraltete Rollenerwartungen und um ihre im Grundgesetz festgeschriebene Gleichberechtigung. Durch den Wertewandel seit den 1970er Jahren verbesserte sich im Westen allmählich die Stellung der Frauen in der Gesellschaft. Verstärkt wurde auch die Ausbildung von Mädchen gefördert.

Jugend in Ost und West

In der DDR war die staatliche Jugendorganisation „**Freie Deutsche Jugend**" (FDJ) für eine Erziehung im Sinne des Sozialismus verantwortlich. Jugendliche, die sich an westlicher Mode und Musik orientierten, wurden oft staatlicher Unterdrückung ausgesetzt. In den 1980er Jahren engagierten sich zahlreiche Jugendliche in den **Friedens- und Umweltgruppen** unter dem Schutz der Kirche. Viele Jugendliche in der BRD gingen in den 1950er Jahren erst einmal auf Distanz zur Politik. Es entstand eine eigene Jugendkultur, die sich häufig amerikanische Mode-, Film- und Musiktrends zum Vorbild nahm und Ausdruck der Rebellion gegen die Ideale der Elterngeneration war. Ende der 1960er Jahre entstand in der BRD eine Protest- und Aufbruchsstimmung, die verschiedenste Bereiche des Alltags grundlegend veränderte.

Gastarbeiter und Vertragsarbeiter

Der wirtschaftliche Boom in der Nachkriegszeit führte in der BRD zu einem Arbeitskräftemangel. Ab 1955 schloss die BRD mit Staaten Südeuropas und später der Türkei Abkommen über die Anwerbung von **Gastarbeitern** ab. Die meist männlichen Arbeitskräfte holten ab 1973 ihre Frauen und Kinder nach und blieben in der BRD. In der DDR wurden „**Vertragsarbeiter**" aus Polen, Ungarn, Angola oder Vietnam angeworben. Sie durften maximal fünf Jahre bleiben und lebten abgeschottet in Wohnheimen. Private Kontakte zu Einheimischen waren unerwünscht.

Wirtschaftskrise 1973

Der Lieferstopp der arabischen Erdölländer wegen der Parteinahme westlicher Länder für Israel im israelisch-arabischen Krieg von 1973 traf die Industrieländer des Westens unvorbereitet. Während die DDR anfangs weiter preiswertes Erdöl aus der Sowjetunion bezog, zeigte der sprunghafte Anstieg der Rohölpreise in der **Ölkrise von 1973** die Abhängigkeit der westlichen Wirtschaft vom billigen Öl. Die Arbeitslosenrate stieg an. Der massive **Ausbau der Atomkraft** als alternative Energiequelle führte zu heftigen politischen Protesten. Die Folgen der Krise zeigten sich in der DDR erst mit Verzögerung. Nur westliche Kredite verhinderten Anfang der 1980er Jahre den Staatsbankrott der DDR.

1 Gestaltet ein fiktives Interview mit einer Historikerin oder einem Historiker zum Thema „Alltag in der BRD und in der DDR".

In diesem Kapitel konntest du folgende Kompetenzen erwerben:

- die sich aus unterschiedlichen politischen und wirtschaftlichen Systemen ergebenden Formen des gesellschaftlichen Lebens in Ost- und Westdeutschland darstellen
- Auswirkungen der wirtschaftlichen Krise von 1973 im Hinblick auf die Lebenswirklichkeiten der Menschen in beiden deutschen Staaten erläutern
- **Medien und Methoden:** Einen Museumsbesuch durchführen

M 1

Plakat der SED, 1946

M 2

Aus dem Bundesprogramm der Partei „Die Grünen" (1981):

Wir sind die Alternative zu den herkömmlichen Parteien ... Wir fühlen uns verbunden mit all denen, die in der neuen demokratischen Bewegung mitarbeiten: den Lebens-, Natur- und Umweltschutzverbänden, den Bürgerinitiativen, der Arbeiterbewegung, christlichen Initiativen, der Friedens- und Menschenrechts-, der Frauen- und Dritte-Welt-Bewegung[1] ... Die Zerstörung der Lebens- und Arbeitsgrundlagen und der Abbau demokratischer Rechte haben ein so bedrohliches Ausmaß erreicht, dass es einer grundlegenden Alternative für Wirtschaft, Politik und Gesellschaft bedarf ... Es bildeten sich Tausende von Bürgerinitiativen, die in machtvollen Demonstrationen gegen den Bau von Atomkraftwerken antreten, ... sie stehen auf gegen die Verwüstung der Natur, gegen ... die Folgen und Ursachen einer Wegwerfgesellschaft ...

*Das Bundesprogramm der Partei Die Grünen, zit. nach Irmgard Wilharm, Deutsche Geschichte 1962–1983, Bd. 2, Frankfurt a. M. (Fischer) 1985, S. 226 f.**

[1] *Mit Dritter Welt sind Entwicklungsländer aus Asien und Afrika gemeint.*

Sachkompetenz

1 Schau dir erneut die Fotos auf der Orientierungsseite (S. 127) des Kapitels an. Wähle mindestens ein Foto aus und erläutere, inwiefern das Bild „typisch" für das Leben und den Alltag in der DDR beziehungsweise in der BRD ist. Vergleiche mit deinen Ergebnissen von Aufgabe 1 auf S. 127.

2 Schreibe folgende Aussagen in dein Heft ab und füge eine Begründung hinzu:
- *In der DDR mussten die Menschen häufig Schlange stehen, weil …*
- *Das sogenannte „Wirtschaftswunder" hatte seine Schattenseiten, denn …*
- *Fast alle Jugendlichen in der DDR waren Mitglied in der FDJ, weil der Staat erreichen wollte, dass …*
- *Große Sportereignisse können identitätsstiftend wirken, weil …*

3 **a)** Analysiere das Plakat M1 und arbeite die Absicht des Plakates heraus.
b) Vergleiche die Gleichberechtigung von Frauen und Männern in der BRD und der DDR.

4 **a)** Erläutere die Ziele der Partei „Die Grünen" (M2).
b) Erkläre die besondere Situation, in der „Die Grünen" entstanden. Lies auf den S. 140/141 nach.
c) Diskutiert, ob die Ziele der Partei „Die Grünen" für euch heute noch von Bedeutung sind.

cornelsen.de/webcodes
Webcode: qakexi
Selbsteinschätzungsbogen

cornelsen.de/webcodes
Webcode: qefita
alle Darstellungstexte zum Anhören

5

Das Ende des „Ost-West-Konflikts“

Tausende Menschen taten in der Nacht vom 9. auf den 10. November 1989 am Brandenburger Tor in Berlin etwas, das wenige Stunden zuvor an dieser stark gesicherten Grenzanlage noch undenkbar gewesen wäre. 28 Jahre lang war die Berliner Mauer Symbol für die Teilung Berlins, Deutschlands und der Welt, in der sich Ost und West seit dem Ende des Zweiten Weltkriegs feindlich gegenüberstanden. Und nun kletterten die Menschen einfach auf die Mauer.

Wie wurde das möglich? Sammelt auf der Grundlage eures Vorwissens Informationen zum „Fall der Mauer“. Stellt Vermutungen darüber an, in welchem Zusammenhang der Berliner Mauerfall mit dem Ende des Ost-West-Konflikts stehen könnte.

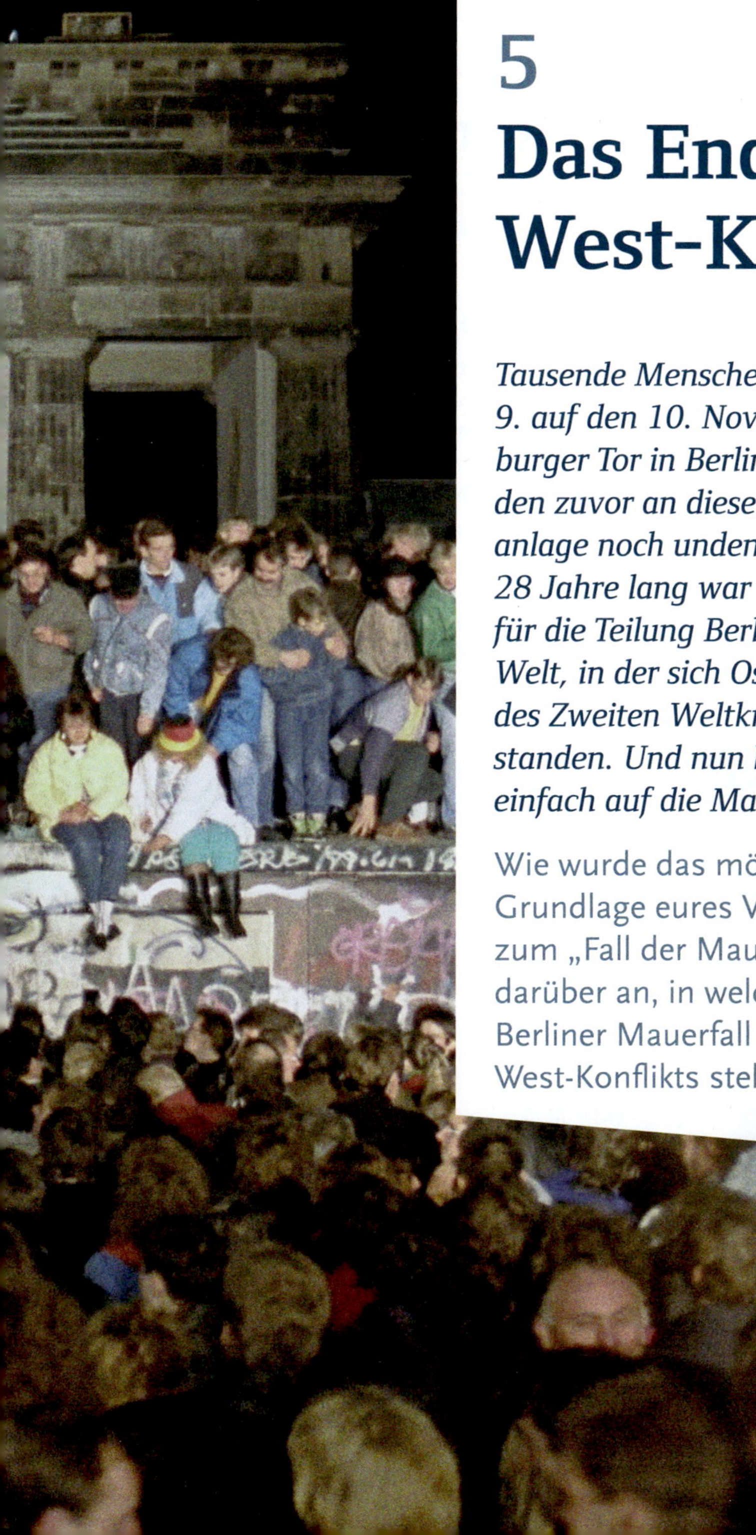

Menschen auf der Berliner Mauer am Brandenburger Tor in der Nacht vom 9. auf den 10. November 1989, Foto

1980

1985

ab 1981 Solidarność-Bewegung in Polen

ab 1982 wirtschaftlicher Niedergang der DDR

1985 Michail Gorbatschow Generalsekretär der KPdSU

Das Ende des „Ost-West-Konflikts“

40 Jahre lang, von 1949 bis 1989, teilte der „Eiserne Vorhang“ längs durch Europa die Staaten Westeuropas von den kommunistischen Staaten des Ostblocks. Doch seit Mitte der 1980er Jahre begann es im Ostblock zu kriseln: In der Sowjetunion stieß Präsident Michael Gorbatschow seit 1985 Reformen an. Bald kam es auch in den angrenzenden Ostblockstaaten zu Protesten gegen Misswirtschaft und fehlende Mitsprachemöglichkeiten. Als sich die Protestbewegung auf die DDR auszudehnen drohte, reagierte die SED-Führung starr und ablehnend. Daraufhin forderten seit dem Spätsommer 1989 große Demonstrationszüge den Dialog mit den Herrschenden und die Einführung von Freiheitsrechten. Gleichzeitig begann eine Massenflucht von DDR-Bürgerinnen und Bürger über die Tschechoslowakei und Ungarn nach Westen. Am 9. November 1989 öffnete die Regierung der DDR überraschend die Grenzen. Fast ein Jahr später, am 3. Oktober 1990, wurde Deutschland wiedervereinigt. Obwohl über 30 Jahre vergangen sind, nehmen bis heute viele Menschen die vielen Unterschiede zwischen West und Ost wahr. Die Rede ist oft von einer „Mauer in den Köpfen“.

- Warum brach der Ostblock mit der Sowjetunion und der DDR 1989/90 zusammen?
- Welche europa- und weltpolitischen Aspekte wurden bei der Wiedervereinigung wirksam?
- Welche Handlungsspielräume gab es in Bezug auf die „deutsche Frage“?
- Welche wirtschaftlichen und sozialen Folgen hatte die Wiedervereinigung?
- Wie wird die DDR aus heutiger Sicht beurteilt?
- Wie wird heute an die Wiedervereinigung erinnert?

M 1

Ost- und Westberliner klettern in der Nacht des „Mauerfalls“ auf die Berliner Mauer. Foto, 9./10. November 1989

1 Beschreibe mithilfe der Karte M4 den Umbruch in den Staaten Ost- und Mitteleuropas bis 1990.

2 **a)** Vergleiche die Fotos M1, M2 und M3.
b) Stelle Vermutungen an, welche Gefühle die abgebildeten Personen in dem Moment der Aufnahme bewegt haben könnten.

3 Erkläre die Bedeutung, wenn von einer „Mauer in den Köpfen“ die Rede ist (Darstellungstext).

4 Befrage Familienmitglieder und Bekannte nach ihren Erfahrungen mit der innerdeutschen Grenze und nach ihren Erinnerungen an die Grenzöffnung (M1, M2).

1990 | 1995

1989/1990 Revolutionen in Osteuropa

ab 1989 Massenflucht von DDR-Bürgern, Montagsdemonstrationen

9. November 1989 „Fall der Mauer“

31. August 1990 Staatsvertrag zur Währungs-, Wirtschafts- und Sozialunion

12. September 1990 Zwei-plus-Vier-Vertrag

3. Oktober 1990 Beitritt der DDR zur BRD

1991 Ende der Sowjetunion, Gründung der GUS unter Führung Russlands

M 2

Ein DDR-Bürger versucht, Schutz auf dem Botschaftsgelände der BRD in Prag zu finden. Tschechische Polizisten wollen ihn daran hindern. Foto, 2. Oktober 1989

M 3

Im Januar 1990 demonstrieren in Vilnius (Wilna), der Hauptstadt Litauens, anlässlich eines Besuchs von Staats- und Parteichef Gorbatschow Hunderttausende Menschen für die Unabhängigkeit von der Sowjetunion. Foto, 1990.

M 4

Umbruch in den Staaten Ost- und Mitteleuropas bis 1990

Der Beginn des Zerfalls des Ostblocks

Anfang der 1980er Jahre begann ein Reformprozess in Polen, der Auswirkungen auf das politische System in ganz Europa hatte.

- ***Wie gelang es der polnischen Opposition, die Macht der Kommunistischen Partei infrage zu stellen, Reformen durchzusetzen und eine demokratische Staatsform einzuführen?***

M 1

Lech Wałęsa spricht vor Anhängern der Gewerkschaft Solidarność, Foto, Herbst 1980. Übersetzung des Transparents: „Keine Freiheit ohne Gott und Solidarność“.

M 2

Logo der polnischen Gewerkschaft vor dem Europäischen Solidarność-Zentrum in Gdańsk, Foto, 2014

Die Bedeutung der KSZE-Schlussakte

Aus heutiger Sicht war die KSZE-Konferenz in Helsinki ein Auslöser für demokratische Reformen in mehreren osteuropäischen Ländern. Die Mitglieder der Konferenz verpflichteten sich in der Schlussvereinbarung zur Einhaltung der Menschenrechte. Damit wurde die verbotene Opposition gegen die kommunistischen Machthaber gestärkt. Sie ermutigte Bürgerrechtsbewegungen, für Meinungs- und Pressefreiheit einzutreten, westliche Zeitungen lesen zu dürfen und Menschenrechtsverletzungen anzuklagen.

Die Reformbewegung in Polen

Im Sommer 1980 legten Arbeiterinnen und Arbeiter der Schiffbaubetriebe in Gdańsk (Danzig) und Gdynia (Gdingen) die Arbeit nieder. Auslöser der Unruhen und Streiks waren Preiserhöhungen für Fleisch und das unzureichende Angebot an Nahrungsmitteln und Konsumgütern. Die Organisatoren der Streiks gründeten die unabhängige Gewerkschaft Solidarność („Solidarität“). Sie forderte mehr Mitbestimmung und Meinungsfreiheit. Außerdem kritisierte sie die staatliche Misswirtschaft sowie die Privilegien (= Vorrechte) der führenden Parteimitglieder. Innerhalb kürzester Zeit hatte die Protestbewegung zehn Millionen Mitglieder. Die Regierung verbot daraufhin die Solidarność und verhängte im Dezember 1981 das Kriegsrecht über Polen. Staatsbetriebe, Rundfunk und Fernsehen wurden von Militärs geleitet, das Telefonnetz fast einen Monat lang abgeschaltet und eine Ausgangssperre am Abend verhängt. Über 3000 Oppositionelle wurden verhaftet. Die Solidarność arbeitete im Untergrund weiter. Sie

Wortschatz: Reformen durchführen • für die Meinungs- und Pressefreiheit eintreten • Menschenrechtsverletzungen anklagen • das Kriegsrecht verhängen • eine Ausgangssperre verhängen • die Arbeit niederlegen erhielt dabei massiven Rückhalt aus allen Teilen der Bevölkerung. Bedeutende Unterstützung erhielt die Opposition auch von dem Krakauer Erzbischof Karol Wojtyła. Er war 1978 zum Papst Johannes Paul II. gewählt worden und besuchte wiederholt seine polnische Heimat. Der Papst unterstützte öffentlich die Reformideen der Oppositionellen. Mit der Verleihung des Friedensnobelpreises 1983 erhielt Lech Wałęsa, der Führer der neuen Gewerkschaft, die Unterstützung des Westens, auch wenn er den Preis nicht persönlich entgegennehmen durfte.

Das Wendejahr 1989

Angesichts einer schweren Wirtschaftskrise nahm die polnische Regierung 1988 Verhandlungen mit Wałesa auf. Die katholische Kirche hatte die Gespräche vermittelt. Vereinbart wurden die Anerkennung der Solidarność und Parlamentswahlen für den 4. Juni 1989. Bei diesen Wahlen traten erstmals auch Kandidaten der Oppositionsparteien an, die einen Sieg davontrugen. Damit war der Weg zu parlamentarischer Demokratie, Rechtsstaatlichkeit, Gewaltenteilung und einer marktwirtschaftlichen Ordnung frei. Im August 1989 wurde der Berater der Solidarność, Tadeusz Mazowiecki, als erster nichtkommunistischer Ministerpräsident vereidigt. Lech Wałesa wurde 1990 zum Präsidenten der Republik Polen gewählt.

M 3

Forderungen der Streikenden, Danzig (1980):

1. Zulassung von unabhängigen Berufsverbänden (Gewerkschaften), die nicht von der Kommunistischen Partei abhängig sind.
2. Garantie des Streikrechts.
3. Beachtung der Freiheit des Wortes, des Drucks und der Veröffentlichung. Keine Verfolgung unabhängiger Druckereien.
4. Wiedereinstellung der bei den Streiks 1970 und 1976 entlassenen Arbeiter ...
5. Wiederaufnahme aller Studenten in die Universitäten, die wegen ihrer Überzeugungen aus den Unis geworfen wurden. Freilassung aller politischen Gefangenen. Aufhebung aller politisch motivierten Benachteiligungen und freie Religionsausübung
6. Erhöhung des Grundlohns als Ausgleich für Preissteigerungen
7. Wahl der Führungskräfte nach Qualifikation und nicht nach Parteizugehörigkeit. Aufhebung der Privilegien für Mitglieder in Polizei, Staatssicherheit und Parteiapparat
8. Verbesserung der Gesundheitsfürsorge in den Betrieben
9. Bereitstellung von genügend Kinderkrippen und Kindergärten für die berufstätigen Mütter.

Plakat der Streikenden, Danzig, Privatbesitz Hans-Joachim Cornelißen. Übers. v. Verf.

M 4

Lech Wałęsa trägt im August 1980 in der Öffentlichkeit einen Anstecker mit dem Bild der Schwarzen Madonna von Czestochowa (Tschenstochau), einem im Katholizismus verehrten Marienbild. In Polen gilt es als nationales Symbol. Foto, 1980

MK

1 Stelle in einem (digitalen) Zeitstrahl (→ S. 266) den Weg Polens zur parlamentarischen Demokratie dar (Darstellungstext, M1, M4). **Tipp** → S. 252.

2 Erkläre, inwiefern das kommunistische System durch die Forderung der Streikenden herausgefordert wurde (M3).

3 **Wähle eine Aufgabe aus:**

a) Beurteile ausgehend vom Denkmal M2 die Bedeutung der Gewerkschaft Solidarność für Polen. Nimm den Darstellungstext zu Hilfe.

b) Beurteile die Bedeutung der Solidarność und der Papstwahl für den Wandel in Polen (Darstellungstext, M1). Nutze den **Wortschatz**.

Lässt sich die Sowjetunion reformieren?

Mit keinem anderen Politiker des Ostblocks verbindet sich das Ende des Kalten Krieges so sehr wie mit Michail Gorbatschow. Er gilt als Wegbereiter für das Ende der Sowjetunion (UdSSR), aber auch für die Wiedervereinigung Deutschlands.
- ***Untersuche, warum die UdSSR am Ende der 1980er Jahre zerfiel.***

M 1

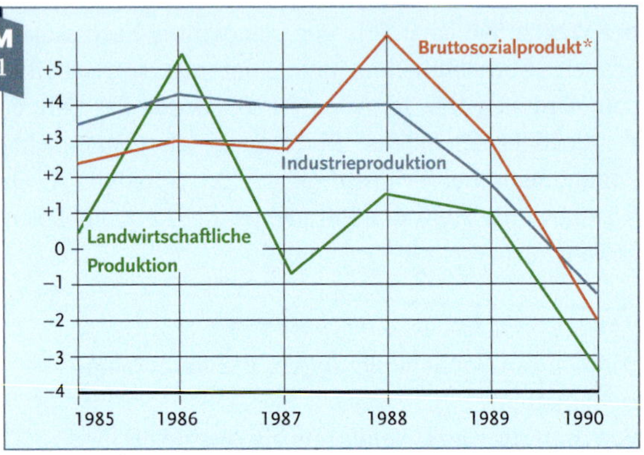

Wirtschaftsentwicklung (in %) in der Sowjetunion während der ersten fünf Jahre der Reformpolitik 1985 bis 1990

M 2

Gorbatschow als Klavierspieler, Karikatur von Peter Leger, 1987

Ein neuer Mann an der Spitze der Sowjetunion

Michail Gorbatschow übernahm 1985 das Amt des Generalsekretärs der Kommunistischen Partei der Sowjetunion (KPdSU). Zu diesem Zeitpunkt befand sich die Sowjetunion wegen des jahrzehntelangen Wettrüstens mit den USA und wegen einer militärischen Intervention in Afghanistan zur Unterstützung der kommunistischen Regierung (1979–1989) in einer schweren wirtschaftlichen Krise. Das Land war fast bankrott. Der mit 54 Jahren vergleichsweise junge Gorbatschow erkannte nicht nur die Notwendigkeit von Reformen, sondern er wagte sie auch. Die Bevölkerung erhoffte sich von Gorbatschow Maßnahmen zu einer spürbaren Verbesserung der oft katastrophalen Versorgungslage mit Konsumgütern und Nahrungsmitteln. Mit „Glasnost*“ (Offenheit) und „Perestroika*“ (Umgestaltung) wollte er das kommunistische System modernisieren. Zu den ersten Maßnahmen gehörte daher auch eine schrittweise Lockerung der Zensur der Presse.

Bis 1989 verließen alle sowjetischen Truppen das besetzte Afghanistan. Mit den USA vereinbarte Gorbatschow 1991 die Vernichtung aller Mittelstreckenwaffen in Europa (START-Abrüstungsvertrag; Strategic Arms Reduction Treaty).

Innenpolitische Probleme

Am 26. April 1986 kam es im Atomkraftwerk Tschernobyl (Sowjetrepublik Ukraine) zu einem Unfall im Kernreaktor. Große Mengen Radioaktivität traten aus und machten die direkte Umgebung unbewohnbar. Der radioaktive Niederschlag („saurer Regen“) gelangte durch die Windverhältnisse auch in Teile Nord- und Westeuropas. Die Regierung der Sowjetunion versuchte zunächst, den Unfall zu vertuschen. Traditionell wurden in sozialistischen Ländern Berichte über Umweltkatastrophen oder schwere Unfälle wie Flugzeugabstürze streng geheim gehalten, und kein Wort darüber war aus den Medien zu erfahren. Die neue Politik der Glasnost ermöglichte es, dass die sowjetische Bevölkerung erstmals aus den eigenen Medien das wahre Ausmaß der Katastrophe erfuhr.

Wegen der anhaltenden schlechten wirtschaftlichen Lage der Menschen kam es zu Massenprotesten und Streiks. Der Übergang von der Planwirtschaft zur Marktwirtschaft, den Gorbatschow angestoßen hatte, brachte unter anderem eine Geldentwertung und hohe Arbeitslosigkeit mit sich. Eine schlechte Ernte führte im Herbst 1990 zu einer wirtschaftlichen Notlage, die nur

Wortschatz: demokratische Reformen wagen • Menschenrechte einhalten • für die Meinungs- und Pressefreiheit eintreten • eine Gewerkschaft gründen • eine militärische Intervention (= Einmischung) • ein nuklearer Fallout (= radioaktiver Niederschlag) • etwas vertuschen (= vor der Öffentlichkeit verheimlichen) durch Hilfe aus dem Ausland gemildert werden konnte. Die Schlussakte von Helsinki (S. 80/81) und der Reformprozess Gorbatschows wurden nicht nur wichtige Voraussetzungen für den Reformprozess in den osteuropäischen Staaten, sondern auch für die einzelnen Sowjetrepubliken.

Michail Sergejewitsch Gorbatschow
wurde 1930 geboren. Seine Eltern waren Bauern in einem landwirtschaftlichen Staatsbetrieb. Er studierte Rechtswissenschaft und machte einen Abschluss als Agrarbetriebswirt. Über 22 Jahre arbeitete er in seiner Heimatstadt Stawropol für die Kommunistische Partei. 1985 wurde er Generalsekretär der Kommunistischen Partei der Sowjetunion und war von März 1990 bis zum Ende der Sowjetunion am 31.12.1991 ihr Staatspräsident (S. 182/183). Seine Abrüstungsverhandlungen mit den USA machten das Ende des Kalten Krieges möglich und brachten ihm den Friedensnobelpreis 1990. Im Westen hatten Gorbatschow und seine Frau Raissa ein hohes Ansehen, während er in Russland für den Untergang der Supermacht Sowjetunion verantwortlich gemacht wurde und überwiegend negativ beurteilt wird.

M 3

Neues Denken in der Gesellschaft

Michail Gorbatschow beschrieb 1987 sein politisches Programm in einem Buch, das in viele Sprachen übersetzt wurde:

Umgestaltung heißt, dass wir uns auf das lebendige Schöpfertum der Massen stützen. Dass wir Demokratie und sozialistische Selbstverwaltung umfassend entwickeln, Entschlusskraft und Eigeninitiative fördern, Ordnung und Disziplin stärken. Umgestaltung heißt mehr Offenheit, mehr Kritik und Selbstkritik in allen Lebensbereichen der Gesellschaft, heißt, dass die Werte und die Würde der Persönlichkeit hohe Achtung genießen. Umgestaltung heißt, dass die sowjetische Wirtschaft umfassend intensiviert wird, dass die Prinzipien des demokratischen Zentralismus [= Führungsprinzip kommunistischer Parteien] ... wieder zur Geltung gebracht und weiterentwickelt werden, dass nicht länger kommandiert und administriert [= verwaltet] wird und dass Schrittmachergeist und sozialistischer Unternehmungsgeist mit allen Mitteln gefördert werden ... Das Wesen der Umgestaltung liegt ja gerade darin, dass in ihr Sozialismus und Demokratie zu einer Einheit verschmelzen .... Nötig ist eine weitgreifende Demokratisierung des gesamten gesellschaftlichen Lebens. Ohne Offenheit (Glasnost) kann es keine Demokratie geben. Und ohne Demokratie kann es keinen zeitgemäßen Sozialismus geben. Man muss den Massen die Wahrheit sagen ... Universale [= weltweite] Sicherheit beruht in unserer Zeit auf der Anerkennung des Rechts jeder Nation, den Weg ihrer sozialen Entwicklung selbst zu bestimmen, auf dem Verzicht der Einmischung in die inneren Angelegenheiten anderer Staaten ... Nationen können und sollen ihr Leben nicht nach dem Muster der USA oder der Sowjetunion ausrichten. Politische Positionen sollen deshalb frei sein von ideologischer Intoleranz.

*Michail Gorbatschow, Umgestaltung und neues Denken für unser Land und für die ganze Welt, Berlin (Dietz) 1987, S. 37 ff.***

MK **1** Entwerfe eine (digitale) Mind-Map (→ S. 256) zur politischen und wirtschaftlichen Situation der Sowjetunion bis 1990 (Darstellungstext, M1).

2 Arbeite heraus, was Gorbatschow unter „Glasnost" und „Perestroika" versteht (M3). Nutze den **Wortschatz**.

3 Erörtere ausgehend von M2, ob Gorbatschow für den Zerfall seines Landes verantwortlich gemacht werden kann. **Tipp** → S. 252.

4 Wähle eine Aufgabe aus:

a) Diskutiere, inwiefern M3 das Ende der Breschnew-Doktrin* bedeutete. Nutze das Lexikon.

b) Beurteile, inwiefern die Position Gorbatschows politische Sprengkraft enthält (M3).

cornelsen.de/webcodes
Webcode: bovenu
Film: Hoffnungsträger Gorbatschow

Umbrüche, Revolutionen und Bürgerkrieg in Osteuropa

Das „Neue Denken“ von Michail Gorbatschow eröffnete innenpolitische Freiräume in nahezu allen Ostblock-Staaten. Oppositionelle Kräfte beriefen sich auf „Perestroika“ und „Glasnost“ und forderten grundlegende Bürgerrechte und Reformen.
Die kommunistischen Machthaber der osteuropäischen Staaten konnten nicht mehr mit der uneingeschränkten Unterstützung aus Moskau rechnen. In allen Staaten des kommunistischen Herrschaftsbereichs wandelten sich Wirtschaft und Gesellschaft.

- ***Wie unterschieden sich die Umbrüche in den mittel- und osteuropäischen Staaten voneinander? Untersuche dies am Beispiel von Ungarn, der Tschechoslowakei, Rumäniens und des Baltikums.***

M 1

Circa 20.000 Menschen demonstrieren im November 1989 auf dem Wenzelsplatz in Prag für Freiheit und demokratische Grundrechte. Foto, 1989

Reformen und Grenzöffnungen in Ungarn

In Ungarn blieb bei den meisten Menschen der niedergeschlagene Volksaufstand von 1956 in schmerzhafter Erinnerung. Nach diesem war das ungarische System liberaler als in anderen Ostblockstaaten. Die ungarische Bevölkerung hatte im Vergleich zu den anderen kommunistischen Ländern mehr persönliche Freiheiten und eine bessere Lebensmittelversorgung. Der Wandel vollzog sich in Ungarn relativ friedlich: Im Mai 1988 trat der seit 1956 regierende langjährige Generalsekretär der „Ungarischen sozialistischen Arbeiterpartei“ (USAP) János Kádár zurück, nachdem reformerische Kräfte in der Partei Einfluss gewonnen hatten. Die Ungarn durften in westliche Staaten reisen. Nach und nach kam es zur Gründung neuer Parteien. Die Kommunisten gaben ihren Führungsanspruch auf und an einem „Runden Tisch“ (= eine symbolische Sitzordnung, die für die Gleichberechtigung aller Beteiligten stehen soll) wurde mit der Opposition die völlige Umgestaltung des Staates nach westlichem Vorbild friedlich ausgehandelt. Ungarn erhielt eine demokratische Verfassung und eine marktwirtschaftliche Wirtschaftsordnung. Ab dem 2. Mai 1989 wurden die Grenzen zu Österreich geöffnet. Der „Eiserne Vorhang“ wurde durchlässig und ermöglichte Reisen über die ehemals verschlossenen Grenzen. Im Oktober 1989 beendete eine neue Verfassung das kommunistische System.

Friedliche Revolution in der Tschechoslowakei

Die Bevölkerung in der Tschechoslowakei (ČSSR) war von der bedrückenden Erfahrung geprägt, dass die sowjetische Zentralmacht keine reformerischen Alleingänge duldete. 1968 war der „Prager Frühling“ mit brutaler Gewalt von sowjetischen Panzern niedergeschlagen worden. Nach dem Beschluss der KSZE-Akte 1975 (S. 80/81) gründete sich die „Charta 77“ als Bürgerrechtsbewegung, der sich auch der international bekannte Schriftsteller Václav Havel anschloss. Die kommunistische Regierung ging jahrelang mit Repressionen (= gewaltsame Unterdrückung) und Gefängnisstrafen gegen diese Bewegung vor. 1989 führten ab Oktober friedliche Massendemonstrationen sowie ein Generalstreik ebenfalls zu einem „Runden Tisch“. Noch im Dezember 1989 wurde Václav Havel (1936–2011) zum ersten Staatspräsidenten

Wortschatz: einen „Runden Tisch“ bilden • mit Repressionen gegen die Bevölkerung vorgehen • Volksabstimmungen fordern • sich für die Unabhängigkeit aussprechen • die baltischen Staaten (= Lettland, Litauen und Estland) • die Unabhängigkeit von einem anderen Land erklären

M 2 *Straßenkämpfe in Rumänien unter Beteiligung von Soldaten und Zivilisten, Foto, Dezember 1989*

gewählt. Der 1968 verhaftete Alexander Dubček wurde im Dezember 1990 Parlamentspräsident. Weil die politische Umgestaltung zu einem demokratischen und marktwirtschaftlichen System friedlich verlief, wurde sie als „Samtene Revolution" bezeichnet. Ebenfalls friedlich erfolgte 1992 die Teilung des Landes in zwei Nationalstaaten – Tschechien und die Slowakei.

Gewaltsamer Umsturz in Rumänien

Anders als in Polen, Ungarn und der Tschechoslowakei erfolgte der Wechsel in Rumänien schlagartig und gewaltsam innerhalb weniger Tage. Der als Diktator herrschende kommunistische Regierungschef Nicolae Ceauşescu (1908–1989) hatte über Jahrzehnte hinweg jegliche Opposition durch seine Geheimpolizei „Securitate" mittels Verhaftungen, Folter und Morden massiv unterdrückt. Zudem hatte er das Land durch Export von Getreide und anderen Gütern nach Westen in Armut und Hunger geführt. Die Führungselite lebte in großem Luxus. Widerstand formierte sich am 16. Dezember 1989 und breitete sich rasch im ganzen Land aus. Der Diktator flüchtete mit seiner Ehefrau Elena am 22. Dezember 1989 aus seinem Palast in der Hauptstadt Bukarest. Beide wurden am 25. Dezember 1989 auf der Flucht vor ein Militärgericht gestellt, im Schnellverfahren zum Tode verurteilt und erschossen. Der Umbruch in Rumänien war der blutigste in Osteuropa. Fast 1200 Menschen verloren ihr Leben in den Unruhen, die bürgerkriegsähnliche Ausmaße annahmen. Bis heute ist nicht abschließend geklärt, ob der Wechsel von einem Aufstand der Bevölkerung ausging, oder ob er von dem politischen Nachfolger Ceauşescus dem Reformkommunisten Ion Iliescu, als Staatsstreich inszeniert wurde. Im Mai 1990 gewann ein Bündnis aus Oppositionellen und ehemaligen Kommunisten erste Wahlen. Mit der Verfassung von 1991 wurden Demokratie und Marktwirtschaft eingeführt.

Unabhängigkeit für die baltischen Staaten

Die baltischen Staaten Litauen, Estland und Lettland waren in der Zeit zwischen den Weltkriegen souveräne Staaten. Mit dem Ende des Zweiten Weltkrieges wurden sie Teil der Sowjetunion als „sozialistische Sowjetrepubliken". Im Frühjahr 1990 gründeten sich in den drei Teilrepubliken Unabhängigkeitsbewegungen, die die 1945 von Stalin erzwungene Angliederung an die Sowjetunion für ungültig erklärten. Im August 1989 wurde eine ca. 600 km lange Menschenkette als Zeichen friedlichen Protests gebildet, welche die drei baltischen Hauptstädte Vilnius, Riga und Tallinn verband. Während die Sowjetunion in die inneren Verhältnisse der osteuropäischen Nachbarstaaten nicht eingriff, reagierte sie nun – auf eigenem Staatsgebiet – mit militärischen Mitteln, um die Unabhängigkeitsbewegung zu unterdrücken. Einsätze in Vilnius (Litauen) und Riga (Lettland) im Januar 1991 forderten zahlreiche Todesopfer. Kurz darauf erfolgten Volksabstimmungen, in denen sich die Bevölkerung für die politische Unabhängigkeit aussprach. Diese wurde im Sommer 1991 von der EU und im September 1991 nach der Entmachtung Gorbatschows von der Sowjetunion anerkannt. Die Umwälzung im Baltikum wird auch als „Singende Revolution" bezeichnet, da insbesondere in Estland seit 1987 nationales Liedgut demonstrativ zum Zeichen des Widerstands wurde.

MK **1 Gruppenpuzzle:** Bildet Vierergruppen und verteilt die vier Beispiele.

a) Arbeitet die besonderen Merkmale des jeweiligen Systemwechsels heraus (Darstellungstext, M1 bis M2). Recherchiert auch weitere Informationen aus dem Internet.

b) Bildet Expertengruppen und tauscht euch über eure Ergebnisse aus. Klärt Fragen und vervollständigt eure Aufzeichnungen.

c) Präsentiere den Mitgliedern in deiner Stammgruppe deine Ergebnisse. Nutze den **Wortschatz**.

d) Vergleicht die Umbrüche miteinander und stellt Gemeinsamkeiten und Unterschiede in einer gemeinsamen Tabelle oder in einem Venn-Diagramm (→S. 262) dar.

2 Erkläre, warum die politischen Umbrüche so unterschiedlich verlaufen sind.

cornelsen.de/webcodes
Webcode: jejato
Umbrüche, Revolutionen und Bürgerkrieg in Osteuropa

Warum geriet die DDR in eine Systemkrise?

Die SED-Staatsführung betonte stets die gesellschaftliche und wirtschaftliche Überlegenheit der DDR gegenüber der BRD. Angesichts der bestehenden wirtschaftlichen Verhältnisse stimmten Schein und Realität jedoch oft nicht überein. In den 1980er Jahren geriet die DDR schließlich in eine schwere Krise. Die Führung lehnte jede Reformbestrebung ab.

- ***Untersuche, welche Faktoren den Niedergang der DDR beschleunigten.***

M 1

Ein Straßenzug in Mühlhausen (DDR), Foto, 1986

Außenpolitische Gründe

Die Gründung der unabhängigen Gewerkschaft „Solidarność“ im Nachbarland Polen sowie die grundlegenden Reformen des sowjetischen Partei- und Staatschefs Michail Gorbatschow stießen bei der SED-Führung auf Ablehnung. Diese wünschte keine Diskussion über mögliche eigene Fehler und Versäumnisse. Zeitweise durften sowjetische Zeitschriften, die über Gorbatschows Reformpolitik berichteten, in der DDR nicht mehr verkauft werden.

Wachsende Unzufriedenheit

Ab dem Ende der 1970er Jahre geriet die DDR in eine anhaltende Wirtschaftskrise. Im Jahre 1982 stand das Land vor dem finanziellen Ruin. Gründe für den wirtschaftlichen Niedergang waren die Produktion mit veralteten und technisch rückständigen Anlagen sowie die hohen Ausgaben für Sozialleistungen. Außerdem zahlte der Staat hohe Subventionen: Die Mieten, die Preise für Energie, Fahrscheine für Bahn und Bus und für Güter des täglichen Bedarfs wie Brot oder Milch waren im Vergleich zur BRD extrem niedrig. Die Planwirtschaft erzeugte in vielen Bereichen eine Mangelwirtschaft, da bestimmte Waren nur selten im Angebot waren (S. 132/133). Trotz der Milliardenkredite aus der BRD stiegen die Staatsschulden der DDR weiter an. Diese Schulden hätte die DDR nur unter der Bedingung abzahlen können, den Lebensstandard der Bevölkerung durch Preiserhöhungen und Anstieg der Arbeitsleistungen noch weiter zu senken. Für derartige Einschnitte gab es in der Führung der SED keine Mehrheit. Die einseitige Ausrichtung auf die Schwerindustrie (= Bergbau-, Eisen- und Stahlindustrie), in der überwiegend Braunkohle als Energieträger verwendet wurde, führte zur Verschmutzung von Luft und Gewässern in weiten Teilen des Landes. Millionen Menschen wurden dadurch schwersten Umweltbelastungen ausgesetzt, die Zahl der Erkrankungen aufgrund dieser Zustände wuchs stetig. Die Parteiführung verharmloste die Umweltschäden und hielt entsprechende Untersuchungen über diese Schäden geheim, da jede Investition in die Umweltpolitik eine Kürzung bei den Sozialleistungen bedeutet hätte.

Zweifel am System

Immer mehr DDR-Bürger zweifelten an der „Überlegenheit des Sozialismus“, die von der SED propagiert wurde. Sie waren mit der wirtschaftlichen und politischen Situation unzufrieden. Parolen vom „Überholen“ des Kapitalismus wurden als hohle Phrasen abgetan und im Freundeskreis ironisch kommentiert. Die Distanz zum Staat wuchs, weil Pressefreiheit und grundlegende Bürgerrechte fehlten. Zudem wurden die DDR-Bürger durch die Organe der Staatssicherheit auf vielfache Weise bespitzelt. Ein Teil der DDR-Bevölkerung gab jede Hoffnung auf eine langfristige Verbesserung der Lebensverhältnisse auf. Bei den jungen Menschen sorgte die „bedarfsgerechte“ Lenkung von Berufsausbildung und Studium für Unmut. Außerdem wurde in den 1980er Jahren die Zahl der Studienplätze

Wortschatz: in eine Krise geraten • vor dem Ruin stehen • marode (= heruntergekommen) • eine Schwerindustrie • eine Subvention (= finanzielle Zuschüsse vom Staat) erhalten • eine Sanierung (= eine Instandsetzung oder Wiederherstellung)

M 2 *1988 gelang es einer Gruppe von Umweltaktivisten, ein Video über die katastrophale Umweltsituation der Region Bitterfeld zu erstellen. Es wurde im Westfernsehen ausgestrahlt und so erhielten sowohl West als auch Ost einen Eindruck von den dortigen Umweltschäden. Hier: Foto des „Silbersees", einem Abwassersee in Bitterfeld, 1991*

gesenkt. Viele junge Menschen fühlten sich um ihre Zukunft betrogen, weil sie – aus unterschiedlichsten Gründen – nicht studieren durften.

Massenflucht

Als Ungarn im Mai 1989 seine Grenzbefestigungen zu Österreich abbaute, nutzten zahlreiche DDR-Bürger den Weg über Ungarn zur Flucht nach Westen. Im Sommer 1989 stellten 120 000 Menschen einen Ausreiseantrag. Tausende strömten in die Botschaften der BRD in Prag, Warschau und Budapest, um ihre Ausreise zu erzwingen. Nach zähen Verhandlungen mit der SED-Führung und der Sowjetunion erreichte der bundesdeutsche Außenminister Hans-Dietrich Genscher die Zusage der DDR-Führung zur Ausreise der Botschaftsflüchtlinge.

M 3 **Die Historikerin Petra Weber über die wirtschaftliche Situation in der DDR in den 1980er Jahren (2020):**

In einer dem Politbüro Ende Oktober 1989 vorgelegten „Analyse der ökonomischen Lage der DDR" ließen ... Wirtschaftsexperten keinen Zweifel darüber, dass der drohende wirtschaftliche Kollaps [= Zusammenbruch] nur durch eine „grundsätzliche Änderung der Wirtschaftspolitik der DDR verbunden mit einer Wirtschaftsreform" abzuwenden sei ... Der Verschleißgrad der industriellen Ausrüstungen lag weit über 50 Prozent, das Straßen- und Eisenbahnnetz befand sich in einem verheerenden Zustand, das Post- und Fernmeldewesen war verrottet, das Gesundheitssystem völlig vernachlässigt worden, das Versorgungssystem funktionierte nicht, weil, so die Experten, „Markt-Preis-Regelungen" ausblieben.

*Petra Weber, Getrennt und doch vereint. Deutsch-deutsche Geschichte 1949–1989/90, Berlin (Metropol) 2020, S. 1089.***

M 4 **Aus dem Aufruf zur Bildung einer sozialdemokratischen Partei in der DDR (SDP), Ende August 1989:**

„So kann es nicht weitergehen!"
Viele warten darauf, dass sich etwas ändert. Das aber reicht nicht aus! Wir wollen das Unsere tun, die notwendige Demokratisierung der DDR hat die grundsätzliche Bestreitung des Wahrheits- und Machtanspruchs der herrschenden Partei zur Voraussetzung ... Unser Ziel: Eine ökologisch orientierte soziale Demokratie ... Rechtsstaat und strikte Gewaltenteilung, parlamentarische Demokratie und Parteienpluralität, relative Selbstständigkeit der Regionen, soziale Marktwirtschaft mit striktem Monopolverbot ..., Demokratisierung der Strukturen des Wirtschaftslebens, Freiheit der Gewerkschaften und Streikrecht.

*Zit. nach Bernd Lindner, Die demokratische Revolution in der DDR 1989/90, Bonn (Bundeszentrale für politische Bildung) 2010, S. 66.**

1 Wähle eine Aufgabe aus:
a) Arbeite die Ursachen für die Systemkrise der DDR heraus (Darstellungstext, M1–M3).
Tipp → S. 252.
b) Stelle mithilfe einer Concept-Map (→ S. 264) Zusammenhänge zwischen den einzelnen Ursachen für die Systemkrise her (Darstellungstext, M1–M3).
Tipp → S. 252.

2 Erläutere ausgehend von M4 und mithilfe des Darstellungstextes die „notwendige Demokratisierung der DDR" in M4. Nutze den **Wortschatz**.

3 Beurteile die Entscheidung vieler Menschen, der DDR den Rücken zu kehren (Darstellungstext).
Tipp → S. 252.

Zusatzaufgabe → S. 245.

cornelsen.de/webcodes
Webcode: nehixa
DDR-Systemkrise

Opposition und Repression in der DDR

In der DDR gab es im Parlament keine Opposition. In der Volkskammer waren nur Parteien der Einheitsliste (S. 98/99) zugelassen. Widerstand gegen die Politik der SED war nur in kleinen Kreisen möglich. In den 1980er Jahren gründeten sich zahlreiche Umwelt-, Friedens- und Bürgerrechtsgruppen als friedliche Form der Opposition, die christlich und intellektuell geprägt war.

- ***Wie entwickelte sich die Opposition und wie wurde sie vom Staat bekämpft?***

Umwelt, Frieden und Bürgerrechte

Die oppositionellen Gruppen einte die allgemeine Unzufriedenheit mit der Situation in der DDR. Sie entstanden vor allem unter dem Schutz der Kirche, da die Oppositionellen in den Kirchengemeinden Raum und Unterstützung fanden. So entstand die „Friedensbewegung“. Sie wurde als Reaktion auf die zunehmende Militarisierung der Gesellschaft, unter anderem durch die Einführung des „Wehrkundeunterrichts“ (1978) an den Schulen, sowie wegen der Aufrüstung in Ost und West gebildet. Die Friedensbewegung wählte in Anspielung auf die Bibel das Symbol „Schwerter zu Pflugscharen“ (M1) als Erkennungszeichen. Mit Seminaren, Flugblättern, Gebeten und Demonstrationen engagierten sich die Gruppen für den Frieden. 1986 wurde die Bürgerrechtsgruppe „Initiative Frieden und Menschenrechte“ in Ostberlin gegründet. Diese und andere Bürgerrechtsgruppen forderten politische Freiheiten und übten öffentlich Kritik am System. Sie rückten in die Aufmerksamkeit der Öffentlichkeit, als sie am 7. Mai 1989 von ihrem Bürgerrecht Gebrauch machten und die Auszählung der Ergebnisse der Kommunalwahlen beobachteten. Sie konnten massive Wahlfälschungen nachweisen und erhoben Einspruch gegen das Wahlergebnis. Wegen der massiven Umweltprobleme entstanden Bürgerbewegungen. Mit Diskussionsrunden, der Einrichtung von Umweltbibliotheken und der Herausgabe von Zeitschriften wie den „Umweltblättern“ machten sie auf die ökologische Krise aufmerksam. Es gab auch Schriftsteller, Musiker und andere Kulturschaffende, die gegen den Staat protestierten. Die Opposition blieb eher klein: Gerade einmal 2500 Personen arbeiteten in den Oppositionsgruppen mit, etwa 60 gehörten zum festen Kern. Die Zahl der Sympathisanten lag vermutlich höher.

M 1

Der Zeitzeuge Till Böttcher im Interview über die Ereignisse in der Nacht vom 24. auf den 25. November 1987 in der Umweltbibliothek der evangelischen Zionskirche in Ostberlin:

An und für sich ein Bibliotheksabend wie jeder andere ... Was nur ganz wenige Leute wussten: Wir wollten bis zwölf die Auflage der Umweltblätter drucken und ab zwölf die Zeitung eines befreundeten politischen Kreises, der Gruppe „Grenzfall“, die außerkirchlich Menschen gegen das System bearbeitete und eine Zeitung herausgab. Diese Information scheint der Staatssicherheit bekannt geworden zu sein. Wir waren jedenfalls am Drucken der Umweltblätter, plötzlich sprang die Tür auf, und mit einem riesigen Gepolter füllte sich der Raum mit etwa zwanzig Stasileuten. Jeder saß irgendwie rum, las, die Maschine druckte ... Die hielten uns die Pistole an den Kopf, zwangen uns aufzustehen, uns im Vorraum in einer Ecke zu versammeln und durchsuchten die Bibliothek ... Alle wurden verhaftet, unten zusammengesammelt, aus der Galerie, aus dem Druckraum. Dann wurden alle nach Rummelsburg[1] gebracht.

*Zit. nach www.jugendopposition.de/145394 (Stand: 27.07.2021).**

[1] *Haftanstalt in Ostberlin*

Wortschatz: einer Opposition angehören • eine oppositionelle Haltung einnehmen • eine Pflugschar (= ein Pflug ist ein Gerät zur Lockerung und zum Wenden des Ackerbodens, die Pflugschar ist der untere und spitze Teil des Schneideblatts) • eine Auflage (= die Gesamtzahl an Exemplaren einer Ausgabe einer Zeitschrift) drucken • aus einem Land abgeschoben (= ausgewiesen) werden

M2 *Ein von der evangelischen Kirche initiierter Friedensmarsch gegen Atomwaffen verlief durch das Staatsgebiet der DDR. Es nahmen auch politische Oppositionsgruppen teil. Foto, 1987*

M3 *Stasi-Mitarbeiter beobachten Mahnwachen vor der Zionskirche, nachdem das Umweltbüro der Gemeinde von der Polizei durchsucht und einige Mitglieder festgenommen wurden. Foto, 26.11.1987*

M4

Bärbel Bohley (1945–2010), Mitbegründerin der „Initiative Frieden und Menschenrechte", im Interview mit den „Akademischen Blättern" (2009):

Bohley: Zu dieser Zeit [1983] waren politische Äußerungen nur im Schutzraum der Kirchen bis zu einem gewissen Grad möglich. Außerhalb der Kirchen wurden politische Zusammenschlüsse sofort als staatsfeindliche Aktivität eingestuft ... Da wir erklärte Pazifisten[1] waren und dies auch öffentlich kundtaten, wurden [wir] zu Staatsfeinden erklärt und verhaftet. Nach sechswöchiger Haft sind wir auf internationalen Protest wieder freigekommen ...

AK-Blätter: 1988 wurden Sie das zweite Mal verhaftet ... Ihre Verhaftung führte zu einem Proteststurm im In- und Ausland. Namhafte [= bekannte] Politiker, Bürger und Intellektuelle forderten Ihre Freilassung. Haben Sie im Gefängnis etwas von der Solidaritätswelle mitbekommen?

Bohley: ... [Ich] bin ... nicht verhaftet worden, weil ich an der Demonstration teilgenommen habe. Da waren vor allem Leute, die aus der DDR ausreisen wollten. Mehr als 100 Personen sind damals verhaftet worden. Mein „Vergehen" war, dass ich ein Kontakttelefon eingerichtet habe für Verwandte und Angehörige der Verhafteten und ihre Anfragen ... weitergeleitet habe ... Außerdem habe ich diese Informationen auch an Westjournalisten weitergegeben ...

AK-Blätter: Nach sechswöchiger Einzelhaft ... wurden Sie gemeinsam mit Ihrem damaligen Lebensgefährten Werner Fischer über die Bundesrepublik nach England abgeschoben. Waren Sie erleichtert? Ihnen drohte eine Gefängnisstrafe bis zu 12 Jahren wegen „landesverräterischer Verbindungsaufnahme".

Bohley: Erleichtert war ich nicht, ich wollte ja in der DDR bleiben.

*Zit. nach https://baerbelbohley.de/interviews/ab_091108.php (Stand: 27.07.2021).***

[1] *Person, die sich für den Frieden einsetzt*

1 Wende die Strukturlege-Technik (→ S. 263) an: Lies den Darstellungstext und erkläre Kritik, Mittel und Ziele der einzelnen Oppositionsgruppen (Darstellungstext, M1–M4).

2 **Wähle eine Aufgabe aus:**

a) Untersuche, wie der Staat auf die Opposition reagiert hat (M1, M3, M4).

b) Erkläre, inwiefern von Repression (Unterdrückung) der Opposition durch den Staat gesprochen werden kann (M1, M4). Nutze den **Wortschatz**.

3 Beurteile die Möglichkeiten für Opposition in der DDR (Darstellungstext, M1–M4).

4 Nimm Stellung zu Bärbel Bohleys Kommentar über ihre Abschiebung aus der DDR (M4, Z. 27–35).

Zusatzaufgabe → S. 245.

Die friedliche Revolution im Herbst 1989

Weil die SED-Führung weiterhin nicht zu Reformen bereit war, kam es im Herbst 1989 zu Massenprotesten, die grundlegende Veränderungen einleiteten. Massenflucht, wirtschaftlicher Bankrott und wachsende Proteste zwangen die politische Führung der SED bald zum Nachgeben.

- ***Wie kam es 1989 zur „friedlichen Revolution“ in der DDR und welche Folgen hatte sie?***

Massenproteste

Bereits im Sommer 1988 hatte es in Leipzig die ersten Demonstrationen gegen die Regierung gegeben. Die Demonstranten waren Mitglieder der christlichen Friedensbewegung, die sich seit 1982 immer montags in der Leipziger Nikolaikirche zu einem Friedensgebet trafen. Nach der gefälschten Kommunalwahl im Mai 1989 nahm der Unmut in der Bevölkerung zu und entwickelte sich zu einem offenen Protest. Am 4. September 1989 versammelten sich in Leipzig etwa 1000 Menschen zur ersten sogenannten Montagsdemonstration. Am 2. Oktober protestierten bereits 20 000 Menschen für Freiheitsrechte und Reformen. Diese Demonstration sowie die Proteste, die neben den Jubelfeiern anlässlich des 40. Jahrestages der Staatsgründung der DDR am 7. Oktober überall in der Republik stattfanden, wurden von Stasi und Polizei gewaltsam aufgelöst.

„Wendepunkt“ 9. Oktober

In Leipzig demonstrierten am 9. Oktober 1989 70 000 Menschen unter dem Motto „Wir sind das Volk!“. Die Lage war äußerst angespannt. Aber es blieb friedlich – nicht zuletzt, weil sich bekannte Persönlichkeiten, aber auch SED-Funktionäre, mit einem öffentlichen Appell für eine friedliche Lösung einsetzten. Am 18. Oktober wurde Erich Honecker im Politbüro zum Rücktritt gezwungen. Sein Nachfolger Egon Krenz, der nur wenige Wochen Staats- und SED-Chef blieb, leitete „eine Wende“ ein. Die Demonstrationen gingen jedoch weiter. In Berlin fand am 4. November 1989 auf dem Alexanderplatz mit ca. 500 000 Teilnehmern die größte Demonstration statt. Es sprachen dort neben Oppositionellen auch SED-Funktionäre.

Ein Versehen löst den „Mauerfall“ aus

Die Öffnung der Berliner Mauer am Abend des 9. Novembers 1989 wurde durch eine eher beiläufige Mitteilung des SED-Politbüromitglieds Günter Schabowski ausgelöst. Er verlas bei einer Pressekonferenz am Abend eine neue Reiseregelung, die am selben Tag eilig ausgearbeitet worden war. Auf Nachfrage eines Journalisten sagte er, dass es jedem Bürger der DDR ab „sofort“ möglich sei, über alle Grenzübergangspunkte auszureisen. Schabowski wusste nicht, dass die Regelung erst am nächsten Morgen in Kraft treten und die Ausreise mit Fristen und Auflagen verbunden sein sollte. Die Nachricht „DDR öffnet Grenze“ wurde über Nachrichtenagenturen und westdeutsche Fernsehsender verbreitet. Noch am gleichen Abend begann der Ansturm auf die Ostberliner Grenzübergänge. Die Grenzbeamten warteten nicht auf Anweisungen ihrer Vorgesetzten. Sie öffneten den ersten Schlagbaum an der Bornholmer Straße. Jubelnd strömten Zehntausende durch die Mauer zwischen Ost- und Westberlin.

Verschiedene Entwicklungsebenen

Nach dem 9. November 1989 kündigte die neue SED-Führung unter Egon Krenz zwar einen Reformprozess an, hielt jedoch an ihrem Führungsanspruch fest. Eine weitere Entwicklung ging von der Bundesregierung im Westen aus: Bundeskanzler Helmut Kohl verkündete am 28. November sein 10-Punkte-Programm. Die beiden deutschen Staaten sollten in mehreren Stufen zu einem Bundesstaat vereinigt werden. Deshalb mussten

M 1

Demonstration in Ostberlin am 9. Dezember 1989

nun die vier Siegermächte des Zweiten Weltkrieges zur deutschen Frage erneut Stellung beziehen. Eine dritte Bewegung ging von der Bürgerrechtsbewegung aus: Sie setzte sich für die Einrichtung von „Runden Tischen" in der DDR ein, an denen Vertreter der oppositionellen Gruppen mit den Vertretern der SED über Reformen und Demokratisierung verhandelten. Ihr Ziel war die Beibehaltung und Reformierung der DDR. Vertreter der Kirche leiteten die Gespräche. Zu den ersten Ergebnissen gehörte die sofortige Auflösung des Ministeriums für Staatssicherheit. Eine neue Verfassung und ein neues Wahlgesetz sollten erarbeitet werden. Die ersten freien Wahlen sollten am 18. März 1990 stattfinden.

„Wir sind ein Volk!"

Anfang 1990 wandelte sich die Stimmung: Aus der Forderung „Wir sind das Volk!" wurde die Losung „Wir sind ein Volk!". Die Frage der Wiedervereinigung trat immer mehr in den Vordergrund und bestimmte den Wahlkampf in der DDR. Nach Meinungsumfragen waren Anfang Februar 1990 etwa 75 Prozent der DDR-Bürger für die Wiedervereinigung. Nun ging es bei den großen Parteien nur noch um die Frage der Geschwindigkeit der Wiedervereinigung. Während die CDU mit ihrem Wahlbündnis „Allianz für Deutschland*" die schnelle Einführung der D-Mark und einen Beitritt der DDR zur BRD auf Basis des Grundgesetzes bevorzugte, wollte die SPD eine schrittweise Annäherung der Wirtschaftssysteme und eine neue gesamtdeutsche Verfassung, die durch eine Volksabstimmung legitimiert werden sollte. Die ersten freien Wahlen am 18. März 1990 ergaben mit 48 Prozent einen Wahlsieg für die „Allianz für Deutschland". Die Oppositionsgruppen verloren anschließend an Bedeutung. Die neue DDR-Regierung, eine Große Koalition aus CDU und SPD, trat nun für eine schnelle Wiedervereinigung ein.

M 2

Ein Augenzeuge über den 9. Oktober 1989 in Leipzig:

Es galt uneingeschränkt der vom Vorsitzenden des Nationalen Verteidigungsrates, Erich Honecker, am 26. September erlassene Geheimbefehl Nr. 8/89, der im Hinblick auf zu erwartende „Krawalle" [= heftiger, lauter Aufruhr] eindeutig formulierte: „Sie sind zu unterbinden." ... In Betrieben wurde davor gewarnt, nach 16 Uhr die Innenstadt zu betreten; Mütter sollten ihre Kinder bis 15 Uhr aus den Krippen und Kindergärten des Zentrums abholen ... In Krankenhäusern wurden Notbetten aufgestellt und vor allem die Chirurgischen und Intensivstationen verstärkt besetzt. Tausende von zusätzlichen Blutkonserven standen bereit ... Leipzig glich an diesem Tag einem Heerlager. Nach späteren Aussagen von Bereitschaftspolizisten war ihnen vormittags mitgeteilt worden, dass ein friedlicher Ausgang wenig wahrscheinlich sei und sie vorbereitet sein müssten, möglichen Gewalttätigkeiten zu begegnen. Dementsprechend trugen sie Kampfausrüstung ... Einzig die geballte Kraft der siebzigtausend angsterfüllten und dennoch nicht weichenden Menschen in der Innenstadt und auf dem Ring [= Straßenring um die Leipziger Innenstadt] erzwangen um 18.25 Uhr den endgültigen Rückzug der bewaffneten Einheiten.

*Zit. nach Wolfgang Schneider, Leipziger Demontagebuch, Leipzig/Weimar (Kiepenheuer) 1990, S. 7.***

MK **1 a)** Stelle mithilfe der Materialien und einer weiteren Bildrecherche die Ereignisse, die zum Ende der DDR führten, in einer kommentierten Bildergalerie dar.

b) Wähle ein Ereignis, dem du eine besondere Bedeutung zumisst, und begründe deine Auswahl.

2 Erläutere, warum der 9. Oktober auch als „Wendepunkt" im Herbst 1989 bezeichnet wird (Darstellungstext, M2). **Tipp** → S. 252.

MK **3 a)** Recherchiere mithilfe des Webcodes oder der App „Die Berliner Mauer" die Ereignisse des 9. November 1989.

b) Eine Schülerin, die in Leipzig an den Demonstrationen teilgenommen hat, verfasst in der Nacht vom 9. auf den 10. November 1989 einen Tagebucheintrag. Gestalte diesen mithilfe des **Wortschatzes**.

cornelsen.de/webcodes
Webcode: kunoro
Friedliche Revolution

Zusatzaufgabe → S. 246.

Wortschatz: eine Kundgebung veranstalten • eine Presseerklärung verlesen (= öffentlich vorlesen) • einer Person die Ausreise genehmigen/verwehren • einen Schlagbaum (= eine Schranke) öffnen/herunterlassen • eine Losung (= Leitsatz) haben • eine Grenze passieren (= auf die andere Seite einer Grenze gehen/fahren)

Eine schriftliche Quelle analysieren

In der Oberstufe ist die Interpretation einer Quelle einer der möglichen Aufgabentypen in Klausuren. Dort musst du in einem ersten Schritt eine Quelle zunächst analysieren. Dies lernst du auf dieser Doppelseite kennen. Die Analyse einer Quelle ist in die „äußere“ oder formale und die „innere“, das heißt inhaltliche Quellenanalyse, gegliedert.

- *Im Herbst 1989 gab es die Idee, die DDR als eigenständige, demokratische DDR und als „sozialistische Alternative zur BRD“ zu erhalten. Analysiere den Aufruf dazu.*

Äußere Quellenanalyse

[1] **Textsorte:** *Ein Aufruf ist eine öffentliche Aufforderung, mit der Menschen von einer Idee überzeugt werden sollen.*

[2] **Datum der Veröffentlichung:** *Was ist der engere historische Kontext? Neues Deutschland: Tageszeitung, die bis 1989 das wichtigste Propagandawerkzeug der SED in der ehemaligen DDR war*

[3] **Erstunterzeichner:** *In welchem Verhältnis stehen diese möglicherweise zu Verfasser und Inhalt?*

M 1

Aufruf „Für unser Land“[1] vom 29. November 1989[2] (erschienen in der DDR-Tageszeitung „Neues Deutschland“)

Zu den Erstunterzeichnern[3] gehörten auch DDR-Schriftsteller wie Christa Wolf und Stefan Heym:
Unser Land steckt in einer tiefen Krise.[4] Wie wir bisher gelebt haben, können und wollen wir nicht mehr leben. Die Führung einer Partei hatte sich die Herrschaft über das Volk und seine Vertretungen angemaßt ... Gewaltfrei, durch Massendemonstrationen hat das Volk den Prozeß der revolutionären Erneuerung erzwungen, der sich in atemberaubender Geschwindigkeit vollzieht.[5] Uns bleibt nur wenig Zeit, auf die verschiedenen Möglichkeiten Einfluß zu nehmen, die sich als Auswege aus der Krise[6] anbieten. Entweder können wir auf der Eigenständigkeit der DDR[7] bestehen und versuchen, mit allen unseren Kräften und in Zusammenarbeit mit denjenigen Staaten und Interessengruppen, die dazu bereit sind, in unserem Land eine solidarische Gesellschaft zu entwickeln, in der Frieden und soziale Gerechtigkeit, Freiheit des einzelnen, Freizügigkeit aller und die Bewahrung der Umwelt gewährleistet sind. Oder wir müssen dulden, daß, veranlaßt durch starke ökonomische Zwänge und durch unzumutbare Bedingungen, an die einflußreiche Kreise aus Wirtschaft und Politik in der Bundesrepublik ihre Hilfe für die DDR knüpfen, ein Ausverkauf unserer materiellen und moralischen Werte beginnt und über kurz oder lang die Deutsche Demokratische Republik durch die Bundesrepublik Deutschland vereinnahmt[8] wird. Laßt uns[9] den ersten Weg gehen. Noch haben wir die Chance, ... eine sozialistische Alternative zur Bundesrepublik zu entwickeln ...

*Zit. nach Neues Deutschland vom 29.11.1989, S. 2.**

Innere Quellenanalyse

[4] **Aktuelle Lage:** Krise *in der DDR*

[5] **Rückblick:** *zurückliegende Jahre und Monate*

Schlüsselbegriffe:
Herrschaft der Parteiführung, gewaltfreie Massendemonstrationen, Volk, revolutionäre Erneuerung

[6] **Ausweg aus der Krise:** *(zwei) verschiedene Möglichkeiten*

[7] **Möglichkeit 1:** *Eigenständigkeit der DDR*

Schlüsselbegriffe:
solidarische Gesellschaft, Frieden und soziale Gerechtigkeit ...

[8] **Möglichkeit 2:** *„Vereinnahmung“ durch die BRD*

Schlüsselbegriffe:
ökonomische Zwänge, einflussreiche Kreise ...

[9] **Appell:** *Werbung für den „ersten Weg“*

Schlüsselbegriffe:
Chance, sozialistische Alternative

Arbeitsschritte „Eine schriftliche Quelle analysieren"

Äußere Quellenanalyse	Sprachliche Formulierungshilfen
Vorbereitung: Lies die Textquelle im Hinblick auf ihre Sinnabschnitte.	• **Tipp:** Formuliere für jeden Abschnitt einen Titel und benenne die Funktion.
1. Um welche Quellenart bzw. welche Textsorte handelt es sich?	• *Bei der vorliegenden Quelle handelt es sich um einen Aufruf und somit um ein öffentliches Dokument.*
2. Wann und wo wurde die Quelle geschrieben bzw. wann und wo wurde sie veröffentlicht?	• *Der Text wurde am ... in der Tageszeitung ... veröffentlicht. Bei dieser Zeitung handelt es sich um ...*
3. Von wem wurde die Quelle verfasst?	• *Ein Verfasser/eine Verfasserin für den Aufruf wird nicht benannt, allerdings ... Bei den Autorinnen und Autoren handelt es sich vermutlich um...*
4. An wen ist die Quelle gerichtet?	• *Adressatinnen und Adressaten des Aufrufs sind (vor allem) ..., darüber hinaus aber (vielleicht) auch...*
5. Welches Thema hat die Quelle?	• *Das Thema des Aufrufs/der Quelle ist ...*
6. Aus welchem Anlass ist die Quelle entstanden und welches ist der unmittelbare historische Entstehungskontext?	• *Wenige Wochen vor dem Aufruf ...* • *Anlass für die Veröffentlichung des Aufrufs ist ...* • *Die Quelle entstand anlässlich ...*
7. Welches Interesse oder welche Absicht (Intention) verfolgt der Autor/die Autorin der Quelle?	• *Die Verfasserinnen und Verfasser/die Unterzeichnenden des Aufrufs beabsichtigen vermutlich...*
Innere Quellenanalyse	
Vorbereitung: Nimm unterschiedliche Markierungen von Schlüsselbegriffen und wichtigen Aussagen vor, die dir helfen, bei der schriftlichen Reorganisation des Inhalts und Gedankengangs die Kernaussagen leicht zu finden.	• *Für die Quelle M1 wurde die Markierung von Schlüsselbegriffen schon beispielhaft vorgenommen.*
8. Wie ist die Quelle gedanklich aufgebaut? Welches sind die Kernaussagen des Textes?	• *Zu Beginn des Aufrufs stellen die Verfasserinnen und Verfasser fest, dass ... Als Ursache hierfür schildern sie ... Im Anschluss zeigen sie zwei ...* • *Die Kernaussagen des Textes sind ...*

MK **1** Analysiere M1 mithilfe der Arbeitsschritte oder der Kopiervorlage im Webcode hinsichtlich einer möglichen Zukunft der DDR. Ergänze die sprachlichen Formulierungshilfen mit deinen Ergebnissen.

Zusatzaufgabe → S. 246.

M2

Klausurtraining für die Oberstufe

Die Interpretation einer Quelle in einer Klausur in der Oberstufe besteht aus drei Schritten. Den ersten Schritt lernst du hier kennen. Die Schritte 2 und 3 folgen im Laufe dieses und des nächsten Kapitels:

1. Analysieren der Quelle
2. Die Quelle in den historischen Kontext einordnen (S. 168/169)
3. Die Aussagen der Quelle beurteilen (S. 202/203)

cornelsen.de/webcodes
Webcode: zoriwi
Kopiervorlage Methodentabelle

Die Grenzen werden geöffnet

Nach der Bekanntgabe der Öffnung der Grenzen am Abend des 9. November 1989 durch SED-Funktionär Günter Schabowski begaben sich viele Bürgerinnen und Bürger der DDR noch am selben Abend zu den Grenzübergängen nach Westberlin und zur BRD.

- ***Welche Reaktionen lösten die Grenzöffnungen in Ost und West bei der Bevölkerung aus?***

M 1

Geteiltes Deutschland – Warten am Grenzkontrollpunkt Helmstedt-Marienborn, Foto, 1970

M 2

Die ersten Trabis werden am Berliner Grenzübergang Checkpoint Charlie am Morgen nach der Maueröffnung von unzähligen Menschen begrüßt. Foto, 10. November 1989

Die Situation vor dem 9. November 1989

Reisende aus der BRD mussten sich an den wenigen Übergangsstellen der innerdeutschen Grenze langwierigen und nicht selten demütigenden Personen- und Fahrzeugkontrollen unterziehen. DDR-Bürgerinnen und -Bürger durften die Grenze zur BRD als Rentnerinnen und Rentner und sonst nur in äußerst seltenen Ausnahmefällen in Richtung Westen passieren. Bei Familien musste meist ein Mitglied in der DDR bleiben, um zu garantieren, dass alle Familienmitglieder in die DDR zurückkehrten.

9. November 1989 – der Schlagbaum öffnet sich

Noch vor der Öffnung der Grenzübergänge von Ostberlin nach Westberlin öffneten sich an der Grenzübergangsstelle Marienborn (heute Sachsen-Anhalt) an der Strecke Berlin-Hannover die Schlagbäume. Es war Annemarie Reffert, die am 9. November 1989 um 21.25 Uhr als erste DDR-Bürgerin den Grenzübergang mit ihrer Tochter passierte. Sie fuhr durch die grenznahe niedersächsische Stadt Helmstedt und umgehend wieder nach Hause. Bei ihrer Rückkehr wurde Reffert von einem westdeutschen TV-Team interviewt. Zahlreiche DDR-Bürgerinnen und -Bürger sollten es ihr in den kommenden Tagen und Wochen gleichtun, allerdings kehrten viele dann nicht wieder zurück.

Wortschatz: eine Transitautobahn • eine Personenkontrolle durchführen • aus einem Land ausreisen • ein Grenzkontrollpunkt • auf die Ausreise warten • die Schlagbäume öffnen sich

M 3

Die Magdeburger Ärztin Annemarie Reffert erinnert sich daran, wie sie am 9. November 1989 die Grenzübergangsstelle Marienborn mit ihrer Tochter passierte:

„Wo wollen Sie hin?“ Ich sagte: „Ich habe gehört, die Grenze ist jetzt offen und wir wollen rüber.“ „Wieso?“ „Na Schabowski hat das eben gesagt in den Nachrichten, hier ist mein Ausweis und ich möchte jetzt rüber.“ Nimmt meinen Ausweis mit, geht rum, kontrolliert, kommt nach kurzer Zeit zurück und sagt: „Ich weiß von nichts, von mir aus fahren Sie weiter, da kommen ja noch mehr Kontrollen.“ Ich hatte schon Herzklopfen. Dann kamen wir nach Marienborn, alles leer und hell erleuchtet, ich wusste gar nicht, wo ich hinfahren sollte.“ [Beim Zoll] „Sagen Sie mal, wieso ist denn Ihr Kofferraum leer. Ich denke, Sie wollen ausreisen?“ „Nee, ich will bloß gucken, ob die Grenze auf ist.“ Er antwortet: „Wieso? Ach, ist mir doch egal, machen Sie, was Sie wollen.“ Dann kam er zurück, gab uns die Ausweise und sagte „Sie können fahren.“ Ich gucke hoch und sage „Die Ampel ist rot.“ Ich wollte nur korrekt sein. Ampel grün. Ich konnte fahren ... Ich bekam keine Luft, ich fuhr ins Schwarze, ich denke, was machst du jetzt? Jetzt bist du drüben. Was willst du eigentlich hier? Und Juliane dann: „Och Mutti, was machen wir, wenn die uns nicht wieder reinlassen?“

*Erinnerungen von Annemarie Reffert auf einer Infotafel in der Gedenkstätte Deutsche Teilung Marienborn.**

M 5

Am Tag nach der Grenzöffnung verteilt der Geschäftsführer eines westdeutschen Spirituosenherstellers Schnaps und 20 DM-Scheine an Einreisende aus der DDR. Foto, 1989

M 4

Lage der sogenannten Transitautobahnen, die von der BRD bis nach Berlin (West) führten. Eine Transitautobahn durfte bei der Durchquerung der DDR nicht verlassen werden, es waren nur kurze Aufenthalte in ausgewählten Raststätten oder Tankstellen erlaubt. Ansonsten drohten Strafgelder oder gar Verhaftungen. Ein Treffen mit Bürgerinnen und Bürgern der DDR war für Westdeutsche strikt verboten. Es durfte auch nicht gefilmt oder fotografiert werden. Nach der Grenzöffnung im November 1989 war der Andrang an den Grenzübergangsstellen so groß, dass sich kilometerlange Rückstaus bildeten.

1 Charakterisiere die Stimmung bei der Grenzöffnung (M2, M5). **Tipp** → S. 252.
2 Untersuche, wie die DDR-Bürgerin Annemarie Reffert die Grenzöffnung erlebt hat (M3, Darstellungstext). Berücksichtige dabei auch das Verhalten der Grenzkontrollen.
3 Gestalte einen Kommentar für eine Zeitung mit dem Titel „Der 9. November 1989 an den Grenzübergängen“. Verwende dazu die Materialien dieser Doppelseite. Nutze den **Wortschatz.**

cornelsen.de/webcodes
Webcode: cudoqo
Marienborn

Die deutsche Wiedervereinigung

Nach der DDR-Volkskammerwahl am 18. März 1990 war der Weg zur Herstellung der deutschen Einheit vorgezeichnet – und zwar mit einem schnellen Beitritt der DDR zur BRD. Für eine deutsche Einheit war jedoch die Zustimmung der vier Siegermächte des Zweiten Weltkrieges notwendig. Auf der Potsdamer Konferenz 1945 hatten sie die „Lösung der Deutschlandfrage" auf einen künftigen Friedensvertrag vertagt.
- ***Wie gelang es, die Zustimmung der Siegermächte zu erreichen?***

Deutsch-deutsche Verträge

Der Vereinigungsprozess vollzog sich auf zwei Ebenen: Einerseits bereiteten die beiden deutschen Regierungen die Zusammenführung der unterschiedlichen politischen und wirtschaftlichen Systeme vor. Andererseits verhandelten sie parallel mit den Siegermächten des Zweiten Weltkriegs – den USA, der Sowjetunion, Großbritannien und Frankreich, also „2+4" – über einen völkerrechtlichen Vertrag zur Wiederherstellung der deutschen Einheit. Nach dem Wahlsieg der CDU gab es einen klaren Regierungsauftrag: die Auflösung der DDR und ihren Beitritt zur BRD. Die Verhandlungen über diesen Weg zur Wiedervereinigung mündeten zunächst in einem „Staatsvertrag zur Wirtschafts-, Währungs- und Sozialunion", der am 1. Juli 1990 in Kraft trat. Erfüllt war damit auch eine zentrale Forderung der Demonstranten: „Kommt die D-Mark, bleiben wir, kommt sie nicht, geh'n wir zu ihr!" In einem zweiten Schritt wurde der „Einigungsvertrag" politisch ausgehandelt. Sowohl in Ostberlin als auch in Bonn stimmten die Parlamente dem Vertrag am 20. September 1990 mit großer Mehrheit zu. Am 3. Oktober 1990 trat der Vertrag zur „Herstellung der Einheit Deutschlands" in Kraft, indem die DDR der BRD beitrat und sich somit auflöste. Zuvor hatten die Abgeordneten der DDR-Volkskammer in einer turbulenten Nachtsitzung bereits im August mit 294 von 400 Stimmen den Beitritt der DDR zum Geltungsbereich des Grundgesetzes der BRD beschlossen.

Die Wiedervereinigung wirkte auf europäischer Ebene weiter, indem das vereinte Deutschland als Mitglied der Europäischen Union (EU) seit 1993 in besonderer Weise dazu beitrug, die Zusammenarbeit zwischen westlichen und östlichen Staaten zu intensivieren.

M 1

Deutsch-deutsche Verträge (Bundesrepublik und DDR)		Völkerrechtlicher Vertrag (Bundesrepublik, DDR, UdSSR, GB, F, USA)
„Staatsvertrag zur Wirtschafts-, Währungs- und Sozialunion 18.5.1990	**„Einigungsvertrag"** 31.8.1990	**„Vertrag über die abschließende Regelung in Bezug auf Deutschland" (2+4-Vertrag)** 12.9.1990
• **Wirtschaftsunion:** Einführung der sozialen Marktwirtschaft in der DDR • **Währungsunion:** Bildung eines einheitlichen Währungsgebietes (Einführung der D-Mark in der DDR am 1.7.1990) • **Sozialunion:** Einführung einer gegliederten Sozialversicherung (mit Renten-, Kranken-, Arbeitslosen- und Unfallversicherung) in der DDR	• **Beitritt der DDR-Länder zum** Geltungsbereich des Grundgesetzes (3.10.1990) • **Rechtsangleichung** durch Übertragung des bundesrepublikanischen Rechts auf die Bundesländer der DDR • **Hauptstadt:** Berlin, Regierungssitz bleibt offen • **keine Revision der Enteignung** auf besatzungsrechtlicher Grundlage in der Sowjetischen Besatzungszone (1945-1949)	• **Bestätigung der Grenzen** des vereinten Deutschlands • **Bekenntnis zum Frieden** • **Verzicht auf ABC-Waffen** • **Beschränkung der Streitkräfte** auf 370 000 Soldaten • **Abzug der sowjetischen Truppen** bis 1994 aus Ostdeutschland • **volle Souveränität** des vereinten Deutschlands
→ Aufgabe der Souveränität der DDR als Staat → Weg zur schnellen Vereinigung durch Beitritt nach Art. 23 GG	→ Beschluss der staatsrechtlichen Vereinigung beider deutscher Staaten	→ ersetzt einen Friedensvertrag → beendet völkerrechtlich den Zweiten Weltkrieg (1939-1945) → ermöglicht Zugehörigkeit des vereinten Deutschlands zum westlichen Bündnissystem (EU, NATO)

cornelsen.de/webcodes
Webcode: madeci
Film: Die deutsche Einheit

Verträge zur deutschen Wiedervereinigung 1990. Im November 1990 wurde in Warschau ein weiterer Vertrag mit der Republik Polen geschlossen, in dem der Grenzverlauf zwischen Deutschland und Polen entlang der Grenze der ehemaligen DDR bestätigt wurde.

M 2 *Unterzeichnung des Zwei-plus-Vier-Vertrages am 12. September 1990 in Moskau, von links nach rechts sitzend die Außenminister James Baker (USA), Douglas Hurd (Großbritannien), Eduard Schewardnadse (Sowjetunion), Roland Dumas (Frankreich), Lothar de Maizière (DDR) und Hans-Dietrich Genscher (BRD), Foto*

Die Haltung der europäischen Nachbarn

Schwieriger gestalteten sich die Gespräche mit den vier Siegermächten über einen völkerrechtlichen Vertrag. Erst nach langen Verhandlungen gaben sie und auch andere europäischen Nachbarn wie Polen ihre Bedenken auf. Die Frage möglicher Reparationen für die von Deutschland im Krieg verursachten Schäden wurde nicht erörtert. Die sowjetische Führung musste davon überzeugt werden, dass auch ein vereintes Deutschland nicht neutral, sondern Mitglied der westlichen NATO bleiben würde. Dank geschickter Diplomatie der Regierung Helmut Kohls akzeptierte die Sowjetunion diese Position. Im Gegenzug sicherte die BRD der Sowjetunion großzügige Wirtschaftshilfe zu.

Am 12. September 1990 konnten in Moskau die Verhandlungen mit dem „2+4"-Vertrag zum Abschluss geführt werden (M1). Die „neue" BRD war von Beginn an ein souveräner Staat. Der Vertrag beendete zeitgleich auf völkerrechtlicher Ebene nach 45 Jahren den Zweiten Weltkrieg. Die ehemaligen Besatzungsmächte verloren ihre bis dahin geltenden Verantwortlichkeiten und Rechte.

M 3 **Positionen der Regierungen zur Frage der deutschen Einheit Anfang 1990:**

Margaret Thatcher (Großbritannien): Im Unterschied zu George Bush war ich von Anfang an gegen die deutsche Wiedervereinigung ... Deutschland zu vereinigen hieß, es zur beherrschenden Nation in der Europäischen Gemeinschaft zu machen ... Ich hielt es auch für falsch, dass Ostdeutschland, gegen das wir schließlich gekämpft hatten, sich als erstes [Land] der Europäischen Gemeinschaft anschließen sollte, während Polen und die Tschechoslowakei, für die wir in den Krieg gezogen waren, noch warten mussten ...

George Bush (USA): Um ganz ehrlich zu sein: Wir hatten unsere Differenzen mit Lady Thatcher und François Mitterand, vielleicht weil Amerika weit entfernt ist ... Aber ich hatte das Gefühl, die deutsche Wiedervereinigung wäre im fundamentalen Interesse des Westens ... Ich war überzeugt, dass Helmut Kohl ein vereintes Deutschland nicht aus der NATO herausführen würde. Ich war mir sicher, dass er sich für den Westen und nicht für die Neutralität zwischen NATO und Warschauer Pakt entscheiden würde, wie Herr Gorbatschow es sich wünschte ...

Michail Gorbatschow (Sowjetunion): Wie Kanzler Kohl nahmen wir ursprünglich an, es werde eine Art Assoziation deutscher Staaten geben, eine Konföderation vielleicht ... Wir hatten den Kalten Krieg aufs Spiel gesetzt ... Sollte all das aufs Spiel gesetzt werden für den Versuch, das aufzuheben, was die Deutschen selbst wollten, indem wir Truppen einmarschieren ließen? Nein!

*https://www.zeit.de/1996/11/8359/komplettansicht (Stand: 29.10.2021).***

1 Fasse die beiden Ebenen des Vereinigungsprozesses zusammen (Darstellungstext).

2 Arbeite die Positionen der Regierungschefs aus M3 heraus.

3 Erkläre, warum es in Europa Vorbehalte gegen die Wiedervereinigung gab (M3, Darstellungstext). Nutze den **Wortschatz**.

4 Beurteile, inwiefern alle beteiligten Akteure mit dem Zwei-plus-Vier-Vertrag (M1, M2, Darstellungstext) einverstanden sein konnten.

5 **Partnerarbeit**: Diskutiert mithilfe der Materialien, warum die deutsche Wiedervereinigung nicht nur für die deutsche Politik von Bedeutung war.

Zusatzaufgabe → S. 247.

Wortschatz: das Inkrafttreten eines Vertrages • eine Verhandlung zum Abschluss bringen • dem Geltungsbereich der Bundesrepublik beitreten • Wirtschaftshilfen zusichern • Bedenken gegen die deutsche Einheit haben

Eine Bildquelle analysieren und in den historischen Kontext einordnen

Der zweite Schritt in einer Oberstufenklausur verlangt nach der Analyse (S. 162/163) einer Quelle deren Einordnung in den historischen Kontext. Dies gilt nicht nur für Text-, sondern auch für Bildquellen, da auch diese nur unter Hinzuziehung des historischen Hintergrundwissens erschlossen und interpretiert werden können.

- *Auf dieser Doppelseite lernst du am Beispiel einer Karikatur, wie du eine zeitgenössische Quelle einordnest und historische Bezüge erläuterst.*

M 1

Laurence Clark, „Dropping the Pilots (= engl. Die Lotsen gehen von Bord), New Zealand Herald, 4.10.1990. 1 = Mann an der Reling: Helmut Kohl, deutscher Bundeskanzler; 2 = die Männer auf der Treppe sind Vertreter der Alliierten (von hinten nach vorne): Charles de Gaulle (französischer Staatspräsident), Josef Stalin (Generalsekretär der KPdSU), Harry S. Truman, (Präsident der USA), Winston Churchill (Premierminister Großbritanniens); 3 = Klarc after Tenniel: Hinweis auf eine Karikatur John Tenniels zur Entlassung Bismarcks (M2), die Laurence Clark als Vorlage diente.

M 2

Das Vorbild für M1: „Dropping the pilot" (engl. Der Lotse geht von Bord), Karikatur aus der englischen Zeitschrift „Punch" vom 29. März 1890. Die Karikatur entstand, nachdem der junge Kaiser Wilhelm II. den erfahrenen Reichskanzler Bismarck entlassen hatte. Der Karikaturist stellt Bismarck mit einer Matrosenkleidung als Lotse dar. Er wirkt so als Anführer und Lenker des deutschen Kaiserreichs. Grund für die Entlassung waren Streitigkeiten in der Frage nach dem außenpolitischen Kurs des deutschen Kaiserreichs.

Arbeitsschritte „Eine Bildquelle analysieren und in den historischen Kontext einordnen“

Klausurtraining 1: Analyse der Bildquelle	**Sprachliche Formulierungshilfen**
1. Welche äußeren Merkmale der Quelle können benannt werden?	• *Die vorliegende Karikatur mit dem Titel ... wurde von ... am ... in ... veröffentlicht. Adressaten sind ...*
2. Welche Personen, Gegenstände und anderen Details lassen sich auf der Karikatur erkennen? Beziehe Bildaufbau und Textelemente mit ein.	• *Zentrales Bildelement ist der Rumpf eines Schiffes, ...* • *In der Bildmitte ... Am linken oberen Bildrand ... Links unten ...*
Klausurtraining 2: Einordnung der Bildquelle in den historischen Kontext	
3. Welches ist der unmittelbare historische Kontext der Bildquelle?	• *Die Karikatur ist im Kontext der deutschen Wiedervereinigung 1990 entstanden/veröffentlicht worden.*
4. Auf welches Ereignis / welche Ereignisse bezieht sich die Bildquelle? **Tipp:** Für eine umfassende Deutung muss hier auch der Zusammenhang zwischen den vier Personen auf der Treppe und den Ereignissen des Jahres 1990 erläutert werden (→S. 166/167).	• *Die Karikatur bezieht sich auf den „Zwei-plus-Vier-Vertrag“ vom 12. September 1990 zwischen ...* • *In diesem Vertrag wird geregelt, ...* • *Die Funktion des „Zwei-plus-Vier-Vertrages“ ist ...* • *Nach dem Zweiten Weltkrieg hatten nämlich die vier Siegermächte ...*
Deutung der Bildelemente im Zusammenhang	
5. Welche Bedeutung haben die einzelnen Bildelemente (Personen, Gegenstände) vor dem Hintergrund des historischen Kontexts?	• *Der Rettungsring mit der Aufschrift „Germany“ soll verdeutlichen, dass es sich hier um das wiedervereinigte Deutschland handelt.* • *Die Person an der Reling ist ... der ... Er erweckt den Eindruck ... Bei den vier Personen auf der Treppe handelt es sich um ... Die Tatsache, dass sie das Schiff verlassen/von Bord gehen, deutet darauf hin, dass ...* • *Das Beiboot/Rettungsboot am unteren Bildrand ...* • *Der Titel „Dropping the pilots“ bedeutet ...*
6. Wie können die Bildelemente im Zusammenhang zusammenfassend gedeutet werden?	• *Die Gesamtaussage der Karikatur ist, dass ...* • *Die Karikatur lässt sich so deuten, dass ...*
7. Was wird besonders hervorgehoben oder kritisiert?	• *Die Aussage im Titel deutet darauf hin, dass ...*
8. Welche Wirkung könnte die Bildquelle haben?	• *Der Betrachter könnte erkennen, dass ...*

MK 1 Analysiere die Karikatur M1 und ordne sie mithilfe der Arbeitsschritte in den historischen Kontext ein.

cornelsen.de/webcodes
Webcode: jazixu
Kopiervorlage Methodentabelle

M 3

Klausurtraining für die Oberstufe
Die Interpretation einer Quelle in einer Klausur in der Oberstufe besteht aus drei Schritten.
1. Analysieren der Quelle (S. 162/163)
2. Die Quelle in den historischen Kontext einordnen
3. Die Aussagen der Quelle beurteilen (S. 202/203)

War die DDR ein „Unrechtsstaat"?

Im Jahr 2009 diskutierte die Öffentlichkeit anlässlich des 20. Jahrestages der Wiedervereinigung die Frage, ob die DDR als Unrechtsstaat bezeichnet werden kann. Die kontroversen Meinungen gingen quer durch die Parteien. Die Diskussion hält bis heute an.

- ***Setze dich mit verschiedenen Diskussionsbeiträgen zur Leitfrage auseinander.***

M 1

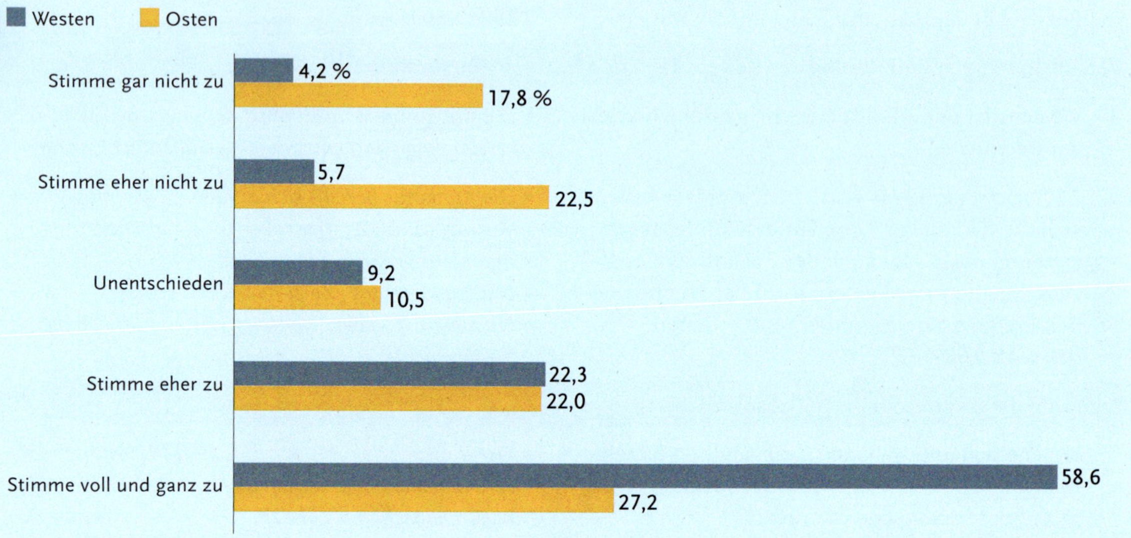

Umfrage (2019) zur Aussage „Die DDR war ein Unrechtsstaat" (Quelle: Civey)

M 2

Joachim Gauck, Bundespräsident (2012–2017), in einem Zeitungsbeitrag (2009):

[In] der DDR [gab es] keine Unabhängigkeit der Justiz ..., keine Gewaltenteilung ... Nicht jedermann konnte [in den Bereich des Rechts eingreifen], aber die zentralen Führungsinstanzen der Partei sehr wohl. Zudem war es unmöglich, staatliches Handeln auf dem Gerichtsweg anzugreifen ... Man konnte allerdings, wie im Feudalismus, Eingaben an die Herrschenden richten und appellieren: Hier geschieht Unrecht. Und dann hatte man vielleicht Glück. Oder eben nicht. Das spricht ... dafür, das Regime der DDR ein Unrechtsregime zu nennen ...

*Zit. nach http://www.mz-web.de/politik/geschichte-lebenin-geteilter-erinnerung--8276200 (Stand: 01.11. 2021).***

M 3

Lothar de Maizière, letzter Ministerpräsident der DDR (1990), lehnt den Begriff „Unrechtsstaat" als Bezeichnung für die DDR ab (2010):

„Ich halte diese Vokabel für unglücklich", sagte Lothar de Maizière ... „Die DDR war kein vollkommener Rechtsstaat. Aber sie war auch kein Unrechtsstaat. Der Begriff unterstellt, dass alles, was dort im Namen des Rechts geschehen ist, Unrecht war." Wenn die DDR ein Unrechtsstaat gewesen wäre, hätte im Einigungsvertrag nicht vereinbart werden können, dass Urteile aus DDR-Zeiten weiter vollstreckt werden können, sagte der CDU-Politiker. „Auch in der DDR war Mord Mord und Diebstahl Diebstahl", sagte de Maizière dem Blatt. „Das eigentliche Problem waren das politische Strafrecht und die fehlende Verwaltungsgerichtsbarkeit."

*Zit. nach AFP, 07.01.2014.**

M 4

Der Theologe Richard Schröder über den Begriff des „Unrechtsstaats“ (2009):

War die DDR ein Unrechtsstaat oder nicht? Das ist ein Streit, bei dem noch immer die Wogen hochgehen. „Die DDR war kein Unrechtsstaat“, das beleidigt diejenigen, die in der DDR zu Unrecht im Gefängnis gesessen, aus politischen Gründen vom Studium abgelehnt wurden, die Schikane der Stasi über sich ergehen lassen mussten oder enteignet wurden. „Die DDR war ein Unrechtsstaat“, ... das stößt heute auch auf Widerspruch bei solchen ehemaligen DDR-Bürgern, die seinerzeit mit der SED gar nicht viel am Hut hatten. Warum das? Der Satz empört, wenn er von West nach Ost herübertönt. Er wird als Vorwurf gehört: „Ihr habt doch alle mitgemacht.“ ... „Die DDR ein Unrechtsstaat“, das ist für die einen eine maßlose Dramatisierung, die nur von den heutigen Missständen ablenken soll. „Die DDR kein Unrechtsstaat“, das ist für die anderen eine maßlose Verharmlosung, bei der Diktatur und Demokratie in einen Topf geworfen zu werden. Was nun?

Zwei schlichte Tatsachen helfen uns weiter: ... „Unrechtsstaat“ ist kein lexikonfähiges Wort. Jeder kann sich unter diesem Wort denken, was er will ... Wohl aber ist definiert, was ein Rechtsstaat ist. Selbstverständlich ist das nicht ein Staat ohne Unrecht. Den gibt's nicht. Sondern es ist ein Staat, der selbst nach Regeln des Rechts zu handeln hat, ein Staat, dessen Macht durch die Grundrechte der Bürger und durch die Gewaltenteilung in Legislative, Exekutive und Judikative begrenzt ist, ein Staat, in dem die Rechtswege (Gerichte) jedem offen stehen und zwar auch gegen Behördenentscheidungen (Verwaltungsgerichte), ja sogar gegen Gesetze (Verfassungsgericht)[1].

Es sind also bestimmte Institutionen, die den Rechtsstaat ausmachen ... Es ist völlig klar, dass die Bundesrepublik Deutschland in diesem Sinne ein Rechtsstaat war und ist und dass die DDR in diesem Sinne nie ein Rechtsstaat sein wollte ...

Nun darf aus all dem nicht gefolgert werden, die DDR-Bevölkerung sei jeder staatlichen Willkür schutzlos ausgeliefert gewesen ...

Unter Honecker wurde das Eingabewesen stark ausgebaut. Wer sich also von einer örtlichen Behörde ungerecht behandelt fühlte, schrieb eine Eingabe an Honecker ... Man konnte gelegentlich durch eine Eingabe etwas erreichen ... Es war tatsächlich für viele DDR-Bürger alles gar nicht so schlimm, aber es war schlimm, dass das eben nur Glückssache war, Gnade und nicht Recht, Geschenke für Wohlverhalten und nicht durchsetzbare Ansprüche.

*Zit. nach Richard Schröder, Die wichtigsten Irrtümer über die deutsche Einheit, Freiburg (Herder) 2007, S. 48–55.**

[1] *Diese Gerichte gab es in der DDR nicht.*

MK **1** **Methode:** Werte die Statistik M1 mithilfe der Arbeitsschritte auf S. 272 oder der Kopiervorlage im Webcode aus.

2 **a)** Arbeite aus M2–M4 die Positionen zur Leitfrage in der Überschrift heraus. Nutze den **Wortschatz**.
b) Stelle die Argumente nach Pro und Kontra im Hinblick auf die Leitfrage in einer Tabelle gegenüber.
c) Suche jeweils zwei Argumente heraus, denen du (eher) widersprichst bzw. zustimmst, und begründe deine Entscheidung schriftlich.
d) Nimm zur Frage Stellung, ob die DDR als Unrechtsstaat bezeichnet werden kann. Berücksichtige auch M1. **Tipp** → S. 252.

3 Führt in der Klasse eine Podiumsdiskussion zum Thema „Die DDR – ein Unrechtsstaat?“ durch. **Tipp** → S. 252.

cornelsen.de/webcodes
Webcode: seduke
Kopiervorlage Methodentabelle

Wortschatz: sich an einem Unrecht beteiligen • jemanden unter Verdacht stellen • Schikanen über sich ergehen lassen • etw. verharmlosen • etw. dramatisieren • der Rechtsweg steht jemandem offen • der Willkür ausgeliefert sein • eine Eingabe (= eine schriftliche Bitte oder Beschwerde an eine Behörde) schreiben

Welche Folgen hatte die Wiedervereinigung?

„Jetzt wächst zusammen, was zusammengehört", sagte der ehemalige Bundeskanzler Willy Brandt am Tag nach dem Mauerfall 1989. Doch der Jubel über die kommende Wiedervereinigung wich schnell der Ernüchterung. Bald wurde erkennbar, wie schwierig das Zusammenwachsen von West und Ost sein würde.

- ***Untersuche, welche Probleme gelöst werden mussten und welche immer noch bestehen.***

M 1

„Metamorphose des aufrechten Gangs", Karikatur von Peter Dittrich, 1990

Hohe Erwartungen an die Einheit

Mit großer Freude wurde die deutsche Wiedervereinigung am 3. Oktober 1990 gefeiert. Bundeskanzler Kohl versprach „blühende Landschaften" in den neuen Bundesländern und eine rasche Angleichung an den Lebensstandard im Westen. Bereits die Einführung der D-Mark am 1. Juli 1990 und die mit Westprodukten gefüllten Läden steigerten diese Hoffnungen. Doch die Menschen in der ehemaligen DDR fanden sich praktisch „über Nacht" in einem ganz anderen politischen, gesellschaftlichen und wirtschaftlichen System wieder.

Der Umbau der Wirtschaft

Die DDR-Wirtschaft war marode (= heruntergekommener) als angenommen. Wie konnte ein Übergang von der Plan- zur Marktwirtschaft gelingen? Dazu wurde im März 1990 die Treuhandanstalt* gegründet. Sie übernahm die Privatisierung der staatlichen Betriebe der ehemaligen DDR und suchte nach Käufern für rentable Unternehmen. Dabei wurden viele unrentable Betriebe geschlossen oder symbolisch für eine DM verkauft. Die Maschinen wurden dann abgebaut und das Gebäude abgerissen. Manche Betriebe konnten wegen Umweltbelastungen nicht weitergeführt werden. Millionen von Ostdeutschen verloren ihren Arbeitsplatz und wurden so mit dem für sie bis dahin unbekannten Problem der Arbeitslosigkeit konfrontiert. Die Übernahme der bundesrepublikanischen Sozialversicherung minderte die materielle Not. Viele Arbeitslose suchten sich Arbeit in den alten Bundesländern. Insgesamt überwog im Osten eine skeptische Einstellung gegenüber der sozialen Marktwirtschaft. Viele fühlten sich als Verlierer der Einheit.

„Aufbau Ost" und die Frage des Eigentums

Vom Solidaritätszuschlag, einer Sondersteuer, die ab 1991 alle Deutschen zahlten – seit 2021 nur noch ab einer bestimmten Einkommenshöhe –, wurden mehrere Milliarden Euro jährlich für den Um- und Aufbau im Osten entnommen. Die Summe verringerte sich dabei seit 2010 stark. Das meiste Geld floss in den Ausbau von Verkehrswegen, Kommunikationsnetzen und in die Sanierung der Städte. Auch die schlimmsten Umweltzerstörungen wurden beseitigt.

Streit gab es um die von der Bundesregierung beschlossene „Rückgabe statt Entschädigung". Damit gelangten Wohnungen, Häuser und Grundstücke wieder in den Besitz der Personen zurück, die vor Jahrzehnten aus der DDR geflohen waren. Nun forderten diese ihr Eigentum zurück oder verlangten oft hohe Mieten von den Bewohnern.

Wortschatz: etwas weicht der Ernüchterung (= macht ihr Platz) • den Lebensstandard an etwas angleichen • eine skeptische Einstellung gegenüber etwas haben/vertreten • eine ungeklärte Besitzlage • jemanden als IM enttarnen • Einsicht in eine Akte nehmen • ein Unrecht aufarbeiten • eine Metamorphose (= Verwandlung)

Aufarbeitung der DDR-Vergangenheit

Erst nach 1990 wurde deutlich, wie dicht das Netz der Beobachtung durch die Stasi gewesen war. Nachbarn, Verwandte, sogar Ehepaare hatten sich als „Informelle Mitarbeiter“ (IM) bespitzelt und verraten. Nach der Enttarnung der IM stellte sich die Frage, ob und wie die Stasi-Mitarbeit und weiteres vom SED-Regime verübtes Unrecht bestraft werden sollten. Nach DDR-Recht war weder die Bespitzelung eines Bürgers durch den Staat noch das Verhalten derjenigen Grenzsoldaten strafbar, die auf Flüchtlinge geschossen haben. Eine der zur Aufarbeitung und Dokumentation des SED-Regimes geschaffenen Institutionen war die „Bundesbehörde für die Unterlagen des Staatssicherheitsdienstes der ehemaligen DDR“ (BStU). Sie verwahrte Tausende von Akten, und jeder von der MfS-Überwachung Betroffene kann Einsicht in seine personenbezogenen Akten nehmen. Die Behörde ist seit Juni 2021 Teil des Bundesarchivs.

M 2

Die spanische Journalistin Ana Carbajosa über Bedürfnisse der Ostdeutschen (2020):

Ich bestaune die Wiedervereinigung in Deutschland ... Aber ich sehe auch, dass nach drei Jahrzehnten immer noch viel zu tun bleibt. Dass es Gefühle gibt, die das Leben und die Politik genauso oder mehr prägen als eine neue Autobahn oder der Solidaritätszuschlag. Ich habe erlebt, wie stark der Wunsch vieler Menschen des Ostens nach Anerkennung ihres früheren Lebens ist. Ich habe erfahren, dass Enttäuschungen und das Gefühl fehlender Wertschätzung auch an die nächste Generation weitergegeben werden. Und ich habe verstanden, dass eben an diesen Gefühlen nun jene ansetzen, die Frustration und dadurch gewachsenen Groll für ihre politischen Zwecke ausnutzen wollen. Besonders beeindruckt hat mich ein Gespräch mit einem jungen Mädchen aus dem Osten. Sie erklärte mir, dass sie und ihre Familie erst jetzt – 30 Jahre später – beginnen, alles zu verarbeiten ... Das sei heilend und notwendig.

*Zit. nach Schwarzrotgold. Das Magazin der Bundesregierung, 2/2020, S. 17.**

M 3

Der Historiker Ilko-Sascha Kowalczuk über die Treuhandanstalt (2019):

Die Politik der Treuhand ... ruft noch heute im Osten bei Menschen im mittleren und fortgeschrittenen Alter negative Emotionen hervor, während sie bei Jüngeren unbekannt ist. Zuweilen wurde sie als „größtes Schlachthaus Europas“ bezeichnet ... Auf die größten Privatisierungen hatte die Treuhand keinen Einfluss: Banken, Versicherungen und Energieversorgung waren auf Druck der Bonner Regierung an bundesdeutsche Monopolunternehmen[1] übertragen worden. Die Reichsbahn der DDR fiel an die Deutsche Bahn. Die Treuhand war für die Privatisierung von 12 354 Betrieben mit rund vier Millionen Beschäftigten zuständig. Gut die Hälfte der Betriebe wurde privatisiert, 13 % an Alteigentümer zurückgegeben, 25 % an Gemeinden übergeben und der Rest geschlossen. Die Treuhand beendete ihre Arbeit mit einem Defizit von 125 Milliarden Euro – ursprünglich war man von 300 Milliarden Gewinn ... ausgegangen. In die Beseitigung ökologischer Altlasten flossen 20, in Sanierungsmaßnahmen 75 und in die Tilgung von Altschulden 50 Milliarden Euro.

*Ilko-Sascha Kowalczuk, Die Übernahme. Wie Ostdeutschland Teil der BRD wurde, München (Beck) 2019, S. 120 f.**

[1] *den Markt beherrschende Großunternehmen*

1 Beschreibe Herausforderungen sowie ergriffene Maßnahmen, die sich nach der Wiedervereinigung stellten (Darstellungstext). Nutze den **Wortschatz**.

MK **2** **Methode:** Interpretiere die Karikatur M1 mithilfe der Arbeitsschritte auf S. 270 oder mithilfe des Webcodes auf S. 31. **Tipp** → S. 252.

3 Erläutere, inwiefern laut M2 die Beschäftigung mit der ostdeutschen Vergangenheit noch heute aktuell ist.

4 Beurteile den Erfolg der Treuhandanstalt mithilfe von M3 und des Darstellungstextes.

5 Das Gesetz, wonach jeder Betroffene Einsicht in seine Stasi-Akten nehmen darf, wurde 2019 bis 2030 verlängert. Bewerte, ob sich dieser Aufwand lohnt. **Tipp** → S. 252.

Zusatzaufgabe → S. 247.

Staatliche Einheit – gespaltene Gesellschaft?

Offiziell hörte die DDR am 3. Oktober 1990 auf zu existieren. Doch in vielen Köpfen war die Trennung in Ost und West damit nicht aufgehoben.

- ***Wähle A, B oder C und untersuche unterschiedliche Sichtweisen.***

Die Folgen der Wiedervereinigung aus Ostsicht

Die „Wende“ brachte für viele Ostdeutsche ein Angebot an neuen Möglichkeiten, aber auch unbekannte Ängste und Sorgen. Einige feierten schnell berufliche Erfolge, andere fühlten sich durch Arbeitslosigkeit und Verschuldung abgehängt. Mit der Unzufriedenheit wuchs auch die Kritik am „Ausverkauf“ und der „Übernahme“ durch den Westen. Heute haben sich durch die Abwanderung und den Generationenwechsel viele Grenzen verwischt. Doch immer noch gibt es Konflikte und Debatten über Ost und West, etwa, als Bundespräsident Gauck 2015 in Hinblick auf den Rechtsextremismus im Osten von „Dunkeldeutschland“ sprach.

A

Die Journalisten Michael Jürgs (M1) und Angela Elis (M2) haben 2005 gemeinsam das Buch „Typisch Ossi, typisch Wessi: Eine längst fällige Abrechnung unter Brüdern und Schwestern“ veröffentlicht. Bei den beiden folgenden Texten handelt es sich um Polemiken: in der Auseinandersetzung oft absichtlich übertrieben, pauschal und boshaft.

M1 Der westdeutsche Journalist Michael Jürgs (geb. 1945) schrieb 2005:

Schon im ersten Jahr nach der Einheit begannen die Neufünfländer, unsere Republik madig zu machen und die ihre zu verklären. Vergaßen, ... wie viel wir ... von unserem Volksvermögen bereits rübergeschaufelt hatten, damit ihre Straßen befahrbar wurden, ihre Luft sauber, ihre Städte beleuchtet ... Mit vagen Vorstellungen von Freiheit habt ihr euer zweites Leben nach der Stunde null 1989 begonnen, aber dabei das erste nur verdrängt. Im Unterbewusstsein blubbert es jetzt herum, und die Blasen produzieren eine gemischte Sehnsucht: bisschen Zonenmief wie einst, bisschen Freiheitsluft wie jetzt, bisschen Arbeit wie einst, bisschen Einheit wie heute. – So hättet ihr es wohl gern, Ossis ... Ihr verlangt, dass der Staat zuständig zu sein habe für das soziale Netz, das Wetter und einen sicheren Arbeitsplatz.

*Zit. nach Michael Jürgs, Ihr habt Angst vor der Freiheit, Ossis, in: Spiegel special Nr. 4, 2005, S. 168.**

M2 Die ostdeutsche Fernsehmoderation Angela Elis (geb. 1966) schrieb 2005:

Wir hätten ihre Milliarden verplempert, stöhnen sie. Verdrängen, dass auch wir Ossis Solidaritätszuschlag zahlen. Übersehen, dass wir ihnen nicht nur jede Menge Baumarktkram, sondern vom Auto bis zum Videorecorder alles abgekauft haben ... Langsam aber vergeht selbst dem anderen Deutschen das Siegerlachen. Deshalb die neue Strategie. Der Wessi stellt sich als Opfer dar. Jetzt, da die Goldgräberstimmung bei uns im Osten vorbei ist ... und die Mieteinnahmen weniger werden, fällt euch nichts anderes ein, als über das Billionengrab Ost zu klagen und euch zu weigern, die Pflege zu verlängern ... Mit uns ein Volk zu werden, muss für diese Wessis furchtbar gewesen sein ... Fakt ist: Der Jammer-Wessi hat den Besser-Ossi zwar nicht verdient, aber er könnte einiges von ihm lernen. Wenn er nicht so viel Angst hätte vor der Einheit.

*Zit. nach Angela Elis, Ihr habt Angst vor der Einheit, Wessis, in: Spiegel special, Nr. 4, 2005, S. 168.**

1 Erkläre die bissigen Kommentare über „Wessis“ und „Ossis“ in M1 und M2. **Tipp** → S. 253.

2 Erörtere, ob die jeweils erhobenen Vorwürfe heute noch aktuell sind.

Aufgabe für alle:

Diskutiert: Kann heute immer noch von einer Spaltung der Gesellschaft in Ost und West gesprochen werden?

B

M 3

Ergebnisse einer Umfrage von 2020:

	Ost	West
Ostdeutsche werden häufig als Menschen zweiter Klasse behandelt.	66 %	37 %
Ich wünsche mir Anerkennung meiner Lebensleitung.	83 %	63 %
Ich fühle mich mit Westdeutschland verbunden.	27 %	58 %
Ich fühle mich mit Ostdeutschland verbunden.	77 %	28 %
Ich lebe seit 1990 durchgängig im Osten/Westen und habe den Westen/Osten noch nie besucht.	7 %	22 %

	Ost	West
Ich bzw. meine Familie hat von der deutschen Einheit profitiert.	42 %	28 %
Ich bzw. meine Familie sind eher Verlierer der deutschen Einheit.	20 %	11 %
Demokratie ist eine gute Regierungsform.	82 %	91 %

Zusammengestellt nach: Bundesministerium des Innern, für Bau und Heimat (Hg.), Abschlussbericht der Kommission „30 Jahre Friedliche Revolution und Deutsche Einheit", 2020, S. 62 ff. und 154 ff.

1 Werte die Statistik M3 aus. **Tipp** → S. 252.

2 Entwickle Vorschläge dafür, was zu einer weiteren Annäherung von West- und Ostdeutschland führen könnte.

C

M 4

M 5

Ergebnisse einer Umfrage von 1990:

Ostdeutsche halten Westdeutsche für ...

überheblich 58 %
geltungssüchtig 49 %
konsumorientiert 42 %
rücksichtslos 35 %

Westdeutsche halten Ostdeutsche für ...

obrigkeitshörig 61 %
bescheiden 50 %
leicht beeinflussbar 47 %
ausländerfeindlich 28 %

Zusammengestellt nach http://www.infratest-dimap.de/umfragen-analysen/bundesweit/umfragen/aktuell/manche-ost-west-vorurteile-halten-sich-hartnaeckig/ (Stand: 29.10.2021).

1 Erarbeite, welches Bild der Ostdeutschen in M4 vermittelt wird. **Tipp** → S. 252.

2 Erkläre, wie die Meinungen in M5 zustande gekommen sein könnten. **Tipp** → S. 253.

Die erfundene „Zonen-Gaby" auf dem Titelbild der westdeutschen Satire-Zeitschrift „Titanic", Foto, 1989

Warum feiern wir in Deutschland am 3. Oktober?

Nationalfeiertage sind Erinnerungstage. Franzosen erinnern am 14. Juli an den Sturm auf die Bastille 1789 und Amerikaner am 4. Juli an ihre Staatsgründung und Unabhängigkeit von Großbritannien 1774.

- ***Untersuche, warum in Deutschland am 3. Oktober der „Tag der Deutschen Einheit“ gefeiert wird.***

M 1

„Lichtgrenze“ zum 25. Jahrestag des Mauerfalls, nach einer Idee von Christopher und Marc Bauder, Foto, 2014. In ganz Berlin wurde am 9. November 2014 der ehemalige Mauerverlauf mit einer Lichterkette nachgebildet. Am Abend stiegen die am Kopf befindlichen, leuchtenden Ballone symbolisch in den Himmel auf – die Lichterkette löste sich auf und erinnerte so an die Ereignisse 25 Jahre zuvor.

Der „alte“ Tag der Deutschen Einheit

Bis 1990 beging die BRD jedes Jahr am 17. Juni den „Tag der Deutschen Einheit“. Dieser Feiertag war bereits im August 1953 gesetzlich verankert worden. Er sollte an die Aufstände vom 17. Juni 1953 in der DDR erinnern, die von sowjetischen Panzern niedergeschlagen worden waren (S. 104/105). Nach dem Herbst 1989 entstand eine Diskussion darüber, ob der 17. Juni als Nationalfeiertag beibehalten werden sollte. War der 9. November 1989 als Tag des „Mauerfalls“ nicht viel besser geeignet? Doch zugleich ist der 9. November in der deutschen Geschichte „vorbelastet“ und wurde daher als möglicher Feiertag verworfen. Der Nationalfeiertag der DDR war zuvor der 7.10., an dem die Staatsgründung 1949 gefeiert wurde („Tag der Republik“).

Wie kam es zum 3. Oktober als Feiertag?

Ursprünglich sollte die deutsche Einheit frühestens am 2. Dezember 1990 mit der Bundestagswahl erfolgen, die dann als erste gesamtdeutsche Wahl stattgefunden hätte. Angesichts der angespannten politischen und wirtschaftlichen Lage in der DDR wurde der Einigungsprozess jedoch beschleunigt. Zwischen Mai und September 1990 wurden die entsprechenden Verträge unterschrieben (S. 164/165) und der Vollzug der Einheit für den 3. Oktober festgelegt. Der Grund für diesen Termin war, dass am 2. Oktober 1990 die Außenministerkonferenz der KSZE über das Ergebnis der Zwei-plus-Vier-Verhandlungen zur deutschen Einheit informiert werden sollte. In der Nacht zum 3. Oktober endete mit dem Beitritt der DDR zur Bundesrepublik offiziell die deutsche Teilung. Der Tag wurde in Artikel 2 des Einigungsvertrags als gesetzlicher Feiertag festgelegt. Die offizielle Feier zum Tag der Deutschen Einheit findet seitdem in der Landeshauptstadt desjenigen Bundeslandes statt, das den Vorsitz im Bundesrat innehat.

Wortschatz: eine Lichterkette bilden • einen Grenzverlauf nachstellen • einen Feiertag begehen • einen Tag gesetzlich verankern • etwas ist (geschichtlich) vorbelastet • einen Nationalfeiertag feiern

M 2

Der Historiker Heinrich August Winkler über den 3. Oktober (2004):

„SPIEGEL“: Kritiker wenden ein, der 3. Oktober sei – im Gegensatz zum 9. November oder dem 17. Juni – ein rein verwaltungstechnischer Akt.

Winkler: Der 3. Oktober wird in Deutschland notorisch [= ständig] unterschätzt. Immerhin ist an diesem Tag ein Jahrhundertproblem gelöst worden – die deutsche Frage. Zusammen mit der deutschen Frage wurde durch die endgültige Anerkennung der Oder-Neiße-Grenze ein anderes Jahrhundertproblem, die polnische Frage, gelöst ... Ohne den 3. Oktober gäbe es heute keine erweiterte EU, kein Zusammenwachsen Europas.

„SPIEGEL“: Aber historisch aufgeladen ist der Tag für viele Menschen nicht.

Winkler: Mag sein, aber ich sehe das anders. An diesem Tag wurde endlich das Doppelziel der gescheiterten deutschen Revolution von 1848 erreicht – Einheit in Freiheit ...

„SPIEGEL“: Ist der 9. November – Mauerfall 1989, Pogromnacht 1938 und Ausrufung der ersten deutschen Republik 1918 – nicht als Feiertag sinnvoller, weil er die Brüche der deutschen Geschichte dokumentiert?

Winkler: Der 9. November ist ein deutscher Nachdenktag. Aber daraus einen deutschen Nationalfeiertag zu machen, halte ich für keinen guten Gedanken. Welcher Redner wäre nicht überfordert, der in ein und derselben Rede Freude und Trauer zum Ausdruck bringen müsste? ...

„SPIEGEL“: Aber der Tag des Mauerfalls 1989 war ein wirklicher Tag der Freude, der noch heute in den Erzählungen vieler Menschen Emotionen auslöst.

Winkler: Das war er in der Tat. Doch ist der 9. November historisch gesehen nur eine Zwischenetappe zur deutschen Einheit gewesen. Es bedurfte zäher Verhandlungen, eines Höchstmaßes an diplomatischem Geschick, um dahin zu kommen – eben zu jenem 3. Oktober .... Und ich bleibe dabei: Als Historiker wüsste ich keinen besseren Nationalfeiertag als den 3. Oktober.

*Zit. nach www.spiegel.de/politik/deutschland/historiker-winkler-zur-feiertagsdebatte-der-3-oktober-wird-notorisch-unterschaetzt-a-326468.html (Stand: 29.10.2021).***

M 3

Friedrich Schorlemmer, Theologe, DDR-Oppositioneller und SPD-Mitglied über die Frage, ob es einen Nationalfeiertag geben sollte (2004):

Der 3. Oktober war doch ein reiner Rechtsakt. Ich bin da völlig emotionslos, da ist ja nichts geschehen, ein völlig willkürlicher Tag. Seitdem wird in allen Reden an jedem 3. Oktober gesagt, jetzt wird die Einheit endlich vollendet und ein bisschen Folklore gemacht.

*Zit. nach https://www.spiegel.de/politik/deutschland/prominente-zum-3-oktober-bloede-diskussion-a-326547.html (Stand: 06.12.2021).**

Der 9. November in der Geschichte

1918 „Novemberrevolution“, Abdankung des Kaisers, Ausrufung der Republik
1923 Putschversuch Hitlers und seiner Anhänger, gescheiteter Marsch auf die Feldherrnhalle in München
1938 Pogromnacht, Zerstörung von Synagogen und jüdischen Geschäften
1939 missglücktes Attentat Georg Elsers auf Hitler
1989 Fall der Mauer in Berlin, Ende der SED-Diktatur

1 Erkläre, warum der 3. Oktober der Nationalfeiertag in Deutschland ist (M1, Darstellungstext, Begriffskasten). Nutze den **Wortschatz**.

2 Arbeite die Position Heinrich August Winklers zum 3. Oktober heraus (M2).

3 Nimm Stellung zu Winklers These, es gebe „keinen besseren Nationalfeiertag als den 3. Oktober.“

4 Gestalte ein Plakat für die Einheitsfeier, in dem sich wiederfindet, was du mit dem vereinten Deutschland verbindest.

5 Bewerte, ob ein nationaler Feiertag überhaupt notwendig ist. Berücksichtige dabei M3.

Zusatzaufgabe → S. 248.

Eine Zeitzeugenbefragung durchführen

Wie ihr schon in Kapitel 1 erfahren habt, bieten Berichte von Zeitzeugen einen besonders interessanten Zugang zur Geschichte. Noch interessanter wird es, wenn ihr selbst eine solche Begegnung plant, durchführt und auswertet.

- ***Führt mithilfe der Arbeitsschritte eine Zeitzeugenbefragung durch.***

Interviews führen – eine anspruchsvolle Aufgabe

Damit ein Zeitzeugeninterview gelingt, müssen sich vor allem über die zu stellenden Fragen und die Fragetechnik Gedanken gemacht werden. Wichtig ist eine offene Frageweise. Gleichzeitig sollten die Fragen erkennen lassen, dass ihr bereits über Hintergrundwissen verfügt. Ein solches erlaubt euch, gegebenenfalls kritisch nachzufragen. Dabei darf das Interview natürlich nicht zu einer Anklage werden. Genauso wenig darf besondere Sympathie (wörtlich „Mit-Leiden“) dazu führen, dass schon während des Interviews die nötige Distanz zwischen euch und der/dem Befragten verloren geht.

M1 **Martin Schramme über den Mauerfall (leistete 1989 Wehrdienst in der DDR):**

Frage: ... Wie sind dann die nächsten Tage verlaufen, vor allen Dingen bis zum 9. November?

M.S.: ... da war ja **ständig was los,** also, ich hatte schon gesagt, der 4. November verlief ganz normal, und dann kamen wir wieder in die Kaserne, und nur 2 Tage später wurde im Neuen Deutschland, also die damalige führende SED-Zeitung, das neue Reisegesetz verkündet ... Und ich kann mich nur entsinnen, wir lasen das mit Interesse und hatten so das Gefühl oder das heißt, ich hatte das Gefühl, **dass das nicht ausreichen wird.** Also wie gesagt, ich hatte keine Vorstellung, dass man auf die Idee käme, die Menschen jetzt alle herauszulassen und **das wär auch keine Forderung von mir gewesen, „lasst die alle in den Westen fahren“**, aber ich fand, wenn man schon darüber nachdachte, die Menschen reisen zu lassen, dann sollte das nicht so umständlich sein, wie es in diesem Gesetz quasi stand. ... Na ja, und dann vergingen noch 3 Tage, und **dann hieß es plötzlich, die Mauer ist offen!** Also ich muss sagen, für mich war das ein Schock, ja, weil ich hab nicht verstanden, **was machen die denn da?** Man muss sich ja vorstellen, es war gerade 5 Tage her, dass ich diese Mauer verteidigen sollte, und jetzt machen die einfach da auf! Also das fand ich schon seltsam, **damit konnte ich mich so schnell nicht anfreunden.**

*Zit. nach https://www.zeitzeugen-portal.de/videos/YBPyl5a-pJk (Stand: 20.10.2020).**

Können Sie präzisieren, was sonst noch „los“ war?

Welche Vermutungen hatten Sie, wie die Bevölkerung auf eine, wie Sie sagen, „nicht ausreichende“ Maßnahme reagieren könnte?

Wären Sie gerne ...?

Welche Forderungen ... ?

Schildern Sie bitte, wie ...

...?

...?

Arbeitsschritte „Eine Zeitzeugenbefragung durchführen“

Die Befragung vorbereiten	**Tipps**
1. Worüber möchten wir mit dem Zeitzeugen/der Zeitzeugin sprechen? Was wollen wir erfahren?	• *zum Beispiel über die Bedeutung der deutschen Einheit für die Karriere, den Heimatort, die Familie ...*
2. Wo können wir uns vorab über das Thema informieren?	• *Sucht in Schul- und Sachbüchern, im Internet, in Fachzeitschriften ...*
3. Wo finden wir Zeitzeugen zu unserem Thema? Wie können wir Kontakt aufnehmen? Wie viele Personen laden wir ein?	• *Fragt im Familien- und Bekanntenkreis, in Zeitzeugenbüros, im Stadt-/Zeitungsarchiv oder in Seniorenresidenzen nach.*
4. Wo soll das Gespräch stattfinden? Wann soll es stattfinden? Wie lange soll es dauern?	• *Sprecht euch mit Zeitzeugen, Fachlehrern und der Schulleitung ab.*
5. Welche Fragen möchten wir stellen? Wie werden wir fragen?	• *Bereitet eure Fragen basierend auf einer Recherche vor.* • *Formuliert offene Fragen oder W-Fragen („Bitte erzählen Sie uns etwas über ...“); vermeidet Entscheidungsfragen („ja“ – „nein“) sowie Suggestivfragen („Finden Sie nicht auch, dass ...“).*
Die Befragung durchführen	
6. Wer übernimmt welche Aufgaben? Wie gehen wir vor? Ihr könnt das Gespräch persönlich vor Ort, am Telefon oder digital per Videotelefonie führen. Achtet bei einer Aufzeichnung auf Persönlichkeits- und Urheberrechte.	• *Ablauf: Holt im Vorfeld des Gesprächs eine Erlaubnis der befragten Person ein, das Gespräch aufzuzeichnen und Ergebnisse/Fotos zu veröffentlichen; Begrüßung, Befragung, Nachfragen bei Unverständnis; Verabschiedung/Dank.*
Aussagekraft und Erkenntniswert	
7. Welche neuen Erkenntnisse wurden gewonnen?	• *Schreibt Schlüsselstellen des Gesprächs wortwörtlich auf. Das nennt man transkribieren.* • *Hinterfragt eure Eindrücke in der Gruppe: beeinflussen Sym-/Antipathie evtl. die Glaubwürdigkeit des Zeitzeugen?* • *Was hat euch nachdenklich gemacht/war überraschend? Welche Fragen bleiben unbeantwortet? Sind Erinnerungsprobleme aufgetreten? Gibt es Widersprüche, die überprüft werden müssen?* • *Welche Kernaussage kann aus dem Interview mit Blick auf die Fragestellung festgehalten werden?*
8. In welcher Form sollen die Ergebnisse präsentiert werden?	• *zum Beispiel erweiterter Lebenslauf mit Zitaten, Anekdoten der Befragten, ergänzt durch Hintergrundinformationen; in einem Podcast*

1 a) Lies das bereits durchgeführte Zeitzeugeninterview M1.
b) Ergänze die Nachfragen und formuliere selbst Fragen zu den fettgedruckten Stellen in M1.
Tipp → S. 253.

MK **2** Führt mithilfe der Arbeitsschritte eine selbstständige Zeitzeugenbefragung durch. Ihr könnt dazu auch die Kopiervorlage im Webcode verwenden.

Zusatzaufgabe → S. 248.

cornelsen.de/webcodes
Webcode: yizego
Kopiervorlage Methodentabelle und Video Zeitzeugeninterview

Ein Denkmal für die deutsche Einheit?

Die deutsche Wiedervereinigung ist Gegenstand zahlreicher Ausstellungen und Veröffentlichungen. Sie ist oft auch Thema von Dokumentations- und Spielfilmen. In Berlin erinnert ein Denkmal an das historische Ereignis. Sein Bau war lange Zeit umstritten.

- ***Diskutiere, ob ein Denkmal für die Wiedervereinigung Deutschlands angemessen an dieses historische Ereignis erinnern kann und wie dieses Denkmal gestaltet werden sollte.***

M 1

„Bürger in Bewegung“: Entwurf des Freiheits- und Einheitsdenkmals des Stuttgarter Büros Milla & Partner, Animation, 2018. Es ist als begehbares Objekt konzipiert, dessen Erscheinungsbild die Besucher jeden Tag durch Partizipation und Interaktion mitgestalten. Wenn sich auf einer Schalenhälfte mindestens 20 Personen mehr zusammenfinden als auf der anderen, beginnt sich die Schale langsam und sanft zu neigen. Im Volksmund wird das Denkmal wegen seines Aussehens auch als „Einheitswippe“ bezeichnet.

Ein „Freiheits- und Einheitsdenkmal“

Der Deutsche Bundestag stimmte in einem Parlamentsbeschluss am 7. November 2007 für den Bau eines „Freiheits- und Einheitsdenkmals“. Es soll aber nicht nur an die friedliche Revolution im Herbst 1989, sondern auch an die freiheitlichen Bewegungen und die Einheitsbestrebungen der vergangenen beiden Jahrhunderte erinnern. Eine Jury wählte 2011 nach zwei Wettbewerben den Sieger unter mehreren eingereichten Vorschlägen aus.

Probleme und Kritik am Bau

Der für 2013 geplante Baubeginn verzögerte sich aufgrund von Einwänden des Denkmalschutzes, der Umweltbehörde, des Tierschutzes sowie von ungeklärten Grundstücks- und Finanzierungsfragen. Viele kritisierten, dass ein solches Denkmal nicht notwendig sei, und verwiesen auf das Brandenburger Tor in Berlin als Symbol der deutschen Einheit. 2016 wäre der Bau beinahe an den zu hohen Kosten gescheitert. Der zuständige Kultursenator in Berlin forderte 2017 sogar, der damals neu gewählte Bundestag solle die Entscheidung für den Bau des Denkmals zurücknehmen. Dieser sprach sich jedoch in einem erneuten Beschluss für den Bau des Siegerentwurfs aus.
Zu Beginn war unklar, an welchem Standort das Denkmal errichtet werden sollte. Letztlich entschied sich der Bundestag für den Sockel des 1950 abgerissenen Kaiser-Wilhelm-Nationaldenkmals vor dem wiederaufgebauten Berliner Stadtschloss (Humboldt-Forum) in Berlin-Mitte. Das Denkmal erinnerte an die Wiedergründung des deutschen Kaiserreichs 1871.
Ursprünglich sollte das Denkmal zum 30. Jahrestag der friedlichen Revolution im Jahr 2019 eröffnet werden. Erst im Mai 2020 wurde mit dem Bau begonnen. Bis Ende 2022 soll das Denkmal fertiggestellt werden.

Wortschatz: einem Parlamentsbeschluss zustimmen • Einwände (= Gegenstimmen) gegen etwas haben • ein geschichtskulturelles Zeugnis ablegen • ein Mahnmal • ein prägendes Ereignis

M 2

Der Theologe und SPD-Politiker Richard Schröder über den Bau des Denkmals (2006)

Schröder wurde 1990 in die Volkskammer der DDR gewählt. Er ist heute Mitglied in der Deutschen Nationalstiftung, die das Zusammenwachsen von Ost- und Westdeutschland fördern will:

Im Jahr 2000 wurden Franzosen nach den wichtigsten Ereignissen des 20. Jahrhunderts befragt. An erster Stelle nannten sie den Mondflug, an zweiter Stelle den Fall der Mauer. Zur selben Zeit wurden Deutsche nach dem prägenden Ereignis der deutschen Geschichte des 20. Jahrhunderts gefragt. Westdeutsche nannten die Nazizeit, Ostdeutsche mehrheitlich die deutsche Teilung ... Aber weder in Ost noch in West wurde der Fall der Mauer als prägendes Ereignis genannt ... Wir haben diese Zeit [seit 1989] gemeinsam erlebt, aber noch nicht eine gemeinsam erzählbare Geschichte daraus gemacht, jedenfalls keine, die uns erfreut und ermuntert ... Der Mauerfall war eine historische Sensation. Leider verschwindet sie aus dem Bewusstsein der Menschen. Deshalb braucht Deutschland ein Freiheits- und Einheitsdenkmal ... Das Kaiserreich war sehr denkmalsfreudig und hat vor allem Siegerdenkmäler und Heldendenkmäler hinterlassen. Wenn es um Opfer ging, waren damit diejenigen gemeint, die ihr Leben für das Vaterland geopfert haben, wie man sagte. Auch die Gedenkkultur der DDR war ausschließlich Heldengedenken. In der Bundesrepublik ist eine Gedenkkultur entstanden, die einer anderen Art von Opfern gilt, den Opfern von Staatsverbrechen. Mahnmale sind das, und das ist so in Ordnung. Aber kein Mensch und kein Volk kann allein aus seinem Versagen Orientierung gewinnen und schon gar nicht Ermunterung. Deshalb könnte ein Denkmal für Freiheit und Einheit helfen ...

*Zit. nach www.zeit.de/2006/48/Wir_sind_zum_Truebsinn_nicht_verpflichtet (Stand: 25.08.2021).***

M 3

Die Kunsthistorikerin Dr. Kia Vahland urteilt über die „Einheitswippe" (2017):

Lange Zeit hatte Deutschland ein gebrochenes Verhältnis zu Denkmälern. Früher verherrlichten sie oft Kriege und nationalen Größenwahn. Das hat sich im wiedervereinigten Deutschland geändert ... Über ein Denkmal für die deutsche Wiedervereinigung wird seit vielen Jahren diskutiert ... Dieses Denkmal soll an etwas Positives erinnern, an die Kraft der Bürgerinnen und Bürger, ihr Land zu gestalten. Bleibt die Frage, ob dem Entwurf von Johannes Milla dies gelingt: Das Einheitsdenkmal gleicht einer überdimensionalen Wippe, die sich bewegt, wenn man sie in Gruppen betritt. Das ist eher lustig als durchdacht. Revolutionen, auch friedliche, sind kein Spielplatz. Die DDR-Bürger haben wirklich etwas riskiert für die Einheit. Eine kantenfreie, golden glitzernde Schale zum Herumturnen verharmlost ihren Einsatz und den Preis, den politisches Engagement manchmal für den Einzelnen hat.
Und wen genau meint der dazugehörige Schriftzug „Wir sind das Volk. Wir sind ein Volk": nur Inländer oder auch Zugezogene und jene, die noch kommen? Wer darf diese wohlig schaukelnde Schale betreten und wer schaut dem selbstgefälligen Schwingen von außen zu, zurückgeworfen auf den Boden der Tatsachen?

*Zit. nach https://www.sueddeutsche.de/kultur/architektur-das-geplante-einheitsdenkmal-ist-eher-lustig-als-durchdacht-1.3379657 (Stand: 05.01.2022).**

1 Beschreibe das Konzept des Denkmals „Bürger in Bewegung". Nutze M1 und den Darstellungstext.

2 **Partnerarbeit:** Einer bearbeitet M2, der andere M3.
a) Analysiert die Positionen zum Einheitsdenkmal.
b) Stellt euch eure Ergebnisse vor.
c) Diskutiert, ob das Denkmal angemessen an die Wiedervereinigung erinnert. Nutzt den Darstellungstext und den **Wortschatz**.

3 **Wähle eine Aufgabe aus:**
a) Gestalte eine eigene Skizze zu einem Denkmal, das angemessen an die deutsche Wiedervereinigung erinnert.
b) Entwickle einen Vorschlag, wie aus deiner Sicht angemessen an die deutsche Wiedervereinigung erinnert werden kann.

Der Zerfall der Sowjetunion

Die sozialistische Planwirtschaft befand sich seit den 1980er Jahren in einer tiefen Krise. Fehlplanungen, Korruption und die hohen Kosten des Rüstungswettlaufs vergrößerten die Kluft im Lebensstandard der Menschen in der Sowjetunion und den westlichen Staaten. Die von Michail Gorbatschow begonnenen Reformprozesse führten nicht zu der erhofften Stabilisierung des Landes.

- *Was waren die Ursachen und Folgen des Zerfalls der Sowjetunion?*

M 1

Die Nachfolgestaaten der UdSSR. Nach dem Zerfall der Sowjetunion schlossen sich die neuen Staaten als „Gemeinschaft Unabhängiger Staaten" (GUS) zusammen. Damit sollten die wirtschaftlichen Probleme beim Übergang zur Marktwirtschaft und bei der Entflechtung eines vorher zusammengehörigen Wirtschaftsraumes gemildert werden.

Das Ende der Sowjetunion

Der von Michail Gorbatschow eingeleitete abrupte Übergang von der Planwirtschaft zur Marktwirtschaft führte zu bis dahin im Sozialismus unbekannter Arbeitslosigkeit. Wegen der hohen Inflationsrate verarmten weite Teile der Bevölkerung.

Mit dem zunehmenden Zerfall der Zentralmacht in Moskau erklärten die baltischen Staaten Litauen, Estland und Lettland 1990 erneut ihre durch den Hitler-Stalin-Pakt 1939 verlorene Unabhängigkeit. Andere Sowjetrepubliken folgten diesem Beispiel. Im Kaukasus und in Zentralasien brachen blutige Konflikte zwischen den Nationalitäten aus. Dort befanden sich die Russen plötzlich als Minderheit in neuen Staaten.

Im August 1991 versuchte eine Gruppe überzeugter Kommunisten, Gorbatschow zu stürzen, und stellte ihn unter Hausarrest. Der Präsident der russischen Teilrepublik, Boris Jelzin (1931–2007), organisierte den bewaffneten Widerstand und brachte den Putsch zum Scheitern. Gorbatschow wurde befreit, verlor aber alle seine Ämter. Jelzin verbot die Kommunistische Partei und betrieb die Gründung der „Gemeinschaft Unabhängiger

Wortschatz: einen Putsch zum Scheitern bringen • jemanden unter Hausarrest stellen • ein Oligarch (= eine reiche Person, die Einfluss über ein Land oder eine Region hat und sich dadurch alleinige Vorteile verschafft)

M 2 *Präsident Boris Jelzin (2.v.l.) ruft angesichts des Putsches 1991 auf einem Panzer stehend vor dem russischen Regierungsgebäude in Moskau die Bevölkerung mit geballter Faust zum Generalstreik auf.*

Staaten" (GUS) unter Führung Russlands. Die meisten der ehemaligen Teilrepubliken der UdSSR schlossen sich dieser Gemeinschaft an, um das Wirtschaftsleben aufrechtzuerhalten.

Am 31. Dezember 1991 endete die 70-jährige Geschichte der Sowjetunion, und die langjährige Supermacht als Gegner der USA verschwand von der politischen Landkarte. Der Warschauer Pakt, das Militärbündnis des Ostblocks, wurde ebenfalls aufgelöst. Der Kalte Krieg war damit beendet.

Neuanfang und Wirtschaftschaos in Russland

Unter der Präsidentschaft Boris Jelzins (1991–1999) kam es in Russland zu einer Vielzahl demokratischer Reformen. Die im Dezember 1993 verabschiedete Verfassung garantierte die Menschenrechte, doch wurden seither demokratische Grundrechte in der Praxis vielfach eingeschränkt. Die russische Wirtschaft wurde mit Hilfe aus dem Westen zum Teil privatisiert. Diese Anpassung an den Kapitalismus führte zum Zusammenbruch ganzer Industriezweige. Arbeitslosigkeit, ein massiver Anstieg der Verbraucherpreise und eine hohe Inflation führten auch nach 1991 zu einer weiteren Zunahme von Armut. Zugleich bildete sich eine neue Schicht von extrem reichen Personen („Oligarchen"), die sich im Kapitalismus der 1990er Jahre rücksichtslos bereicherten. Die Geburtenrate sank massiv. Der Alkoholkonsum nahm dramatisch zu. Der wachsende Nationalismus in Teilen Russlands sorgte für eine weitere Destabilisierung. So kamen zum Beispiel im ersten Tschetschenienkrieg zwischen 1994 und 1996 Zehntausende Zivilisten ums Leben.

Viele Russen sehnten sich angesichts der chaotischen Jahre unter Präsident Jelzin nach der Größe und Stabilität der alten Sowjetunion. Nach dem Amtsantritt Präsident Wladimir Putins (2000–2008 und wieder ab 2012) begann eine allmähliche wirtschaftliche Erholung des Landes (siehe S. 232/233).

M 3

Auszug aus Gorbatschows Abschiedsrede zur Auflösung der Sowjetunion (16.12.1991):

In unserem Land gibt es alles im Überfluss: Land, Erdöl, Gas, Kohle, Edelmetalle und andere Bodenschätze – die Intelligenz und die Begabungen nicht mitgerechnet, die Gott uns mit auf den Weg gegeben hat. Und doch geht es uns schlechter als den Menschen in den entwickelten (kapitalistischen) Ländern. Im Vergleich zu ihnen kommen wir immer zu spät. Der Grund dafür war klar: Die Gesellschaft erstickte im Kommandosystem der Planung. Wir waren verdammt, der kommunistischen Ideologie zu dienen und die schwere Last der Aufrüstung zu tragen. Nun haben wir die Grenzen der Belastbarkeit erreicht ... Alles musste radikal verändert werden. Auch heute bin ich fest davon überzeugt, dass die 1985 eingeleiteten Reformen historisch richtig waren. Der Prozess der Erneuerung und Umgestaltung war schwieriger als erwartet. Doch die Gesellschaft hat die Freiheit erlangt ... Das Schlimmste an der Krise ist der Zusammenbruch unseres Staates. Ich sorge mich, weil Menschen die Staatsbürgerschaft eines großen Landes verloren haben.

*Zit. nach Süddeutsche Zeitung vom 27.12.1991, S. 6.**

1 Liste die nach 1990 aus der ehemaligen Sowjetunion hervorgegangenen Staaten auf (M1) und unterscheide dabei: Welche von ihnen sind heute **a)** Mitglieder der GUS, **b)** der EU, **c)** souveräne Staaten, die keinem Bündnis angehören

2 Untersuche die Gründe, die Gorbatschow für das Scheitern der Sowjetunion angibt (M3), und ergänze sie mithilfe des Darstellungstextes.

3 Stelle Entwicklungen der russischen Geschichte unter der Präsidentschaft Jelzins dar (M2, Darstellungstext). Nutze den **Wortschatz**.

Ein Erklärvideo kritisch analysieren

Um sich über Geschichte oder auch andere Themen zu informieren, nutzen viele Jugendliche und Erwachsene Erklärvideos im Internet. In den Videos werden die jeweiligen Themen aufbereitet und dargestellt. Sowohl kommerzielle als auch öffentlich-rechtliche Anbieter stellen neben privaten Produzenten Videos in unterschiedlicher Qualität im Internet bereit.

- ***Wie lässt sich die Qualität eines Geschichtsvideos überprüfen?***

Erklärvideos über Geschichte

Ein bekannter Kanal im Bereich Politik und Geschichte ist der YouTube-Kanal „MrWissen2Go" des Journalisten Mirko Drotschmann, der mit einem historisch geschulten Redaktionsteam zusammenarbeitet. Seit 2017 erscheinen jeden Donnerstag Videos zu historischen Themen, die über den Kanal „MrWissen2Go Geschichte" mit ca. 853 000 Abonnenten (Stand: Januar 2022) gesendet werden.

M 1

Screenshot des Erklärvideos „Der Untergang der DDR", YouTube-Kanal „MrWissen2Go Geschichte".

M 2

In einem Interview äußerte sich Mirko Drotschmann 2020 selbst über Chancen und Probleme von Geschichtsvideos im Internet:

Große Probleme sehe ich tatsächlich in der Qualitätssicherung. Der große Vorteil bei YouTube ist, dass jeder dort Inhalte veröffentlichen kann. Aber das ist gleichzeitig auch ein großer Nachteil. Denn, wer es nur einigermaßen geschickt anstellt, eine gute Rhetorik hat und einigermaßen ein Schnittprogramm beherrscht, der kann leicht große Massen täuschen, indem er bewusst manipulierende Inhalte bei YouTube veröffentlicht. Es fehlt das Korrektiv [= Personen, die etwas korrigieren], das man in traditionellen Redaktionen hat. Es fehlen prüfende Blicke, bevor etwas veröffentlicht wird, und vor allem fehlt eine kritische Einordnung. Die kann man als Zuschauer selbst vornehmen und dann auch kommentieren, aber viele machen das eben nicht. So lassen sich Menschen auch immer wieder täuschen und das finde ich problematisch ...

Tatsächlich ist es vor allem die Kürze, die Herausforderungen mit sich bringt. Es wäre kein Problem, 30 bis 60 Minuten lange Videos zu veröffentlichen, da könnte man sich wunderbar ausbreiten. Aber das würden sich die Wenigsten anschauen. Komplexe Sachverhalte in kürzester Zeit darzustellen, das ist eine große Herausforderung .... Meine Skripte sind, ehe ich sie aufnehme, meistens doppelt so lang, wie sie sein sollten, und dann geht es ans Kürzen. Da muss man dann immer aufpassen, dass es dadurch nicht falsch wird ... Gerade bei Videos zu Themen wie „Rassenpolitik der Nationalsozialisten", „Judenverfolgung" und anderen gibt es jede Menge Kommentare, die in eine höchst problematische Richtung gehen, die antidemokratisch sind. Das, was gegen unsere Gesetze verstößt, das muss natürlich gelöscht werden, das ist klar. Das, was nicht gegen die Gesetze verstößt, das aber trotzdem problematisch ist, bedarf einer Einordnung im Sinne einer Gegenrede, einer Richtigstellung. Es gibt tatsächlich auch immer wieder Kräfte, die versuchen, vor allem junge Menschen bewusst zu manipulieren durch das, was sie in den Kommentaren schreiben. Meine Hauptreaktion ist dann eben die Gegenrede: Ich versuche Dinge klarzustellen und vor allen Dingen versuche ich auch immer wieder etwas aufzugreifen und dann ein Video darüber zu machen ...

*https://www.haus-des-erinnerns-mainz.de/index.php/projekte-ausstellungen/projekte/das-hde-im-gespraech-mit/im-gespraech-mit-mirko-drotschmann/ (Stand: 29.10.2021).***

Arbeitsschritte „Ein Erklärvideo kritisch analysieren"

Beschreibung	**Sprachliche Formulierungshilfen**
1. Wie lautet der Titel des YouTube-Videos?	• …
2. Wer produzierte das Video/gab es in Auftrag?	• *Das Video wurde von … produziert.*
3. Auf welchem Kanal wurde es wann veröffentlicht?	• *Es wurde auf dem YouTube-Kanal …*
4. An welche Zielgruppe richtet es sich? Welche (politische) Intention hat es?	• *Es richtet sich an Jugendliche und junge Erwachsene, aber auch an andere an Geschichte Interessierte …*
Analyse der Form	
5. Wie ist das Video gestaltet (Abfolge und Einsatz von Vortrag, Filmen, Interviews, Bildern, Grafiken, Animationen, Musik- und Toneffekten …)?	• …
6. Wie sind Einführung und Schluss gestaltet?	• *Am Anfang führt der Moderator …. Zum Schluss …*
7. Gibt es einen Presenter? Wie tritt dieser auf?	• *Mirko Drotschmann erklärt das Thema nüchtern-sachlich. Er spricht das Publikum direkt an …*
8. Welches Sprachniveau wird gewählt (Umgangssprache, Fachbegriffe, …)? Werden sprachliche Erklärungen vorgenommen?	• *Der Moderator nutzt Standardsprache mit teils umgangssprachlichen Elementen, um …. Gleichzeitig werden Fachbegriffe genutzt …. Metaphern wie … sollen …*
Analyse des Inhaltes	
9. Wird das Thema ausgewogen beleuchtet? Folgt die Darstellung der Chronologie?	• *Daten, Fakten und Namen werden …*
10. Werden Vorkenntnisse vorausgesetzt? Werden Zusammenhänge genau erklärt?	• *Es wird mehrfach vernetzend auf frühere Folgen des Kanals zu Themen der DDR-Geschichte hingewiesen …*
11. Werden unterschiedliche Perspektiven und Handlungsoptionen sowie vielfältige Entstehungsfaktoren differenziert aufgezeigt?	• *Als Gründe für den Untergang der DDR werden …* • *Ebenfalls werden die unterschiedlichen Vorstellungen für die staatliche Zukunft Deutschlands …*
Beurteilung	
12. Werden die Inhalte sachgerecht und seriös dargestellt? Sind sie gehaltvoll und relevant?	• …
13. Wird sichtbar, dass es sich nur um eine mögliche Erzählung von Geschichte handelt?	• …

1 a) Arbeite die Schwierigkeiten heraus, die Mirko Drotschmann bezüglich der Produktion und Veröffentlichung von Geschichtsvideos benennt (M2).
b) Ergänzt weitere Aspekte, die eurer Meinung nach problematisch sein könnten.

MK **2** Analysiere das Video „Der Untergang der DDR" von „MrWissen2Go" (M1) mithilfe der Arbeitsschritte und des Webcodes.

3 a) Analysiere das Video „Einfach erklärt: Mauerfall und Wiedervereinigung" des Jugendportals „mitmischen.de" (Deutscher Bundestag).
b) Vergleiche es mit dem Video von „MrWissen2Go". Nutze den Webcode.

4 Diskutiere Vor- und Nachteile von Erklärvideos im Unterschied zu Geschichtsunterricht in der Schule.

cornelsen.de/webcodes
+ *Webcode: vacima*
Kopiervorlage Methodentabelle

1980 1985

1971–1989 Erich Honecker Staatsratsvorsitzender der DDR

1982–1998 Helmut Kohl Bundeskanzler der BRD

ab 1981 Solidarność-Bewegung in Polen

ab 1982 wirtschaftlicher Niedergang der DDR

1985 Gorbatschow Generalsekretär der KPdSU, „Glasnost" und „Perestroika"

Das Ende des „Ost-West-Konflikts"

Umbruch in der Sowjetunion und in Osteuropa

Die Sowjetunion befand sich Mitte der 1980er Jahre in einer schwierigen Lage: Die Wirtschaft stagnierte, die Kriegskosten in Afghanistan und das Wettrüsten belasteten den Staatshaushalt. In dieser Situation wurde **Michail Gorbatschow** 1985 zum Generalsekretär der KPdSU gewählt. Mit tiefgreifenden **Reformen** versuchte er, die wirtschaftlichen, sozialen und politischen Probleme seines Landes zu lösen. Unter den Schlagwörtern „**Glasnost**" (Offenheit) und „**Perestroika**" (Umbau) reduzierte er die planwirtschaftlichen Vorgaben zugunsten marktwirtschaftlicher Elemente.

Außenpolitisch beförderte die neue Politik Gorbatschows die Oppositionsbewegungen in den kommunistischen Ländern Ost- und Mitteleuropas: In Polen fanden im Juni 1989 erstmals freie Wahlen statt. In den einzelnen kommunistischen Staaten wie Ungarn, der ČSSR und Rumänien erfolgte der **politische Wandel** sehr unterschiedlich. Alle Staaten des ehemaligen Ostblocks befreiten sich von der sowjetischen Vorherrschaft und der „Eiserne Vorhang" zerbrach.

Das Ende der DDR

Offiziell herrschte in der DDR bis 1989 Vollbeschäftigung und die SED-Führung propagierte weiterhin die Überlegenheit des Sozialismus. Tatsächlich war die DDR jedoch seit Anfang der 1980er Jahre von Milliardenkrediten aus der BRD abhängig, ihre Industrieanlagen veraltet und deren Produkte international oft nicht mehr konkurrenzfähig. Zum Unmut in der Bevölkerung führten folgende Faktoren:

- Überwachung durch die Staatssicherheit
- fehlende Freiheiten, z. B. keine Reisefreiheit, keine Studienplatzwahl
- schlechte Versorgung mit Konsumgütern
- Umweltschäden durch Braunkohle und die chemische Industrie
- marode Infrastruktur, Zerfall der Innenstädte

Angesichts der Reformunwilligkeit der Staatsführung stellten immer mehr Menschen einen Ausreiseantrag. Im Sommer 1989 erfolgte eine **Massenflucht** von DDR-Bürgern über Ungarn in den Westen.

Die Rolle der Opposition

Viele Menschen wollten die Missstände in der DDR verändern. Deshalb bildeten sich unter dem Schutz der Kirche seit dem Beginn der 1980er Jahre **Umwelt-, Friedens- und Bürgerrechtsgruppen.** Der Staat reagierte mit Härte: Die Staatssicherheit beobachtete und unterwanderte die **Oppositionsgruppen**, durchsuchte Räumlichkeiten der Gruppen, verhaftete Mitglieder und schob manche von ihnen in den Westen ab. Die Repressionen hatten jedoch auf Dauer keinen Erfolg. Ab dem Frühsommer 1989, im Zuge der Kommunalwahlen und ihrer gefälschten Ergebnisse, gewannen besonders die Bürgerrechtsgruppen immer mehr Zuspruch und Unterstützung in der Öffentlichkeit.

Umbruch im Herbst 1989

Ab September 1989 kam es zu Demonstrationen – ausgehend von den wöchentlichen Friedensgebeten in der Leipziger Nikolaikirche. Leipzig wurde damit zum Ausgangspunkt der demokratischen **Reformbewegung.** Tausende DDR-Bürger flüchteten in die Botschaften der Bundesrepublik in den kommunistischen Nachbarstaaten, während die Staatsspitze mit vielen internationalen Gästen am 7. Oktober 1989 das 40-jährige Jubiläum der DDR feierte. In Leipzig bildeten 70 000

1990 | 1995 | 2000

1991 Ende der Sowjetunion, Gründung der GUS unter Führung Russlands

1989/1990 Revolutionen in Osteuropa

ab 1989 Massenflucht von DDR-Bürgern, Montagsdemonstrationen

9. November 1989 Fall der Mauer

12. September 1990 Zwei-plus-Vier-Vertrag

3. Oktober 1990 Beitritt der DDR-Länder zur BRD

1991 Ende der Sowjetunion

Bürgerinnen und Bürger eine Gegenbewegung zu den offiziellen Feierlichkeiten und riefen „Wir sind das Volk!" Die SED-Führung geriet immer weiter unter Druck. Am 18. Oktober trat Erich Honecker zurück; Egon Krenz wurde sein Nachfolger. Nach einer Pressekonferenz am **9. November 1989** wurde die Grenze nach Westen für die Menschen der DDR geöffnet.

Der Weg zur deutschen Einheit

Durch den **Fall der Mauer** traten die ursprünglichen Ziele der Oppositionsgruppen, nämlich den DDR-Sozialismus zu reformieren und menschlicher zu machen, in den Hintergrund. Neue Kräfte gewannen Zulauf, die eine rasche Vereinigung mit der Bundesrepublik und die Einführung der D-Mark anstrebten. Diesen Forderungen nach einer **deutschen Einheit** entsprach das von Bundeskanzler **Helmut Kohl** am 28. November 1989 vorgelegte 10-Punkte-Programm, das eine enge Zusammenarbeit beider Staaten vorsah und eine **Wiedervereinigung** ins Auge fasste. Ab Ende November entstanden überall in der DDR „Runde Tische", an denen Vertreter der Opposition, der SED, der Blockparteien und der Massenorganisationen das weitere Vorgehen besprachen. Das Gebäude der „Stasi" wurde als Symbol der Unterdrückung besetzt. Die ersten freien Wahlen zur Volkskammer fanden am 18. März 1990 statt. Es siegten Parteien, die sich für eine Einheit aussprachen. Erster frei gewählter Ministerpräsident der DDR wurde Lothar de Maizière (CDU). Mit Verträgen auf innerdeutscher und außenpolitischer Ebene wurde die deutsche Einheit vorbereitet: dem Staatsvertrag zur Währungs-, Wirtschafts- und Sozialunion (31. August 1990) und dem **Zwei-plus-Vier-Vertrag** (12. September 1990). Am 3. Oktober 1990 traten die zeitgleich neu gegründeten Länder der DDR der Bundesrepublik bei; Hauptstadt wurde Berlin.

Das Ende der Sowjetunion

Im Dezember 1991 wurde Michail Gorbatschow gestürzt. Sein Nachfolger Boris Jelzin veranlasste 1991 ein Verbot der KPdSU und die **Auflösung der Sowjetunion.** An ihre Stelle trat ein freiwilliger **Zusammenschluss unabhängiger Staaten** (GUS). Der Warschauer Pakt war bereits vorher aufgelöst worden, der Ostblock zerfallen. Der Ost-West-Konflikt war beendet. Er hatte die Welt von 1947 bis 1991 in zwei Lager geteilt und durch die atomare Bedrohung in Atem gehalten. Unter der Präsidentschaft Wladimir Putins (2002–2008 und seit 2012) stabilisierte sich die russische Wirtschaft und erstarkten autoritäre Kräfte.

Die Folgen der deutschen Einheit

In Deutschland zeigte sich schon bald nach 1990, dass die Vereinigung mit der bankrotten und wirtschaftlich maroden DDR enorme finanzielle Folgelasten nach sich zog. Auch die Bevölkerung auf beiden Seiten musste die Folgen der Teilung – wie Vorurteile und feindselige Klischees – erst überwinden. Die Regierungen unter den Bundeskanzlern Helmut Kohl (bis 1998), Gerhard Schröder (bis 2005) und Angela Merkel (bis 2021) sowie seit 2021 Olaf Scholz standen und stehen vor zahlreichen innen-, sozial- und wirtschaftspolitischen Herausforderungen. Bei den meisten Menschen überwiegt jedoch die positive Bilanz. Für viele, die nach 1990 geboren wurden, ist eine Trennung von Ost und West kein Thema mehr.

MK **1** Erstelle eine digitale Zeitleiste (→ S. 266) zu den zentralen Ereignissen der deutsch-deutschen Geschichte von der Teilung bis zur Wiedervereinigung. Nutze dazu auch deine Kenntnisse aus Kapitel 1 und 3.

In diesem Kapitel konntest du folgende Kompetenzen erwerben:

- die sich aus dem Wandel in der UdSSR ergebenden staatlichen Umbrüche und Auflösungsprozesse in Mittel- und Osteuropa beschreiben
- die politischen Handlungsspielräume in beiden deutschen Staaten im Hinblick auf die „deutsche Frage" beurteilen
- zentrale Ereignisse und Phasen der deutsch-deutschen Geschichte von der Teilung bis zur Wiedervereinigung erläutern
- die wirtschaftlichen und sozialen Entwicklungen vor und nach der Wiedervereinigung erörtern
- den Zusammenhang von Deutschland-, Europa- und Weltpolitik im Zusammenhang mit der deutschen Wiedervereinigung erörtern
- die Beurteilung der DDR-Geschichte in unterschiedlichen Perspektiven erörtern
- die Bedeutung von Nationalfeiertagen diskutieren
- **Medien und Methoden:** Eine Zeitzeugenbefragung durchführen
- **Medien und Methoden:** Ein Erklärvideo kritisch analysieren

M 1

„Osteuropäischer Geleitzug im Winter 1988/1989", Karikatur von Karl-Heinz Schoenfeld, Westdeutschland 1988. Auf den Schiffen steht: hinten links Polen, hinten rechts Ungarn, vorne von links nach rechts: Rumänien, DDR, ČSSR (Tschechoslowakei).

M 2

Die Historikerin Petra Weber über den Mauerfall und die Wiedervereinigung (2020):

Der Bundestag in Bonn unterbrach [nach der Öffnung der Mauer am 9.11.1989] seine Sitzung und Angehörige aller Fraktionen brachten ihre Freude über die Maueröffnung zum Ausdruck ... Hatte sich 1961 die SED-Führung durch den Bau der Mauer ihre Macht gesichert, zerbrach diese nach dem Mauerfall in kürzester Zeit. Noch wagte niemand vorauszusagen, ob [damit] auch der Untergang der DDR besiegelt sei. Die Entscheidung darüber oblag formal den Vier Mächten ... Die Bilder vom Jubel über den unverhofften Mauerfall gingen um die Welt, lösten aber bei den meisten Politikern in Ost und West nicht Freude, sondern größte Bedenken aus ... Ohne Einwilligung der großen Vier war die deutsche Einheit nicht zu erreichen – und von diesen schienen sich zunächst zumindest drei querzustellen.

*Petra Weber, Getrennt und doch vereint. Deutsch-deutsche Geschichte 1945–1989/90, 2. Aufl., Berlin (Metropol) 2020, S. 1093 ff.***

M 3

Aus der Beschreibung des Escape Rooms „Honeckers Rache" in Leipzig:

1989, kurz vor der Wende. Honeckers bisherige Bestrebungen, den sozialistischen Einheitsstaat aufrechtzuerhalten, sind gescheitert. Von Albträumen und Schlaflosigkeit in den Wahnsinn getrieben und ins politische Abseits gedrängt, flüchtet sich Honecker in einen verborgenen Unterschlupf, von dem aus er einen letzten Versuch unternimmt, die DDR zu retten. Sein Plan ist ebenso riskant wie perfide: Ein Raketenschlag gegen Westberlin soll die Fronten verhärten und ihn zurück an die Macht bringen. Nur eure kleine Gruppe Freiwilliger steht zwischen ihm und dem Frieden der freien Welt. Schafft ihr es, innerhalb einer Stunde den Raketenstart aufzuhalten und Honeckers Geheimversteck zu entkommen?

https://room-escape-challenge.de/escape-rooms/honeckers-rache-escape-room-leipzig/ (Stand: 27.10.2021).

M 4

Der Historiker Ilko-Sascha Kowalczuk über die Folgen der deutschen Einheit (2019):

Die Gesellschaft ging in das Jahr 1990 und die folgende Wiedervereinigung mit sehr hohen Erwartungen. Dieser neue Staat versprach das Blaue vom Himmel: „DM“, „blühende Landschaften“, „niemandem wird es schlechter gehen“. Der bundesdeutsche Staat und seine Regierungsmannschaft um Kohl würden dafür sorgen ... Für viele Ostdeutsche wurde der Westen zum Glück, zum Erfolg, zum erträumten oder erwarteten Leben in Freiheit und Wohlstand. Für viele andere trat das nicht ein. Sie wurden tief enttäuscht. Weil sie keine Chance bekamen, ein Leben jenseits staatlicher Alimentierungen [= Unterstützung] zu entfalten. Viele Gruppen wurden enttäuscht: Opfer der Kommunisten, weil der Rechtsstaat sie nicht zu würdigen und entschädigen wusste. Treue SED-Systemgänger, weil sie sich benachteiligt und gedemütigt vorkamen. Arbeiter, weil sie keine Arbeit mehr fanden. Kinder, weil ihre Eltern abwesend schienen. Wissenschaftler, weil ihr Wissen niemand mehr zu benötigen schien. Bauern, weil die Landwirtschaft ohne sie auskam. Bürgerrechtler, weil die Bürger ihr Engagement nicht mehr benötigten.

*Ilko-Sascha Kowalczuk, Die Übernahme. Wie Ostdeutschland Teil der Bundesrepublik wurde, München (Beck) 2019, S. 266 f.***

M 5

„Spiegel“-Titelseite, September 1995 © DER SPIEGEL 36/1995. Bundeskanzler Helmut Kohl versprach den ostdeutschen Bundesbürgern nach der Wiedervereinigung eine wirtschaftlich positive Zukunft und sprach in diesem Kontext von „blühenden Landschaften“.

Sachkompetenz

1 Analysiere die Karikatur (M1).

2 Verfasse ausgehend von dem Begriff „Perestroika“ (M1) eine Darstellung zu dem Thema „Das Ende des Ost-West-Konflikts“, in der du die in der Karikatur genannten Staaten einbindest.

3 Wähle eine Aufgabe aus:

a) Gestaltet ein Plakat oder ein digitales Portfolio über die Ursachen des Zusammenbruchs der DDR.

b) Gestaltet ein Plakat oder ein digitales Portfolio über den Weg zur deutschen Einheit.

Urteilskompetenz

4 „Der Fall der Berliner Mauer – ein weltpolitisches Ereignis?“ Diskutiere diese Frage mithilfe von M2.

5 Erörtere ausgehend vom Zwei-plus-Vier-Vertrag (S. 166/167) die Handlungsspielräume der beiden deutschen Staaten im Vereinigungsprozess.

6 „Nun wächst zusammen, was zusammengehört“ (Zitat Willy Brandts, November 1989). Überprüft im Hinblick auf M4 und M5 und mithilfe der S. 160–161 und 164–167), was aus den Erwartungen vieler DDR-Bürgerinnen und DDR-Bürger bis heute geworden ist. **Tipp** → S. 253.

7 Diskutiere, ob der „Tag der Deutschen Einheit“ auch in Zukunft noch gefeiert werden sollte.

8 a) Erkläre, in welchem Zusammenhang das Leipziger Escape-Room-Konzept (M3) mit den Ereignissen der friedlichen Revolution in der DDR steht.

b) Diskutiere, inwiefern der Escape Room „Honeckers Rache“ eine angemessene Form des Umgangs damit darstellt.

9 Die DDR – „Unrechtsstaat“ oder politische „Chance“ und „Alternative“? Nimm mithilfe deiner Kenntnisse begründet Stellung zu diesen gegensätzlichen Beurteilungen. Berücksichtige mögliche ost- und westdeutsche sowie internationale Sichtweisen.

cornelsen.de/webcodes
Webcode: viwafu
Selbsteinschätzungsbogen

Vive
l'Europe unie
Vive

cornelsen.de/webcodes
+ Webcode: vadonu
alle Darstellungstexte zum Anhören

6
Der europäische Integrationsprozess

Der damals 71-jährige französische Staatspräsident Charles de Gaulle und der 86-jährige Bundeskanzler Konrad Adenauer überwinden Jahrzehnte der Feindschaft und der Vorbehalte gegen das jeweilige Nachbarland. Der ehemalige Organisator des französischen Widerstandes gegen die deutsche Besatzung Frankreichs und der frühere Kölner Oberbürgermeister vor 1933 begründen die deutsch-französische Aussöhnung nach dem Zweiten Weltkrieg. Die Kooperation Frankreichs und Deutschlands wird zur Grundlage der späteren Europäischen Union.

Interpretiere die Geste des französischen Staatspräsidenten vor dem Hintergrund der Spruchtafeln.

Besuch des französischen Staatspräsidenten Charles de Gaulle auf dem Bonner Marktplatz, 1962

1945 | 1955 | 1965 | 1975

1945 Ende des Zweiten Weltkriegs

1949 Europarat: Schutz der Menschenrechte

1952 Gründung der Europäischen Gemeinschaft für Kohle und Stahl (EGKS): gemeinsame Kontrolle über die Schlüsselindustrien

1957 Gründung der Europäischen Wirtschaftsgemeinschaft (EWG) mit dem Ziel eines gemeinsamen Marktes

1963 Deutsch-französischer Freundschaftsvertrag

1967 Gründung der Europäischen Gemeinschaft (EG): gemeinsame Außen-und Sicherheitspolitik, Zusammenarbeit von Polizei und Justiz

Der europäische Integrationsprozess

„Nie wieder Krieg!" lautete eine übereinstimmende Ansicht der Europäer nach dem Ende des Zweiten Weltkriegs. In den ersten Nachkriegsjahren zeichnete sich ab, dass die beiden neuen Supermächte USA und Sowjetunion ihren neu gewonnenen Einfluss in Europa nicht wieder aufgeben würden. Das bedeutete eine Teilung des Kontinents. Gleichzeitig regte der Wiederaufbau vor allem in Westeuropa die Zusammenarbeit an. Der britische Premierminister Winston Churchill sprach bereits 1946 von einer Schaffung der „Vereinigten Staaten von Europa" und berief sich dabei auf gemeinsame europäische Werte, geschichtliche Wurzeln und Traditionen. Er betonte: „Wäre jemals ein vereintes Europa imstande, sich das gemeinsame Erbe zu teilen, dann würden seine drei- oder vierhundert Millionen Einwohner Glück, Wohlstand und Ehre in unbegrenztem Ausmaße genießen." Heute besteht eine Europäische Union mit einem gemeinsamen Markt, dem Euro als Währung in vielen Mitgliedsländern und weitreichenden Freiheiten für ihre Bürgerinnen und Bürger. Andererseits hat 2020 mit Großbritannien zum ersten Mal ein Land die Europäische Union verlassen. Anhaltende Spannungen und Konflikte gibt es in Fragen der Migration (Menschen, die außerhalb Europas leben und in die EU wollen), im Abweichen einiger Staaten von gemeinsamen demokratischen Grundwerten und beim Umgang mit der Corona-Pandemie seit 2020.

- Welche Entwicklungsschritte gab es auf dem Weg zur Europäischen Union und wie verhalten sich nationale und gemeinsame europäische Interessen?
- Welche Herausforderungen und Bedrohungen gab und gibt es für die Europäische Union?

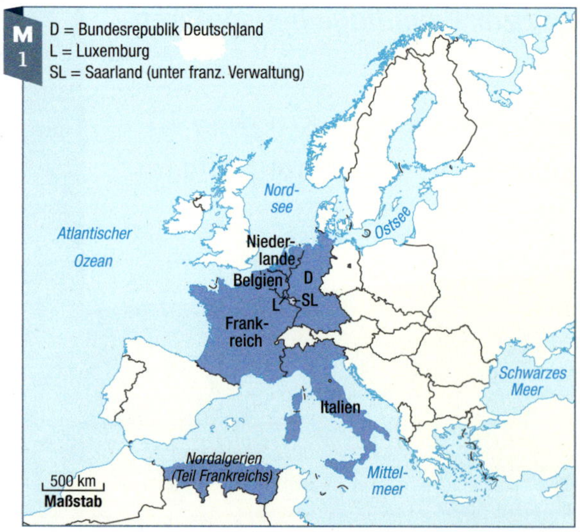

Karte der Europäischen Gemeinschaft für Kohle und Stahl (1952)

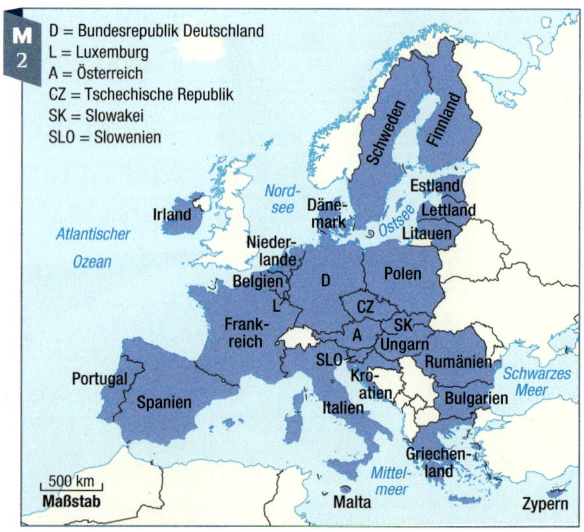

Karte der Europäischen Union im Jahr 2021

1985 | 1995 | 2005 | 2015

1991 Ende der Sowjetunion
Auflösung des Warschauer Pakts

1993 Vertrag von Maastricht: allmähliche Öffnung aller Grenzen für Waren, Personen, Dienstleistungen und Kapital; gemeinsame Wirtschafts-, Währungs-, Außen- und Sicherheitspolitik

2004 Entwurf einer Verfassung für Europa

2007 Vertrag von Lissabon

2008/09 Eurokrise

2016 britisches Referendum zum EU-Austritt

2019 Beginn Corona-Krise

2020 Großbritannien verlässt die EU

M3

Lage Europas: Traumschiff – ohne Kapitän, aber mit zu vielen Steuermännern, Karikatur von Oliver Schopf, 2011

M4

„Von höherer Warte betrachtet“. Karikatur von Fritz Behrendt von 1962 zum Treffen von de Gaulle und Adenauer in der Kathedrale der französischen Stadt Reims. Die Kathedrale im Hintergrund wurde im Ersten Weltkrieg von den Deutschen stark beschädigt.

1. Vergleiche die Karten M1 und M2.
2. Gestalte ausgehend vom Zeitstrahl eine Phaseneinteilung zur Einigung Europas nach 1945.
3. Fasse die Aussage der Karikatur M4 zusammen. Beziehe den Text zum Auftaktbild (S. 191) mit ein.
   Tipp → S. 253.
4. **Partnerarbeit:**
   a) Überprüft, ob die Aussage der Karikatur M3 eurem Bild von der EU entspricht.
   b) Diskutiert über eure Wahrnehmungen.
   Tipp → S. 253.

Was ist Europa?

cornelsen.de/webcodes
Webcode: semibu
Zahlen und Fakten über Europa

Auf diese Frage wurden immer wieder unterschiedliche Antworten formuliert. Die geografische Eingrenzung des Kontinents war vor allem im Osten fließend – manchen Geografen erschien Europa als Anhängsel Asiens. Je nachdem, was unter „Europa" verstanden wird, verändern sich auch die Vorstellungen davon, wie die Menschen in Europa zusammenleben wollen und ob es eine einheitliche europäische Identität geben kann.

- ***Untersuche, was die Vorstellung von Europa in der Geschichte beeinflusste.***

M 1 *Die Entführung der Europa, römische Wandmalerei aus Pompeji nach einer griechischen Sage, 1. Jh. n. Chr.*

Die griechische Sage „Europa"

Weit entfernt von Griechenland wuchs im Land Phönizien eine junge Frau mit Namen Europa auf. Der griechische Göttervater Zeus wurde von den Pfeilen den Liebesgottes Eros getroffen und verliebte sich in Europa. Da er den Zorn seiner Frau Hera fürchtete, verwandelte sich Zeus in einen Stier. Sein Fell schimmerte wie Gold. Der göttliche Stier mischte sich unter die anderen Tiere auf der Wiese, auf der Europa mit ihren Freundinnen spielte. Bald umringten die Mädchen den Stier und streichelten ihn. Europa reichte dem Stier einen Strauß duftender Blumen. Als sich der Stier auf die Knie niederließ und Europa zum Aufsitzen einlud wagte sie es. Der Stier ging zuerst mit langsamen Schritten über die Wiese. Dann rannte er plötzlich schnell auf den Strand zu und schwamm mit Europa durch das Mittelmeer. Am nächsten Morgen erreichten sie die Insel Kreta. Dort verwandelte sich der Stier wieder in den Gott Zeus. Zeus bat Europa seine Frau zu werden und sie willigte ein. Das Paar hatte drei Kinder, darunter Minos, den späteren König von Kreta. Der Erdteil, in dem die beiden an Land gingen, heißt seitdem Europa.

Von der Antike zum Mittelalter

Arabische Kaufleute, die im Mittelalter Europa bereisten, wunderten sich über die Vielzahl der Sprachen, die unterschiedlichen Baustile, die wechselnden Ernährungsweisen und Geldstücke. In den islamischen Ländern waren sie gewohnt, über riesige Entfernungen mit der einen Sprache Arabisch und einer einzigen Währung auszukommen. Die heutigen Kernländer der Europäischen Union (EU) bildeten im Römischen Reich nur Randgebiete. Die Zentren Europas verlagerten sich immer wieder. Europa ist ein Ergebnis zahlreicher Verschmelzungen: Gemeinsam ist den heutigen Europäern die demokratische Vorstellung des antiken Griechenlands, dass das Gemeinwohl aus der Teilnahme am Leben der Polis erwächst. Gemeinsamkeiten sind zudem die Übernahmen aus dem Rechtssystems des antiken Rom und die individuellen Freiheits- und Menschenrechte der Französischen Revolution.

Seit dem Mittelalter prägen das Christentum, das Judentum und der Islam die Kultur des Kontinents. Charakteristisch für die Vielfalt Europas ist, dass sich einerseits ein geregeltes Miteinander entwickelte, andererseits aber auch Feindseligkeit und Intoleranz im Namen des eigenen Glaubens entstanden. Dafür stehen zum Beispiel die christlichen Kreuzzüge im Mittelalter.

Von der Neuzeit zur Gegenwart

In der Neuzeit gewann der einzelne Mensch, das Individuum, an Bedeutung. Die Philosophen der Aufklärung machten die Vernunft zum Hauptmerkmal des Menschen und schufen damit die Grundlage für die Vorstellung, dass Menschen an sich frei, gleich und zu Gemeinschaft fähig sind. Diese Ideen prägen die europäische Gesellschaftsordnung bis heute. Europa wurde zu einem der einflussreichsten Wirtschaftsräume der Welt. Zur Geschichte in der Neuzeit

Wortschatz: eine Vielfalt • kulturelle Beziehungen haben • auf einem Mythos aufbauen • eine europäische Identität haben • sich auf Werte berufen

gehörten aber auch Gewaltausbrüche und Kriege mit Millionen Opfern.
Heute leben mehr als 800 Millionen Menschen in Europa, davon mehr als 500 Millionen in der EU. Die Zuwanderung nach Europa übersteigt den Geburtenzuwachs innerhalb Europas. Auf dem Kontinent werden etwa 220 Sprachen gesprochen, in der EU gibt es 24 Amtssprachen. Der Kontinent ist gegliedert in 47 Staaten, davon gehören 27 der EU an. Der Euro ist Zahlungsmittel in 19 EU-Ländern. Vor diesem Hintergrund erscheint es offen, ob es so etwas wie eine einheitliche europäische Identität überhaupt geben kann. Andererseits berufen sich viele Staaten auf die Grundlage gemeinsamer Werte.

M 3

Der griechische Geograf Strabon in einer Erdbeschreibung (7 v. Chr.):

Ich meine mit Europa beginnen zu sollen, weil es vielgestaltig ist und die Vervollkommnung der Menschen und ihrer staatlichen Einrichtungen am meisten fördert ... Dieser Weltteil ist durchzogen von Ebenen und Gebirgen, sodass überall Ackerbau, bürgerliches Geschäftsleben und Kriegertum nebeneinander existieren ... Daher ist sich Europa selbst genug – im Frieden wie im Krieg. Denn es besitzt genug streitbare Soldaten, Bauern und Bürger. Es bringt die besten und für das Leben unentbehrlichen Früchte und alle benötigten Metalle hervor ... Dinge ..., die nicht lebensnotwendig [sind,] bezieht es von auswärts.

*Strabon, Erdbeschreibung II 5, 26, zit. nach Christoph Gottlieb Groskurd, Strabons Erdbeschreibung, Bd. I–II, Berlin und Stettin (Nicolai) 1831.***

M 2

Der Dichter Georg Herwegh während der ersten Tage der Revolution von 1848 in einem Brief:

An das französische Volk! Der Sieg der Demokratie für ganz Europa ist entschieden: Gruß und Dank vor allem Dir, französisches Volk! In drei großen Tagen hast Du mit der alten Zeit gebrochen und das Banner der neuen aufgepflanzt für alle Völker der Erde ... Französisches Volk, wir gehen Hand in Hand mit dir ... Erhalte allen deinen Kindern, was sie alle erkämpften, und die einzige Hilfe, welche wir von dir begehren, ist, dass du standhaft bleibst und uns zujauchzest, wenn wir von den Zinnen des von deutschen Händen eroberten Deutschlands dir zurufen: Es lebe die Freiheit, die Gleichheit, die Bruderliebe! Es lebe die Demokratie! Es lebe die europäische Republik!

*Zit. nach Marcel Herwegh (Hg.), Briefe von und an Georg Herwegh, Paris-Leipzig-München (Albert Langen) 1896, S. 133–135.**

M 4

Charta (Urkunde) der Grundrechte der Europäischen Union (2000):

Die Völker Europas sind entschlossen, auf der Grundlage gemeinsamer Werte eine friedliche Zukunft zu teilen, indem sie sich zu einer immer engeren Union verbinden. In dem Bewusstsein ihres geistig-religiösen und sittlichen Erbes gründet sich die Union auf die unteilbaren und universellen Werte der Würde des Menschen, der Freiheit, der Gleichheit und der Solidarität. Sie beruht auf den Grundsätzen der Demokratie und der Rechtsstaatlichkeit.

https://www.europarl.europa.eu/germany/resource/static/files/europa_grundrechtecharta/_30.03.2010.pdf (Stand: 08.11.2021).

1 Erkläre durch die Nacherzählung des Mythos in M1, wie der Name Europa für den heutigen Kontinent entstanden ist (Infokasten unter M1).

2 Arbeite aus M3 die Eigenschaften Europas heraus.

3 Erläutere, was Herwegh mit einer „europäischen Republik“ bezeichnete (M2).

4 Stelle ausgehend von M4 und des Darstellungstextes die „gemeinsamen Werte“ Europas dar.

5 Gruppenarbeit:

a) Erstellt ein Placemat (→ S. 261): Beurteilt anhand der Materialien, ob Europa der „Kontinent der Demokratie“ ist. **Tipp** → S. 253.

b) Erläutert die Kriterien für eure Beurteilung.

6 „Europa lebt von seiner Vielfalt“ heißt es in den Arbeiten vieler Historikerinnen und Historiker. Überprüfe diese Aussage mithilfe des Darstellungstextes und deiner weiteren Kenntnisse. Nutze den **Wortschatz**.

Warum eine europäische Vereinigung und Zusammenarbeit?

Die Vereinigung der europäischen Nationalstaaten zur Europäischen Union war keine geradlinige Entwicklung. Ihre heutige Gestalt wurde zu unterschiedlichen Zeiten durch verschiedene Ideen und Impulse, Absichten und Konzepte beeinflusst.

- ***Untersuche, welche Vorstellungen von Europa von Bedeutung waren und was für unser heutiges Verständnis von Europa weiterhin Bedeutung hat.***

M 1

Karikatur von Chapatte, International Herald Tribune, 24. März 2007. In den Sprechblasen steht: „Seit 50 Jahren hat Europa ‚Frieden' bedeutet" – „So langweilig." Die Karikatur erschien zum 50. Jahrestag der Unterzeichnung der Römischen Verträge, die die Grundlage der späteren Europäischen Gemeinschaft (EG) bildeten.

Europa zwischen den Weltkriegen

Die EU hat ihre Wurzeln in den Nachwirkungen der beiden Weltkriege im 20. Jahrhundert. Nach dem Ersten Weltkrieg fand die europäische Idee erste Unterstützer. Der Schriftsteller Richard Coudenhove-Kalergi versammelte eine große Anhängerschaft in seiner „Paneuropa-Union", die ein vereintes Europa ohne Großbritannien und die Sowjetunion anstrebte. Der französische Außenminister Aristide Briand und sein deutscher Amtskollege Gustav Stresemann erhielten 1926 den Friedensnobelpreis für die von ihnen angestoßene kurze Phase der deutsch-französischen Aussöhnung. Die Weltwirtschaftskrise 1929 und der Aufstieg der Nationalsozialisten in Deutschland beendeten die Annäherung.

Europa nach dem Zweiten Weltkrieg

Nach dem Kriegsende 1945 wurde intensiver als je zuvor über das Europa der Zukunft nachgedacht. Die Verwüstungen des Krieges hatten vor Augen geführt, dass eine gemeinsam gestaltete politische und wirtschaftliche Ordnung für den Kontinent dringend nötig war. Der französische Unternehmer und Wirtschaftspolitiker Jean Monnet entwickelte die Idee eines Zusammenschlusses der europäischen Kohle- und Stahlindustrie unter Einbeziehung des einstigen Kriegsgegners Deutschland. Kohle und Stahl waren die bedeutendsten Rohstoffe für eine Kriegführung. Monnet überzeugte den französische Außenminister Robert Schuman von dem Plan, der als „Schuman-Plan" bezeichnet wird. 1951 stellten Deutsche und Franzosen ihre Kohle- und Stahlindustrie unter eine gemeinsame Kontrolle. Italien und die Benelux-Länder schlossen sich dieser „Montanunion" an.

Europa nach dem Ende des Ost-West-Konflikts

Mit der Aufnahme neuer Mitgliedsstaaten in die EU und nach dem Ende der Sowjetunion vertiefte sich die Zusammenarbeit, indem die europäischen Institutionen größeres Gewicht bekamen. Die Vorstellung einer „immer engeren Union der Völker" (Lissabon-Vertrag, siehe S. 208/209) prägte schließlich ihre Gestaltung. Gegen diese Vorstellung entwickelte sich jedoch mitunter kräftiger Widerstand, der die europäische Vereinigung auch grundsätzlich infrage stellte. Entlang dieser Frage entzünden sich bis heute politische Konflikte.

(die) europäische Integration
Der Begriff bezeichnet die Vereinigung und immer enger werdende Zusammenarbeit der Staaten in Europa. Eine Integration bedeutet eigentlich die Aufnahme und Einbeziehung von anderen Menschen und Gruppen. Seit 1954 wird er aber auch für den sich entwickelnden Zusammenschluss der Länder in Europa verwendet.

Wortschatz: etwas wird integriert • einen Diskurs (= Diskussion) führen • einen Impuls geben • eine Aussöhnung • eine Befriedung • eine gemeinsame Wertegrundlage • eine globale Bedeutung

M 2

Der österreichisch-japanische Schriftsteller und Politiker Richard Nikolaus Graf Coudenhove-Kalergi in seinem Buch „Paneuropa" (1923):
Europa als politischer Begriff besteht nicht. Der Weltteil, der diesen Namen trägt, birgt ein Chaos von Völkern und Staaten, eine Pulverkammer[1] internationaler Konflikte, eine Retorte[2] künftiger Weltkriege. Die europäische Frage und der europäische Hass verseuchen die internationale Atmosphäre und beunruhigen ständig auch die friedlichsten Teile der Welt. Deshalb ist die europäische Frage kein lokales, sondern ein internationales Problem; bevor es nicht gelöst ist, kann auch eine friedliche Entwicklung der Welt nicht gedacht werden ... Die europäische Frage wird erst gelöst werden durch einen Zusammenschluss seiner Völker ... [Auf] keinen Fall ist es möglich, dass sich die „europäische Kleinstaaterei" dauernd neben den vier großen Weltreichen der Zukunft behauptet: neben dem britischen und russischen, dem amerikanischen und ostasiatischen.

*Richard N. Graf Coudenhove-Kalergi, Paneuropa (1923), Wien (Paneuropa Verlag) 1926, S. 22 f.***

[1] *Gemeint ist ein Raum, in dem Sprengstoff (= Pulver) aufbewahrt wird.*

[2] *kugelförmiges Glasgefäß für Experimente in der Chemie.*

M 4

Der französische Außenminister Robert Schuman in einer Rede, 9. Mai 1950:
Europa lässt sich nicht mit einem Schlage herstellen ... Die Vereinigung der europäischen Nationen erfordert, dass der jahrhundertealte Gegensatz zwischen Frankreich und Deutschland ausgelöscht wird ... Die französische Regierung schlägt vor, die Gesamtheit der französisch-deutschen Kohle- und Stahlproduktion einer gemeinsamen Hohen Behörde zu unterstellen, in einer Organisation, die den anderen europäischen Ländern zum Beitritt offensteht. Die Solidarität der Produktion, die so geschaffen wird, wird bekunden, dass jeder Krieg zwischen Frankreich und Deutschland nicht nur undenkbar, sondern materiell unmöglich ist.

https://europa.eu/european-union/about-eu/symbols/europe-day/schuman-declaration_de

M 3

Auszug aus den 10 Grundaussagen der Bürgerinitiative „Pulse of Europe", einer Bürgerinitiative, die den europäischen Gedanken hör- und sichtbar machen möchte (2016):

1. ... Die Europäische Union droht zu zerfallen. Jedoch nur gemeinsam haben die europäischen Länder ausreichenden Einfluss, die sich rasant verändernde Welt mitzugestalten ...

2. ... Die Europäische Union war und ist in erster Linie ein Bündnis zur Sicherung des Friedens. Dieser wird von innen und außen bedroht ... Wer in Frieden leben will, muss sich für Zusammenhalt stark machen. Europa darf sich nicht spalten lassen!

3. ... Europa braucht jetzt uns alle, um für Menschenwürde, Freiheit, Gleichheit, politische Vielfalt und Solidarität einzustehen ...

7. ... Die Vielfalt innerhalb Europas ist großartig ... Gleichzeitig verbindet die Europäer viel: Die Geschichte eines jeden Landes ist etwas Besonderes, doch kann sie nicht ohne die Geschichte anderer Länder geschrieben werden. Die sprachlichen und kulturellen Traditionen in Europa haben sich immer gegenseitig ... beeinflusst – und werden dies auch weiterhin tun. Vielfalt und Gemeinsamkeit sind also kein Widerspruch ...

*https://pulseofeurope.eu/worum-geht-es/ (Stand: 15.11.2021).**

MK **1** Gestalte ausgehend vom Darstellungstext eine Mind-Map (→ S. 262) zu den Einflüssen auf die europäische Integration. Du kannst die Mind-Map auch digital erstellen (→ S. 265).

MK **2** **Methode:** Analysiere die Karikatur M1. Nutze die Arbeitsschritte auf S. 270 oder die Kopiervorlage im Webcode auf S. 31.

3 **Gruppenarbeit:**

a) Bildet Dreiergruppen und verteilt die Materialien M2–M4.

b) Arbeitet jeweils heraus: Welche Argumente für die europäische Einigung werden genannt? Wie soll sie gelingen? Welcher Überzeugung folgt der Text?

c) Vergleicht die Aussagen in der Gruppe.

d) Entwickelt eine eigene Begründung zur Frage, warum ein vereintes Europa von großer Bedeutung ist. Nutzt den **Wortschatz**.

Die europäische Einigung nach 1945

Die 2020 durch das neuartige Coronavirus ausgelöste weltweite Pandemie zeigte überdeutlich die Probleme der EU-Mitgliedsstaaten, einheitlich und gemeinsam gegen die dadurch ausgelöste Wirtschaftskrise und ihre Folgen vorzugehen. Auch in politischen Fragen gab und gibt es mitunter heftige Auseinandersetzungen. Aber bereits die ersten Schritte zur Zusammenarbeit waren kompliziert.

- ***Wie gelang es Europa, trotz aller Unterschiede zu einer Einigung zu kommen?***

M 1

Werbung für ein einiges Europa, Plakat von Reyn Dirksen, 1950

Die ersten Schritte

Die stärksten Impulse für eine Integration Europas ergaben sich nach 1945 aus wirtschaftlichen Notwendigkeiten. Die im Rahmen des Marshall-Planes versprochenen amerikanischen Hilfsgelder und Kredite für Europa mussten koordiniert und verteilt werden. Die osteuropäischen Länder waren nach Druck seitens der UdSSR davon ausgeschlossen. Ein weiterer Schritt zur Zusammenarbeit war die Gründung des Europarates im Jahr 1949 auf Initiative von westeuropäischen Politikern. Die beteiligten Staaten unterzeichneten 1950 die Europäische Menschenrechtskonvention zum Schutz der Grund- und Menschenrechte und Grundfreiheiten (EMRK). Der Europarat besteht heute noch und ist nicht zu verwechseln mit dem Europäischen Rat. Das politische Gewicht des Europarats ist gering, obwohl im Vergleich zum Europäischen Rat noch weitere Staaten Mitglied sind, darunter die Türkei und Russland.

Der Weg zur Europäischen Gemeinschaft (EG)

Gezielte Vorschläge für eine Integration der europäischen Einzelstaaten kamen aus der Wirtschaft. Die von Jean Monnet angeregte „Montanunion" erlaubte eine gemeinsame europäische Kontrolle über die damals kriegswichtigen Rohstoffe Kohle und Stahl. Der am 18. April 25 1951 von den sechs Gründerstaaten unterzeichnete Vertrag über die „Europäische Gemeinschaft für Kohle und Stahl" (= EGKS) sollte nur ein erster Schritt auf dem Weg zur europäischen Einigung bedeuten. Weitere Zusammenschlüsse folgten. So unterzeichneten 1957 Belgien, die BRD, Frankreich, Italien, Luxemburg und die Niederlande die „Römischen Verträge" und schufen damit die Europäische Wirtschaftsgemeinschaft (EWG) und die Europäische Atomgemeinschaft (EURATOM) zur friedlichen Nutzung der Atomenergie. Diese Verträge traten 1958 in Kraft und bildeten die Grundlage für den weiteren Integrationsprozess in Westeuropa. 1967 folgte der Zusammenschluss von EGKS, EWG und EURATOM zur Europäischen Gemeinschaft (EG). Großbritannien entschied sich 1973 nach heftigen innenpolitischen Diskussionen für den Beitritt.

Die Entwicklung zur Europäischen Union (EU)

Deutschlands Gewicht in Europa vergrößerte sich 1990 durch die Wiedervereinigung. Die europäischen Nachbarn, besonders Frankreich, erwarteten von der Regierung des vereinten Deutschlands ein klares Bekenntnis zu den Werten der Europäischen Union. Mit dem Vertrag von Maastricht (1992) wurde aus der Wirtschaftsgemeinschaft eine politische Union. Im Maastrichter Vertrag wurde eine gemeinsame Außen- und Sicherheitspolitik vereinbart und die Mitgliedsstaaten übertrugen zentrale Aufgaben in der Wirtschafts- und Umweltpolitik, der Innen- und Rechtspolitik sowie des Gesundheitswesens an die europäischen Institutionen. Dies wird als Supranationalität bezeichnet. Auch

M2

Die Geschichte der EU

★ Von den Römischen Verträgen (u. a. über die Gründung der Europäischen Wirtschaftsgemeinschaft EWG) im Jahr 1958 bis zur heutigen EU – die Entwicklung der Staatengemeinschaft

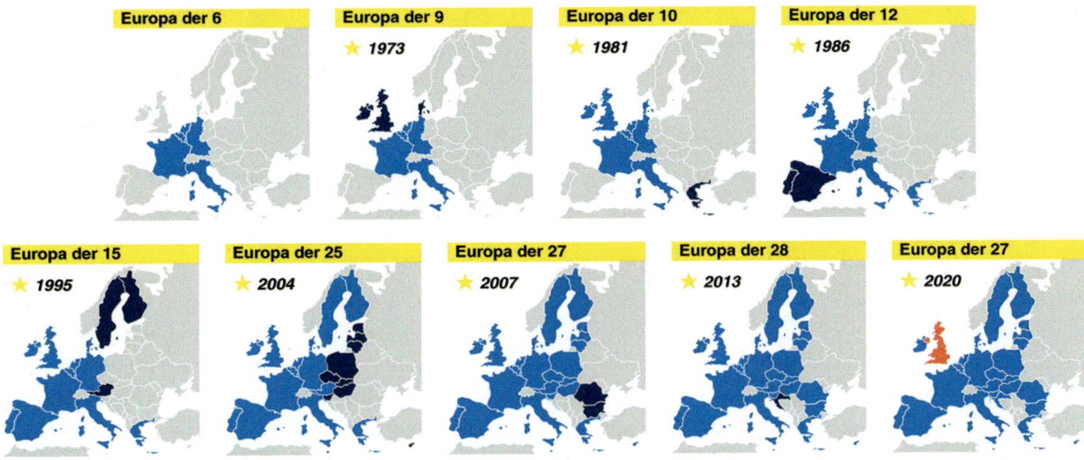

Europa der 6
Belgien
Deutschland
Frankreich
Italien
Luxemburg
Niederlande

Europa der 9
+ Dänemark
+ Großbritannien
+ Irland

Europa der 10
+ Griechenland

Europa der 12
+ Portugal
+ Spanien

Europa der 15
+ Finnland
+ Österreich
+ Schweden

Europa der 25
+ Estland
+ Lettland
+ Litauen
+ Malta
+ Polen
+ Slowakei
+ Slowenien
+ Tschechien
+ Ungarn
+ Zypern

Europa der 27
+ Bulgarien
+ Rumänien

Europa der 28
+ Kroatien

Europa der 27
• **Austritt Großbritanniens**

Quelle: EU Stand Februar 2020 dpa•GlobusSteps 13725

Mitgliedsstaaten der Europäischen Gemeinschaft bzw. der Europäischen Union bis 2020

wurden die Mitbestimmungsrechte des Europäischen Parlaments gestärkt.

Diese vertiefte Integration sollte in einem neuen Namen zum Ausdruck kommen. Seit 1992 bezeichnet sich der Staatenverbund als Europäische Union (EU). 1993 wurde der Europäische Binnenmarkt mit seinen „vier Freiheiten" verwirklicht (M5). Die EU wuchs so durch den Wegfall von Grenzkontrollen, die bereits in den Schengener Abkommen* 1985 geregelt wurden, noch enger zusammen. Nicht-EU-Staaten wie die Schweiz und Norwegen traten ebenfalls bei.

Mit dem Ende des Ost-West-Konflikts änderte sich die politische Gesamtlage in Europa. Ehemals kommunistisch regierte Länder des Ostblocks strebten eine Mitgliedschaft in der EU an. Ab dem 1. Januar 2002 verwendeten Bürgerinnen und Bürger in zwölf EU-Staaten erstmals die neue Währung Euro für ihre Einkäufe. Heute kann in 19 von 27 EU-Staaten mit dem Euro bezahlt werden.

Ab 2004 erfolgte die „Osterweiterung*" der EU (siehe M2). Dies führte zu Konflikten mit Russland, da drei ehemalige Teilrepubliken der Sowjetunion an der Ostsee nun als selbstständige Staaten in die EU eintraten. Mit der Türkei wurden Beitrittsverhandlungen aufgenommen und ihr eine Mitgliedschaft in Aussicht gestellt, deren Umsetzung durch die politische Entwicklung in der EU und der Türkei aber in weite Ferne rückte. Eine EU-Verfassung scheiterte an öffentlichem Widerstand. Stattdessen schlossen die Mitglieder 2007 den Lissabon-Vertrag, der die stark gewachsene EU reformierte und der seit 2009 in Kraft ist. Auch seine Verabschiedung war von heftigen Protesten begleitet (S. 208/209). Am 31. Januar 2020 traten die Briten aus der EU aus („Brexit"). Seitdem hat die EU 27 Mitgliedsstaaten.

(die) Supranationalität (= Überstaatlichkeit)
ist eine Bezeichnung für den Zusammenschluss von Staaten, die ihre nationalen Souveränitätsrechte teilweise auf gemeinsame Institutionen übertragen haben. Die EU ist eine supranationale Organisation.

Was sind die Kriterien für die Aufnahme eines Bewerberlandes in die EU?

Die Kriterien für eine Aufnahme als EU-Mitglied wurden 1993 in Kopenhagen festgelegt. Jedes europäische Land kann einen Aufnahmeantrag stellen, wenn folgende Vorgaben erfüllt werden:

- Verwirklichung demokratischer Grundsätze
- Achtung der Menschenrechte, Schutz von Minderheiten
- eine funktionierende und wettbewerbsfähige Marktwirtschaft
- Angleichung nationaler Rechtsvorschriften an die der Europäischen Gemeinschaft auf allen Gebieten

M 3

Auszug aus der Präambel (= Einleitung) des Vertrages zu Errichtung der Europäischen Gemeinschaft für Kohle und Stahl

Die Präambel des Vertrages vom 18. April 1951 führte die Vertreter der sechs beteiligten Staaten auf und nannte als deren Ziele:

[In] der Überzeugung, dass der Beitrag, den ein organisiertes und lebendiges Europa für die Zivilisation leisten kann, zur Aufrechterhaltung friedlicher Beziehungen unerlässlich ist, in dem Bewusstsein, dass Europa nur durch konkrete Leistungen, die zunächst eine tatsächliche Verbundenheit schaffen, ... aufgebaut werden kann, in dem Bemühen, durch die Ausweitung ihrer Grundproduktionen zur Hebung des Lebensstandards und zum Fortschritt der Werke des Friedens beizutragen, entschlossen, an die Stelle der jahrhundertealten Rivalitäten einen Zusammenschluss ihrer wesentlichen Interessen zu setzen, durch die Errichtung einer wirtschaftlichen Gemeinschaft den ersten Grundstein für eine weitere und vertiefte Gemeinschaft unter den Völkern zu legen ... und die institutionellen Grundlagen zu schaffen, die einem nunmehr allen gemeinsamen Schicksal die Richtung weisen können, haben wir beschlossen, eine Europäische Gemeinschaft für Kohle und Stahl zu gründen ...

*Zit. nach Europa-Recht, 11. Aufl., München (dtv) 1991, S. 164.***

M 4

Jacques Delors, Präsident der europäischen Kommission, in seiner Antrittsrede vor dem Europaparlament am 14. Januar 1985:

Was uns außer einem gewissen Maß an Selbstvertrauen fehlt, ist der Dimensions- und Multiplikationseffekt. Nur ein stärker zusammengewachsenes Europa mit einem höheren Integrationsgrad kann uns diesen Effekt bringen. Für die vier Jahre ihrer Amtszeit plant die Kommission entscheidende Schritte in drei Richtungen: die Verwirklichung des europäischen Binnenmarktes und die industrielle Zusammenarbeit, die Stärkung des europäischen Währungssystems, die Konvergenz [= Annäherung] der Volkswirtschaften, weil sie mehr Wachstum und die Schaffung neuer Arbeitsplätze ermöglicht. Diese Schritte sind notwendig, um in einer von den großen Wirtschaftsmächten dominierten Welt ... überleben zu können ... Auf diese Weise sagen wir nein zu Skepsis, nein zu Mutlosigkeit, nein zu zahlreichen Alibis, um nichts zu tun, selbst wenn sie der öffentlichen Meinung in den Mitgliedsstaaten noch so intelligent präsentiert werden. Denn oft hat man den traurigen Eindruck, als ginge es in den europäischen Angelegenheiten um einen Wettbewerb zwischen den Mitgliedsstaaten, während sie doch das Bild eines Teams bilden sollten ... Es geht um nicht mehr und nicht weniger als um folgende drei Ziele: die Verwirklichung eines großen Binnenmarktes, die Harmonisierung von Vorschriften und die industrielle Kooperation.

*Zit. nach Jacques Delors, Das neue Europa, München u. a. (Hanser) 1993, S. 35 f. Übers. v. Jochen Grube. ***

Wortschatz: die Montanindustrie • der EU beitreten • ein Bekenntnis zu Europa formulieren • ein Land in Europa einbinden • Aufgaben auf die europäischen Institutionen übertragen • eine vertiefte Integration • Beitrittsverhandlungen aufnehmen/führen • die EU reformieren

M5

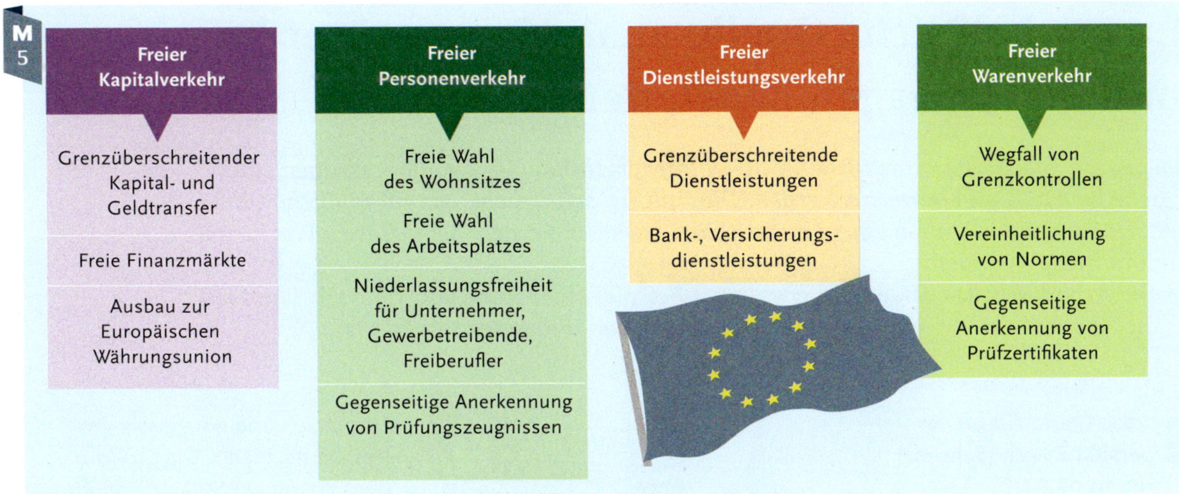

Die heute für alle Bürgerinnen und Bürger der EU geltenden „vier Freiheiten" seit dem Vertrag von Maastricht von 1992

PONT DE LA CONCORDE

M6 *Britische Karikatur zum Schuman-Plan aus dem Magazin „Punch", Mai 1950. Der Schuman-Plan (vgl. S. 196) bildete die Grundlage für die Gestaltung der EGKS. Die „Pont de la Concorde" ist eine Brücke in Paris und bedeutet „Brücke der Verständigung". mistrust (engl.) = Misstrauen, suspicion (engl.) = verdächtig*

1 Erkläre, inwiefern das Plakat M1 die Idee der europäischen Einigung bewirbt.

MK 2 **Methode:** Analysiere die Karikatur M6 mithilfe der Arbeitsschritte auf S. 270 oder der Kopiervorlage im Webcode auf S. 31.

3 Arbeite aus M3 heraus, welche Ziele mit der EGKS verfolgt wurden.

4 **a)** Fasse mithilfe von M4 zusammen, wie Delors den Zustand Europas 1985 beschreibt und welche politischen Pläne er für Europa hat.
b) Nimm zu diesem politischen Programm Stellung. Nutze dabei den **Wortschatz**.

5 Erkläre in einem Kurzvortrag (→ S. 261), was durch die „vier Freiheiten" im Binnenmarkt (M5, Darstellungstext) für die Menschen in der EU heute möglich ist. **Tipp** → S. 253.

6 **Wähle eine Aufgabe aus:**
a) Fasse die wesentlichen Entwicklungsschritte der europäischen Einigung zusammen. Nutze dazu M2 und den Darstellungstext.
b) Erstelle ein Lernplakat (→ S. 261) zur europäischen Einigung nach 1945 (M2, Darstellungstext). **Tipp** → S. 253.

Zusatzaufgabe → S. 249.

cornelsen.de/webcodes
Webcode: xesafi
Die Geschichte der EU

Eine schriftliche Quelle analysieren, einordnen und die Aussagen beurteilen

Im dritten Schritt der schriftlichen Quelleninterpretation müssen die Aussagen einer Quelle beurteilt und bewertet werden. Dies gilt für schriftliche wie für bildliche Quellen. Dabei muss zwischen einem historischen Sach- und einem historischen Werturteil unterschieden werden.

- ***Die Arbeitsschritte zeigen dir, wie du am Beispiel einer Rede von Winston Churchill die Aussagen einer schriftlichen Quelle beurteilen und bewerten kannst.***

M 1

Rede Churchills an der Universität Zürich (Schweiz) am 19.09.1946

Winston Churchill war 1940–1945 und 1951–1955 britischer Premierminister:

In welcher Lage befindet sich Europa heute? Einige der kleineren Staaten haben sich [vom Zweiten Weltkrieg] recht gut erholt, aber in weiten Gebieten starrt eine riesige, geängstigte Menge geschundener, hungriger, sorgenvoller und bestürzter Menschen die Ruinen ihrer Städte und Wohnungen an und sucht am dunklen Horizont nach einer neuen Gefahr, einer neuen Tyrannei, einem neuen Schrecknis ... Doch es gibt ein Heilmittel, das, allenthalben und aus freien Stücken angewandt, wie durch ein Wunder die ganze Szene verwandeln und innerhalb weniger Jahre ganz Europa, oder wenigstens dessen größeren Teil, ebenso frei und glücklich machen könnte, wie es die Schweiz heute ist. Worin besteht dieses Allheilmittel? Darin, dass man die europäische Familie, oder doch einen großen Teil davon, wieder aufrichtet und ihr eine Ordnung gibt, unter der sie in Frieden, Sicherheit und Freiheit leben kann. Wir müssen eine Art Vereinigte Staaten von Europa schaffen. Nur dann können viele hundert Millionen arbeitender Menschen sich wieder den einfachen Hoffnungen hingeben, die das Leben lebenswert machen ...

Ich möchte jetzt etwas sagen, das Sie in Erstaunen versetzen wird. Der erste Schritt zur Neubildung der europäischen Familie muss eine Partnerschaft Frankreichs und Deutschlands sein. Nur so kann Frankreich die moralische Führung in Europa[1] wiedererlangen. Es wird keine Erneuerung Europas geben ohne ein geistig großes Frankreich und ein geistig großes Deutschland. Die Struktur der Vereinigten Staaten von Europa, wenn sie gut und echt errichtet wird, muss so sein, dass die materielle Stärke eines einzelnen Staates von weniger großer Bedeutung ist. Kleine Nationen zählen ebenso viel wie große und erwerben sich ihre Ehre durch ihren Beitrag zu der gemeinsamen Sache ...

Unser beständiges Ziel muss sein, die Vereinten Nationen [= die UNO] aufzubauen und zu festigen. Unter- und innerhalb dieser weltumfassenden Konzeption müssen wir die europäische Völkerfamilie in einer regionalen Organisation neu zusammenfassen, die man die Vereinigten Staaten von Europa nennen könnte. Der erste Schritt hierzu wäre es, einen europäischen Staat ins Leben zu rufen. Wenn alle Staaten Europas dieser Union fürs erste nicht beitreten wollen oder können, so müssen wir doch alle jene sammeln, die willens und imstande sind, es zu tun ... Bei diesem dringend notwendigen Werk müssen Frankreich und Deutschland die Führung übernehmen. Großbritannien, das britische Commonwealth, das mächtige Amerika, und, so hoffe ich wenigstens, Sowjetrussland – denn dann wäre tatsächlich alles gut – sollen die Freunde und Förderer des neuen Europa sein und dessen Recht, zu leben und zu leuchten, beschützen ... Lassen Sie Europa entstehen!

*Zit. nach https://www.europa-union.de/fileadmin/files_eud/PDFDateien_EUD/Allg.Dokumente/Churchill_Rede_19.09.1946_D.pdf (Stand: 09.05.2021).***

[1] *Gemeint ist das europäische Festland, die Briten zählen sich laut Churchill nicht zu Europa.*

Arbeitsschritte „Eine schriftliche Quelle analysieren, einordnen und die Aussagen beurteilen“

Arbeitsschritte	Sprachliche Formulierungshilfen
Klausurtraining 1: Analyse der Quelle	*Siehe Arbeitsschritte auf S. 163.*
Klausurtraining 2: Einordnung der Quelle	*Siehe Arbeitsschritte auf S. 169.*
Klausurtraining 3: Beurteilung und Bewertung der Quelle	
1. Unter welcher Fragestellung soll die Quelle beurteilt werden?	• *zum Beispiel: Churchills „Vereinigte Staaten von Europa“ – ein erfolgversprechendes Friedenskonzept nach dem Zweiten Weltkrieg?*
2. Um die Beurteilung der Quelle vorzubereiten, musst du sie erneut lesen und Aussagen markieren, auf die du in deiner Beurteilung Bezug nehmen willst.	• *Markiere Quellenaussagen, denen du zustimmst, mit „+“ und Quellenaussagen, denen du nicht zustimmst, mit „-“.*
3. **Historisches Sachurteil:** Wie ist die Quelle aus damaliger Sicht zu beurteilen? • Sind die Aussagen der Quelle glaubwürdig und schlüssig oder enthalten sie Widersprüche? • Welche Aussagen der Quelle erscheinen im zeitgenössischen Kontext zutreffend? • Welchen Aussagen der Quelle kann im zeitgenössischen Kontext nicht zugestimmt werden? • Welche Aspekte des Hintergrundwissens können zur Begründung herangezogen werden?	• *Aus damaliger Sicht ist zu berücksichtigen, dass ...* • *Churchills Aussage, ... ist ...* • *In seiner Einschätzung, dass ..., lag Churchill richtig.* • *Churchill hebt mit Recht hervor, dass ....* • *Hierfür spricht auch, dass ...* • *Kritisch betrachtet werden muss ...* • *Entgegenhalten muss ich dem Autor, dass ...* • *Der Aspekt, dass ... ist zu hinterfragen.* • *Seinem Argument, ..., ist nur bedingt zuzustimmen.*
4. **Historisches Werturteil:** Wie ist die Quelle aus heutiger Sicht zu bewerten? • Welche Normen und Werte sollen herangezogen werden (zum Beispiel Friedensbegriff, Realisierung bzw. Dauerhaftigkeit des Friedens)? • Welche Bedeutung kommt den Aussagen heute zu? • Welche Vergleichsmöglichkeiten gibt es?	• *Für das Werturteil ist wichtig zu erläutern, wie ...* • *Wesentlicher (persönlicher) Maßstab / Wesentliches Kriterium für mein Werturteil ist ...* • *Zur Begründung möchte ich anführen, dass ... Dagegen möchte ich anführen, dass ...* • *Aus heutiger Sicht kann ich (nicht) nachvollziehen, dass ... / Heute wäre es (nicht) denkbar, dass ...*
5. Welches Urteil kann formuliert werden?	• *Es kann festgestellt werden, dass ...*

MK 1 Beurteile und bewerte die Aussage von Churchill (M1): Waren die „Vereinigten Staaten von Europa“ ein erfolgversprechendes Friedenskonzept nach dem Zweiten Weltkrieg? Nutze hierfür die Arbeitsschritte. Als Hilfestellung kannst du dir dazu die Kopiervorlage aus dem Webcode herunterladen.

Eine Quelle beurteilen

Bei der Beurteilung einer Quelle muss zwischen Sach- und Werturteil unterschieden werden. Das bedeutet, dass Historisches nicht nur aus heutiger, gegenwärtiger Perspektive und heutigen Wertmaßstäben beurteilt werden darf. Es müssen auch die damalige Perspektive sowie damalige, historische Wertmaßstäbe berücksichtigt werden. Für die schriftliche Beurteilung bedeutet dies, dass auf konkrete Quellenaussagen Bezug genommen, das Urteil sachlich angemessen formuliert und mithilfe des eigenen Hintergrundwissens begründet sein muss.

cornelsen.de/webcodes
Webcode: rubire
Hilfestellungen bei der Beurteilung

Gewalt und Krieg statt Integration

Während die EU mit der Vertiefung des europäischen Einigungsprozesses beschäftigt war, brachen in den frühen 1990er Jahren in ihrer direkten Nachbarschaft im Südosten Europas Kriege aus. Radikaler Nationalismus führte zur Auflösung Jugoslawiens und zur Bildung neuer Staaten.

- ***Was war der Auslöser für diesen Konflikt und waren die Lösungsversuche der Vereinten Nationen (UN) und der EU erfolgreich?***

M 1

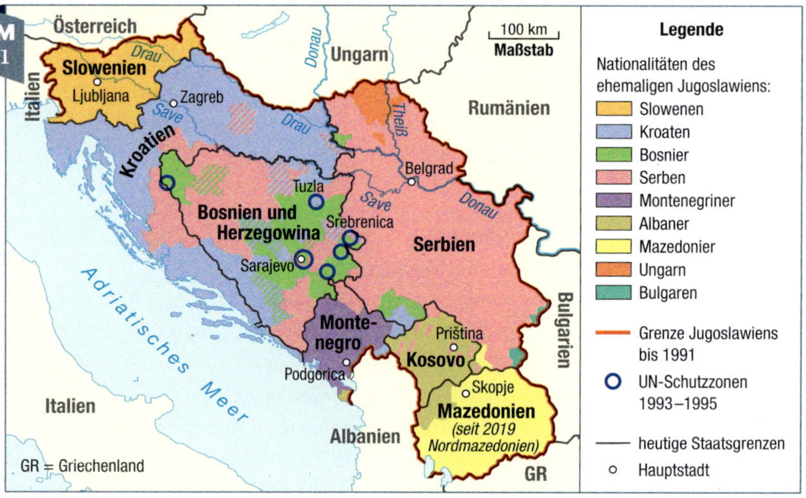

Der Vielvölkerstaat Jugoslawien

Kriege in Jugoslawien

Mitten in die Zuversicht, dass durch das Ende des Kalten Krieges ein Zeitalter weltweiter Zusammenarbeit eingeleitet würde, kam es zu Kriegen in Jugoslawien. Dort hatte der kommunistische Führer, Marschall Tito, den Vielvölkerstaat seit dem Zweiten Weltkrieg mit eiserner Hand regiert. Nach Titos Tod 1980 traten die in kommunistischer Zeit unterdrückten Nationalitätenkonflikte offen hervor. Die beiden reichsten Teilrepubliken Slowenien und Kroatien im Norden Jugoslawiens erklärten nach Volksabstimmungen am 25. Juni 1991 ihre Unabhängigkeit. Die mehrheitlich von Serben gebildete jugoslawische Volksarmee marschierte in Slowenien und Kroatien ein. Während sich die Volksarmee aus Slowenien schnell zurückzog, dauerten die Kämpfe in Kroatien bis 1995 an.

1992 erklärte Bosnien-Herzegowina seine Unabhängigkeit von Jugoslawien – gegen den Willen der Serben. In Bosnien-Herzegowina lebten seit Generationen bosnische Muslime, griechisch-orthodoxe Serben, römisch-katholische Kroaten und andere Volksgruppen zusammen. Mehrere Jahre lang tobte der Krieg mit unvorstellbarer Grausamkeit. Die kriegführenden Parteien strebten die „ethnische Säuberung" der eroberten Gebiete an, das bedeutete die Vertreibung aller Menschen mit anderer Volkszugehörigkeit oder Religion der dort lebenden Mehrheit. Die Kriege kosteten mindestens 250 000 Menschenleben und mehrere Millionen Menschen verloren ihre Heimat.

UNO-Friedenstruppen zwischen allen Fronten

Die Vereinten Nationen verhängten im September 1991 eine Wirtschaftsblockade gegen alle am Krieg beteiligten Parteien. Im Januar 1992 erreichten sie einen Waffenstillstand in Kroatien. Über die Frage der Anerkennung von Slowenien und Kroatien als unabhängige Staaten waren die EU-Staaten zerstritten. Deutschland setzte deren Anerkennung durch. Die Vereinten Nationen beschränkten sich auf Sanktionen wie Flugverbote, beschlossen die Entsendung von Friedenstruppen („Blauhelme") und errichteten Schutzzonen für die Bevölkerung. In einer solchen Schutzzone ermordeten im

Wortschatz: ein Vielvölkerstaat • eine „ethnische Säuberung" • eine Entsendung von UN-Blauhelmen als Friedenssicherung der Vereinten Nationen • eine Geschichtsklitterung (= Verdrehung der Tatsachen)

Juli 1995 bosnische Serben unter General Ratko Mladić unter den Augen niederländischer UNO-Blauhelme in Srebrenica etwa 8000 bosnisch-muslimische Männer und männliche Jugendliche. Massenvertreibungen, Vergewaltigungen, Morde, Hinrichtungen, die Verschleppung Tausender in Gefangenenlager zeigten die Hilflosigkeit der Maßnahmen internationaler Organisationen. Eine Wende in der amerikanischen Politik und das Umschwenken Russlands führten im Herbst 1994 dazu, dass NATO-Flugzeuge im Auftrag der UNO Angriffe gegen serbische Stellungen flogen, um weitere Kämpfe zu vermeiden. Die UN-Soldaten erhielten das Recht, sich bei Angriffen zu verteidigen, um Frieden zu schaffen. Unter amerikanischer Führung kam es zu Friedensverhandlungen. 1995 wurde der Friedensvertrag in Dayton (USA) unterzeichnet: ein brüchiger Frieden, da ethnische und politische Spannungen bis heute anhalten. Für Bosnien-Herzegowina trat ein Teilungsplan in Kraft, der das Zusammenleben von drei Völkern in einem Staat ermöglichen sollte. 60 000 NATO-Soldaten wurden zu seiner Überwachung in Bosnien-Herzegowina stationiert. Seit 2004 übernahm die EU-FOR (European Union Force) die Friedenssicherung.
Für die EU bedeuteten die Kriege in Jugoslawien die Einsicht in ihr eigenes Scheitern. Sie war weder diplomatisch noch militärisch in der Lage, den Krieg ohne Hilfe der USA zu beenden.

M 2 **Serge Brammertz, Chefankläger der UN für Kriegsverbrechen im ehemaligen Jugoslawien, in einem Interview 2021:**

Sehen Sie heute auf dem Balkan Versöhnung?
Das größte Problem ist eigentlich, dass die Polarisierung, die damals zum Krieg geführt hat, heute von Politikern weitergeführt wird. Erst in der vergangenen Woche hat das Staatsoberhaupt Bosniens in einem Interview gesagt: Das sei alles eine Lüge. Der Mord an 8000 muslimischen Jungen und Männern durch serbische Truppen in Srebrenica im Juli 1995 sei nie geschehen. Ich halte das für absolut inakzeptabel. Offene Geschichtsklitterung. Ich finde, das müsste eine strengere Reaktion der internationalen Gemeinschaft hervorrufen ... Die Leugnung des Holocaust wird in Europa teils streng geahndet. Die Leugnung eines Völkermords, der mitten in Europa in den 1990er Jahren verübt wurde, sollte man nicht einfach hinnehmen. Bosnien-Herzegowina ist Beitrittskandidat der Europäischen Union. Wir sehen derzeit leider: Er wird schamloser, wenn man ihm wenig entgegentritt. Wir erleben, dass auch schon die nächste Generation manipuliert wird. Die Regierung im serbisch-autonomen Teil Bosniens, der Republika Srpska, hat jüngst eine sogenannte Expertenkommission einberufen. Diese versucht, aufgrund verfälschter wissenschaftlicher Erkenntnisse ein verzerrtes Bild der Balkan-Kriege zu etablieren. Man versucht, die Geschichte aktiv umzuschreiben. Umso wichtiger sind unsere Archive, unsere Beweisführung nach strengen, fairen Regeln und unsere Urteile ...
Was wird aus den vielen Tausend Soldaten, die ihre Befehle ausführten?
Es gibt Tausende, die eigentlich wegen Ermordung und Vergewaltigung von Zivilisten vor Gericht stehen müssten. Viele mutmaßliche Kriegsverbrecher haben sich danach einfach nach Serbien und auch nach Kroatien abgesetzt. Dort liefert der Staat sie nicht aus ... Ich denke, das sollte die EU bei ihren Beitrittsverhandlungen mit diesen Staaten berücksichtigen.

*Für diese vielen Eltern ist nichts vorbei, Ronen Steinke im Interview mit Serge Brammertz, SZ.de vom 8. Juni 2021.**

1 Erläutere die Gründe für den Krieg in Jugoslawien (M1, Darstellungstext). Nutze den **Wortschatz.**

2 Fasse die wichtigsten Stationen des Jugoslawienkrieges zusammen (Darstellungstext).
Tipp → S. 253.

3 Untersuche die Rolle der EU im Jugoslawienkrieg (Darstellungstext). **Tipp** → S. 253.

MK 4 **a)** Recherchiere Gründe, warum Länder wie Serbien oder Bosnien heute noch nicht in die EU aufgenommen worden sind. **Tipp** → S. 253.
b) Bewerte die Aussagen des Chefanklägers der UN, Serge Brammertz, hinsichtlich der Aufnahme der am Krieg beteiligten Staaten in die EU (M2).

MK 5 **Methode:** Analysiere das Erklärvideo im Webcode mithilfe der Arbeitsschritte auf S. 185.

cornelsen.de/webcodes
Webcode: hapibe Jugoslawien

Frankreich und Deutschland – Motor der EU?

Spricht man über die europäische Einigung und ihre Vorgeschichte, erwähnen viele die wichtige Rolle der Partnerschaft zwischen den lange verfeindeten Staaten Frankreich und Deutschland. Beide Länder gelten bis heute politisch und wirtschaftlich als die bestimmende Kraft der EU, was in einigen EU-Staaten skeptisch gesehen wird.

- ***Untersuche, warum diese beiden Länder so wichtig für die Europäische Union sind.***

M 1

Deutsche und Franzosen im Wandel der Zeit, Karikatur von Fritz Behrendt, 1988

Der Schatten der Vergangenheit

In drei Kriegen hatten Deutsche und Franzosen seit 1870 gegeneinander gekämpft. Nach dem Zweiten Weltkrieg kam es zu einer Fülle von Kontakten und Abmachungen, die die deutsch-französische Freundschaft einläuteten. Die gemeinsame Verwaltung der Kohle- und Stahlindustrie und die Bildung der EWG waren wichtige Meilensteine auf dem Weg zur europäischen Integration (S. 198–201).

Erste Schritte zur Freundschaft

Der französische General Charles de Gaulle wurde 1959 französischer Staatspräsident. Er hatte im Zweiten Weltkrieg den Widerstand gegen die deutsche Besatzung Frankreichs organisiert. Als Staatspräsident gestaltete er die Beziehungen zu Deutschland neu, indem er mit dem deutschen Bundeskanzler Konrad Adenauer die Versöhnung zwischen Frankreich und Deutschland vorantrieb. Während seines Besuchs in Bonn 1962 (S. 190/191) begeisterte er viele Deutsche mit der Idee, ein neues Europa aufzubauen. Es sollte sich als eine neue Macht zwischen den USA und der Sowjetunion etablieren. Eine Versöhnungsmesse in der Kathedrale von Reims und der Abschluss des Élysée-Vertrages am 22. Januar 1963 legten den Grundstein für eine dauerhafte Freundschaft.

Der Élysée-Vertrag

Der Élysée-Vertrag ist benannt nach dem Amtssitz des französischen Präsidenten, wo er von de Gaulle und Adenauer unterzeichnet wurde. In ihm vereinbarten Frankreich und Deutschland, den Jugendaustausch zu fördern. Außerdem sollte der Unterricht in den jeweiligen Fremdsprachen Französisch und Deutsch in den Schulen gefördert werden. Schließlich vereinbarten die Regierungen regelmäßige Treffen. In der deutschen Innenpolitik war der Vertrag zunächst umstritten – Kritiker der deutsch-französischen Annäherung wollten eher eine enge Verbindung zu den USA. Außerdem lehnte die politische Führung in Paris einen Beitritt Großbritanniens zur EWG strikt ab, während die Deutschen dafür waren.

Zusammenarbeit auf wirtschaftlichem Gebiet

Bis in die 1980er Jahre hinein festigte sich die deutsch-französische Freundschaft. Im Jahre 1988 gründeten der seit 1982 regierende Bundeskanzler Helmut Kohl und Präsident François Mitterand den Deutsch-Französischen Finanz- und Wirtschaftsrat.

Dort stimmen beide Länder seither regelmäßig wirtschaftspolitische Maßnahmen ab. Frankreich und Deutschland erbringen zusammen 40 Prozent der Wirtschaftsleistung der EU und haben dadurch eine tragende Rolle innerhalb der Gemeinschaft. Durch diese Kooperation gelten beide Länder als Integrationsmotor der EU, weil sie die wichtigen Impulse für die Entwicklung und Durchsetzung der Wirtschafts- und Währungsunion* und des Binnenmarktes setzen.

Wortschatz: Vorurteile gegen jemanden oder etwas haben • ein Meilenstein • sich als eine Macht etablieren • einen Jugendaustausch fördern • der Motor (= Antreiber) für eine Entwicklung sein • eine Kooperation

M 2

Der französische Präsident François Mitterand und Bundeskanzler Helmut Kohl in Verdun, Foto, 1984

Deutschland und Frankreich nach 1990

Die Bundesregierung bezeichnet Frankreich regelmäßig als den engsten und wichtigsten Partner in Europa. Dennoch gab es nach der deutschen Einheit auch Spannungen, die ihre Ursachen in unterschiedlichen politischen Ansichten hatten. So gewann in Deutschland die Umweltbewegung gegen die Kernkraft an Bedeutung, während Frankreich die Stromerzeugung durch Atomkraft massiv ausbaute. Auch bei der Gestaltung der gemeinsamen europäischen Währung gab es Konflikte über die Befugnisse der Europäischen Zentralbank. Schließlich richtete Deutschland außenpolitisch seine Aufmerksamkeit auf Osteuropa, während Frankreich für eine engere Anbindung der Mittelmeerstaaten in Nordafrika plädierte. Die Bankenkrise ab 2008 zwang beide Länder wieder zu enger Abstimmung und so ist die Fähigkeit zum Kompromiss zwischen den beiden wirtschaftlich bedeutendsten europäischen Staaten weiterhin die Grundlage für eine handlungsfähige EU. Der im Januar 2019 von der deutschen Bundeskanzlerin Angela Merkel und dem französischen Staatspräsidenten Emmanuel Macron unterzeichnete „Vertrag von Aachen" knüpft an den Élysée-Vertrag an. Darin wurden eine noch vertieftere Zusammenarbeit in der Wirtschafts-, Außen- und Sicherheitspolitik sowie eine verstärkte Kooperation im Bereich Bildung und Forschung vereinbart, etwa durch die gegenseitige Anerkennung von Schul- und Berufsabschlüssen. Darüber hinaus rücken globale Themen wie Klimaschutz und Gesundheit stärker ins Blickfeld der Zusammenarbeit. Zur Umsetzung der Vertragsinhalte kommt zweimal jährlich die Deutsch-Französische Parlamentarische Versammlung zusammen (je 50 Mitglieder des Deutschen Bundestags und der Französischen Nationalversammlung).

M 3

„Rede an die Jugend" von Charles de Gaulle, 9. September 1962, im Hof des Ludwigsburger Schlosses:

Während es die Aufgabe unserer beiden Staaten bleibt, die wirtschaftliche, politische und kulturelle Zusammenarbeit zu fördern, sollte es Ihnen und der französischen Jugend obliegen [= die Aufgabe der Jugend sein], alle Kreise, bei Ihnen und bei uns dazu zu bewegen, einander immer näherzukommen, sich besser kennenzulernen und engere Bande zu schließen. Die Zukunft unserer beiden Länder, der Grundstein, auf dem die Einheit Europas errichtet werden kann und muss, und der höchste Trumpf für die Freiheit der Welt bleiben die gegenseitige Achtung, das Vertrauen und die Freundschaft zwischen dem französischen und dem deutschen Volk.

*Zit. nach: https://degaulle.lpb-bw.de/rede-wortlaut (Stand: 03.01.2020).***

1 Erkläre typische Vorurteile in der Karikatur M1 und ordne die dargestellten Karikaturen in den passenden Zeithintergrund ein.

2 Erkläre mithilfe des Darstellungstextes den in M1 dargestellten Wandel vom jeweils anderen.

3 Erläutere die Bedeutung der Gesten zwischen den Staatsmännern in Verdun (M2). **Tipp** → S. 253.

4 Diskutiert die Bedeutung der Rede des französischen Staatspräsidenten (M3).

5 **Wähle eine Aufgabe aus:**

a) Gestalte ein Schaubild, in dem du die Entwicklung und Bedeutung der deutsch-französischen Beziehungen nach 1945 darstellst (Darstellungstext).

b) Gestalte eine Rede, in der die Teilnehmer des europäischen Jugendparlamentes über die Bedeutung der deutsch-französischen Beziehungen für die EU informiert werden (Darstellungstext). Nutze den **Wortschatz**.

Zusatzaufgabe → S. 249.

cornelsen.de/webcodes
Webcode: hudagi
Deutsch-französische Freundschaft

Wie werden Interessen und Zuständigkeiten in der EU geregelt?

Je mehr Staaten der Union beitraten, desto schwieriger wurde es, Beschlüsse gemeinsam zu erarbeiten und diese in allen Mitgliedsstaaten durchzusetzen. Im Vertrag von Lissabon, der 2007 verabschiedet wurde und 2009 in Kraft trat, wurde die zukünftige Arbeitsweise der EU geregelt.

- *Untersuche, wie die EU funktioniert und wie die Regelungen im Vertrag von Lissabon aussehen.*

M 1

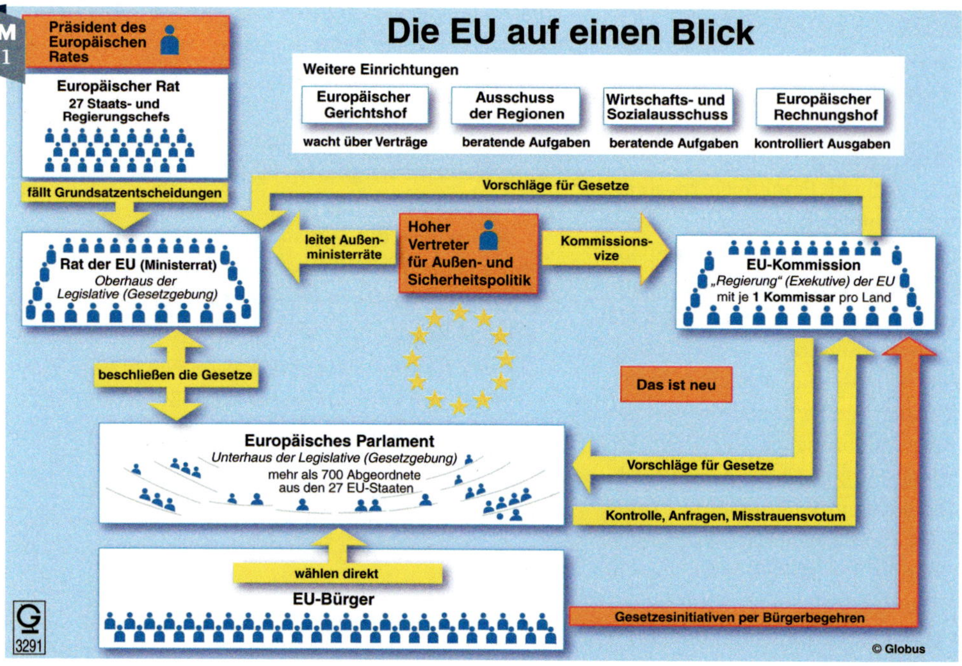

Die politische Organisation der EU nach dem Vertrag von Lissabon

Wie kam es zum Vertrag von Lissabon?

Bereits 2004 hatten EU-Politiker eine europäische Verfassung entworfen. Diese wurde durch Volksabstimmungen in Frankreich und den Niederlanden abgelehnt und trat nie in Kraft. Stattdessen einigten sich die Regierungschefs der Mitgliedsstaaten nach langen Diskussionen als Kompromiss auf den Vertrag von Lissabon, der alle bisherigen Verträge ablöste und die EU demokratischer und handlungsfähiger machte. Er trat 2009 in Kraft. Auch dagegen gab es heftige Proteste. Der Vorwurf lautete, dass der EU-Reformvertrag fast dieselben Bestimmungen wie die gescheiterte Verfassung enthielt, die nun jedoch an der Bevölkerung vorbei durchgedrückt wurden.

Wer entscheidet: Europa oder der Nationalstaat?

Im Vertrag wurden die Zuständigkeiten der EU als supranationale* Organisation und der einzelnen Nationalstaaten geklärt. Er legte auch ein gemeinsames Handeln fest, wenn eines der Mitgliedsländer zum Beispiel von einem Terroranschlag oder einer Pandemie betroffen ist (Solidaritätsklausel). Die EU erhielt das Recht, im Namen aller Mitgliedsstaaten internationale Verträge zu unterzeichnen oder internationalen Organisationen beizutreten.
Die Mitgliedsstaaten haben einen Teil ihrer Souveränität an die Zentrale in Brüssel abgegeben. Die EU-Verträge ersetzen aber nicht die nationalen Verfassungen und Gesetze. Dennoch gab es Kritik an der Ausweitung der Zuständigkeiten der EU. Die Kritiker befürchteten die

Wortschatz: eine Zuständigkeit an die EU abgeben • eine supranationale Instanz • nationale Interessen • sich eine Kompetenz teilen • eine Arbeitsweise oder eine Zusammenarbeit regeln • etwas effektiver machen

Schaffung eines europäischen Bundesstaates, in dem nationale Interessen keine Rolle mehr spielen würden. Andere wünschten eine weitgehende Abgabe der nationalen Souveränität an die EU. Die Bürgerinnen und Bürger der EU sind zwar über die Wahlen im Europäischen Parlament vertreten, aber dieses Gremium darf keine eigenen Gesetzesvorschläge einbringen. Gleichzeitig ist die Einsicht groß, dass viele Fragen wie der Umweltschutz, die Klimapolitik, die Migration oder die Sicherheitspolitik nicht allein national gelöst werden können.

Der Vertrag von Lissabon 2009

Mehr Demokratie:

- das EU-Parlament hat einen größeren Einfluss auf die Gesetzgebung
- nationale Parlamente haben mehr Mitsprache
- Einführung von Bürgerbegehren
- Abstimmungen mit „doppelter Mehrheit" (= 55 % der Mitgliedsstaaten, d. h. 15 von 27, und 65 % der Gesamtbevölkerung müssen zustimmen)

Mehr Transparenz:

- Kompetenzaufteilung zwischen EU und ihren Mitgliedsstaaten
- Ratssitzungen bei Gesetzesentscheidungen sind öffentlich

Mehr Effektivität

- der Rat wird durch einen auf 2,5 Jahre anstatt 0,5 Jahre gewählten Präsidenten geleitet
- die außenpolitischen Kompetenzen liegen beim Hohen Vertreter für die Außen- und Sicherheitspolitik
- häufiger Mehrheitsentscheidungen statt Einstimmigkeitszwang in der Innen- und Außenpolitik

M3 *Die Zuständigkeiten der EU*

M2 **Der Journalist Jochen Bittner über den Lissabon-Vertrag (2009):**

Es ist keine kleine Schraubendrehung, die der Vertrag an der europäischen Integration vornimmt. Es ist ein qualitativer Schritt. So viel Macht haben Staaten noch nie auf eine supranationale[1] Instanz verschoben ... Die größte Neuerung besteht grob gesagt darin, dass die ... EU-Mitgliedsländer sämtliche Politikbereiche mit Ausnahme der Außen- und Steuerpolitik einer Mehrheitsentscheidung im Ministerrat unterwerfen. Das bedeutet, dass künftig Staaten für andere Staaten Gesetze machen können. Und zwar in Feldern, die bisher streng der nationalen Souveränität vorbehalten waren. Das hat es in der Menschheitsgeschichte noch nicht gegeben. Besonders gewichtig kann sich diese Neuerung in der Justiz- und Innenpolitik auswirken. Die abgesandten Diplomaten der EU-Staaten in Brüssel beziehungsweise ihre Minister werden künftig ... auch über Eingriffe in Grundrechte [entscheiden]. Wann und unter welchen Voraussetzungen zum Beispiel Personen, die illegal Dateien aus dem Internet herunterladen, der Netzzugang gesperrt werden kann, wird künftig auf EU-Ebene entschieden ...

*Zit. nach https://blog.zeit.de/bittner-blog/2009/11/04/der-lissabon-vertrag-kommt-aber-was-bringt-er-eigentlich_877 (Stand: 08.11.2021).***

[1] *Der Begriff „supranational" bezeichnet den Zusammenschluss von Staaten, die ihre nationalen Souveränitätsrechte teilweise auf gemeinsame Institutionen übertragen haben.*

1 Arbeite die Neuerungen des Vertrages von Lissabon heraus (Darstellungstext, M3, Infokasten).

2 Beurteile mithilfe des Darstellungstextes, des Infokastens sowie von M1–M3 Chancen und Probleme des Vertrags von Lissabon. Nutze den **Wortschatz.**

3 **Gruppenarbeit:** Bildet Vierergruppen.

a) Informiert euch jeweils über eine in M1 genannte Institution und deren Aufgaben. **Tipp** → S. 253.

b) Erstellt aus den Ergebnissen ein neues Schaubild und präsentiert es in der Klasse.

Entwicklungen in der EU heute

Von den 1960er bis in die 1980er Jahre waren alle Schritte zur europäischen Integration so angelegt, dass in der Zukunft ein einheitlicher Bundesstaat entstehen könnte. Diese Idee geriet immer mehr ins Abseits, da einige Staaten nur ein Bündnis von Nationalstaaten mit gemeinsamen Regeln anstrebten. Wähle A, B, C oder D:

- *Untersuche* aktuelle *Entwicklungen in der EU. Diskutiert anschließend, ob diese bei den Menschen Begeisterung, Ernüchterung oder Ablehnung erzeugen.*

A

M1

Ist der europäische Gedanke unattraktiv geworden?

Mit fortschreitender Integration hat sich der Charakter des geeinten Europas verändert und auch die Begründungen für die Einigung haben sich gewandelt. Das Motiv der Friedenssicherung, das nach den Erfahrungen des Zweiten Weltkriegs im Vordergrund gestanden hatte, verlor mit der Zeit an Bedeutung. Zunehmend ging es um Wirtschaftsfragen, um Umweltschutz, um die innere und äußere Sicherheit sowie um Europas Rolle in der Welt. Aus dem „Europa der Sonntagsreden" wurde die Europäische Union ... in der seither wichtige Entscheidungen getroffen sowie Konflikte und Verteilungskämpfe ausgetragen werden. Entsprechend nahmen die widerstreitenden Positionen zu, es gab auch Verlierer und tatsächlich oder vermeintlich Zukurzgekommene ... Vor diesem Hintergrund formierten sich in nahezu allen EU-Staaten europafeindliche Parteien, die bei Wahlen wachsende Erfolge erzielten und in einigen Mitgliedsstaaten an den dortigen Regierungen beteiligt sind. Zweifellos hat die europäische Einigung über das Ziel der Friedenssicherung hinaus den EU-Bürgerinnen und -Bürgern viele ... Vorteile gebracht ...

*Quellenangabe siehe M4.**

1 Fasse M1 in eigenen Worten zusammen.

2 Diskutiere die Frage in M1 unter Berücksichtigung der Vorteile einer EU-Mitgliedschaft.

B

M2

Welche Herausforderungen ergaben sich durch die Coronavirus-Pandemie?

Als sich das Coronavirus SARS-CoV-2 Anfang 2020 in Europa und in der ganzen Welt mit großer Geschwindigkeit ausbreitete, setzten die EU-Mitgliedsstaaten zunächst nahezu ausschließlich auf ein nationales Handeln. Italien, Spanien und Frankreich waren am stärksten betroffen und ergriffen besonders drastische Maßnahmen. Ungarn nutzte die Pandemie, um Notstandsgesetze zu verabschieden, die der Regierung ohne parlamentarische Kontrolle nahezu unbeschränkte Macht einräumten. Schulen, Fabriken und öffentliche Einrichtungen wurden geschlossen, der Personenverkehr wurde lahmgelegt, öffentliche Versammlungen wurden verboten und Krankenhäuser so weit wie möglich für die Bewältigung der Gesundheitskrise ausgestattet. Die Regelungen der EU-Mitgliedsstaaten erfolgten unkoordiniert, wobei einige Länder unter Missachtung des EU-Rechts den innergemeinschaftlichen Handel von Medizinprodukten einseitig aussetzten und EU-Grenzkontrollen einführten. Erst mit einiger Verzögerung mobilisierten die EU-Institutionen erhebliche Ressourcen, um den von der Gesundheitskrise am schlimmsten betroffenen Mitgliedsstaaten zu helfen.

Quellenangabe siehe M4.

1 Gib in eigenen Worten die Herausforderungen an die EU durch die Pandemie wieder (M2).

2 Bewerte das Verhalten einzelner Mitgliedsstaaten während der Krise.

C

M 3

Welche Folgen hat der „Brexit"?

Vor allem der „Brexit" … stürzte die EU … in eine tiefe Krise. Erstmals hatte ein Mitgliedsstaat von der im Vertrag von Lissabon 2009 neu vereinbarten Austrittsklausel … Gebrauch gemacht und damit die … Zielvorstellung der stets weiter fortschreitenden Integration durchbrochen. Die EU-Institutionen mussten viel Zeit und Kraft darauf verwenden, die Auswirkungen des Brexits zu verhandeln. So mussten die seit 1973 gewachsenen engen Verbindungen zu Großbritannien auf eine neue Grundlage gestellt werden und es galt, die politischen, organisatorischen und finanziellen Folgen zu klären. Unter anderem war die Verteilung der Sitze im Europäischen Parlament auf die Mitgliedsstaaten neu zu verhandeln.
Der am 31. Januar 2020 vollzogene Austritt Großbritanniens aus der EU wurde und wird von EU-Gegnerinnen und -Gegnern häufig als Argument für die nachlassende Strahlkraft der Einigung herangezogen. Mit dem Brexit wurde der Austritt aus der EU zu einer realistischen Option, mit der im Streitfall zumindest gedroht werden kann. Einer der bemerkenswertesten Aspekte des Austrittsprozesses ist es jedoch, dass die EU und ihre Mitglieds- staaten in den Verhandlungen mit dem Vereinigten Königreich geeint blieben und sich … nicht gegeneinander ausspielen ließen. Umfragen und Bürgerreaktionen … zeigten zudem nach der Brexit-Entscheidung, dass die Unterstützung für den europäischen Einigungsprozess nach wie vor vorhanden ist und in Teilen sogar gestärkt wurde.

*Quellenangabe siehe M4.**

1 Gib die Folgen des Brexits wieder (M3).

2 Beurteile die Folgen des Brexits für die EU.

D

M 4

Ist der Rechtsstaat bedroht?

Obwohl Artikel 2 des Vertrags über die Europäische Union … die Achtung der Menschenwürde sowie Freiheit, Demokratie, Gleichheit, Rechtsstaatlichkeit und die Wahrung der Menschenrechte als gemeinsame Werte der EU und ihrer Mitgliedsstaaten festschreibt, haben in mehreren Mitgliedsstaaten rechtliche und politische Entwicklungen stattgefunden, die verfassungsrechtliche Grundprinzipien wie die Unabhängigkeit der Justiz, die Gewaltenteilung und die Fairness des Wahlprozesses offen infrage stellen … Der ungarische Ministerpräsident Viktor Orbán äußerte ausdrücklich, dass sein Land beabsichtige, eine autoritäre „illiberale" Demokratie aufzubauen [siehe S. 215]. Auch aus Polen und Rumänien, der Slowakei sowie aus Malta und Zypern wurden Verstöße gegen die Rechtsstaatlichkeit gemeldet. Die EU-Institutionen gingen mit einiger Verzögerung gegen die Missachtung der Grundrechte vor … In verschiedenen Verfahren hat der Europäische Gerichtshof (EuGH) Polen und Ungarn daran gehindert, umstrittene Gesetze in Kraft zu setzen. Dabei ging es unter anderem um Verstöße gegen die EU-Grundsätze für Unabhängigkeit und Unparteilichkeit der Justiz und gegen die Unabhängigkeit der Wissenschaft. Im Oktober 2020 wurde gegen Malta und Zypern ein Verfahren eingeleitet. Den beiden Inselstaaten wird vorgeworfen, ihre Staatsbürgerschaften („Golden Visas") an Personen, die nicht Bürgerinnern und Bürger der Union sind, verkauft zu haben. Diese erhielten damit automatisch alle Rechte einer Unionsbürgerschaft.

*Otto Schmuck: Die EU im Krisenmodus: Herausforderungen und Reformimpulse, zit. nach: https://www.bpb.de/izpb/europaeische-union-345/324569/eu-im-krisenmodus (Stand: 12.01.2022).***

1 Fasse zusammen, inwiefern die Rechtsstaatlichkeit in einzelnen EU-Ländern bedroht ist (M4).

2 Beurteile dessen Folgen für die EU.

Aufgabe für alle:
Diskutiert: Welche in M1–M4 genannten Aspekte lassen sich den Bereichen „Begeisterung", „Ernüchterung" und „Ablehnung" zuordnen?

Digital kollaborativ arbeiten

Der Begriff „kollaborativ" stammt aus dem Lateinischen. Er setzt sich zusammen aus den beiden Wörtern „con" (mit) und „laborare" (arbeiten). Ein kollaboratives Dokument ist also ein Dokument, an dem mehrere Personen digital „mitarbeiten" können. Es gibt viele verschiedene Möglichkeiten, online gleichzeitig an einem Dokument zu arbeiten.

- ***Hier lernt ihr Möglichkeiten kennen, wie ihr online kollaborativ arbeiten könnt.***

M1

Beispiel für ein Etherpad: das ZUMpad – Aufbau und Funktionalitäten sind bei anderen Etherpads ähnlich. Der Texteditor ähnelt denen von gängigen Textverarbeitungsprogrammen. Wichtige Funktionen des Etherpads sind:

= Hier könnt ihr die Internetadresse des Dokuments kopieren und mit der Klasse teilen.

= Hier könnt ihr Einstellungen am Pad vornehmen.

= Hier könnt ihr den Bearbeitungsverlauf einsehen.

= Mit Klick auf dieses Symbol könnt ihr einen Kommentar einfügen.

Online gemeinsam schreiben

Das Internet ermöglicht das gleichzeitige, gemeinsame Arbeiten an einem Dokument, ohne dass die Nutzer zur gleichen Zeit am gleichen Ort sind. Ein Etherpad bietet dafür eine einfache Plattform. Die Software wurde 2008 veröffentlicht und ist frei verfügbar. Auch andere Etherpads, wie das Yopad, sind im Netz frei verfügbar. Auch beim ZUMpad (siehe M1), einer ähnlichen, webbasierten Anwendung, ist der Texteditor auf das Erstellen von Texten oder Listen reduziert. Grundsätzlich werden die Beiträge unterschiedlicher Personen in unterschiedlichen Farben dargestellt. Es lassen sich Zwischensicherungen anlegen und Ergebnisse exportieren. Alle Nutzerinnen und Nutzer können gleichzeitig schreiben. Auch Kommentare können eingefügt werden.

Digitale Pinnwände gestalten

Vielfältiger sind die Möglichkeiten, die zum Beispiel ein Padlet, TaskCards oder Scrumblr bieten. Auch bei diesen digitalen Material- und Inhaltssammlungen arbeiten die Nutzer kollaborativ und online. Allerdings können hier selbst verfasste Posts durch Bilder, Links, Videos, Zeichnungen, Audiodateien und mehr ergänzt werden. Die Inhalte lassen sich unterschiedlich gliedern und anordnen, zum Beispiel als digitale Zeitleiste. Auch eine spätere Überarbeitung und Kommentierung der Beiträge ist möglich. Layout und Hintergrund können nach Belieben und passend zum Thema gestaltet werden.

Welche App ist die richtige?

Bei der Auswahl der Apps sind Kosten, Anbieter und die Datensicherheit zu bedenken. Informiert euch, welche Anbieter, Apps und Tools (zum Beispiel auch Onlinefestplatten oder Clouddienste) zur Verwendung in der Schule erlaubt sind. Für die Online-Gruppenarbeit gibt es (oft teure) Konferenz-Apps, wählt daher eine kostenfreie App. Eure Arbeitsergebnisse müssen für alle sicht- und beeinflussbar gepostet werden. Bedenkt, dass ihr in allen digitalen Medien Datenspuren hinterlasst und ihr identifizierbar seid. Der gesamte Arbeitsprozess und alle früheren Formulierungen können bei schriftlichen Kooperationstools nachvollzogen und dem Schreiber zugordnet werden – auch von den Lehrerinnen und Lehrern.

Arbeitsschritte „Digital kollaborativ arbeiten“

Vorbereitungen – Thema und Arbeitsweise	Lösungshinweise
1. Wählt eine App für die digitale Kooperation aus.	• *Nutzt die Vorschläge im Darstellungstext.*
2. Legt das Dokument an und macht es per Link allen zugänglich.	• *Ihr könnt einen Link teilen und allen per E-Mail zur Verfügung stellen (siehe M1).*
3. Was ist das Thema? Welche Fragen sollen beantwortet werden?	• *Welche Bedeutung hat die EU für den Alltag von Jugendlichen und jungen Erwachsenen (von 15–19-Jährigen)?*
4. Wie soll das Layout aussehen?	• *Entscheidet euch für eine Darstellungsform (Textdokument, Zeitleiste, Kachelformat, Tabelle, Karte, etc.).*
Quellen und Materialien analysieren und auswerten	
5. Welche Quellen und Materialien stehen euch für die Bearbeitung des Themas zur Verfügung?	• *Verteilt eventuell das Material, sodass ihr arbeitsteilig vorgeht.*
6. Welche Erkenntnisse wurden mithilfe der einzelnen Materialien gewonnen?	• *Macht euch Notizen zu den Inhalten.*
7. Gibt es inhaltliche Lücken? Ergänzt durch eine eigene Recherche.	• *Wenn etwas offenbleibt, müsst ihr noch einmal eigenständig recherchieren.*
8. Die Ergebnisse werden von jedem einzeln im Dokument der Gruppe gepostet.	• …
Ausgestaltung der Posts	
9. Wie lässt sich das Thema gliedern?	• *Jede Darstellung eines Themas braucht eine innere Ordnung – das ist die Gliederung. Sortiert eure Beiträge.*
10. Sind die Inhalte verständlich und vollständig dargestellt?	• *Ergänzt eure Posts so, dass sie verständlich für alle sind, die sich mit dem Thema nicht auskennen.*
11. Wie können die Inhalte anschaulich gestaltet werden?	• *Wenn möglich: Ergänzt weiterführende Links, passende Bilder oder Videos.*
Präsentation und Diskussion	
12. Wie soll das Ergebnis anderen vorgestellt werden?	• *Euer Ergebnis könnt ihr mit anderen teilen, indem ihr ihnen Internetadresse des Dokuments zur Verfügung stellt (M1).*
13. Welche grundlegende Erkenntnis wurde gewonnen?	• *Was wurde besonders deutlich? Wie sind die Ergebnisse zu beurteilen?*

MK **1** Rufe die Internetseiten im Webcode auf und verschaffe dir einen Eindruck, wie die jeweiligen Plattformen oder Apps funktionieren (Darstellungstext).

MK **2** **Gruppenarbeit:** Bildet Vierergruppen.
a) Diskutiert die Bedeutung der EU für euer Alltagsleben und postet die Ergebnisse in einem digitalen Dokument eurer Wahl. Nutzt die Arbeitsschritte und die Seiten 196–203. **Tipp** → S. 253.
b) Jede Gruppe präsentiert ihr kollaborativ erstelltes digitales Endprodukt der Klasse.
c) Diskutiert mithilfe der gemachten Erfahrungen Chancen und Risiken digitaler Kollaboration.

cornelsen.de/webcodes
Webcode: baxosa
Digital kollaborativ arbeiten

Die Zukunft der EU

Der Vertrag von Lissabon verpflichtet alle Mitglieder zu einer immer engeren Union. Allerdings gab es seit der Unterzeichnung bedeutende Konflikte innerhalb der EU, wie die Bewältigung der Eurokrise nach 2008 oder die Migrationskrise nach 2015. Großbritannien hat die Union 2021 nach einer Volksabstimmung verlassen.

- ***Wie kann es weitergehen mit der EU: Besteht die Gefahr eines Zerfalls oder gibt es auch Ansätze dafür, dass die Union enger zusammenwachsen kann?***

Zerfällt die Europäische Union?

In allen Mitgliedsstaaten der EU gibt es Parteien, die den Austritt ihres Landes aus der EU verlangen. In einigen Ländern konnten diese Parteien zumindest eine Zeit lang auch große politische Erfolge feiern. Andererseits beantragen weitere Länder eine Mitgliedschaft. Offizielle Beitrittskandidaten sind Albanien, Montenegro, Nordmazedonien, Serbien und die Türkei. Auch Bosnien-Herzegowina und der Kosovo wollen in die EU.

Die Flüchtlingskrise im Jahr 2015, in der vor Kriegen Geflüchtete aus Afrika und aus den Krisengebieten des Nahen und Mittleren Ostens Schutz in Europa suchten, war vor allem für die Aufnahmeländer Griechenland und Italien eine Herausforderung. Deutschland öffnete 2015 seine Grenzen für rund eine Million Geflüchtete, vor allem aus Syrien. Die meisten Länder Osteuropas weigerten sich, Flüchtlinge aufzunehmen. Rechtsgerichtete, populistische und teilweise antisemitische Parteien wehrten sich gegen das „Diktat aus Brüssel". Das Konzept einer „illiberalen Demokratie" des ungarischen Staatschefs Orbán stellte die Grundwerte der EU und die Rechtsstaatlichkeit durch Missachtung der Urteile des Europäischen Gerichtshofs in Luxemburg infrage. Dies wurde von rechten und nationalistischen Kräften in anderen EU-Ländern unterstützt. Auch in Polen oder Rumänien sind Bewegungen zu beobachten, die die Grundwerte der EU infrage stellen.

Der Brexit hat jedoch vielen Menschen den Wert einer EU-Mitgliedschaft deutlich gemacht. Um für ihre Bürger überzeugend zu sein, wird es nicht genügen, nur wirtschaftliche Perspektiven zu bieten. Die EU und ihre Mitglieder müssen durch eine überzeugende Europapolitik auch die Herzen der Menschen für die europäische Idee gewinnen.

Die Corona-Pandemie

In der Bekämpfung der Corona-Pandemie ab dem Frühjahr 2020 zeigten sich deutlich die zukünftigen Chancen, aber auch die Herausforderungen für die EU. Einerseits übernahm die EU die Beschaffung der Impfstoffe, organisierte Genehmigungsverfahren und nahm erstmals eigene Kredite für Finanzhilfen auf. Sie zeigte damit Handlungsstärke, die auch auf den Ausgleich nationaler Interessen hinwirkte. Andererseits prägten vor allem am Beginn der Pandemie Grenzschließungen und nationale Alleingänge die Lage. Es wird sich zeigen, ob die EU bei künftigen Krisen in der Lage ist, die Mitglieder zusammenzuführen und aus der Verbindung eine größere Stärke für alle zu ziehen.

Die EU und die Welt

Vielen globalen Fragen und Themen der Zukunft können die Europäer nur vereint begegnen, denn jeder einzelne europäische Staat ist zu klein, um die zukünftigen weltweiten Herausforderungen mitzugestalten. Die Weltwirtschaft und der Welthandel sind global organisiert. Das Internet und seine rechtlichen Probleme kennen keine Landesgrenzen. In Asien prägt vor allem China mit einem völlig anderen politischen System erfolgreich die Verhältnisse. Und der Klimakrise kann sich kein Staat allein stellen. Von einer handlungsfähigen EU wird also auch die globale Rolle der Europäer abhängen.

Die fast unbeschränkte weltweite Dominanz der Europäer in Verbindung mit den USA ist im 21. Jahrhundert Geschichte. Die regionale und nationale Vielfalt Europas zusammenzuhalten und auf der Welt eine neue Rolle für Europa zu finden – dafür wird die EU unverzichtbar sein. Der Angriffskrieg Russlands gegen die Ukraine ab dem 24. Februar 2022 hatte einstimmig beschlossene Wirtschaftssanktionen der EU gegenüber Russland zur Folge. Die EU-Staaten, allen voran Polen und andere Nachbarn der Ukraine, nahmen in den ersten Kriegswochen rund vier Millionen geflüchtete Frauen und Kinder auf. Die EU-Länder unterstützten die Ukraine mit Waffenlieferungen, allerdings bestand Uneinigkeit bei der Frage eines Lieferstopps für russisches Erdöl und Gas sowie bei der Frage des weiteren Umgangs mit dem russischen Präsidenten Putin.

Wortschatz: den Wert der EU-Mitgliedschaft erkennen • eine wirtschaftliche Perspektive bieten • Handlungsstärke zeigen • auf einen Ausgleich hinwirken • einer Herausforderung begegnen

M 1

„Quo vadis?", Karikatur von Thomas Plassmann, 2019. „Quo vadis" (lat.) bedeutet „Wohin gehst du?".

(die) illiberale Demokratie
Darunter wird eine autoritäre Form der repräsentativen Demokratie verstanden. Politikerinnen und Politiker werden zwar in freien und geheimen Wahlen vom Volk gewählt, doch respektiert die gewählte Regierung nicht alle verfassungsmäßigen Grundrechte. Die Gewaltenteilung wird ausgehöhlt, damit die Regierung direkten Einfluss zum Beispiel auf Medien und Gerichte ausüben kann. In der EU erklärte erstmals der ungarische Premierminister Victor Orbán 2014, er wolle einen illiberalen Staat aufbauen. Die liberale Demokratie sei von einer „liberalen Clique" beherrscht, die den „eigentlichen Volkswillen" nicht wiedergäbe. Damit wendete sich Orbán gegen jede Form der Einwanderung und gegen die Anerkennung der gleichgeschlechtlichen Ehe. In Polen beschnitt die Regierungspartei PiS ab 2015 die Rechte der Opposition, die sich nicht mehr ans Verfassungsgericht wenden konnte, weil dieses von der Regierung kontrolliert wurde. Die illiberalen Demokratien Polen und Ungarn galten 2021 für die anderen EU-Mitglieder in Teilen als undemokratisch und autoritär, was zu Strafzahlungen und Kürzungen der Geldmittel aus dem gemeinsamen Haushalt in Brüssel führte.

M 2

Emanuel Macron, französischer Staatspräsident, in einer Rede an der Pariser Sorbonne-Universität, 26. September 2017:
Es liegt an uns und an euch, den einzigen Weg, der unsere Zukunft sichert, zu ebnen, und davon möchte ich heute sprechen ... Das Europa, wie wir es kennen, ist zu schwach, zu langsam, zu ineffizient, aber allein Europa kann uns eine Handlungsfähigkeit in der Welt geben angesichts der großen Herausforderungen dieser Zeit. In einem Wort: Allein Europa kann tatsächliche Souveränität gewährleisten, das heißt, die Fähigkeit, in der heutigen Welt zu bestehen, um unsere Werte und unsere Interessen zu verteidigen. Es gilt, eine europäische Souveränität aufzubauen und es besteht eine Notwendigkeit, sie aufzubauen. Warum? Weil das, was unsere Identität ausmacht, was unsere tiefe Identität prägt, dieses Wertegleichgewicht, dieses Verhältnis zur Freiheit, zu den Menschenrechten, zur Gerechtigkeit ist etwas nie Dagewesenes auf diesem Planeten. Die Treue zur Marktwirtschaft, aber auch die zur sozialen Gerechtigkeit ist ebenso wichtig. Was Europa darstellt, können wir nicht blind übertragen, weder auf die andere Seite des Atlantiks noch auf die Grenzen zu Asien. Es liegt an uns, es zu verteidigen, und es in der Globalisierung aufzubauen.

*Zit. nach https://de.ambafrance.org/Initiative-fur-Europa-Die-Rede-von-Staatsprasident-Macron-im-Wortlaut (Stand: 25.01.2021).**

1 Beschreibe mithilfe des Darstellungstextes und des Begriffskastens die zukünftigen Herausforderungen für die EU. Nutze dazu den **Wortschatz**.

2 Diskutiere ausgehend von der Kernaussage von M1, in welche Richtung sich die EU derzeit entwickelt. Nutzt auch den Darstellungstext.

3 Arbeite aus M3 heraus, wie Emanuel Macron seine Forderung begründet, die europäische Integration noch weiter voranzutreiben.

MK **4** **a)** Recherchiere zum Investitionsabkommen zwischen China und der EU.
b) Erörtere, ob diese Vereinbarung zukunftsweisend für die EU ist.

5 Beurteile die Chancen und Risiken der europäischen Integration.

Extremistische Propaganda erkennen

Manche Internetseiten geben vor, übersichtlich und objektiv Wissen zu vermitteln. Beim genaueren Hinsehen entpuppen sie sich als Seiten, auf denen extremistische Meinungen vertreten werden.

- ***Wie könnt ihr erkennen, dass ihr es mit einer extremistischen Website zu tun habt?***

„Alternative" Informationsquellen, die keine sind

Extremistische Inhalte im Internet präsentieren sich gerne als „alternative" Informationsangebote. Zeitungen sowie Radio- und Fernsehprogramme werden als „Lügenmedien", „Systemmedien" oder „konforme Medien" angeprangert. Damit wird unterstellt, dass den Bürgerinnen und Bürgern bewusst wichtige Informationen verschwiegen werden. Eine große inhaltliche Nähe besteht bei den „alternativen Informationsangeboten" zu Verschwörungstheorien: Diese gehen davon aus, dass bestimmte Fakten und Gefahren bewusst verheimlicht würden. Extremistische Webseiten arbeiten oft mit Statistiken oder Zahlenbeispielen, um sich durch vermeintliche „harte Fakten" den Anschein ernsthafter Recherche zu geben. Dabei wird meist nur ein Ausschnitt der Wirklichkeit betrachtet und die Zahlen in den Statistiken werden aus dem Zusammenhang gerissen oder verfälscht.

Propaganda in Ton und Bild

Neben Webseiten gibt es auch rechts- wie linksextremistische Podcasts, die über Streamingdienste verbreitet werden. Insbesondere Rechtsextremisten posten oft Memes, die sich an Propagandabildern der NS-Zeit orientieren. Beliebt sind Grafiken im „Fashwave"-Stil (M1), in denen aktuelle grafische Präsentationsweisen mit extremistischen Inhalten verknüpft werden. Das im Internet von Rechtsextremen verbreitete Bild M1 zeigt eine Familie, bestehend aus Mutter, Vater (in Uniform), zwei braven Kindern und einem Hund. Im Vordergrund ist auf Englisch „Embrace your race" (in diesem Sinn: „Verteidige deine Rasse") und „Hail Victory" (= „Sieg Heil") zu lesen. Das Bild knüpft an das Idealbild der Rollen in einer Familie in der NS-Ideologie an. Im Hintergrund des Bildes ist die sogenannte „Schwarze Sonne" zu sehen. Das Symbol war zur NS-Zeit als Mosaik von der SS im „Obergruppenführersaal" auf der Wewelsburg im heutigen NRW eingelassen. Das Symbol gilt unter Rechtsextremen als Ersatz für das verbotene Hakenkreuz. Das Zeigen der „Schwarzen Sonne" ist erlaubt. Die Verwendung ist in Verbindung mit einer verbotenen Organisation strafbar.

M 1

Rechtsextremes Fashwave-Bild, das in Internetforen gepostet wurde. Extremismus, der von rechts kommt, ist übersteigert nationalistisch.

Häufige Feindbilder extremistischer Webseiten

Die EU gerät als supranationale sowie zwischenstaatliche Organisation oft in die Kritik von Extremisten. Diese Kritik verwendet meist propagandistische und extremistische Schlagwörter. Den von der EU verfolgten Kampf gegen den Antisemitismus diffamieren Rechtsextremisten als „Ergebenheit des Politpersonals aller Staaten der EU gegenüber der Strategie internationaler jüdischer Kampforganisationen". Ein weiteres Feld rechtsextremistischer Propaganda ist die Zuwanderungspolitik der EU, propagandistisch dargestellt als „massenhaftes Einströmen Rassefremder aus den leistungsuntüchtigen Ländern der Welt in die europäischen Länder". Nicht immer ist der extremistische Hintergrund so offensichtlich. Stößt man auf ein Schlagwort wie „Souveränitätsverluste europäischer Staaten", muss genau hingesehen werden. Tatsächlich haben die EU-Mitglieder Teile ihrer Souveränität an die EU abgetreten. Das gefällt nicht jedem und darf kritisiert werden. Extremistisch wird es dann, wenn das Schlagwort „Souveränitätsverlust" in Zusammenhang mit der Behauptung gerückt wird, die EU sei ein „Projekt zur Vereinheitlichung bzw. Vernichtung der europäischen Völker" und praktiziere damit einen „Völkermord".

Extremismus von linker Seite richtet sich vornehmlich gegen das kapitalistische Wirtschaftssystem und die freie Marktwirtschaft. Einige Gruppen verherrlichen die Zeit des kommunistischen Ostblocks und betrachten den Mauerbau als „Garant für 28 Jahre Friedenssicherung in Europa". Konservativ und liberal denkende Menschen werden von diesen Gruppen pauschal als „Rechte" bezeichnet.

Checkliste „Propaganda auf Internetseiten erkennen"

Wenn du bei einzelnen oder mehreren Fragen das grüne Feld ankreuzt, solltest du die Seite nicht als Quelle nutzen. Du solltest dann auch Mitschülerinnen und Mitschüler auf die Gefährlichkeit der Seite hinweisen.

		ja	nein
Inhaltliche Genauigkeit	• *Lassen sich sachliche Fehler erkennen?*		
	• *Werden bestimmte Aspekte gegenüber anderen zu stark gewichtet?*		
	• *Werden bestimmte Aspekte unterbetont oder ganz ausgelassen? (zum Beispiel Vorteile/Nachteile von etwas)*		
Darstellung	• *Es werden auch Positionen erörtert oder zumindest erwähnt, die von der Meinung der Verfasser abweichen.*		
	• *Aussagen im Haupttext werden anhand verlässlicher Quellen belegt.*		
	• *Die Informationen haben alle einen sachlichen Bezug zum Thema des Artikels (zum Beispiel wird auf bestimmten rechtsextremen Seiten grundsätzlich zusammenhangslos erwähnt, wenn eine Person jüdischen Glaubens oder homosexuell ist).*		
	• *Werden Bildsymbole gebraucht, die an extremistische Ideologien erinnern?*		
Wortwahl	• *Bei der Nennung von Fakten werden keine wertenden Wörter verwendet (zum Beispiel deutsche EU-Beitragszahlungen = „der arbeitenden deutschen Bevölkerung abgepresstes Steuergeld").*		
	• *Lassen sich Begriffe finden, die an links- oder rechtsextremistische Ideologien erinnern oder wörtlich daher stammen?*		
Quellen	• *Finden sich zahlreiche Quellen und Literaturverweise mit stark provokativem oder ideologisch gefärbtem Titel?*		
	• *Sind die Quellen aktuell?*		

MK **1** Arbeite aus dem Darstellungstext Strategien heraus, mit denen extremistische Propaganda im Internet verbreitet wird.

2 Analysiere die verwendeten Bildelemente in M1 und formuliere eine mögliche Aussageabsicht des Bildes. Nutze auch den Darstellungstext.

3 Vollständige extremistische Texte möchten wir in diesem Schulbuch nicht abdrucken. Untersuche stattdessen die ausgewählten fiktiven Zitate aus Z. 45–52 – soweit möglich – mithilfe der Checkliste.

4 Jemand, der antieuropäische Äußerungen wie die zitierten gutheißt, schreibt in einem Leserbrief: „Man darf doch wohl noch der EU ablehnend gegenüberstehen und diese Meinung veröffentlichen?" Formuliere eine Antwort. **Tipp** → S. 253.

MK **5** Recherchiere, wo Internetinhalte gemeldet werden können, die du als extremistisch einschätzt.

Zusatzaufgabe → S. 249.

cornelsen.de/webcodes
Webcode: tedaje
Kopiervorlage

1945 1955 1965 1975

1949 Europarat

1951 Gründung der Europäischen Gemeinschaft für Kohle und Stahl (EGKS/Montantunion) – erster gemeinsamer Markt für Kohle und Stahl

1957 Römische Verträge: Europäische Wirtschaftsgemeinschaft (EWG) entsteht; Mitglieder: F, BRD, I, B, NL, LUX

1963 Deutsch-französischer Freundschaftsvertrag

Der europäische Integrationsprozess

Die Wurzeln der heutigen EU

Nach dem Zweiten Weltkrieg entstand die Idee einer **europäischen Zusammenarbeit** zur Vermeidung kriegerischer Konflikte durch die Schaffung eines vereinten Europas aus zunächst sechs Staaten Westeuropas. Ein enges politisches und wirtschaftliches Bündnis der westeuropäischen Nationen sollte das internationale Gewicht des „alten Kontinents" vor allem gegenüber den beiden Supermächten USA und Sowjetunion stärken.

Die Zusammenarbeit zwischen den Ländern Westeuropas begann 1951 mit einer gemeinsamen Kontrolle über die für den Wiederaufbau nach dem Zweiten Weltkrieg wichtigen Güter Stahl und Kohle. Da es im Laufe der Geschichte immer wieder zu Auseinandersetzungen zwischen Frankreich und Deutschland um die Montanindustriegebiete Lothringen und Saarland gekommen war, wollte man die Bergbau- und Industriegebiete nach dem Vorschlag des französischen Außenministers Robert Schuman gemeinsam kontrollieren. Die Montanunion mündete 1957 in die Sechsergemeinschaft der **Europäischen Wirtschaftsgemeinschaft (EWG)** aus Frankreich, den Benelux-Staaten, Italien und der Bundesrepublik Deutschland. Gleichzeitig einigte man sich auf eine Absprache im Rahmen der gemeinsamen friedlichen Nutzung der Atomkraft (**EURATOM**).

Deutsch-französische Freundschaft

Den wichtigsten Schritt für die europäische Integration stellte die **deutsch-französische Aussöhnung** dar. Bundeskanzler Konrad Adenauer und der französische Staatspräsident Charles de Gaulle legten mit dem Élysée-Vertrag von 1963 die Grundlagen für ein enges und freundschaftliches Verhältnis zwischen den beiden Nationen auf vielen Ebenen. Städtepartnerschaften und eine Vielzahl von Austauschprogrammen für Jugendliche aus beiden Ländern füllten den Freundschaftsvertrag mit Leben. Im Laufe der Jahre wurde die politische, wirtschaftliche und kulturelle Zusammenarbeit immer weiter ausgebaut und gefestigt. Da die beiden Länder insgesamt 40 Prozent der Wirtschaftsleistung der EU erbringen, sind sie in vielfacher Hinsicht Wegweiser und Antriebsgeber für viele wirtschaftlichen Entwicklungen innerhalb der Wirtschafts- und Währungsunion.

Von der EWG zur supranationalen EU

Zwischen 1973 und 1986 traten sechs weitere europäische Länder der Wirtschaftsgemeinschaft bei. Die Kriterien für einen Aufnahme als Mitglied wurden 1993 in Kopenhagen festgelegt. Seit dem **Vertrag von Maastricht** 1992 trägt das Bündnis den Namen **Europäische Union (EU)**. Aus der Wirtschaftsgemeinschaft wurde eine politische Union. In diesem Vertrag wurde eine gemeinsame Außen- und Sicherheitspolitik vereinbart und die Mitgliedsstaaten übertrugen zentrale Aufgaben in der Wirtschafts- und Umweltpolitik, der Innen- und Rechtspolitik sowie des Gesundheitswesens an die europäischen Institutionen (**Supranationalität**).

1993 wurde der Europäische Binnenmarkt mit seinen „vier Freiheiten" verwirklicht. Seitdem gibt es innerhalb der EU weder für Waren noch für Personen Grenzkontrollen. Waren können billiger verkauft werden, weil Zölle entfallen.

Als nächsten Schritt planten die EU-Politiker eine europäische Verfassung, um den EU-Staaten zu einer sta-

1985	1995	2005	2015

1986 Europäische Gemeinschaft (EU), erweitert um GB, DK, IRL, E, P, GR

1992 Vertrag von Maastricht: gemeinsame Außen- und Sicherheitspolitik; Binnenmarkt

2002 Euro wird in zwölf Ländern eingeführt

2004–2007 Integration zahlreicher ehemaliger Ostblockstaaten in die EU

2008/2009 Beginn der Eurokrise, Vertrauensverluste in die EU

2009 Vertrag von Lissabon

2013 Kroatien wird EU-Mitglied

2020 Großbritannien verlässt die EU („Brexit")

bilen und verlässlichen Gemeinschaft zu verhelfen. Es zeigte sich aber, dass nicht alle Bürger Europas das Fortschreiten des Staatenbündnisses guthießen; Niederländer und Franzosen sprachen sich in Volksabstimmungen gegen eine europäische Verfassung aus. So blieb als Kompromiss der **Reformvertrag von Lissabon** aus dem Jahre 2007 (umgesetzt 2009).

Wachsende Probleme in der EU

Auch in der Folge des Lissabon-Vertrages blieb es eine Belastung für die EU, dass viele Mitgliedsstaaten nationale Interessen für wichtiger hielten als gemeinsame europäische Vereinbarungen und Ziele. Stets erfordert es große Kompromissbereitschaft im Ministerrat, in dem die Minister und Regierungschefs der Mitgliedsstaaten vertreten sind, wenn es um gesamteuropäische Entscheidungen geht. Das haben beispielsweise die **Eurokrise ab 2008/09** und die Aufnahme von Millionen **Geflüchteter** seit 2015 deutlich gezeigt. Außerdem ist die EU immer wieder mit dem Vorwurf konfrontiert, demokratische Defizite in ihrer politischen Ordnung nicht aufzulösen. Bis heute hat das europäische Parlament nicht das Recht, eigene Gesetze vorzuschlagen. Von diesen Verhältnissen profitieren antieuropäische Parteien in vielen Ländern, die den Vertrauensverlust in die EU instrumentalisieren. Gleichzeitig betonen europäische Bürger zuletzt aber wieder den Wert der EU und ihre Verdienste.

Aktuelle Fragen

Die Wertegrundlage der EU sind bis heute die Wahrung der allgemeinen Menschenrechte. Allerdings wirft die zunehmend härtere Grenzsicherung im Mittelmeer, auf dem Balkan und in Osteuropa die Frage auf, inwiefern die EU in ihrem Umgang mit Geflüchteten diesem moralischen Anspruch gerecht wird. Die innenpolitischen Konflikte und der Streit zwischen den Mitgliedsstaaten, die über die Aufnahme von Millionen Menschen seit 2015 entbrannt sind, sorgen dafür, dass die EU seither stärker versucht, die Migrationswege abzuschneiden. In der Folge entstanden Flüchtlingslager in Nordafrika, in den Nicht-EU-Staaten auf dem Balkan und in der Türkei, wo viele Menschen unter erbarmungswürdigen Bedingungen auf einen Zugang zur EU hoffen.

Weiter stellte die **Pandemie durch das Coronavirus** den Zusammenhalt der Union ab 2020 auf die Probe. Standen am Beginn des Ausbruchs Grenzschließungen zwischen den EU-Staaten, die es seit Jahrzehnten nicht mehr gegeben hatte, einigten sich die Mitgliedsländer in der Folge auf ein gemeinsames EU-Hilfsprogramm. Auch die Impfstoffgenehmigung und -beschaffung übernahm die EU und leistete damit einen Beitrag zum Ausgleich der nationalen europäischen Interessen. Schließlich bleibt die Frage, welche Rolle die EU in Zukunft global spielen wird. Der Aufstieg Chinas, die Veränderungen in den USA, die Rolle Russlands und die Entwicklungen im Nahen Osten haben allesamt unmittelbar Auswirkungen auf die EU.

1 **Gruppenarbeit:** Wie wurde die EU durch ihre Geschichte geprägt? Erstellt ein kollaboratives Dokument (→ S. 213), in dem ihr Schlagworte und Gedanken zu dieser Frage zusammenstellt. Formuliert ein Fazit.

In diesem Kapitel konntest du folgende Kompetenzen erwerben:

- den europäischen Integrationsprozess im Kontext der Diskussion um nationale und supranationale Interessen und Zuständigkeiten erläutern
- Chancen und Risiken des europäischen Integrationsprozesses in seiner historischen Dimension und aus gegenwärtiger Perspektive beurteilen
- **Medien und Methoden:** Digital kollaborativ arbeiten
- **Medien und Methoden:** Extremistische Propaganda erkennen

M 1

Aus dem Vertrag über die Europäische Union (26. Oktober 2012):

Artikel 2: Die Werte, auf die sich die Union gründet, sind die Achtung der Menschenwürde, Freiheit, Demokratie, Gleichheit, Rechtsstaatlichkeit und die Wahrung der Menschenrechte einschließlich der Rechte der Personen, die Minderheiten angehören. Diese Werte sind allen Mitgliedsstaaten in einer Gesellschaft gemeinsam, die sich durch Pluralismus, Nichtdiskriminierung, Toleranz, Gerechtigkeit, Solidarität und die Gleichheit von Frauen und Männern auszeichnet.

Artikel 3: ... (5) In ihren Beziehungen zur übrigen Welt schützt und fördert die Union ihre Werte und Interessen und trägt zum Schutz ihrer Bürgerinnen und Bürger bei. Sie leistet einen Beitrag zu Frieden, Sicherheit, globaler nachhaltiger Entwicklung, ... zu freiem und gerechtem Handel, zur Beseitigung der Armut und zum Schutz der Menschenrechte, insbesondere der Rechte des Kindes, sowie zur strikten Einhaltung und Weiterentwicklung des Völkerrechts ...

*https://eur-lex.europa.eu/legal-content/DE/ALL/?uri=CELEX%3A12012M%2FTXT (Stand: 23.01.2021).**

M 2

Der Journalist Matthias Krupa in der ZEIT über die EU am 30. Dezember 2020

Der Artikel erschien am Ende des Jahres, in dem die Corona-Pandemie begonnen hatte. In dieser Krise vereinbarte die EU gemeinsame Finanzhilfen in Höhe von 750 Milliarden Euro für die Mitgliedsstaaten und nahm dafür zum ersten Mal eigenständig Schulden auf. Außerdem war kurz zuvor das Brexit-Abkommen zustande gekommen, das den Austritt Großbritanniens aus der EU grundsätzlich regelte:

Die Europäische Union wird gerne unterschätzt, vor allem von den Europäern. Hartnäckig hält sich das Bild einer zerstrittenen, zerfallenden und zögerlichen Gemeinschaft ... Doch hinter den Auseinandersetzungen, die jeder Verständigung vorausgehen, fällt es oft schwer, die Erfolge der EU zu erkennen ... Dabei hat sich die Union in den vergangenen Monaten mehr verändert als in vielen Jahren zuvor. Ob Corona-Hilfen, Klima, Rechtsstaat oder Brexit: Die EU ist ehrgeiziger und solidarischer geworden, und sie vertritt ihre eigenen Interessen mit einer neuen, bislang unbekannten Härte. Dahinter steht ein verändertes Selbstbewusstsein. In den zurückliegenden Jahren sah es häufig so aus, als wäre der Vormarsch der Nationalisten kaum zu stoppen ... Nun hat sich die Union entschlossen, den Kampf aufzunehmen und ihre Macht auszuspielen. Das ist keine Kleinigkeit, sondern eine der besten Nachrichten des Jahres.

*Die ZEIT, Nr. 1/Jg. 75, 30.12.2020, S. 1.***

M 3

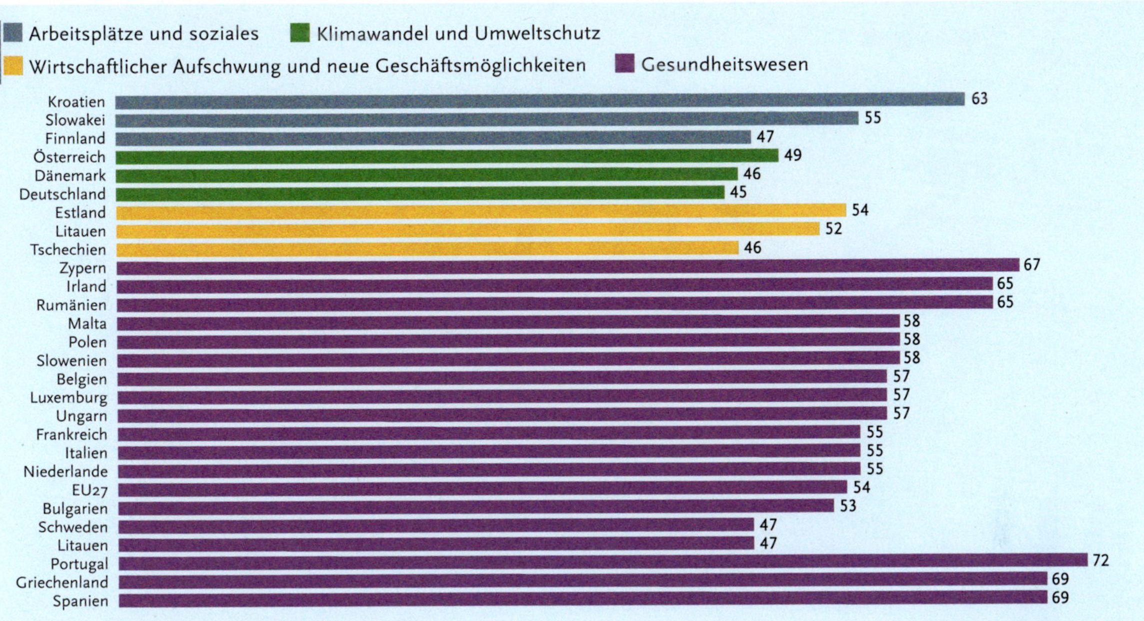

Umfrage (EU): „Für welche Bereiche sollte das EU-Budget unter den derzeitigen Umständen ausgegeben werden?", Oktober 2020. Maximal vier Antworten konnten gegeben werden. Die Statistik zeigt für jedes Land die jeweils am häufigsten genannte Antwort in Prozent der Befragten.

M 4

Karikatur zum Verhältnis von EU und Mitgliedsstaaten. Auf dem Stier steht: „Nationale Egoismen".

Sachkompetenz

1 a) Arbeite aus M1 die Werte und Ziele der EU heraus.
b) Stelle den Werten und Zielen die historischen Hintergründe gegenüber. **Tipp** → S. 253.

2 a) In M2 verweist der Autor auf „Erfolge der EU" (Z. 6 f). Nenne Beispiele.
b) Erläutere die Aussage in M2, die EU habe in der Vergangenheit das „Bild einer zerstrittenen, zerfallenden und zögerlichen Gemeinschaft" (Z. 3 f) abgegeben.

3 Erkläre die Unterschiede in den Aussagen der Umfrage M3.

4 a) Analysiere die Karikatur M4.
b) Vergleiche die Karikatur M4 mit der Grundaussage von M2.

5 „Gestalterinnen und Gestalter Europas" – erstellt ein kollaboratives Dokument (→ S. 213) zu wichtigen Persönlichkeiten der europäischen Integration im 20. Jahrhundert.

Urteilskompetenz

6 Erörtere mithilfe deiner Kenntnisse aus dem Kapitel, ob die EU historisch gesehen eher eine Werteunion oder eine Wirtschaftsunion ist.

7 Bundeskanzler Konrad Adenauer erklärte 1954: „Die Einheit Europas war ein Traum von wenigen. Sie wurde eine Hoffnung für viele. Sie ist heute eine Notwendigkeit für uns alle." Überprüfe, ob diese Aussage vor dem Hintergrund der historischen Entwicklung auch heute gültig ist.

8 Gruppenarbeit: Im Jahr 2012 erhielt die EU den Friedensnobelpreis. In der Begründung hieß es: „Die Arbeit der EU repräsentiert ‚Bruderschaft zwischen den Nationen' und entspricht einer Form von ‚Friedenskongress'." Diskutiert vor diesem Hintergrund, ob die EU diese Auszeichnung zu Recht erhalten hat. **Tipp** → S. 253.

cornelsen.de/webcodes
Webcode: dazuwi
Selbsteinschätzungsbogen

Jerez
Ronda
Cádiz
Spanien
Algeciras
Gibraltar
(zu Groß-
britannien)
Atlantischer
Ozean
Tarifa
Mittel-
meer
Straße von Gibraltar
Tanger
Ceuta
(zu Spanien)
20 km
Maßstab
Marokko

cornelsen.de/webcodes
Code: wexami
alle Darstellungstexte zum Anhören

7
Zusatzkapitel: Die Welt seit 1990

Seit dem Ende des Kalten Krieges 1990 kam es zu immer stärkeren weltweiten Verflechtungen in Wirtschaft, Politik und Kultur, auch „Globalisierung“ genannt. In diesem Zusatzkapitel kannst du untersuchen, welche bedeutenden Mächte und Ereignisse die Geschichte nach 1990 geprägt haben.*
Dieses Foto zeigt die spanische Stadt Ceuta an der Nordspitze Afrikas. Vom benachbarten Marokko aus versuchen Flüchtende die Grenzbefestigungen zu überwinden. Spanische Polizisten wollen verhindern, dass die Menschen in die EU gelangen.

Welche Gedanken gehen vermutlich in den Flüchtlingen und den Polizisten vor? Verfasse Sprechblasentexte.

Die Grenze zwischen Marokko und Spanien in der spanischen Stadt Ceuta Foto, 2021

Eine neue Weltordnung?

Über 40 Jahre bestand die Gefahr eines Atomkrieges zwischen Ost und West. Mit dem Ende des Kalten Krieges 1990 verband sich die Hoffnung auf eine neue stabile Weltordnung mit weniger Waffen und mehr Zusammenarbeit.

- ***Arbeite in diesem Zusatzkapitel heraus, ob sich diese Hoffnungen erfüllten. Am Ende des Kapitels kannst du dazu Stellung nehmen.***

M 1

Die von Studenten aufgestellte Statue der „Göttin der Demokratie" auf dem Tiananmen-Platz, Foto, Mai/Juni 1989. Die zehn Meter hohe Statue wurde aus Pappmaché gebaut und in der Nacht zum 30. Mai 1989 auf dem Platz so aufgestellt, dass sich die Göttin und Staatsgründer und Parteichef Mao Zedong (1893–1973) auf dem Porträt am Eingang des alten Kaiserpalastes direkt anschauten. Bei der Enthüllung verkündeten die Studenten: „Du bist das Symbol einer neuen Ära. Chinesisches Volk, erhebe dich! Lang lebe die Freiheit, lang lebe die Demokratie!"

Ungleiche Entwicklungen

Nach der welthistorischen Wende der Jahre 1990 und 1991 blieben die USA die einzige Supermacht. Die durch die allgemeine Abrüstung frei werdenden Gelder sollten in die wirtschaftliche Entwicklung zugunsten aller Staaten fließen („Friedensdividende"). In den ehemaligen Ostblockstaaten wurden große Teile der Wirtschaft privatisiert und die Planwirtschaft abgeschafft. Das Modell der liberalen Demokratie, verbunden mit weltweitem Freihandel, erschien ohne Alternative.

Doch die Hoffnungen auf ein neues Zeitalter des Friedens zerschlug sich. In Europa erschütterten die Kriege der 1990er Jahre in Jugoslawien diese Hoffnungen. Der islamistische Terror im beginnenden 21. Jahrhundert führte zu neuen Kriegen (S. 228/229).

Auch in der Volksrepublik China setzte die Führung der Kommunistischen Partei ab den 1980er Jahren auf eine marktorientierte Wirtschaftspolitik. Dies führte zu einem Wirtschaftsaufschwung und machte China zur zweitgrößten Wirtschaftsmacht der Erde (S. 236/237).

Im Jahr 1989 kam es auch in China zu Protesten. Im Mai des Jahres verlangten bei Demonstrationen in Beijing Studentinnen und Studenten Presse-, Meinungs- und Versammlungsfreiheit. Die Parteiführer sollten ihre Vermögensverhältnisse offenlegen, Lehrer besser bezahlt und die Korruption endlich wirksam bekämpft werden. Die Protestbewegung begann mit einer Trauerkundgebung für den im April 1989 gestorbenen früheren Parteichef Hu Yaobang, der wegen seiner liberalen Ansichten alle Ämter verloren hatte und für die Studenten ein Hoffnungsträger war. Zum 70. Jahrestag der chinesischen Revolution vom 4. Mai 1919 kamen auf dem Tiananmen-Platz in Beijing 100 000 Menschen zu einer Großdemonstration für ein demokratisches China zusammen. In der Parteispitze der Kommunistischen Partei kam es zu heftigen Debatten, wie auf die Massenproteste zu reagieren sei. Am 4. Juni schlug die Armee die Proteste schließlich blutig nieder. Die Zahl der Getöteten ist nicht bekannt – sie schwankt zwischen 200 und mehreren Tausend Toten im Land. Zahlreiche Demonstranten wurden in der Folgezeit verhaftet; vielen gelang die Flucht ins Ausland.

Wortschatz: eine Statue aus Pappmaché (= formbare Masse aus eingeweichtem, mit Leim vermischtem Altpapier, die nach dem Trocknen fest wird) aufstellen • sich zu etwas verpflichten • eine Statue aufstellen

M 2

Die Studentenführerin und Augenzeugin Chai Ling über die Niederschlagung der Demokratiebewegung (1990):

Mit Tränen in den Augen sangen wir alle zusammen, nahmen uns gegenseitig in die Arme und fassten uns an den Händen, denn wir wussten, dass unsere letzte Stunde gekommen war, die Stunde, in der wir unser Opfer für die Demokratie bringen mussten ... Gerade als wir abziehen wollten, stürmte diese Bande von Henkern vor. Es waren Soldaten mit Stahlhelmen auf dem Kopf und Sturmgewehren in der Hand. Sie ließen uns keine Zeit, den Platz zu räumen ... Die Leute, die sich am äußersten Rand des Platzes befanden, wurden allesamt getötet ... Die Leichen der Kommilitonen wurden alle verbrannt. Danach wurde der Boden mit Wasser abgespritzt, sodass keine Spuren übrig blieben. Unser Symbol der Demokratiebewegung, die „Göttin der Demokratie", wurde von den Panzern zerstört.

*Zit. nach Praxis Geschichte 4/1994, S. 39.**

M 3

Die Charta von Paris, ein internationales Abkommen über die Schaffung einer neuen friedlichen Ordnung (21. November 1990):

Das Zeitalter der Konfrontation und der Teilung Europas ist zu Ende gegangen. Wir erklären, dass sich unsere Beziehungen künftig auf Achtung und Zusammenarbeit gründen werden ... Durch den Mut von Männern und Frauen, die Willensstärke der Völker und die Kraft der Ideen der Schlussakte von Helsinki [siehe S. 80/81] bricht in Europa ein neues Zeitalter der Demokratie, des Friedens und der Einheit an. Nun ist die Zeit gekommen, in der sich die jahrzehntelang gehegten Hoffnungen und Erwartungen unserer Völker erfüllen: unerschütterliches Bekenntnis zu einer auf Menschenrechten und Grundfreiheiten beruhenden Demokratie, Wohlstand durch wirtschaftliche Freiheit und soziale Gerechtigkeit und gleiche Sicherheit für alle unsere Länder. Wir verpflichten uns, die Demokratie als die einzige Regierungsform unserer Nationen aufzubauen, zu festigen und zu stärken ... Menschenrechte und Grundfreiheiten ... zu schützen ist vornehmste Pflicht jeder Regierung ... Demokratische Regierung gründet sich auf den Volkswillen, der seinen Ausdruck in regelmäßigen, freien und gerechten Wahlen findet ... Demokratie ist der beste Schutz für freie Meinungsäußerung, Toleranz gegenüber allen gesellschaftlichen Gruppen und Chancengleichheit für alle. Wir bekräftigen, dass die ethnische, kulturelle, sprachliche und religiöse Identität nationaler Minderheiten Schutz genießen muss ... Die Herstellung der staatlichen Einheit Deutschlands ist ein bedeutsamer Beitrag zu einer dauerhaften und gerechten Friedensordnung für ein geeintes Europa ... Wir sind entschlossen, alle Formen von Hass zwischen Rassen und Volksgruppen, Antisemitismus, Fremdenfeindlichkeit und Diskriminierung irgendeines Menschen sowie von Verfolgung aus religiösen und ideologischen Gründen zu bekämpfen. Wir erkennen die dringende Notwendigkeit an, die Umweltprobleme in Angriff zu nehmen ... Wir verpflichten uns, unsere Anstrengungen um den Schutz und die Verbesserung unserer Umwelt zu verstärken, um ein gesundes ökologisches Gleichgewicht in Luft, Wasser und Boden wiederherzustellen und zu erhalten ...

*Zit. nach https://www.bundestag.de/resource/blob/189558/21543d1184c1f627412a3426e86a97cd/charta-data.pdf (Stand: 01.12.2021).***

1 Beschreibe M1 mithilfe des Darstellungstextes. Nutze den **Wortschatz**.

2 **a)** Fasse die Ziele der chinesischen Demokratiebewegung zusammen (Darstellungstext).
b) Vergleiche sie mit den Zielen und dem Ausgang der Massenproteste 1989 in der DDR oder in Polen. **Tipp** → S. 254.

3 Stelle Vermutungen darüber an, ob sich die in M3 geäußerten Hoffnungen erfüllten.

Globalisierung – Segen oder Fluch?

Nach dem Ende des Kalten Krieges schlossen sich die vorher staatlich gelenkten Planwirtschaften der ehemaligen Ostblockstaaten der liberalen kapitalistischen Wirtschaftsordnung an. Auch die Volksrepublik China stellte seit den 1980er Jahren große Bereiche ihrer Wirtschaft nach marktwirtschaftlichen Regeln um. Damit entstanden neue Märkte für Menschen, Güter, Dienstleistungen und Kapital.

- ***Arbeite heraus, was „Globalisierung" bedeutet und welche Auswirkungen sie hat.***

Voraussetzungen für eine globalisierte Wirtschaft

Das immer schnellere Zusammenwachsen des Weltmarkts wurde ermöglicht durch deutlich sinkende Kosten im Schiffs-, Bahn- und Luftverkehr. In den ersten 20 Jahren des 21. Jahrhunderts verdoppelte sich der weltweite Personen- und Warenverkehr. Eine weitere Voraussetzung bildeten seit den 1980er Jahren neue Fernkopierer (Telefax) und bessere Telefonleitungen. Als bahnbrechend erwiesen sich die Entwicklung leistungsfähiger Rechner und das 1991 in Dienst gestellte Internet. Heute erlaubt das Internet der Hälfte der Menschheit Zugang und Austausch von Informationen in schier unbegrenzter Menge. Meinungen, Informationen und kulturelle Entwicklungen werden selbst in entlegenste Gebiete getragen. Die Vermarktung des Smartphones ab 2007 bedeutete eine erneute Verbesserung der Qualität der Kommunikation. Besonders wichtig für die Globalisierung waren internationale Absprachen, mit denen die meisten Länder ihre nationalen Märkte öffneten. Die Hinwendung zum Freihandel durch die Beseitigung von Zöllen und Handelsbeschränkungen wurde durch gesetzliche Regelungen begleitet. Die 1996 gegründete Welthandelsorganisation* (WTO), der Internationale Währungsfonds und die Weltbank regelten die freien Finanz- und Kapitalmärkte.

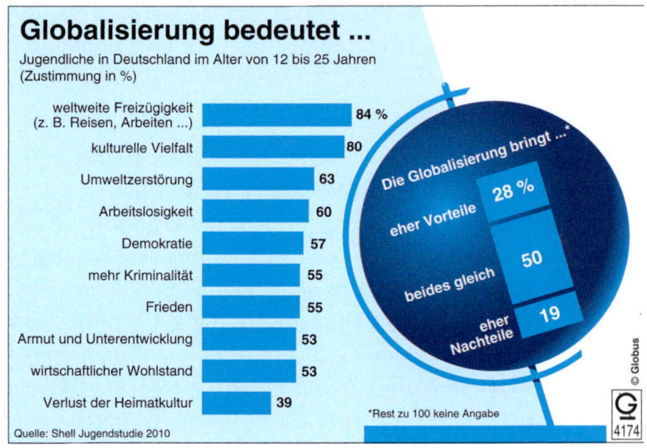

M 1 *Was bedeutet Globalisierung? Eine Umfrage unter Jugendlichen aus dem Jahr 2010.*

Die Auswirkungen der Globalisierung

Die Globalisierung mit dem starken Wachstum der Handelsströme wurde von vielen Menschen auch als Bedrohung empfunden. Multinationale Konzerne, sogenannte „global players", heizten den weltweiten Warenaustausch an. Produktion und Teile der Fertigung wurden in Länder verlegt, in denen für die Auftraggeber die günstigsten wirtschaftlichen und rechtlichen Bedingungen herrschen. Dies geschieht oft ohne Beachtung von Menschenrechten, angemessenen Löhnen, Arbeitsbedingungen und Umweltstandards. Viele

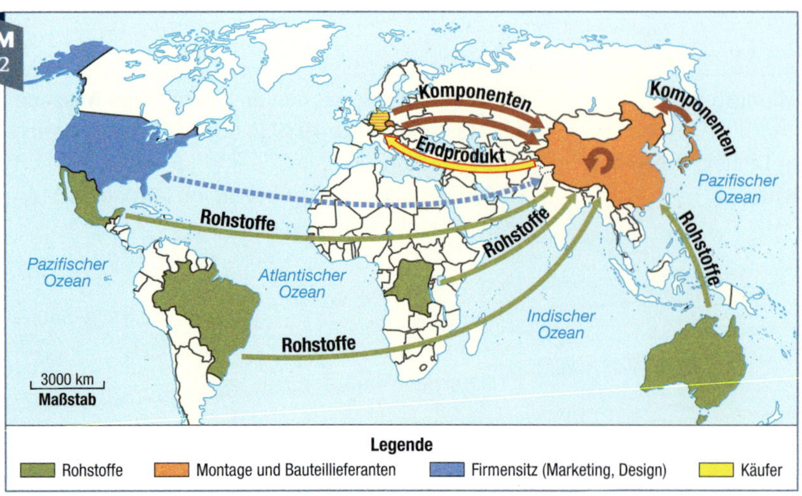

M 2 *Die weltweite Produktion eines Smartphones*

M 3

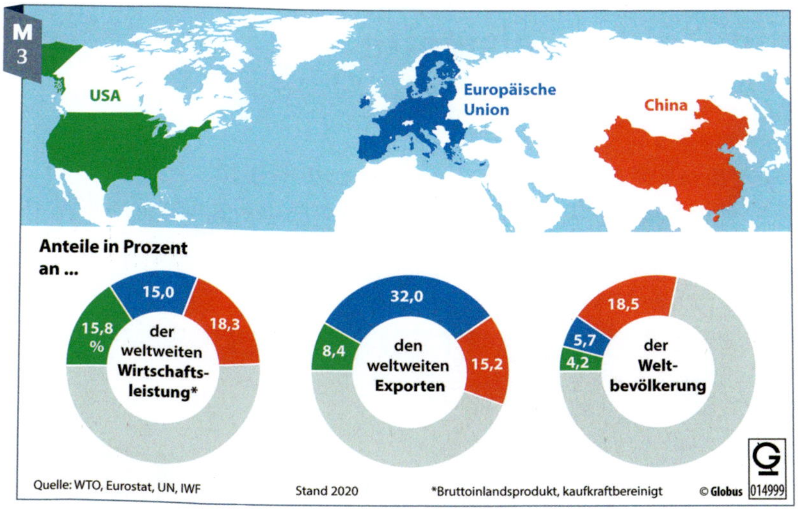

Kraftzentren der Weltwirtschaft

Länder, vor allem Entwicklungsländer*, leiden unter den Nachteilen der Globalisierung, da ihre lokalen Produkte nicht mit den Billigangeboten der Industrieländer mithalten können und ihre Märkte für Investitionen nicht attraktiv sind. Der Wettlauf um solche Investitionen ließ viele Nationalstaaten in einen Konkurrenzkampf eintreten, der den Wünschen der Investoren entgegenkam. Zahlreiche Staaten mit guten und daher teuren Sozialsystemen mussten diese verschlechtern, um dem Druck internationaler Konzerne standzuhalten. Die Globalisierung verschaffte allen teilnehmenden Volkswirtschaften große Wachstumsschübe. Die Armut in den meisten Entwicklungsländern sank. Die Zahl der Menschen, denen nur ein Euro pro Tag zum Leben zur Verfügung stand, sank zwischen 1990 und 2011 von 43,5 auf 17 Prozent. Weltweit ermöglichte die Ausbreitung der Marktwirtschaft einen starken Rückgang der absoluten Armut in den letzten 30 Jahren – von rund 35 % Mitte der 1980er Jahre auf 8,5 % im Jahre 2019. Profitiert haben davon vor allem die Länder Ostasiens; allein in China konnten rund 600 Millionen Menschen der bittersten Armut entkommen.

Kaum profitiert haben hingegen die Länder Afrikas südlich der Sahara. Insgesamt beförderte die Globalisierung die soziale Ungleichheit zwischen Reich und Arm innerhalb der meisten Länder. Die Kurven der Wirtschaftsentwicklung durch die Globalisierung zeigten aber nicht immer nach oben. Zunächst erschütterte, von den USA ausgehend, eine weltweite Finanz- und Wirtschaftskrise ab 2007 die gesamte Weltwirtschaft. Die Corona-Pandemie seit 2020 unterbrach Lieferketten, legte weite Teile der Produktion und des Personenverkehrs weltweit lahm und zeigte damit die Schwächen einer stark vernetzten globalisierten Weltwirtschaft. Sichtbarer Ausdruck der Globalisierung ist auch die wachsende Zahl von Migranten, sei es als Flüchtlinge aus Kriegsgebieten, als Folge des Klimawandels oder auf der Suche nach Arbeit und einem besseren Leben.

1 Beschreibe anhand von M1, was Globalisierung bedeutet, und führe einige Beispiele dafür an. Nutze den Darstellungstext und den **Wortschatz**.

2 Erkläre mit M1 deine persönliche Haltung: In welchen Punkten stimmst du überein, wo nicht?

3 Analysiere die Grafik M3.

4 **a)** Arbeite anhand von M2 die Funktion einer globalisierten Wirtschaft heraus.

b) Diskutiert in der Klasse, ob Nationalstaaten eingreifen müssen, um zu einem fairen Handel beizutragen. Beachte auch den Darstellungstext. Ihr könnt mithilfe eines Online-Abstimmungstools auch zuerst online abstimmen (→ S. 266).

Wortschatz: ein Wachstumsschub • der Rückgang der Armut • eine verschärfte soziale Ungleichheit • eine Unterbrechung der Lieferketten • eine zunehmende Migration

Islamistischer Terror – eine weltweite Bedrohung?

Politisch motivierten Terror gab es seit dem 19. Jahrhundert in vielen Ländern und Formen. Doch seit dem 11. September 2001 ist ein „neuer“ Terrorismus entstanden, der den Alltag weltweit veränderte.

- ***Untersuche Ursachen und Auswirkungen des islamistischen Terrorismus.***

M 1

Links: Rauchwolken nach dem Einsturz des World Trade Centers
Rechts: Feuerwehrmann vor dem Trümmerhaufen des World Trade Centers. Viele Helferinnen und Helfer atmeten ohne Schutz hochgiftige Dämpfe ein. An den Spätfolgen starben so viele Menschen wie bei den Anschlägen selbst.

Der „neue“ Terror

Am 11. September 2001 wurden die USA erstmals auf eigenem Boden angegriffen. Angehörige des Terror-Netzwerks Al-Kaida entführten vier Passagierflugzeuge. Zwei lenkten sie in die Türme des New Yorker World Trade Centers, Zentrum der wirtschaftlichen Macht, und eines ins Pentagon, in das Verteidigungsministerium in Washington, Zentrum der militärischen Macht. Das vierte stürzte auf einem Feld im US-Bundestaat Pennsylvania ab. Über 3000 Menschen kamen ums Leben. Die Selbstmordattentäter verkündeten in vorher aufgezeichneten Videos, dass sie im Namen eines radikalen Islam handelten. In den Bekennerschreiben wurden die Kriege der Amerikaner im Nahen Osten in den 1990er Jahren (S. 230/231) als „Verbrechen“ und als eine „Kriegserklärung an Gott, seinen Propheten und alle Muslime“ bezeichnet. Daher sei es die Pflicht aller Muslime, Amerikaner und ihre Alliierten zu töten. Die Weltöffentlichkeit reagierte mit Abscheu und Entsetzen. Führende Vertreter islamischer Verbände verurteilten die Tat als „unislamisch“.

„Krieg gegen den Terror“

Die UNO erklärte den Terrorismus zur Bedrohung für den Weltfrieden und verpflichtete ihre Mitglieder, Terroristen strafrechtlich zu verfolgen. Zur Verhinderung weiterer Anschläge kam es zu Überwachungen, verstärkten Grenzkontrollen und Abhörmaßnahmen, die die Bürgerrechte einschränkten. US-Präsident Bush rief nach den Attentaten den „Krieg gegen den Terror“ aus und nannte den Iran, Libyen und den Irak als Unterstützer des Terrors. Erstes Angriffsziel der US-geführten Koalition gegen den Terror war Afghanistan. Dort wurde das regierende Taliban-Regime gestürzt, das Terroristen Zuflucht geboten hatte. Amerikanische Streitkräfte begannen mit der Tötung führender Terroristen und brachten Al-Kaida-Kämpfer in Gefängnisse ihres Marine-Stützpunktes Guantánamo. Wegen

Wortschatz: der islamistische Terror gegen Unbeteiligte • eine Einschränkung der Bürgerrechte • der islamistische Dschihad als Reaktion oder Faszination • jemanden für etwas anwerben • Rache verüben der unmenschlichen Haftbedingungen geriet es in die Kritik.

Osama bin Laden wurde als Anführer der Al-Kaida 2011 von einem amerikanischen Spezialkommando getötet. Die westlichen Truppen, darunter auch die deutsche Bundeswehr, bemühten sich um den Aufbau einer funktionierenden zivilen Verwaltung in Afghanistan. Nach anfänglichen Erfolgen zogen 2021 alle ausländischen Truppen aus Afghanistan ab, ohne einen dauerhaften Frieden hergestellt zu haben. Die Taliban übernahmen erneut die Kontrolle über das Land. Der neue globalisierte Terror lässt keinen Raum für Verhandlungen oder Kompromisse. Er trifft Unschuldige, die sich zufällig am Ort des Geschehens aufhalten. Durch Entführungen westlicher Journalisten und Entwicklungshelfer erpressen Terroristen hohe Lösegelder zur Finanzierung weiterer Anschläge. Sympathisanten finden sie vor allem in islamischen Ländern. Auch in Deutschland und anderen EU-Staaten ließen sich über 7000 junge Menschen anwerben, um zum Beispiel im syrischen Bürgerkrieg für die Terrororganisation „Islamischer Staat" zu kämpfen oder Anschläge zu planen.

M 2

Gefangene im US-Stützpunkt Guantánamo auf Kuba, Foto, 2004. Als Folge des 11. September wurde das „Ministerium für Innere Sicherheit" in den USA eingeführt. Es hatte die Aufgabe, Terrorverdächtige teilweise ohne Gerichtsverhandlung zu verhaften. Sie wurden in spezielle Gefängnisse gebracht, in denen auch gefoltert wurde.

M 3

Bericht der Journalistin Swanhild Zacharias über ein Gespräch mit dem Islamwissenschaftler Olivier Roy 2014:

Beim Dschihad geht es nicht um den Islam ... „Da gibt es Leute mit Maschinengewehren, du kämpfst, kannst jemanden umbringen, hast Geld, du bist ein toller Kerl, es gibt Mädchen." Zulauf zum IS ... identifiziert Roy als Jugendrevolte. Das sei ähnlich wie in den Sechzigern und wie seinerzeit die Baader-Meinhof-Gruppe. Die habe den globalen Dschihad überhaupt erst erfunden, meint der Wissenschaftler. „Der Dschihad ist die neue Revolution", erklärt er ... Und der Zulauf zu Terrororganisationen sei eine Jugendbewegung ... Die Bilder, mit denen der IS arbeite, passten außerdem in eine globale Jugendkultur. Die Enthauptungsvideos des IS gleichten denen mexikanischer Drogenkartelle. Für Roy ist das ein zeitgenössisches Phänomen. Auch in amerikanischen Kinofilmen gehe es mehr um Gewalt und weniger um Sex.

*Zit. nach https://www.pro-medienmagazin.de/der-dschihad-ist-die-neue-revolution/ (Stand: 07.12.2021).**

M 4

Der Anführer von Al-Kaida, Osama bin Laden (1957–2011), in einem Interview (1996):

Wir Muslime sind selber das Ziel von Attentaten, Zerstörung und Grausamkeiten. Wir verteidigen uns nur. Das ist defensiver Dschihad[1]. Wir verteidigen unsere Leute und unser Land. Der Terrorismus, den wir ausüben, richtet sich nur gegen die Tyrannen, die uns terrorisieren. Terror und Strafe sind notwendige Mittel, die Dinge wieder in Ordnung zu bringen.

*Zit. nach Ulrich Schneckener, Transnationaler Terrorismus – Charakter und Hintergründe des „neuen" Terrorismus, Frankfurt a. M. (Suhrkamp) 2006, S. 67.***

[1] *ursprünglich heiliger Kampf für ein gottgefälliges Leben, heute Ausdruck für den „Heiligen Krieg" gegen die Ungläubigen aus Sicht der Islamisten*

1 Nenne Auslöser, Zielsetzungen und Mittel, die mit dem islamistischen Terror verbunden sind (M1, M4, Darstellungstext). Nutze den **Wortschatz**.

2 a) Nenne mögliche Gründe, warum sich Jugendliche aus Europa Terrorgruppen anschließen.

b) Diskutiert in der Klasse die Aussagen von Olivier Roy, der Zulauf zum Dschihad sei Teil einer „globalen Jugendkultur" (M3).

3 Erörtere die Mittel zur Terrorbekämpfung durch die Amerikaner (M2, Darstellungstext).

Die USA – alte und neue Supermacht?

Die USA, führend in Wissenschaft, Technik und Wirtschaft, wurden mit dem Ende des Kalten Krieges zur einzig verbliebenen militärischen Weltmacht. Nach 1990 veränderte sich die Außenpolitik der USA mehrfach.
- ***Untersuche, wie die USA ihren Anspruch als Supermacht behaupten.***

Land der Superlative und Gegensätze

Die USA erzeugten 2020 bei 4,5 % der Weltbevölkerung rund 16 % der gesamten Waren und Dienstleistungen der Welt. Auf fast allen wissenschaftlichen Gebieten gehören US-Wissenschaftlerinnen und Wissenschaftler zu den Besten ihres Faches. Zugleich sind die USA ein Staat mit großen sozialen Gegensätzen, da es kein mit der BRD vergleichbares Sozialsystem gibt. Etwa 15 % der US-Amerikaner gelten als arm.

M 1

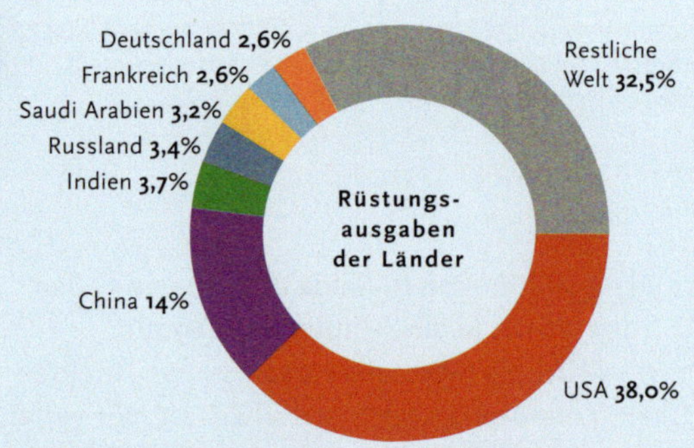

Quelle: SIPRI: Deutschland steigert Rüstungsausgaben deutlich | Aktuell Welt | DW | 26.04.2020

Anteil der weltweiten Rüstungsausgaben im Vergleich

Kriege im Nahen Osten

Nach dem Ende des Kalten Krieges sprach der amerikanische Präsident George Bush Senior von einer „New World Order“, mit der er die Welt in eine Zukunft in Frieden, Sicherheit und Wohlstand führen wollte.

1991 griffen die USA mit 500 000 Soldaten am Persischen Golf ein. Anlass war die Besetzung des an Erdöl reichen Emirats Kuwait durch den irakischen Diktator Saddam Hussein (1937–2006). Mit Billigung der Vereinten Nationen schlugen Truppen von 26 Staaten im Januar und Februar 1991 unter US-Führung in der „Operation Wüstensturm“ die irakische Armee zurück. Trotz internationaler Kritik beließen die Amerikaner den Diktator Saddam Hussein im Amt, da der Irak aus amerikanischer Sicht ein Schutzschild gegen den benachbarten Iran darstellte. Im Iran war seit der Islamischen Revolution von 1990 ein von schiitischen Geistlichen geführter Gottesstaat entstanden, der westliche Werte als Teufelswerk betrachtet und der das Leben und Denken der iranischen Bevölkerung seitdem strikt reglementiert und überwacht. Die Islamische Republik Iran wurde zum Hauptfeind der USA und Israels im Nahen Osten, da sie aus amerikanischer und israelischer Sicht insgeheim Atombomben baue und den internationalen Terrorismus gegen westliche Demokratien unterstütze. Für viele Muslime bedeutet der Iran ein Gegenmodell zu den islamischen Monarchien und Militärdiktaturen wie Saudi-Arabien, mit denen die USA eng verbunden blieben.

Eine 2002 im US-Kongress verabschiedete nationale Sicherheitsstrategie rechtfertigte vorbeugende Militäraktionen der USA zur Bekämpfung des internationalen Terrorismus. In der Folge beteiligten sich etwa 70 Nationen an diesen Kriegen zur Verteidigung der Werte der westlichen Demokratien in verschiedenen Ländern, darunter auch Einheiten der Bundeswehr. 2003 griffen die USA erneut den Irak an unter dem Vorwand, er produziere Massenvernichtungswaffen und unterstütze das Terror-Netzwerk Al-Kaida. Der Krieg wurde gegen den Willen der Mehrheit im UN-Sicherheitsrat geführt. Der während des Kriegs geflohene irakische Diktator Saddam Hussein wurde gefasst, durch ein irakisches Sondergericht 2006 zum Tode verurteilt und hingerichtet. Unter amerikanischer Besatzung erlebte der Irak acht Jahre Gewalt mit zahllosen Terroranschlägen gegen die Besatzungstruppen. Gleichzeitig gab es einen Bürgerkrieg zwischen irakischen Sunniten* und Schiiten*. Bilder von Folter und Misshandlungen vermeintlicher Islamisten im US-Gefängnis Abu Ghraib und die Missachtung religiöser und kultureller Werte beschädigten das internationale Ansehen der USA erheblich. Die Behauptung, der Irak besäße Massenvernichtungswaffen, erwies sich später als falsch. Nach dem Abzug der westlichen Besatzungstruppen entstand 2011 ein gefährliches Machtvakuum im Irak, das den Aufstieg der Milizen des „Islamischen Staates“ ermöglichte.

Wortschatz: eine Sicherheitsstrategie • die USA als „globaler Hegemon“ • ein Machtvakuum beenden • eine Miliz (= einen Verband von Soldaten) • etwas reglementieren (= durch genaue und strenge Vorgaben regeln)

M 2

Am 9. April 2003 wurde in Bagdad die Statue des Diktators Saddam Hussein zerstört. Dies geschah auf einem belebten Platz im Zentrum von Bagdad im Beisein vieler Iraker und westlicher Journalisten, die die Bilder weltweit verbreiteten. Foto, 2003

Außenpolitische Neuorientierung

Nach einer Wirtschafts- und Finanzkrise 2008 verkündete der 2009 gewählte Präsident Barack Obama angesichts der hohen Kosten von fast vier Billionen US-Dollar für Militäreinsätze und 6800 gefallener US-Soldaten seit 2001 eine künftige Zurückhaltung der USA in internationalen Belangen. Er veranlasste den Abzug amerikanischer Truppen aus dem Nahen Osten und versuchte, das entstandene Vakuum durch multilaterale Verträge zu füllen. Von den NATO-Partnern verlangten die USA, mehr Verantwortung für die eigene Sicherheit zu übernehmen und eine höhere Beteiligung an den Kosten. Der Aufstieg Chinas zur Weltmacht mit Ansprüchen auf das demokratisch regierte Taiwan und der Weltmachtanspruch Russlands unter Präsident Putin führten zu neuen militärischen Engagements der USA.

1 Fasse Merkmale der US-Außenpolitik nach dem Kalten Krieg zusammen (Darstellungstext).

2 Partnerarbeit:

a) Diskutiert, was eine Weltmacht ausmacht (M1, Darstellungstext). **Tipp** → S. 254.

b) Erstellt gemeinsam eine Begriffskarte (→ S. 263) zum Begriff „Weltmacht“.

3 Überprüft am Beispiel der Kriegsschauplätze Irak und Afghanistan (M2, M3, Darstellungstext), ob die USA diesem Anspruch heute noch gerecht werden. Nutzt den Wortschatz.

M 3

Der amerikanische Rechtswissenschaftler Eric Posner über die USA (2021):

Mit seiner Rede, in der er den Abzug aus Afghanistan verteidigte, brach US-Präsident Joe Biden eindeutig mit der Tradition eines außenpolitischen Idealismus, der ... seinen Höhepunkt in den 1990ern erreicht hatte ... [Demnach] sollten die Vereinigten Staaten sowohl ihre militärische als auch ihre wirtschaftliche Macht dazu nutzen, andere Länder zur Einführung der liberalen Demokratie und zur Achtung der Menschenrechte zu bewegen ... Als einziger globaler Hegemon [= Supermacht] führten die USA eine Vielzahl großer und kleiner Kriege, ... die sie sowohl mit ihrer nationalen Sicherheit als auch mit humanitären Argumenten begründeten ... In seiner Rede hat [Biden] wiederholt die Wichtigkeit betont, Amerikas „grund-legende nationale Interessen“ zu erkennen und zu verteidigen. Dabei steht das Wort „national“ im Mittelpunkt, und Biden äußerte sich ziemlich eindeutig: „Wären wir am 11. September 2001 nicht von Afghanistan aus angegriffen worden, ... wären wir dann jemals in Afghanistan in den Krieg gezogen? ... Ich denke, die ehrliche Antwort ist nein. Dies liegt daran, dass wir in Afghanistan keine anderen wichtigen Interessen hatten, als einen Angriff auf das amerikanische Heimatland und unsere Freunde zu verhindern. Und das gilt noch heute. Also hatte Amerika nie wirkliches Interesse daran, in Afghanistan eine Demokratie einzuführen ... oder das Land vor einem neuen Bürgerkrieg zu bewahren. Bei der Entscheidung der USA, sich aus Afghanistan zurückzuziehen, ging es darum, „ein Zeitalter der großen militärischen Operationen zu beenden, mit denen andere Länder umgestaltet werden sollten“. Zunächst ging es in Afghanistan um die Bekämpfung des Terrorismus ... Dies verwandelte sich dann in die Bekämpfung der Aufstände ... und den Versuch, ein demokratisches, zusammenhängendes und geeintes Afghanistan aufzubauen ... Natürlich war es nie wirklich klar, ob die US-Regierungen tatsächlich durch humanitäre Erwägungen motiviert waren. Oft stießen Kritiker auf weniger ehrenhafte Motive.

*Zit. nach www.ipg-journal.de/rubriken/aussen-und-sicherheitspolitik/artikel/amerikas-rueckkehr-zum-realismus-5406/ (Stand: 02. 11. 2021).** Aus dem Amerikanischen von Harald Eckhoff. (c) Project Syndicate.*

Russland – Rückkehr einer Weltmacht?

1991 trat Russland völkerrechtlich die Nachfolge der Sowjetunion an. Das flächenmäßig größte Land der Welt mit gewaltigen Energieressourcen an Öl und Gas und einem großen Arsenal an Atomwaffen wurde nach 1991 nicht mehr als Weltmacht wahrgenommen.

- ***Untersuche, wie Russland die Wiederanerkennung als Weltmacht einfordert.***

Aufstieg zu neuer Größe?

Nach dem Ende der Sowjetunion kam es in Russland unter Präsident Boris Jelzin (1991–1999) zu zahlreichen Reformen hin zu einem demokratischen Staat mit einer neuen Verfassung. Der Weg aus der Plan- zu einer Marktwirtschaft führte zum Zusammenbruch unrentabler Großbetriebe und zu massenhafter Arbeitslosigkeit. Die Mehrheit der Bevölkerung verarmte angesichts hoher Inflation und stark steigender Preise für Lebensmittel. Staatliche Hilfen gab es kaum. Die Kriminalität stieg dramatisch an, da der Staat als Ordnungsmacht versagte. Zugleich bildete sich eine Schicht von Superreichen („Oligarchen“), die sich im „wilden Kapitalismus“ der 1990er Jahre rücksichtslos bereicherte (siehe S. 182/183).

Mit dem Machtantritt Präsident Wladimir Putins (2000–2008 und erneut ab 2012) erholte sich die wirtschaftliche Lage des Landes. Durch hohe Erlöse aus dem Verkauf von Erdöl und Gas und einer wirksamen Steuerreform verfügte der Staat wieder über verlässliche Einnahmen. Die Sozialleistungen konnten aber die Armut und Perspektivlosigkeit in vielen Landesteilen nicht beseitigen. Innenpoltisch wurde Russland eine „gelenkte Demokratie“ mit einem zunehmend autoritär regierenden Präsidenten, der jegliche Opposition unterdrückt. Putin bezeichnete den Zusammenbruch der Sowjetunion als die größte Katastrophe des 20. Jahrhunderts. Neue Denkmäler, Filme und Artikel in der staatlich gelenkten Presse betonen die geschichtliche Größe Russlands. Hierbei spielt die Unterstützung der unter kommunistischer Herrschaft verfolgten und viele Jahrzehnte praktisch abgeschafften russisch-orthodoxen Kirche eine bedeutende Rolle. Das Weihnachts- und Osterfest wurden bereits in den 1990er Jahren wieder zu arbeitsfreien Feiertagen. Ein neuer antiwestlich ausgerichteter Nationalismus betont, dass Russland durch die NATO-Osterweiterung getäuscht worden sei: Die NATO-Mitgliedschaft zum Beispiel der ehemaligen Sowjetrepubliken Lettland, Litauen und Estland wurde jedoch von diesen Ländern ausdrücklich gewünscht. Friedliche Proteste prowestlicher Gruppen in der ukrainischen Hauptstadt Kiew gegen ihre prorussische Regierung eskalierten 2004 zu einem bis heute andauernden Krieg zwischen prorussischen Separatisten im Osten des Landes und der ukrainischen Armee. Die Annexion der ukrainischen Krim durch Russland 2014 führte zu westlichen Sanktionen und einer neuen „Eiszeit“ in den Beziehungen zu Russland. Präsident Putin genießt bei der Mehrheit der Bevölkerung großes Ansehen. Westliche Regierungen sind besorgt wegen neuer russischer Rüstungsprogramme. Der Westen kritisiert die gewaltsame Ausschaltung oppositioneller Gruppen, die staatlich gelenkten Internetangriffe gegen westliche Institutionen und die gezielten Falschinformationen gegenüber der eigenen russischen Bevölkerung.

M 1

Am 24. Februar 2022 griff die russische Armee auf breiter Front die Ukraine an. Die westlichen Staaten reagierten mit Sanktionen gegen die russische Wirtschaft und Waffenlieferungen an die Ukraine. Dieses Foto zeigt die ukrainische Stadt Charkiw nach einem Angriff. Foto, 2022

M 2

Zum Tag der Einheit des Volkes am 4.11.2016 wurde von Präsident Putin ein Denkmal des mittelalterlichen Großfürsten Wladimir in Sichtweite des Kreml eingeweiht. Laut Putin sei Wladimir ein „Sammler und Verteidiger russischer Erde" gewesen. An der live im Fernsehen übertragenen Zeremonie nahm auch der russisch-orthodoxe Patriarch Kyrill teil.

M 3

Präsident Putin über die Krim (2014)

Die Halbinsel Krim wurde 1954 innerhalb der Sowjetunion der Teilrepublik Ukraine zugeschlagen. Nach der Unabhängigkeit der Ukraine 1991 lagen die Schiffe der russischen Schwarzmeerflotte in Häfen der Ukraine. Verträge regelten, dass die Häfen an Russland vermietet wurden. Russland führte auf der Krim einseitig im März 2014 eine Volksabstimmung zur „Rückgewinnung der Krim" durch:

Über 96 % der Wähler stimmten für die Wiedervereinigung mit Russland ... Auf der Krim zeugt alles von unserer gemeinsamen Geschichte und unserem gemeinsamen Stolz. Dort liegt die antike Stadt Chersones, wo der Heilige Fürst Wladimir[1] sich taufen ließ. Die Einführung des orthodoxen Glaubens schuf die Grundlage unserer Kultur, unserer Zivilisation und unserer Werte, die die Völker Russlands, der Ukraine und Weißrusslands einen. Auf der Krim leben heute 2,2 Millionen Menschen, davon 1,5 Millionen Russen, 350 000 Ukrainer mit überwiegend russischer Muttersprache und ca. ... 300 000 Krimtataren, die sich ... Russland zugehörig fühlen ... In den Herzen der Menschen war die Krim immer untrennbar mit Russland verbunden ... Erst als die Krim Teil eines anderen Landes wurde, erkannte Russland, dass es nicht nur bestohlen, sondern ausgeraubt worden war ... Nachdem das bipolare System auf unserem Planeten verschwunden ist, hat die Stabilität nicht zugenommen. Wir wurden ein ums andere Mal getäuscht ... So ist es bei der NATO-Osterweiterung gewesen und bei der Stationierung von militärischer Infrastruktur an unseren Grenzen. Die Entschiedenheit und die Härte der außenpolitischen Position Russlands konnten sich auf den Willen von Millionen Menschen stützen, auf die Einigkeit der ganzen Nation, auf die Unterstützung der führenden politischen und gesellschaftlichen Kräfte. Ich möchte allen für diese patriotische Haltung danken ... Westeuropa und Nordamerika werfen uns vor, dass wir internationales Recht verletzen.

*Zit. nach http://en.kremlin.ru/events/president/news/20603 (Stand: 30.11.2021), übers. v. Alexander Grodskij.***

[1] *Er nahm 988 das Christentum an.*

1 Erstelle mithilfe des Darstellungstextes eine (digitale) Zeitleiste (→ S. 266) wichtiger innen- und außenpolitischer Ereignisse seit dem Ende der Sowjetunion.

2 Erläutere mithilfe des Darstellungstextes grundlegende Prozesse der russischen Innen- und Außenpolitik. Nutze den **Wortschatz**.

3 Arbeite aus M3 Putins Argumente heraus, mit denen er die Annexion der Krim rechtfertigt und beurteile die Stichhaltigkeit seiner Argumente.

MK 4 Recherchiere zum Kriegsverlauf nach dem russischen Angriff auf die Ukraine im Februar 2022 (M1) und zu den Millionen Geflüchteten.

Wortschatz: staatlich gelenkte Medien • ein ebenbürtiger (= gleicher) Partner • die NATO-Osterweiterung (= Beitritt von Staaten des Warschauer Paktes und der Nachfolgestaaten des blockfreien Jugoslawien in die NATO)

Wie setzt China seinen Weltmachtanspruch um?

Chinesischen Kindern und Jugendlichen wird in der Schule die Idee des „chinesischen Traums“ vermittelt. Dieser bedeutet, dass die Volksrepublik wieder an die Zeit anknüpfen soll, in der das Kaiserreich China das reichste Land der Welt war, ehe es im 19. Jahrhundert von Europäern und Amerikanern ausgeplündert wurde. Bis zum 100. Jahrestag der Gründung der Volksrepublik im Jahre 2049 soll China zur führenden Weltmacht werden.

- ***Untersuche, mit welchen Mitteln China versucht, dieses Ziel zu erreichen.***

M 1

Mit einer gigantischen Militärparade feierte die chinesische Staatsmacht den 70. Jahrestag der Gründung der Volksrepublik China, Foto, 1. Oktober 2019. Zugleich fanden in Hongkong heftige Proteste gegen die Einschränkung der Grundrechte statt, die mit Gewalt niedergeschlagen wurden.

M 2

Auszüge aus der Verfassung der Volksrepublik China von 1949:

Art. 1. Die Volksrepublik China ist ein volksdemokratischer Staat, geführt von der Arbeiterklasse und beruhend auf der Grundlage des Bündnisses der Arbeiter und Bauern.

Art. 2. Alle Macht in der Volksrepublik China geht vom Volk aus. Die Organe, durch die das Volk die Macht ausübt, sind der Nationale Volkskongress und die Örtlichen Volkskongresse aller Stufen ...

Art. 3. Die Volksrepublik China ist ein einheitlicher Nationalitätenstaat. Alle Nationalitäten sind gleichberechtigt. Verboten sind Benachteiligung und Unterdrückung irgendeiner Nationalität.

*Zit. nach www.verfassungen.net/rc/verf54-i.htm (17.01.2022).**

China – Wirtschaftsmacht und Diktatur

Nach dem Tod des Staatsgründers Mao Zedong 1976 wandelte sich die Volksrepublik China dramatisch. Unter Parteichef Deng Xiaoping (1979–1997) wurde anstelle der sozialistischen Planwirtschaft eine Marktwirtschaft mit staatlicher Lenkung eingeführt. Durch den Beitritt Chinas zur Welthandelsorganisation (World Trade Organization) 2001 verlegten immer mehr Firmen aus Westeuropa und den USA ihre Produktion nach China. Das Land wurde zum Land der billigen Massenproduktion von Gütern. Die Epochenwende 1989/90 führte in der Volksrepublik nicht zum Ende der kommunistischen Herrschaft wie in den Staaten Osteuropas und in der Sowjetunion. Demonstrationen für Versammlungs-, Presse- und Meinungsfreiheit endeten 1989 mit der blutigen Niederschlagung der Proteste (siehe S. 224/225).

Im ersten Jahrzehnt des 21. Jahrhunderts wurde China zu einer wirtschaftlich, politisch, technologisch, militärisch und wissenschaftlich bedeutenden Weltmacht. Es verfügt über Atomwaffen, eine moderne Armee und betreibt ein ehrgeiziges Raumfahrtprogramm. China tritt als Hegemonialmacht in Südostasien auf und übt in vielen Ländern Afrikas und Asiens bedeutenden Einfluss aus. Die chinesische Digitalwirtschaft boomt.

Nach innen regiert die Einparteien-Diktatur der Kommunistischen Partei mit eiserner Hand. Alle Bewohner erhalten für ihr Verhalten in der Gesellschaft eine Bewertung über ein digital geführtes System von „Sozialkrediten“. Kritiker sprechen vom totalen Überwachungsstaat. Angeprangert wird aus westlicher Sicht vor allem der Umgang mit den muslimischen Uiguren im westlichen Landesteil Xinjiang, wo Hunderttausende Menschen in „Umerziehungslager“ gesteckt wurden. China und die USA als größte Wirtschaftsnationen der Welt streiten um Zölle, die Verflechtung chinesischer Technologiekonzerne mit

Wortschatz: ein Sozialkreditsystem • eine Untergrabung von Grundrechten • eine digitale Überwachung • Proteste werden mit Gewalt blutig niedergeschlagen • ein Umerziehungslager

M 3

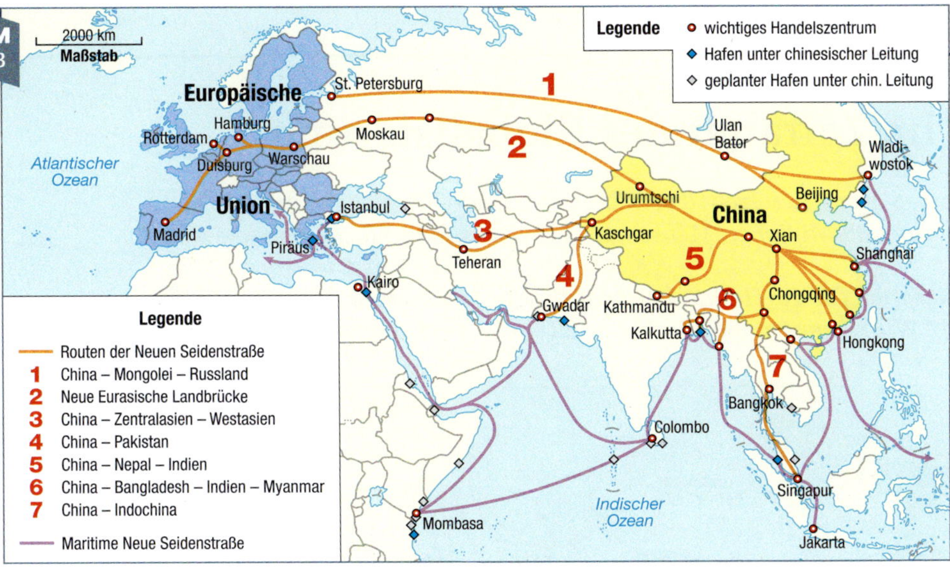

Die „Neue Seidenstraße" soll China mit Asien und Afrika sowie Europa vernetzen.

M 4

Die Journalistin Lea Deuber (2019):
Unter dem Namen „Neue Seidenstraße" kommt die chinesische Politik ... in Erinnerung an Karawanenstraßen aus längst vergangenen Jahrhunderten [daher] ... Deutschland, die [EU] und seine Partner unterschätzen bisher, welche langfristigen Folgen diese Politik in Südostasien, Zentralasien, Afrika und auch in Europa haben wird ... [Peking nimmt in Kauf], die Gesundheit der Menschen und die Umwelt in anderen Regionen zu zerstören ... Peking agiert ... rücksichtslos und auf den eigenen Vorteil bedacht ...

*Lea Deuber, „Zeit sich zu wehren", in: www.sueddeutsche.de/politik/china-seidenstrasse-europa-1.4418160 (Stand: 17.01.2022).***

M 5

Aus „Informationen zur politischen Bildung", Dossier „China" (2019):
Das öffentliche Meinungsbild zu China ist in vielen Fällen gespalten ... Manche sehen im Erfolg Chinas die Chance auf eine multipolare und gerechtere Weltordnung. Andere befürchten, dass ein undemokratischer, nicht-liberaler Staat den Aufstieg schafft und damit Werte wie Menschenrechte und Demokratie untergräbt. Nicht zuletzt haben Schlagworte wie digitale Überwachung (Social Credit System) oder die Umerziehungslager für Uigurinnen und Uiguren den Anstoß für tiefgreifende Debatten über digitale Selbstbestimmung und Minderheitenrechte gegeben.

*Zit. nach www.bpb.de/internationales/asien/china/ (Stand: 17.01.2022).**

chinesischen Geheimdienstbehörden und die Verletzung der Menschenrechte. Streit gibt es auch um den Inselstaat Taiwan, der unter dem Namen Republik China ein demokratischer Staat westlicher Prägung ist. China betrachtet Taiwan als „unabtrennbaren Bestandteil des chinesischen Territoriums". Die ehemalige britische Kolonie Hongkong wurde 1997 mit der Formel „Ein Land – zwei Systeme" an die Volksrepublik zurückgegeben. Für 50 Jahre wurde die Beibehaltung des ans britische System angelehnten Rechts garantiert. Presse-, Versammlungs- und Meinungsfreiheit sind im Gegensatz zur Volksrepublik nicht eingeschränkt. 2014 und 2019/20 kam es zu Einschränkungen dieser Grundrechte, die zu vielen Protesten und Festnahmen führten.

1 Der „American Dream" ist die Vorstellung, dass jeder Einzelne durch harte Arbeit zu Wohlstand gelangen kann. Vergleiche mit der Idee des „chinesischen Traums" und notiere Fragen. Nutze dazu den Darstellungstext.

2 Erkläre die Unterschiede der Artikel in M2 im Vergleich zu westlichen Demokratievorstellungen.

3 **a)** Beschreibe mithilfe der Karte M3 das Projekt „Neue Seidenstraße".
b) Erläutere die Beurteilung der Journalistin in M4. Ziehe weitere Informationen darüber heran und komme zu einem Urteil.

4 **a)** Erläutere die Positionen in M5.
b) Diskutiere die Positionen mithilfe des Darstellungstextes und M1. Nutze den **Wortschatz**.

Migration im Zeitalter der Globalisierung

Immer wieder verlassen Menschen freiwillig oder gezwungen ihre Heimat. Im Jahre 2020 befanden sich rund 80 Millionen Menschen weltweit auf der Flucht, so viele wie nie zuvor.

- ***Was bedeutet Migration für die Herkunfts-, was für die Aufnahmeländer und für die Migranten selbst? Wie reagieren die Länder der EU auf Migrantenströme?***

M 1

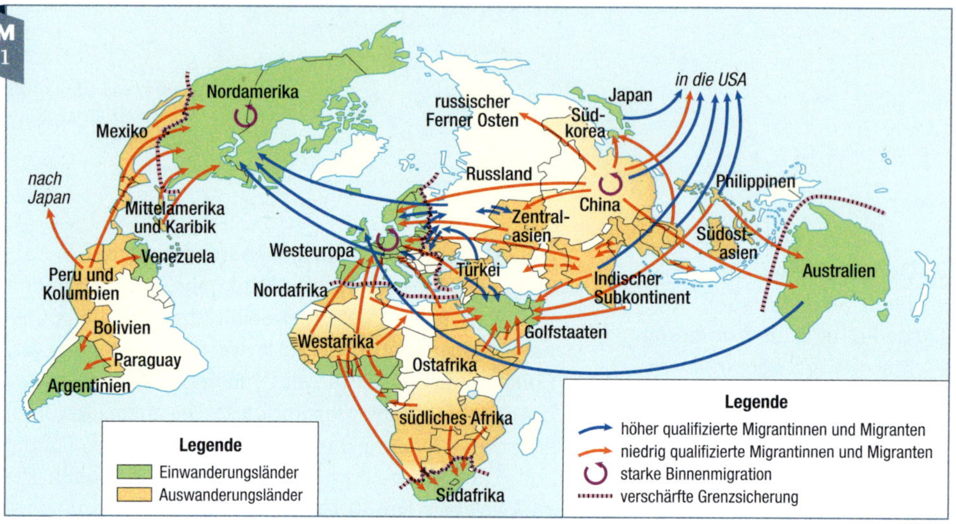

Wanderungsbewegungen heute

M 2

Zehntausende Angehörige der religiösen Minderheit der Jesiden auf der Flucht vor irakischen IS-Kämpfern (Terrororganisation Islamischer Staat), Foto, 2014*

Migration – eine Welt in Bewegung

Seit den 1990er Jahren haben die Wanderungsbewegungen von Menschen fast alle Länder der Erde erfasst: als Herkunfts-, Transit- oder Aufnahmeländer. Zu den Hauptursachen von Migration zählen Kriege, drohende Konflikte, Unterdrückung und Verfolgung durch Regierungen. Der Klimawandel erzeugt in vielen Regionen Wassermangel und in der Folge Hungersnöte. In vielen Ländern herrscht hohe Arbeitslosigkeit. Migrantinnen und Migranten sind als billige Arbeitskräfte zu einer wichtigen Stütze der globalisierten Wirtschaft geworden. Die Summe der Geldüberweisungen der Migrantinnen und Migranten ist für viele Entwicklungsländer heute bedeutender als die von den Industrieländern gezahlte Entwicklungshilfe. In den Heimatländern wiederum fehlen durch den Wegzug gut ausgebildete Arbeitskräfte und oft bleiben nur alte Menschen zurück. Sinkende Steuereinnahmen bedeuten Verschlechterungen im Gesundheitswesen und im Bildungsbereich. In den Zielländern begegnen die Migrantinnen und Migranten einer neuen Sprache, einer neuen Kultur und vielfach auch Ängsten der einheimischen Bevölkerung vor zu vielen Migrantinnen und Migranten.

Wortschatz: ein Herkunftsland • ein Transitland (= Land der Durchreise) • ein Aufnahmeland • eine ethnische Isolation (= Zwang, unter Landsleuten zu bleiben)

EU-Migrationspolitik

Kriege in Afghanistan, im Irak und in Syrien sowie in einigen Teilen Afrikas verstärkten ab 2014 Flucht und Migration nach Europa. Das Mittelmeer wurde zum Grab für Tausende, die die Überfahrt auf kaum seetüchtigen Booten mit dem Leben bezahlten. Die Außengrenzen der Europäischen Union sind fast überall undurchdringlich geworden. Eine einheitliche EU-Migrationspolitik gibt es nicht. Deutschland, Frankreich, Griechenland und Italien haben besonders viele Flüchtlinge aufgenommen. Andere EU-Länder wie Polen, Slowenien, Kroatien oder Ungarn verweigern die Aufnahme von Migrantinnen und Migranten.

M 3

Karikatur von Schwarwel (Thomas Meitsch), 2000

M 4

Migration und Flucht in Zeiten der Globalisierung

Aus einem Bericht eines Forschungsinstituts, 2018:

In den meisten europäischen Ländern wird immer noch ein Unterschied zwischen ökonomisch nachgefragten Migrant/innen (qualifizierte Arbeitskräfte werden gezielt angeworben, z. B. Krankenschwestern aus den Philippinen) und kulturell anerkannten Zuwanderer/innen (innerhalb der EU-Grenzen dürfen sich Menschen aus unterschiedlichen Mitgliedsstaaten frei bewegen) gemacht. Darüber hinaus sehen sich viele Einheimische mit geringer Qualifikation in ihrer Einkommens- und sozialen Situation durch die Neuankömmlinge bedroht. Bestehende Ängste werden durch Terrorismus noch gestärkt. Die Chancen für Neuankömmlinge, eine Wohnung zu finden, werden immer geringer. Dadurch steigt die Tendenz, Grenzen abzuschotten und Zuwandernde in die ethnische Isolation zu vertreiben ... Die Anziehungskräfte, die durch bessere Lebensbedingungen in den reichen Ländern und Regionen des globalen Nordens entstehen, sind genauso stark wie die Abstoßungskräfte in den armen Ländern und Regionen des globalen Südens. Die Folge ist grenzüberschreitende Migration. Unter den wirtschaftlichen Faktoren, die als Auslöser von Migration angesehen werden, spielen die Lohnunterschiede zwischen dem globalen Norden und dem globalen Süden eine Schlüsselrolle. Nach Schätzungen der Internationalen Arbeitsorganisation (ILO) gibt es derzeit um die 150 Millionen Arbeitsmigrant/innen weltweit ... Während Wirtschaftsmigrant/innen ... ihr Beschäftigungseinkommen zu vergrößern suchen, geht es Flüchtenden in erster Linie darum, ihr Leben zu retten und sich in Sicherheit zu bringen. Es muss allerdings festgehalten werden, dass auch Geflüchtete eher in Länder mit geringer Arbeitslosigkeit ... gehen als in Länder mit Beschäftigungsproblemen ...

*Pedro Morazán, Migration und Flucht in Zeiten der Globalisierung, 2017. Zit. nach www.2030report.de/de/bericht/1400/ kapitel/10-migration-und-flucht-zeiten-der-globalisierung (Stand: 05.10.2021).**

1 Beschreibe mithilfe der Karte M1 heutige Wanderungsbewegungen.

2 Arbeite die Hauptgründe für Migration heraus. Nutze dazu den Darstellungstext, M1 und M2.

3 Beurteile, wie sich Migration auf das Herkunfts- bzw. auf das Zielland auswirkt (M3, M4, Darstellungstext). Nutze den **Wortschatz**.

4 **Gruppenarbeit:** Erstellt ein Placemat (→ S. 261). Diskutiert folgende Fragestellung: Migration – Herausforderung und Chance im Zeitalter der Globalisierung?

5 Mit dem Ende des Kalten Krieges verband sich die Hoffnung auf eine neue stabile Weltordnung mit weniger Waffen und mehr Zusammenarbeit. Nimm nach Bearbeitung dieses Zusatzkapitels Stellung, ob sich diese Hoffnungen erfüllten.

Kapitel 1:

→ S. 26/27

1 Erläutere das Urteil des Diplomaten in M1 zum Potsdamer Abkommen.

M1

Aus den Memoiren des amerikanischen Diplomaten George F. Kennan (1945):
Zugegeben, dass das Potsdamer Abkommen die Zerstückelung Deutschlands bedeutet. Aber die Zerstückelung ist bereits Tatsache wegen der Oder-Neiße-Linie. Ob das Stück Sowjetzone wieder mit Deutschland verbunden wird oder nicht, das ist jetzt nicht wichtig. Besser ein zerstückeltes Deutschland, von dem wenigstens der westliche Teil als Prellbock für die Kräfte des Totalitarismus wirkt, als ein geeintes Deutschland, das diese Kräfte wieder bis an die Nordsee vorlässt.

*George F. Kennan, Memoiren eines Diplomaten, deutsche Ausgabe, Stuttgart (dtv) 1968, S. 262.***

→ S. 28–31

1 Erläutere, wie der Historiker die Entnazifizierung bewertet (M2).

2 Im Jahr 2016 fand ein Prozess gegen den 94-jährigen Auschwitz-Wachmann Reinhold Hanning statt. Nimm Stellung, ob du solche Verfahren heute noch für sinnvoll hältst.

M2

Der Historiker Konrad von Zwehl über die Entnazifizierung in der US-Zone (1986):
Insgesamt verfehlte das von den Amerikanern aufgenötigte Verfahren sein Ziel, einen Gesinnungswandel herbeizuführen. Die Spruchkammern bearbeiteten mit Vorrang die „kleinen“ Fälle, da die schwebenden Verfahren für die Betroffenen ... eine große Härte bedeuteten; die „großen“ Fälle kamen, wenn überhaupt, erst in einer Zeit zur Verhandlung, als die Besatzungsmacht die Zügel lockerte, um den Aufbau des Weststaates nicht zu gefährden. Die Spruchkammern wurden so zu „Mitläuferfabriken“, die am Fließband niedrige Einstufungen hervorbrachten. Außer den strafrechtlich Verurteilten kamen die meisten Angeklagten wieder in ihren alten Positionen unter.

*Begleitheft zur Ausstellung anlässlich des 40. Jahrestages der Bayerischen Verfassung, hg. von Susan Boenke u. a., München 1986, S. 66.**

→ S. 42–45

M3

Sowjetische Karikatur von Boris Jefimov, 1948

1 Untersuche die Karikatur M3 hinsichtlich der Aussage zu den Auswirkungen des Marshall-Plans auf Europa.

→ S. 48/49

1 Fasse zusammen, wie die von Otto Grotewohl geäußerten Gedanken in M2 auf S. 49 den Schulkindern vermittelt wurden (M1).

2 Arbeite die Kernaussage aus der Karikatur M2 heraus.

M1

Der Historiker Stefan Wolle über den 7. Oktober 1949, den Gründungstag der DDR:
Die Kinder hatten schulfrei bekommen ... Die Funktionare der SED erklärten die Bedeutung der geschichtlichen Stunde. Ein Staat des Friedens sei nun entstanden, der den Spaltern in Bonn entgegentreten werde. Die Einheit Deutschlands wurde beschworen und die Freundschaft zur großen ruhmreichen Sowjetunion betont. Danach sollten die Schüler unter Leitung der Lehrer selbstgemalte Bilder und Friedenstauben an die Fensterscheiben kleben oder mit herbstlichem Laub die Porträts von Josef Stalin schmücken. Die Bilder der neuen Staatsmänner Pieck, Grotewohl und Ulbricht waren noch nicht geliefert worden.

*Stefan Wolle, Der große Plan: Alltag und Gesellschaft in der DDR, Berlin (Ch. Links Verlag) 2013, S. 22.**

M2

„Das neue Reichswappen – Zwei Volk, zwei Reich, zwei Führer“, Karikatur von Max Radler aus „Der Simpl“, 1949. Die Zeitschrift erschien in der Bundesrepublik. Links: Wilhelm Pieck, rechts: Theodor Heuss.

Kapitel 2:

→ S. 60/61

MK 1 Recherchiere, ob es heute eine internationale Zusammenarbeit in der Raumfahrt gibt oder ob es nicht weiterhin ein „space race“ der politischen Systeme läuft.

→ S. 68/69

MK 1 Recherchiere zum Thema Kriegsverbrechen, zum Beispiel zum Massaker von My Lai.

2 Beschreibe deine Eindrücke von M2.

3 Erkläre das Verhalten der Veteranen und der Öffentlichkeit bei der Heimkehr der Soldaten (M1). Verwende auch deine Ergebnisse aus den Aufgaben 1 und 2.

M 1

In der Fernsehdokumentation „Apokalypse Vietnam" von 1999 wurde der Zeitzeuge Mike Lake interviewt, der 1968 als amerikanischer Soldat nach Südvietnam kam:

Ich hatte gerade das College mit sehr guten Noten abgeschlossen und mich freiwillig für ein Sonderkommando gemeldet ... Es war wie ein Abenteuer und ich war überzeugt, das Richtige zu tun ... Wenn man älter wird, betrachtet man die Situation mit anderen Augen ... Man hat uns seinerzeit in Vietnam einfach ausgesetzt ... Dann kamen wir nach Hause zurück ... Inzwischen hatte sich die Öffentlichkeit völlig gegen den Krieg gewandt und gesagt: „Es ist genug!" So schlug uns eisige Ablehnung entgegen; es war entsetzlich ... Erst später bemühte sich die Regierung um uns ...

*Zit. nach Wolfgang Schneider, Apokalypse Vietnam, Berlin (Rowohlt) 2000, S. 188 ff.**

M 2

Nachdem die US-Soldaten im Vietcong-Gebiet gelandet waren, gerieten sie sofort unter Beschuss. Das Foto zeigt den Abtransport eines verletzten Soldaten. Im Krieg wurden ca. 58 000 amerikanische Soldaten getötet (über 50 % waren jünger als 21) und über 150 000 verletzt. Der Krieg führte zu traumatischen psychischen Erkrankungen, ca. 60 000 Veteranen begingen Selbstmord, über 300 000 wurden straffällig.

Kapitel 3:

→ S. 96/97

1 Arbeite heraus, wie der Bundespräsident Frank-Walter Steinmeier heute Deutschlands Umgang mit dem Nationalsozialismus darstellt (M1).

2 Bewerte, ob die Erinnerung an die Verbrechen der Nationalsozialisten heute noch angemessen ist.

M 1

Rede von Bundespräsident Frank-Walter Steinmeier am 23. Januar 2020 in der Holocaust-Gedenkstätte Yad Vashem bei einer internationalen Gedenkfeier zum 75. Jahrestag der Befreiung von Auschwitz-Birkenau durch sowjetische Truppen:

Hier in Yad Vashem brennt die ewige Flamme der Erinnerung an die Toten der Shoah. Dieser Ort erinnert an ihr millionenfaches Leid ... Der industrielle Massenmord an sechs Millionen Jüdinnen und Juden, das größte Verbrechen der Menschheitsgeschichte – es wurde von meinen Landsleuten begangen. Der grausame Krieg, der weit mehr als 50 Millionen Menschenleben kosten sollte, er ging von meinem Lande aus. 75 Jahre nach der Befreiung von Auschwitz stehe ich als deutscher Präsident vor Ihnen allen, beladen mit großer historischer Schuld. Doch zugleich bin ich erfüllt von Dankbarkeit: für die ausgestreckte Hand der Überlebenden, für das neue Vertrauen von Menschen in Israel und der ganzen Welt, für das wieder erblühte jüdische Leben in Deutschland ... Die Flamme von Yad Vashem erlischt nicht. Und unsere deutsche Verantwortung vergeht nicht. Ihr wollen wir gerecht werden. An ihr sollt Ihr uns messen .... Ja, wir Deutsche erinnern uns. Aber manchmal scheint es mir, als verstünden wir die Vergangenheit besser als die Gegenwart. Die bösen Geister zeigen sich heute in neuem Gewand. Mehr noch: Sie präsentieren ihr antisemitisches, ihr völkisches, ihr autoritäres Denken als Antwort für die Zukunft, als neue Lösung für die Probleme unserer Zeit. Ich wünschte, sagen zu können: Wir Deutsche haben für immer aus der Geschichte gelernt. Aber das kann ich nicht sagen, wenn Hass und Hetze sich ausbreiten. Das kann ich nicht sagen, wenn jüdische Kinder auf dem Schulhof bespuckt werden. Das kann ich nicht sagen, wenn unter dem Deckmantel angeblicher Kritik an israelischer Politik kruder[1] Antisemitismus hervorbricht. Das kann ich nicht sagen, wenn nur eine schwere Holztür verhindert, dass ein Rechtsterrorist an Jom Kippur in einer Synagoge in Halle ein Massaker, ein Blutbad anrichtet.[2] Natürlich: Unsere Zeit ist nicht dieselbe Zeit. Es sind nicht dieselben Worte. Es sind nicht dieselben Täter. Aber es ist dasselbe Böse. Und es bleibt die eine Antwort: Nie wieder! Deshalb darf es keinen Schlussstrich unter das Erinnern geben. Diese Verantwortung ist der Bundesrepublik Deutschland vom ersten Tage eingeschrieben. Aber sie prüft uns – hier und heute!

*https://www.bundespraesident.de/SharedDocs/Reden/DE/Frank-Walter-Steinmeier/Reden/2020/01/200123-Israel-Yad-Vashem.html (Stand: 05.11.2020).**

1 *roher*
2 *missglückter antisemitischer Terroranschlag auf eine Synagoge in Halle im Oktober 2019 am höchsten jüdischen Feiertag.*

→ S. 104/105

1 Recherchiere, inwiefern heute noch an den 17. Juni gedacht wird.

→ S. 106/107

1 Beurteile, welche Folgen der Mauerbau für die Menschen in Ost- und Westdeutschland hatte (S. 242, M1).

2 Beurteile die Haltung der DDR-Führung zu den Fluchtversuchen (S. 242, M2).

M 1

Der Bruder des Verstorbenen und Familienmitglieder nehmen vom Westteil aus an der Beerdigung teil. Foto, 1963

M 2

Albert Norden, der von 1958 bis 1981 Mitglied des Politbüros der SED war, erklärte 1963 vor Grenzsoldaten in Berlin:

Ich sage, jeder Schuss aus der Maschinenpistole eines unserer Grenzsicherungsposten zur Abwehr solcher Verbrechen rettet in der Konsequenz Hunderten von Kameraden, rettet Tausenden Bürgern der DDR das Leben und sichert Millionenwerte an Volksvermögen. Ihr schießt nicht auf Bruder und Schwester, wenn ihr mit der Waffe den Grenzverletzer zum Halten bringt. Wie kann der euer Bruder sein, der die Republik verrät, der die Macht des Volkes antastet! Auch der ist nicht unser Bruder, der zum Feinde desertieren will. Mit Verrätern muss man sehr ernst sprechen, Verrätern gegenüber menschliche Gnade zu üben heißt, unmenschlich am ganzen Volk zu handeln.

Zit. nach Die Volksarmee, 1963, Nr. 41.

→ **S. 110/111**

1 Das Ministerium für Staatssicherheit wurde auch „Volkseigener Betrieb Horch und Greif oder Guck" genannt. Belege mithilfe von M3, M1 auf S. 243 und des Darstellungstextes auf S. 110 die Bedeutung dieses Spitznamens.

M 3

Aussage über Verhörmethoden (2007)

*Sigrid Paul (*1934) war 1963/64 wegen „Beihilfe zur Republikflucht" in Untersuchungshaft im Gefängnis Hohenschönhausen:*

In den ersten vierzehn Tagen war ich, wie fast alle politischen Häftlinge zu meiner Zeit, einem permanenten Schlafentzug ausgesetzt. Das bedeutete, dass auch in der Nacht das Licht durchgehend an war. Circa alle zehn Minuten schaute ein Posten zur Kontrolle durch den Spion. Dieser Schlafentzug führte unweigerlich zu Konzentrationsschwäche, und auf die hatten es die Vernehmer abgesehen. Auch ich spürte nach einigen Tagen sehr deutlich, dass meine Kräfte nachließen. Am Ende war ich so ausgelaugt, dass ich mich dem Inhalt der Vernehmungsprotokolle nicht mehr widersetzte und alles unterschrieb, was mir vorgelegt wurde. Zermürbend wirkte sich auch die während der Zeit der Vernehmungen verhängte Kontaktsperre aus. Jeglicher Kontakt mit der Außenwelt war untersagt. Weder durfte ich mit meinem Verteidiger noch mit meiner Familie sprechen, auch Briefe schreiben war nicht erlaubt.

Sigrid Paul, Mauer durchs Herz, in: Hubertus Knabe (Hg.), Gefangen in Hohenschönhausen. Stasi-Häftlinge berichten, Berlin (Ullstein) 2007, 241 f.

M 1

Knopflochkamera, genutzt von Mitarbeitern der Stasi unter der Jacke, Stasi-Museum, Berlin, Foto, 2008

Kapitel 4:

→ **S. 136/137**

1 Bewerte die Motive der Jugendlichen für den Beitritt zur FDJ (M2).

2 Analysiere die Sichtweise der SED auf die „Beat-Musik“ (M3).

M 2

Motive für die Mitgliedschaft in der FDJ:
in Prozent (Mehrfachnennungen möglich)

1. Weil es für Schule und Beruf nötig war 76,0
2. Weil fast alle Mitglied waren 62,5
3. Weil ich keinen Ärger haben wollte 59,9
4. Weil ich gern unter Gleichaltrigen war 44,9
5. Weil hier eine interessante Freizeitgestaltung möglich war 30,4
6. Weil die FDJ meine Interessen vertrat 29,5
7. Weil interessante politische Diskussionen möglich waren 20,6

Zit. nach Jugend 92, Die neuen Länder. Rückblick und Perspektiven (= Shell-Jugendstudie, Red. Dieter Kirchhöfer), Opladen (Leske +Budrich) 1992, S. 63.

M 3

Aus einem Bericht des Volkspolizeikreisamtes Leipzig, 5. März 1965:

Im Jahr 1964 wurden in der Stadt Leipzig einige Jugendtanzkapellen gegründet. [Sie] versuchen im „Beat-Stil“ zu interpretieren. Dazu gehören die Kapellen „The Buttlers“, „The Shatters“, „The Starlets“, The guitarmen“ und „shake hands“. ... Das Verhalten und Auftreten ... bei Tanzveranstaltungen erfolgt mit dem Ziel, die Jugendlichen in Extase zu versetzen. Die Interpretation erfolgt in einer derartigen Form (Überlautstärke), dass nur geringfügige Anlässe zu Schlägereien, rowdyhaftes Benehmen und Sachbeschädigungen führen ... [Zur Anhängerschaft] gehören zum Teil vorbestrafte und gefährdete Jugendliche ... In der Beratung vor der Ordnungsstrafkommission ... brachte der Leiter der Kapelle folgendes zum Ausdruck: „Die Musik ist modern und die Jugend soll entscheiden, ob sie solche Tanzmusik haben will.“ ... Aufgrund der bisherigen Bearbeitung ... kann eingeschätzt werden, dass die Spielweise und das Verhalten der Kapellenmitglieder ein Ausdruck bzw. eine Erscheinungsform der politisch-ideologischen Diversion[1] ist.

*Zit. nach: https://www.bstu.bund.de/DE/InDerRegion/Leipzig/Regionalgeschichten/Beatrevolte/Dokumente/bericht_musik/_tabelle.html?nn=1798262&gtp=2555676_list%253D2, (Stand: 13.05.2018).***

[1] *Sabotage*

→ S. 140/141

1 Analysiere M1: War die Kritik am Bericht des Club of Rome berechtigt?

M 1

Auszug aus der Studie „Grenzen des Wachstums. Bericht des Club of Rome zur Lage der Menschheit“ (1972):

1. Wenn die gegenwärtige Zunahme der Weltbevölkerung, der Industrialisierung, der Umweltverschmutzung, der Nahrungsmittelproduktion und der Ausbeutung von natürlichen Rohstoffen unverändert anhält, werden die absoluten Wachstumsgrenzen auf der Erde im Laufe der nächsten hundert Jahre erreicht. Mit großer Wahrscheinlichkeit führt dies zu einem ziemlichen raschen und nicht aufhaltbaren Absinken der Bevölkerungszahl und der industriellen Kapazität.

2. Es erscheint möglich, die Wachstumstendenzen zu ändern und einen ökologischen und wirtschaftlichen Gleichgewichtszustand herbeizuführen, der auch in weiterer Zukunft aufrechterhalten werden kann. Er könnte so erreicht werden, dass die materiellen Lebensgrundlagen für jeden Menschen auf der Erde sichergestellt sind und noch immer Spielraum bleibt, individuelle menschliche Fähigkeiten zu nutzen und persönliche Ziele zu erreichen.

3. Je eher die Menschheit sich entschließt, diesen Gleichgewichtszustand herzustellen, und je rascher sie damit beginnt, um so größer sind die Chancen, dass sie ihn auch erreicht. Diese knappen Schlussfolgerungen sind derart weitreichend und werfen so viele Fragen für künftige Forschungen auf, dass auch wir selbst uns von der Größe dieser gigantischen Aufgabe, die hier erledigt werden muss, nahezu überfordert fühlen. Wir hoffen, dass dieses Buch das Interesse der Menschen auf allen Gebieten der Forschung und in allen Ländern der Erde erweckt und das Verständnis für die riesige Aufgabe fördert: den Übergang vom Wachstum zum Gleichgewicht.

Dennis Meadows, Donella Meadows, Erich Zahn & Peter Milling, Die Grenzen des Wachstums. Bericht des Club of Rome zur Lage der Menschheit. Stuttgart (Deutsche Verlags-Anstalt) 1972, S. 17.

→ S. 142/143

1 a) Analysiere die Bewertung Geipels zum Leistungssport in der DDR (M2).
b) Nimm Stellung zu den Aussagen Geipels (M2).

M 2

Ines Geipel, ehemalige Sprinterin der DDR, über Doping und ihre Erfahrungen im Leistungssport (2013):

Deutschlandradio: Sie selbst waren ... Spitzensportlerin, eine Topsprinterin, weit über die DDR hinaus bekannt. Wie war das bei Ihnen? Wie viele Jahre wurden Sie ohne Ihr Wissen gedopt? Und wie alt waren Sie, als es anfing?

Ines Geipel: Ich kam aus einem anderen Internat, bin mit 17 zum Sport und weiß aus den medizinischen Akten, dass in dem Moment, wo ich kam, praktisch das mit der Chemie begann. Und das war im Grunde eine Geschichte, die lief bis 85. Also, ich bin 1985 aus dem Sport rausgeflogen. Das sind dann schon etliche Jahre. Die DDR hat 1974 dieses staatliche Zwangsdoping aufgelegt. Wie Sie mich fragen, können Sie genauso gut zwölftausend andere fragen, die die nämliche Geschichte haben. Und es geschah ... ohne ihr Wissen ...

Deutschlandradio: Wie ging das [Zwangsdoping] vor sich? Wurde dann gesagt, nimm das, ist gut für dich?

Geipel: Nimm das, wir tun nur das Beste für dich, ist klar. Und dieses medizinische Programm in der DDR war gut ausgebaut, du bekamst eine Physiotherapeutin, einen Arzt, also die ganze Palette ... Die DDR war ein kleines, zugeschlossenes Land. Es gab keine Informationen. Und du bist jung, du bist ehrgeizig. Der große Ehrgeiz bestand darin, ... natürlich als junge Athletin die Welt sehen zu können. Also man musste einem gar kein Geld geben.

*Zit. nach http://www.deutschlandfunkkultur.de/gestern-weltrekordler-heute-ein-wrack.990.de.html?dram:article_id=251911 (Stand: 06. 12. 2021).***

Kapitel 5:

→ S. 156/157

1 a) Analysiere die Karikatur M1 mithilfe der Methodenschritte auf S. 270 sowie des Darstellungstextes auf S. 156/157.
b) Erläutere vor diesem Hintergrund die Redewendung „Abstimmung mit den Füßen".

MK **2 a)** Recherchiere mithilfe des Webcodes auf S. 157 Informationen zur Umweltbewegung in der ehemaligen DDR. Berücksichtige besonders das Engagement von Jugendlichen.
b) Bereite eine Präsentation vor der Klasse vor.

M1

Karikatur von Joachim Kohlbrenner aus der taz, September 1989

→ S. 158/159

MK **1** Recherchiere zu Rainer Eppelmann und Robert Havemann.

2 Untersuche M2 hinsichtlich der Adressaten, Themen und Forderungen.

M2

Die DDR-Regimekritiker Rainer Eppelmann und Robert Havemann formulierten im „Berliner Appell" eine Art Grundsatzprogramm der DDR-Friedensinitiativen (1982):

Es kann in Europa nur noch einen Krieg geben, den Atomkrieg ... Darum: Wenn wir leben wollen, fort mit den Waffen! Und als Erstes: Fort mit den Atomwaffen! Ganz Europa muss zur atomwaffenfreien Zone werden. Wir schlagen vor: Verhandlungen zwischen den Regierungen der beiden deutschen Staaten über die Entfernung aller Atomwaffen aus Deutschland ... Wir wenden uns an die Öffentlichkeit und an unsere Regierung, über die folgenden Fragen zu beraten und zu entscheiden:

1. Sollten wir nicht auf die Produktion, den Verkauf und die Einfuhr von sogenanntem Kriegsspielzeug verzichten?
2. Sollten wir nicht anstelle des Wehrkundeunterrichts an unseren Schulen einen Unterricht über Fragen des Friedens führen?
3. Sollten wir nicht anstelle des jetzigen Wehrersatzdienstes für Kriegsdienstverweigerer einen sozialen Friedensdienst zulassen?
4. Sollten wir nicht auf alle Demonstrationen militärischer Machtmittel in der Öffentlichkeit verzichten? ...

Wolfgang Büscher (Hg.), Friedensbewegung in der DDR, Texte 1978–1982, Hattingen (Scandica) 1982, S. 242 ff.

→ S. 160/161

1 Beurteile, inwiefern die Begriffe „Zivilcourage“ und „bürgerliches Engagement“ zu einer Bildbeschreibung von M1 passen.

M1

Vor der Nikolaikirche in Leipzig am 4. September 1989 halten zwei junge Frauen ein Plakat hoch. Das Protestbild geht um die Welt. Die Bürgerrechtlerin Gesine Oltmann erinnert sich 30 Jahre später: „Ich wusste in diesem Augenblick, dass wir es geschafft hatten und dass eine neue Phase des Protestes beginnt.“ Foto

→ S. 162/163

1 a) Analysiere M2 mithilfe der Arbeitsschritte auf S. 269. Nutze auch die Formulierungshilfen.
b) Vergleiche die Aussagen von M2 bezüglich der Zukunft der DDR mit denen in M1 auf S. 162.

2 Diskutiere mit deiner Sitznachbarin oder deinem Sitznachbarn: Gab es im Herbst 1989 in der DDR die Chance für eine „sozialistische Alternative zur Bundesrepublik“?

M2

Der Schriftsteller Günter Kunert zum Aufruf „Für unser Land“, Dezember 1989

Günter Kunert (1929–2019) war 1977 wegen seines Protests gegen die Ausbürgerung des Liedermachers Wolf Biermann aus der SED ausgeschlossen worden. Zwei Jahre später genehmigten ihm die DDR-Behörden die Ausreise in die Bundesrepublik.

Trotz überwältigender Kenntnis der trostlosen Lage und ihrer kaum minder trostlosen Ursachen wird die längst mumifizierte Utopie beschworen. ... Nun endlich, heißt es, werde man auf den Trümmern des zusammengebrochenen ein wahrhaft bewohnbares Haus errichten. Ergo jene angestrebte Gesellschaft, die ihre Widersprüche und Gegensätze gewaltfrei und menschlich behandeln würde. Diese Hoffnung ist trügerisch. Denn sie ignoriert den ökonomischen und ökologischen Zustand des Landes ... Auch der Traum vom „demokratischen Sozialismus“ wird wohl eher verhallen, als dass er irgendwelche Wirkung zeitigt. Nach vier Jahrzehnten einer am Grünen Tisch erdachten, der Bevölkerungsmajorität aufgenötigten Ordnung kann eine Modifikation dieser oder analoger Ordnungen keine Chance mehr haben.

*Zit. nach Michael Naumann (Hg.), Die Geschichte ist offen. Die DDR 1990: Hoffnung auf eine neue Republik. Hamburg (Rowohlt) 1990, S. 97 ff.***

→ S. 166/167

1 Nenne die wesentlichen Punkte des Zwei-plus-Vier-Vertrages (M1).

M 1

Der Zwei-plus-Vier-Vertrag vom 12. September 1990 zwischen der BRD und der DDR sowie den USA, der UdSSR, Frankreich und Großbritannien:

Artikel 1

1. Das vereinte Deutschland wird die Gebiete der Bundesrepublik Deutschland, der Deutschen Demokratischen Republik und ganz Berlins umfassen. Seine Außengrenzen werden die Grenzen der Deutschen Demokratischen Republik und der Bundesrepublik Deutschland sein und werden am Tage des Inkrafttretens dieses Vertrages endgültig sein. Die Bestätigung des endgültigen Charakters dieser Grenzen des vereinten Deutschlands ist ein wesentlicher Bestandteil der Friedensordnung in Europa.

2. Das vereinte Deutschland und die Republik Polen bestätigen die zwischen ihnen bestehenden Grenzen in einem völkerrechtlich verbindlichen Vertrag.

3. Das vereinte Deutschland hat keinerlei Gebietsansprüche gegen andere Staaten und wird solche auch nicht in Zukunft erheben.

Artikel 2

Die Regierungen der Bundesrepublik Deutschland und der Deutschen Demokratischen Republik bekräftigen ihre Erklärungen, dass von deutschem Boden nur Frieden ausgehen wird …

Artikel 7

(2) Das vereinte Deutschland hat demgemäß volle Souveränität über seine inneren und äußeren Angelegenheiten.

Zit. nach http://www.bpb.de/nachschlagen/gesetze/zwei-plus-vier-vertrag (Stand: 14.02.2021).

→ S. 172/173

1 Laut Matthias Platzeck, Mitglied der Kommission „30 Jahre Friedliche Revolution und Deutsche Einheit“, steht die „zweite Halbzeit“ der Wiedervereinigungsperiode noch bevor. Nimm Stellung zur folgenden Behauptung: „Dass die Deutschen 60 Jahre für die Überwindung von 40 Jahren Teilung benötigen, ist ziemlich enttäuschend.“

2 Arbeite die Schwierigkeiten und Folgen der Wiedervereinigung heraus (Darstellungstext und M1 auf S. 172/173 und M2 auf dieser Seite).

M 2

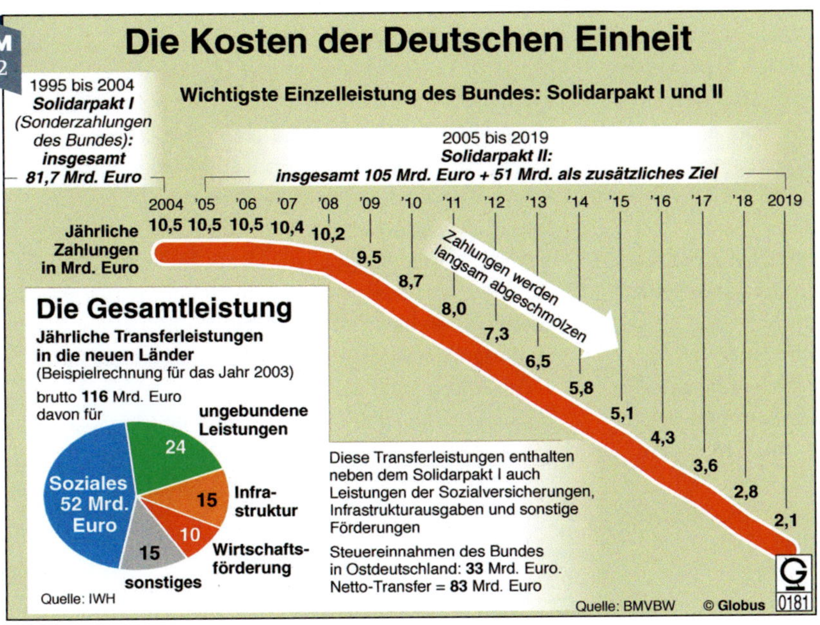

Leistungen für die fünf neuen Länder

→ S. 176/177

1 „Freust" auch du dich – viele Jahre danach – über die Wiedervereinigung, wie es Wolf Biermann geradezu verlangt (M1)? Erläutere deine Antwort.

M 1

Wolf Biermann (geb. 1936), 1976 wegen kritischer Lieder aus der DDR ausgewiesen, anlässlich der Wiedervereinigung in einem Interview (1999):
„Nach meiner Meinung, das ist doch klar, haben wir Deutschen erstens bis zehntens Grund uns zu freuen, dass diese verfluchte Diktatur zusammengebrochen ist und dass die Teilung unseres Vaterlandes beendet ist. Wer sich darüber nicht freuen kann, Mensch, mit dem möchte ich nicht mal übers Wetter reden."

Zit. nach https://www.deutschlandfunk.de/wer-sich-nicht-ueber-die-wiedervereinigung-freut-mit-dem.694.de.html?dram:article_id=59531 (Stand: 12.10.2020).

→ S. 178/179

1 Lies M2 und formuliere Nachfragen zu bestimmten Aussagen.

M 2

Die Erzieherin Beatrice Hoffmann berichtet 2004 darüber, wie sie den Fall der Mauer erlebte und welche Konsequenzen dieser für ihr Leben hatte:

Frage: Wie haben Sie den Herbst 1989 erlebt?

B. H.: Für mich war das damals schon sehr einschneidend. Wir haben vor dem Fernseher gesessen und haben dort den Mauerfall verfolgt. Und für mich war es sehr zwiespältig. Ich habe auch sehr zwiespältige Gefühle gehabt. Ich wusste nicht, was kommt jetzt auf uns zu? Was bedeutet das jetzt? Ich war eigentlich nicht so glücklich wie viele, die rumgesprungen sind und sich gefreut haben. Also, ich war doch sehr zwiegespalten, muss ich sagen. Ich weiß, dass ich nicht sofort über die Grenze gegangen bin. Mein Mann wollte zwar sofort über die Grenze, aber ich habe gesagt: Nein, dann kommen wir vielleicht nicht wieder zurück. Wir sind erst ein halbes Jahr oder ein Jahr später das erste Mal über die Grenze gegangen.

Frage: Was hat sich nach dem Ende der DDR für Sie verändert?

B. H.: Nach der Wende bin ich erstmal arbeitslos geworden. Ich habe als Erzieherin in einer Kindereinrichtung gearbeitet. Ich bin dann in den so genannten Westen gegangen, nach Hannover, für zwei Jahre, als Erzieherin. Aber ich war heimatverbunden und bin wieder zurück gekommen ... Ich habe jetzt auch hier Arbeit, aber mein Mann ist schon eine Weile arbeitslos.

Frage: Wie haben Sie sich 1989 die Zukunft vorgestellt?

B. H.: Meine eigene habe ich mir so vorgestellt, dass ich wahrscheinlich Jahrzehnte in dieser Kindereinrichtung bleibe und als Erzieherin arbeite. Das wollte ich eigentlich auch. Und die DDR? Ich habe eigentlich immer die Hoffnung gehabt, dass sich die DDR zumindest ein bisschen mehr öffnet, dass man in verschiedene Länder reisen kann. Ich war eigentlich nicht negativ dazu eingestellt, dass sich jetzt so ein Umbruch ergibt.

Frage: Welche Erinnerung an die DDR ist für Sie die wichtigste?

B. H.: Eigentlich gibt es viele wichtige Erinnerungen. Ich hatte eine sehr schöne Kindheit in der DDR ... Und was natürlich für die DDR immer typisch war: Nach Bananen anstehen, nach, ich weiss nicht, Apfelsinen anstehen. Das waren ... typische Sachen, die auch mich betroffen haben.

Frage: Was wünschen Sie sich für die Zukunft?

B. H.: Für die Zukunft würde ich mir eigentlich wünschen, dass mehr Menschen, gerade hier bei uns im Kreis, Arbeit finden. Dass die Jugend nicht mehr zu perspektivlos ist ... Dass sich einfach noch ein bisschen mehr tut, auch gerade hier im Osten ... Ich hätte zum Beispiel die Erziehung und Bildung im Kindergarten gelassen, so wie es zu DDR-Zeiten auch war ...

*https://www.bpb.de/themen/deutsche-einheit/deutsche-teilung-deutsche-einheit/43897/wir-koennten-in-der-entwicklung-schon-ein-paar-jahre-weiter-sein/ (Stand: 16.03.2022).***

Kapitel 6:

→ S. 206/207

1 a) Gegenwärtig bestehen mehr als 2200 deutsch-französische Partnerschaften. Finde heraus, wo es in deiner Umgebung eine deutsch-französische Städtepartnerschaft gibt. Wie wird diese konkret gefördert und umgesetzt?

b) Beurteile die Wichtigkeit einer solchen Zusammenarbeit.

MK 2 Recherchiere über die Aufgaben und Ziele des 1963 geschaffenen Deutsch-Französischen Jugendwerks (DFJW).

→ S. 216/217

MK 1 Recherchiere, was mit dem Schlagwort „Großer Austausch" gemeint ist. Erläutere, inwiefern es sich um einen extremistischen Begriff handelt.

Kapitel 1:

→ **S. 17, Aufgabe 1 a):** Die Mind-Map kann so aussehen:

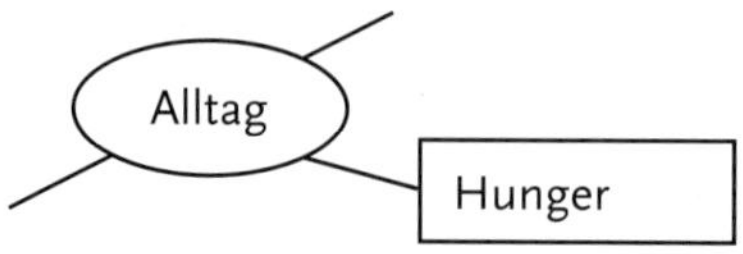

→ **S. 17, Aufgabe 2 a):** Verwende das Suchwort „Mythos Trümmerfrauen".

→ **S. 17, Aufgabe 2 b):** Recherchiere nach weiteren Informationen, falls dir nicht genügend Informationen zur Beantwortung der Frage vorliegen. Du kannst dich auch mit deiner Partnerin oder deinem Partner austauschen.

→ **S. 21, Aufgabe 2:** Überlege, welche Vorteile eine Quelle in einem Archiv im Vergleich zu einem Digitalisat hat.

→ **S. 23, Aufgabe 5:** Welche weiteren Probleme könnten sich daraus ergeben?

→ **S. 25, Aufgabe 2 b):** Wählt unterschiedliche Unterthemen, zum Beispiel „Umstände der Flucht", „Frauenschicksale", „Lebensumstände am neuen Wohnort", „Was ist Heimat?".

→ **S. 31, Aufgabe 2:** Nenne mögliche Gründe für die Unterschiede.

→ **S. 33, Aufgabe 3 b):** Nimm die Karte im Umschlag zu Hilfe.

→ **S. 37, Aufgabe 2:** Warum kam es zu dem Konflikt und wer war daran beteiligt?

→ **S. 41, Aufgabe 2:** Ist die Entwicklung in den Westzonen vorteilhafter? Stelle Vermutungen dafür an.

→ **S. 41, Aufgabe 6 b):** Die SPD existierte in den Westzonen weiter. Bei der SED handelte es sich um eine Zwangsvereinigung auf Druck der SMAD und damit der UdSSR.

→ **S. 45, Aufgabe 3:** Lege eine Tabelle an:

SBZ	Westzone

→ **S. 47, Aufgabe 1:** Beginne im Jahr 1945. Die Entwicklung in der Ostzone wird nach der nächsten Doppelseite ergänzt.

→ **S. 51, Aufgabe 1 b):** Es müssen ungefähr 14 Elemente beschrieben und gedeutet werden.

→ **S. 51, Aufgabe 3 a):** Sollte dir etwas aus M2 unklar sein, kannst du die Bedeutung im Internet recherchieren.

Kapitel 2:

→ **S. 61, Aufgabe 2 a):** Beachte, dass mit diesen neuen Raketen auch Atomwaffen abgeschossen werden konnten.

→ **S. 61, Aufgabe 2 b):** Zum Beispiel durch neue Kommunikationsmittel, künstliche Intelligenz oder computergestützte Waffensysteme. Denke auch an positive Folgen durch die Einführung moderner Technik (zum Beispiel in der Energieproduktion durch die Weiterentwicklung von Solartechnik).

→ **S. 69, Aufgabe 1:** Berücksichtige dabei, welche Mächte diese Entwicklung beeinflussten.

→ **S. 69, Aufgabe 2:** Beachte den Begriff „Domino-Theorie".

→ **S. 75, Aufgabe 3:** Erkläre, warum der anwesende belgische König entsetzt war.

→ **S. 77, Aufgabe 2:** Recherchiert im Internet, falls einige Fragen offenbleiben und ihr weitere Informationen benötigt.

→ **S. 77, Aufgabe 3:** Inwiefern kann ein Podcast die öffentliche Meinungsbildung beeinflussen?

→ **S. 87, Aufgabe 6:** Weise auch auf die heutige wirtschaftliche und politische Situation des jeweiligen Landes hin.

Kapitel 3:

→ **S. 95, Aufgabe 1 a):** Lege eine Tabelle an:

Bundesrepublik	DDR
Petersberger Abkommen 1949 ...	Aufnahme in den RGW 1950 ...
...	...

In die Spalten kannst du die jeweiligen Verträge oder Bündnisse gegenüberstellen.

→ **S. 95, Aufgabe 1 b):** Welchen Einfluss hatte die Einbindung in die Blöcke jeweils auf die Abhängigkeit von den Siegermächten?

→ **S. 95, Aufgabe 4 a):** Legt eine Tabelle an und gliedert diese nach Urteil, Begründung und Forderung.

→ **S. 95, Aufgabe 4 b):** Beachtet jeweils die Konsequenzen, die das beschriebene Vorgehen im Ost-West-Konflikt gehabt hätte.

→ **S. 95, Aufgabe 6 a):** Welche Handlungsspielräume hatten die Politiker in der BRD und in der DDR?

→ **S. 101, Aufgabe 1 b):** Nutze die Begriffe „Soziale Marktwirtschaft“ und „Planwirtschaft“.

→ **S. 101, Aufgabe 1 c):** Nutze zur Beschriftung folgende Begriffe:
M2: Steuern, Sozialleistungen, Angebot
M3: Steuern (2x), Förderung, Sozialleistungen

→ **S. 101, Aufgabe 1 d):** Berücksichtige dabei auch die Lexikoneinträge zu den beiden Wirtschaftsmodellen.

→ **S. 107, Aufgabe 4:** Berücksichtige jeweils die zugrundeliegende Ideologie und die Herkunft der beiden Quellen.

→ **S. 111, Aufgabe 5 b):** Wie sah das Leben der Personen nach Ende der DDR aus? Wurden sie für ihre Tätigkeit beim MfS verurteilt?

→ **S. 115, Aufgabe 3:** Geht der Frage nach, ob hierfür Grundrechte aus dem Grundgesetz eingeschränkt werden dürfen.

→ **S. 117, Aufgabe 4 a):** Erläutere, was die Aufschriften auf den Plakaten bedeuten. Beachte die Kleidung der Menschen und informiere dich über das Thema Flucht und Vertreibung nach dem Zweiten Weltkrieg (S. 22/23).

Kapitel 4:

→ **S. 129, Aufgabe 1:** Lege für den Vergleich eine Tabelle an.

→ **S. 129, Aufgabe 2:** Nutze dein Wissen zur Planwirtschaft und Marktwirtschaft (siehe Seite 100/101).

→ **S. 129, Aufgabe 4 b):** Beachte die Begriffe „Kollektiv“ und „Individuum“.

→ **S. 135, Aufgabe 2:** Lege eine Tabelle an, in der du die gesellschaftlichen Erwartungen an Frauen und die tatsächliche Situation in den beiden deutschen Staaten einander gegenüberstellst.

→ **S. 135, Aufgabe 4 a):** Gehe von folgender Situation aus: Rita ist in der DDR groß geworden. Dort hat sie als Ärztin gearbeitet. 1991 ist sie mit ihrem Mann und den beiden Kindern von Dresden nach Dortmund gezogen. Heute feiert sie ihren 75. Geburtstag. Bei Kaffee und Kuchen geraten Rita und ihre Freundin Maria – sie ist in Dortmund aufgewachsen, ist Mutter von drei Kindern und hat halbtags als Arzthelferin gearbeitet – in Streit. Maria behauptet, dass es Frauen in der DDR sehr viel leichter hatten, Beruf und Familie zu vereinbaren.

→ **S. 137, Aufgabe 1:** Mögliche Vergleichskriterien sind:

- die Ausgangssituation nach dem Zweiten Weltkrieg in BRD und DDR
- Musik
- Mode
- Freizeit
- politisches Engagement der Jugendlichen

→ **S. 137, Aufgabe 3:** Geht dabei auf Musik, Mode und politische Einstellung ein.

→ **S. 137, Aufgabe 4 a):** Informiere dich auf der Seite 112/113 noch einmal über die Protestbewegung im Jahr 1968.

→ **S. 139, Aufgabe 1:** Was sagt dies über die wirtschaftlichen Entwicklungen in den beiden deutschen Staaten aus?

→ **S. 139, Aufgabe 2 a) und b):** Gehe dabei auf die Herkunft der „Gastarbeiter" oder der „Vertragsarbeiter" ein, beschreibe die Gründe für die Anwerbung, erläutere die Arbeits- und Lebensbedingungen sowie die Akzeptanz im „Gastland".

→ **S. 139, Aufgabe 4:** Berichte darin über das Leben der Menschen, die Ursachen für ihre Migration sowie die sich daraus ergebenden Folgen.

→ **S. 141, Aufgabe 2:** Berücksichtige bei der Beurteilung die folgenden Aspekte:

- Umweltschutz
- Klimaschutz
- Nachhaltigkeit
- soziale Sicherheit

→ **S. 141, Aufgabe 6:** Recherchiere zu den Folgen der Reaktorunglücke in Tschernobyl (1986) und Fukushima (2013).

→ **S. 143, Aufgabe 1 b):** Die DDR nahm an der Weltmeisterschaft 1954 und auch an deren Qualifikationsrunde nicht teil. Den ersten Versuch einer DDR-Mannschaft, sich für die Weltmeisterschaft zu qualifizieren, gab es 1958. Erst 1974 gelang die erste und einzige Qualifikation für eine Fußballweltmeisterschaft.

→ **S. 143, Aufgabe 3:** Für wen war Jürgen Sparwasser ein Held und für wen war er keiner?

Kapitel 5:

→ **S. 151, Aufgabe 1:** Kommentiere dabei wesentliche Ereignisse in deinem Zeitstrahl.

→ **S. 153, Aufgabe 3:** Notiere Argumente, die dafür sprechen und Argumente, die dagegen sprechen.

→ **S. 157, Aufgabe 1 a):** Ordne diese nach übergeordneten Gesichtspunkten (zum Beispiel Außen-, Wirtschafts- und Innenpolitik). Du kannst auch eine Tabelle erstellen.

→ **S. 157, Aufgabe 1 b):** Nutze Pfeile, um zu zeigen, welches Ereignis auf ein anderes folgte.

→ **S. 157, Aufgabe 3:** Beachte, welche Folgen diese Entscheidung hatte.

→ **S. 161, Aufgabe 2:** Wiederhole vorab den Begriff „Revolution". Schau dazu in einem Lexikon nach oder führe eine Internetrecherche zum Begriff durch.

→ **S. 165, Aufgabe 1:** Ziehe auch das Foto der Auftaktseite (S. 146/147) heran.

→ **S. 171, Aufgabe 2 d):** Berücksichtige die Unterscheidung „Definition eines Unrechtsstaats" / „Auswirkungen der Verwendung des Wortes Unrechtsstaat".

→ **S. 171, Aufgabe 3:** Berücksichtige dabei auch deine Kenntnisse aus den Kapiteln 3 und 4.

→ **S. 173, Aufgabe 2:** Ziehe dabei auch die Informationen des Darstellungstextes zum Umbau der Wirtschaft hinzu. Der Titel der Karikatur bezieht sich möglicherweise auf das Zitat des Schriftstellers Stefan Heym auf der Großdemonstration vom 4.11.1989, die Millionen DDR-Bürger mitverfolgten: „Wir haben in diesen letzten Wochen unsere Sprachlosigkeit überwunden und sind jetzt dabei, den aufrechten Gang zu erlernen."

→ **S. 173, Aufgabe 5:** Mögliche Aspekte des Urteils:

- Klarheit über Ereignisse
- Personalaufwand
- neue Konflikte
- mit einer Sache abschließen können

→ **S. 174, Aufgabe A 1:** Benenne dabei konkret, auf welche Umstände und Meinungen bezüglich der Wiedervereinigung die beiden Polemiken anspielen.

→ **S. 175, Aufgabe B 1:** Nimm dazu die Arbeitsschritte auf S. 272 zur Hilfe.

→ **S. 175, Aufgabe C 1:** Beachte die wirtschaftliche Situation in der DDR. Berücksichtige auch, dass eine Satire-Zeitschrift Dinge grundsätzlich übertreibt.

→ **S. 175, Aufgabe B 2:** Nimm dein Wissen aus den Kapiteln 3 und 4 zur Hilfe.

→ **S. 179, Aufgabe 1 b):** Mögliche Fragen wären:

- Welche Forderungen haben Sie selbst in dieser Zeit an die Regierung gehabt?
- Wären Sie gerne „in den Westen gefahren"?
- Schildern Sie bitte, wie Sie genau von der Öffnung der Grenze erfahren haben.
- Was hätten Sie Ihren Vorgesetzten damals gerne gesagt?
- Wie hat sich Ihre Haltung gegenüber der Maueröffnung in den folgenden Tagen oder Wochen entwickelt?

→ **S. 189, Aufgabe 6:** Nennt zunächst mögliche Erwartungen, die DDR-Bürger mit der Wiedervereinigung verbanden.

Kapitel 6:

→ **S. 193, Aufgabe 3:** Die Zuschauer über den Wolken sind von links:

- der Preußenkönig Friedrich II. (1712–1786)
- Napoleon (1796–1821)
- Otto von Bismarck (1815–1898)

Alle drei verfolgten zu Lebzeiten eine expansionistische Hegemonialpolitik. Sie stehen symbolhaft für den Wunsch nach einer Vorherrschaft in Europa.

→ **S. 193, Aufgabe 4 a) und b):** Nutzt auch die Karte und den Zeitstrahl.

→ **S. 195, Aufgabe 5 a):** In der Mitte der Placemat schreibt ihr: Europa: Kontinent der Demokratie.

→ **S. 201, Aufgabe 5:** Zeige anhand von einigen Beispielen auf, welche Rechte du als EU-Bürger in Anspruch nehmen bzw. welche Freiheiten du genießen kannst.

→ **S. 201, Aufgabe 6 a) und b):** Ergänzt Informationen zur europäischen Menschenrechtskonvention, zu den Römischen Verträgen und zum Euro. Recherchiere dazu eigenständig im Internet.

→ **S. 203, Aufgabe 1:** Fertige eine Kopie der Quelle an, damit du beim Lesen Markierungen vornehmen kannst.

→ **S. 205, Aufgabe 2:** Zeige dabei die Konfliktpunkte auf.

→ **S. 205, Aufgabe 3:** Konnte sie zur Konfliktlösung beitragen?

→ **S. 205, Aufgabe 4 a):** Wiederhole dabei die Aufnahmekriterien neuer Mitgliedsstaaten in die EU auf S. 200.

→ **S. 207, Aufgabe 3:** Beim Festakt zum 25. Jubiläum des Elysée-Vertrages im Jahr 1988 sagte der deutsche Bundespräsident Richard von Weizsäcker: „Unvergessen bleibt vor allem ihre Begegnung im September 1984 auf den Schlachtfeldern von Verdun, dort, wo der Vater des Bundeskanzlers im Ersten Weltkrieg eingesetzt und wo der französische Präsident im Zweiten Weltkrieg als junger Soldat verwundet worden war."

→ **S. 209, Aufgabe 3 a):** Die Institutionen sind:

- der Europäische Rat
- der Rat der EU
- die EU-Kommission
- das Europäisches Parlament

Nutzt dazu die Website der EU. Berücksichtigt jeweils Zusammensetzung, Zweck und Kontrolle.

→ **S. 213, Aufgabe 2 a):** Ihr könnt auch noch weitere Bereiche, die euren Alltag betreffen, im Internet recherchieren.

→ **S. 217, Aufgabe 4:** Nutze deine Erkenntnisse zu den sogenannten „alternativen Medien" sowie dein Wissen über die EU.

→ **S. 221, Aufgabe 1 b):** Erstellt dazu ein kollaboratives Dokument (siehe S. 213).

→ **S. 221, Aufgabe 8:** Nehmt verschiedene Rollen ein und argumentiert aus verschiedenen Perspektiven. Zum Beispiel aus der Sicht

- einer EU-Vertreterin
- eines Geflüchteten ohne Einreisemöglichkeit
- eines britischen Politikers
- einer Hinterbliebenen des Massakers von Srebrenica

Kapitel 7:

→ **S. 225, Aufgabe 2 b):** Nutze den Darstellungstext, M1, M2 und deine Kenntnisse aus Kapitel 5.

→ **S. 231, Aufgabe 2 a):** Nenne dazu konkrete Beispiele oder sammle Kriterien.

Kapitel 1

→ S. 54/55

1 Individuelle Lösung; sachlogische Anwendung der Begriffe entsprechend der Chronologie: Besatzungszonen, Demontagen, Reparationen, Truman-Doktrin, Bizone, Trizone, Marshallplan, Wirtschaftsaufbau, Währungsreform, Sozialismus/Kommunismus, Antagonismen, die doppelte Staatsgründung, Ost-West-Konflikt, Wettrüsten, NATO, der Warschauer Pakt, der Eiserne Vorhang.

2 Folgen der Blockbildung: Aus den Ausführungen des US-Amerikanischen Außenministers John Foster-Dulles wird 1953 deutlich, dass das oberste Bestreben der Vereinigten Staaten von Amerika nur sein kann, die Ausbreitung des Kommunismus in der Welt einzudämmen und zurückzudrängen. Auch wenn er in seiner Rede explizit betont, dass er keine kriegerische Auseinandersetzung anstrebt, wird deutlich, dass es in naher Zukunft keine friedliche Koexistenz zwischen der „westlichen Welt“ und den vom Kommunismus bestimmten Ländern, allen voran der Sowjetunion, geben wird und geben kann. Als Hauptargument führt Foster-Dulles die Einschränkung der menschlichen Freiheit und Ablehnung der göttlichen Natur des Menschen an, die eine Bekämpfung des Kommunismus unabdingbar machen.

3 Bereits früh nach dem Ende des Zweiten Weltkrieges deutet sich eine Teilung Deutschlands in Ost und West an. Wie in M1 zu sehen ist, beginnen die Briten und Amerikaner bereits 1946 mit einer stärkeren wirtschaftlichen Verbindung ihrer beiden Zonen bis zur Gründung der Bizone. Aus M5 wird deutlich, dass die UdSSR diesem Vorgehen kritisch gegenübersteht und darin eher eine Provokation als eine Kooperation sehen. Der Zusammenschluss der drei westlichen Zonen zur Trizone manifestiert diese Entwicklung und ebnet den Weg hin zur deutschen Teilung.

4 **a)** Dem Diagramm M3 ist zu entnehmen, dass die Deutschen direkt nach Kriegsende in der Zeit von 1945 bis 1948 besonders unter Nahrungsmittel- und Kleidungsmangel litten. 20 % der Bevölkerung plagte auch die Sorge, ob noch vermisste Angehörige lebend wiedergefunden werden können.
b) Im Jahre 1948 sinkt die Sorge bezüglich Nahrungsmitteln und Kleidung rapide auf unter 10 % der Bevölkerung, was mit einer zunehmenden wirtschaftlichen Erholung und zunehmend stabilen Versorgung (Infrastruktur) zusammenhängt. Gleichzeitig steigt die Sorge um finanzielle Sicherheit auf fast 70 %. Möglicherweise hat die Währungsreform von 1948 die Menschen verunsichert.

5 Individuelle Lösung. Ansatzpunkte: In Aufgabe 3 wurde bereits auf die gravierenden ideologischen Unterschiede zwischen Amerika und der Sowjetunion hingewiesen. Besonders durch die Aussagen Sokolowskis (M5) wird deutlich, dass die bisherige Zusammenarbeit ein Minimalkonsens im Sinne der Beendigung des Krieges war und sich bereits wenige Monate danach die Gegensätzlichkeit der beiden Systeme in der Verwaltung des Nachkriegsdeutschlands zeigten. Dies wurde auch mit der Gründung der Bizone deutlich. Von daher sind alternative Handlungsmöglichkeiten zu einer doppelten Staatsgründung bereits sehr früh nach 1945 als sehr gering einzuschätzen.

6 In M5 und M6 wird deutlich, wie feindselig sich die beiden Systeme gegenüberstehen. Die Auswirkung dieser gegenseitigen Ablehnung manifestiert sich in einem geteilten Deutschland, was bereits ab 1947 immer stärker in das jeweilige System integriert wird. So erfolgt zunächst eine wirtschaftliche Anbindung der Westzonen an die USA (Marshall-Plan), bis hin zu einer politischen und militärischen Integration der BRD in das westliche System der USA. Gleiches passiert mit der SBZ in das sowjetische System, wodurch die Spaltung Deutschlands, aber auch der Welt, in Kommunismus und freiheitlich-demokratischen Kapitalismus für Jahre gefestigt wird (Eiserner Vorhang).

7 Die Folgen der Flucht und Vertreibung beginnen für die Betroffenen bereits mit dem Verlassen der ehemaligen Heimat. Der Weg der Flucht ist geprägt von Misshandlungen und Tötungen durch die russische Armee sowie anderen Überfällen und Beschwerlichkeiten (kaum Besitztümer durften mitgenommen werden, anstrengender Weg, Racheakte durch die polnische und tschechische Bevölkerung). In der neuen Heimat angekommen, wartet auf viele Flüchtlinge ein anstrengender Weg der Integration. Die deutsche Bevölkerung hatte Versorgungsnöte und empfing die Flüchtlinge nicht durchgängig mit offenen Armen. Viele der Flüchtlinge waren durch den Krieg und die Flucht traumatisiert, was eine Rückkehr in das Arbeitsleben und eine zügige Integration zusätzlich erschwerte.

Kapitel 2

→ S. 86/87

1 1-A; 2-E; 3-B; 4-D; 5-C; mögliche Formulierungen für ganze Sätze:
1. Die KSZE erklärte die Unverletzlichkeit der Grenzen in Europa und führte zur Entspannung der Beziehungen zwischen Ost und West.
2. Stellvertreterkriege waren zum Beispiel der Krieg in Korea und in Vietnam.
3. Nach dem Zweiten Weltkrieg entließen die europäischen Kolonialmächte ihre Kolonien nach und nach in die Unabhängigkeit. Dies erfolgte teils gewaltsam durch antikoloniale Befreiungsbewegungen und teils durch geordnete Übergabe der Macht.
4. Der von der Sowjetunion geführte Ostblock umfasste in Europa die Staaten Polen, DDR, Tschechoslowakei, Ungarn, Rumänien, Bulgarien und zeitweise Albanien.

2 **a)** und **b)** Individuelle Lösung mithilfe der entsprechenden Seiten aus dem Kapitel.

3 Zu den kurz- und langfristigen Folgen zählen: Übernahme der Verwaltung der Kolonialherren; Probleme durch willkürliche Grenzziehungen; keine konkurrenzfähige Volkswirtschaften, da vorwiegend für den eigenen Lebensunterhalt produziert wird; oftmals kein Bedürfnis zur Bildung eines einheitlichen Territorialstaates und der Idee einer Nation mit demokratischem Verständnis wegen konkurrierender Ethnien; beim Wegfall des einzigen gemeinsamen Nenners der Opposition gegen die Kolonialmacht Entwicklung zu einem oft autoritären Staat mit Einparteiensystem und der Herrschaftsausübung einer bestimmten Gruppe; alte Abhängigkeiten blieben bestehen; mehrfach zerfallen Staaten wieder aufgrund ethnischer Konflikte

4 In der Schlussakte vom 1. August 1975 wurde vereinbart:
- die Achtung der gegenseitigen Gleichheit und Souveränität
- keine Androhung von Gewalt
- die Unverletzlichkeit der Grenzen
- eine friedliche Regelung in Streitfällen
- die Nichteinmischung in die inneren Angelegenheiten anderer Staaten
- die Achtung der grundlegenden Menschenrechte

Die Konferenz erhöhte das gegenseitige Vertrauen und die beteiligten Staaten einigten sich auf grundlegende Verfahrensweisen bei Konflikten.

5 Keine der Supermächte konnte einen Angriff mit Atomraketen starten, ohne die eigene Vernichtung durch den sofortigen Gegenschlag zu riskieren. Das atomare „Gleichgewicht des Schreckens" verhinderte den direkten Krieg zwischen den USA und der UdSSR. Die Auseinandersetzung erfolgte über die Verbreitung der eigenen Gesellschaftsordnung und Lebensformen. Eine kooperativere Haltung scheiterte laut Wilfried Loth an der Kurzsichtigkeit des Westens und der Unnachgiebigkeit Stalins.

6 individuelle Lösung

7 Einen „Sieger" im sportlichen Sinne hat es nicht gegeben, da beide Supermächte ihre Raumfahrtprogramme beharrlich fortsetzten. Zunächst gelang der Sowjetunion mit dem Satelliten Sputnik, dem ersten Lebewesen (Hündin Laika) und dem ersten Menschen (Juri Gagarin) im Weltall ein Vorsprung im Wettlauf. Mit dem ehrgeizigen und kostspieligen Programm der Amerikaner, Menschen zum Mond zu bringen, wendete sich das Blatt. Heute arbeiten die ehemals verfeindeten Supermächte mit anderen Staaten in der Internationalen Raumstation im Weltall zusammen; allein China verfolgt eigene Pläne mit einer eigenen Weltraumstation.

Kapitel 3

→ S. 122/123

1 **a)** individuelle Lösung
b) BRD: NATO, Willy Brandt, Entspannungspolitik, Marktwirtschaft, Auschwitz-Prozess, Grundlagenvertrag, Studentenbewegung.
DDR: Planwirtschaft, Volksaufstand, Stasi, Berliner Mauer, Flucht, Waldheimer Prozess, Erich Honecker.
Die Zuordnung der Begriffe ist nicht eindeutig. Gerade bei Begriffen wie Entspannungspolitik, Berliner Mauer, Flucht oder Grundlagenvertrag gibt es eine Schnittmenge und es lässt sich über eine eindeutige Zuordnung diskutieren.

2 Der Prozesse der Einbindung der beiden deutschen Staaten in die westlichen bzw. östlichen Bündnissysteme wird als „Westintegration" (für die BRD) bzw. als „Ostintegration" (für die DDR) bezeichnet.

Die wesentlichen Schritte der Westintegration waren: das Petersberger Abkommen (22.11.1949; Stopp von Demontagen, Möglichkeit zu internationalen Handelsbeziehungen, Wirtschaftshilfen durch den „Marshall-Plan"), die „Montanunion" (25.07.1952; Einbindung in den europäischen Markt für die Schwerindustrie, Annäherung an Frankreich), Deutschlandvertrag/Generalvertrag (1952) und Pariser Verträge (05.05.1955; Ende des Besatzungsstatus, weitgehende staatliche Souveränität, Beitritt zur NATO und Aufbau der Bundeswehr; aber weiterhin Mitsprache der Alliierten in der Außen- und Verteidigungspolitik und bei allen Fragen zu Gesamtdeutschland).
Die wesentlichen Schritte der Ostintegration: Aufnahme in den RGW (25.09.1950, Aufbau wirtschaftlicher Beziehungen zu den Ländern des Ostblocks; in der Folge: Finanzhilfen der Sowjetunion und Verzicht auf Reparationen), Freundschaftsabkommen mit osteuropäischen Staaten (1950er Jahre; wissenschaftliche und kulturelle Zusammenarbeit), Bestätigung der teilweisen Souveränität durch die Sowjetunion (20.09.1955), Gründung der Nationalen Volksarmee (NVA) und Beitritt zum Warschauer Pakt (1956). Je weiter die jeweilige Integration in die Bündnissysteme fortschritt, desto mehr Souveränitätsrechte erhielten die beiden deutschen Staaten. Dieser doppelte Integrationsprozess wurde von beiden Seiten genau beobachtet; einzelne Schritte erfolgten häufig als Reaktion auf Schritte der anderen Seite. Eine vollständige Souveränität erhielt weder die BRD noch die DDR.

3 **Arbeitsschritte „Plakate vergleichen", S. 103:**

1. **Ersten Eindruck festhalten**
Die Begriffe „Abwehr" und „Sabotage" sowie die Farben fallen sofort ins Auge und wirken bei beiden Plakaten bedrohlich.

2. **bis 4. Formale Analyse**
M5: Der Grafiker ist nicht angegeben, vermutlich wurde das Plakat von der Regierung der BRD 1952 in Auftrag gegeben. In diesem Zeitraum wurde die BRD immer mehr ins westliche Bündnissystem integriert. Das Plakat richtete sich an die Bevölkerung in der BRD; M6: Vermutlich hat die Regierung der DDR das Plakat im Mai 1950 im Kontext der Kartoffelkäferplage in Auftrag gegeben. Sie richtete sich damit an die ostdeutsche Bevölkerung.

5. **Inhaltliche Analyse**
M5: Das Plakat wird durch einen Wall, auf dem die Flaggen von westeuropäischen Staaten abgebildet sind, in zwei Abschnitte geteilt. Im oberen Teil sind Bäume und eine grüne Landschaft zu sehen, während im unteren Teil ein rotes, aufgewühltes Meer zu sehen ist, welches in eine Lücke im Wall fließt und den oberen Teil zu überfluten droht. Die Lücke im Wall wird durch ein Segment mit der Fahne der BRD ausgefüllt. Unten auf dem Plakat steht „Vereinte Abwehr". Das rote Wasser wird aufgrund der roten Farbe als Symbol für das kommunistische System der UdSSR angesehen, welches Westeuropa zu überschwemmen droht. Der Wall symbolisiert die NATO-Staaten, die gemeinsam mit der BRD ein Ausbreiten des Kommunismus in Europa verhindern. Die BRD wird hier als wichtiger Bündnispartner dargestellt. M6: Auf dem Plakat ist eine Karte der DDR zentral abgebildet, auf der die Population von Kartoffelkäfern in den entsprechenden Gebieten zu erkennen ist. Die Kartoffelkäfer sind in den Farben Rot-Weiß mit blauem Dollarsymbol gezeichnet. Oben und unten steht der Text „Arbeiter und Bauern, seid wachsam! Kartoffelkäfer entlang der Bahn und Straßen" und „Saboteure in amerikanischem Dienst am Werk!". Die Käfer stehen symbolisch für den amerikanischen Staat. Der Begriff „Sabotage" in Kombination mit der Farbgestaltung soll den Eindruck vermitteln, dass die Käferplage von den Amerikanern ausgelöst wurde, um der DDR zu schaden.

6. **bis 9. Vergleich, Einordnung und Gesamtaussage des Urteils**
In beiden Plakaten wird der Bündnisgegner als Gefahr für den eigenen Staat dargestellt. Die Zeichner nutzen hierzu jeweils die symbolischen Farben. Beide Plakate haben eine bedrohliche Wirkung auf die Betrachter. Die beiden Plakate wurden von der jeweiligen Regierung kurz nach der doppelten Staatsgründung und während der Einbindung in die konkurrierenden Bündnissysteme veröffentlicht.

4 individuelle Lösung

5 a) Der Grundlagenvertrag schuf die Voraussetzungen für die Verbesserung der deutsch-deutschen Beziehungen. Er bewirkte im Reiseverkehr oder im Post- und Fernmeldewesen Erleichterungen für die Bürger beider Staaten. Die Karikatur zeigt einen Mann, der auf einem Hocker stehend damit beschäftigt ist, die mit Stacheldraht gesicherte übermannshohe Mauer mit einer Blumentapete zu verzieren. Damit zeigt der Karikaturist, dass die die beiden deutschen Staaten trennende Mauer nach wie vor existiert. Es gab keine wesentlichen Fortschritte.
b) individuelle Lösung, siehe auch Lösungen zu Aufgabe 2

6 individuelle Lösung; siehe auch Lösungen zu Aufgabe 3

7 individuelle Lösung

8 Einen „Schlussstrich" unter die Beschäftigung mit der Zeit des Nationalsozialismus zu ziehen kann man so verstehen, dass ein Erinnern und Gedenken an die Opfer des Nationalsozialismus nicht mehr oder nur noch sehr eingeschränkt stattfinden sollte. Dies erscheint vor dem Hintergrund der Geschichte der Aufarbeitung der NS-Zeit in der BRD und DDR, aber auch angesichts des Erstarkens rechtsradikaler Parteien und Gruppierungen bzw. des rechten Terrorismus kaum geboten. So kann es nicht darum gehen, einen „Schlussstrich" zu ziehen, sondern es ist die Aufgabe der Gesellschaft, darüber zu diskutieren, in welcher Form und in welchem Umfang eine Auseinandersetzung mit der nationalsozialistischen Vergangenheit stattfinden sollte.

Kapitel 4

→ S. 145

1 individuelle Lösung

2 Die vollständigen Sätze lauten:
- In der DDR mussten die Menschen häufig Schlange stehen, weil Mangelwirtschaft herrschte und viele Güter knapp waren.
- Das sogenannte „Wirtschaftswunder" hatte seine Schattenseiten, denn nicht alle Menschen profitierten vom wirtschaftlichen Aufschwung gleichermaßen.
- Fast alle Jugendlichen in der DDR waren Mitglied in Jugendorganisationen, weil der Staat erreichen wollte, dass sie im Geiste des Sozialismus erzogen und geprägt werden.
- Große Sportereignisse können identitätsstiftend wirken, weil viele Menschen durch die Unterstützung ihrer Nationalmannschaft eine stärkere Verbindung zueinander und zu ihrer Nation entwickeln.

3 a) Das Plakat sendet die Botschaft aus, dass Frauen im Bereich der industriellen Produktion die gleichen Leistungen erbringen wie ihre männlichen Kollegen und daher auch den gleichen Lohn verdienen. Mit dieser Botschaft versuchte die SED, Frauen zur Stimmabgabe für die SED zu gewinnen. Schließlich arbeiteten nach dem Krieg viele Frauen im Bereich der industriellen Produktion, da männliche Arbeitskräfte aufgrund der Kriegsfolgen fehlten.
b) Sowohl in der BRD wie auch in der DDR kam es im Laufe der Zeit zu einer immer größeren Gleichberechtigung von Mann und Frau. In der DDR förderte die SED bereits seit den 1950er Jahren diesen Prozess, vor allem mit Blick auf die Einbindung der Frauen in die Arbeitswelt. In der BRD kam es vor allem in der Zeit der Studenten- und Frauenbewegung (Ende der 1960er und Anfang der 1970er Jahre) zu einen Wandel des Frauenbildes. Damit verbunden waren bessere Chancen in Bildung und Beruf. Im Vergleich zur DDR verlief dieser Prozess langsamer. Im Ergebnis war jedoch in beiden deutsche Staaten bis 1989 keine Gleichberechtigung von Männern und Frauen erreicht: Sowohl in der BRD als auch in der DDR trugen viele Frauen eine Dreifachbelastung (Berufstätigkeit, Haushaltsführung und Kindererziehung). Zudem wurden Frauen in West wie Ost Führungspositionen in Politik und Wirtschaft verwehrt.

4 a) „Die Grünen" wollen: eine Alternative zu anderen Parteien sein, die Einschränkung demokratischer Rechte verhindern, die Umwelt schützen und den Bau von Atomkraftwerken verhindern, ein Umdenken in der (Wegwerf-)Gesellschaft erreichen.
b) Durch die Ölkrise 1973 wandte sich die Industrie immer mehr anderen Energiequellen zu, der Abbau von Kohle wurde gefördert und der Bau von Atomkraftwerken begann. Beide Technologien gefährden die Umwelt und führten zu zahlreichen Protesten. Eine Umweltschutzbewegung entstand, mit der auch die Forderung nach alternativen Energiequellen lauter wurde.
c) individuelle Lösung

Kapitel 5

→ S. 188/189

1 Aus westdeutscher Sicht des Karikaturisten erscheint das kommunistische System in Osteuropa 1988 erstarrt wie das gefrorene Polarmeer. Gorbatschows „Perestroika" wirkt wie ein Eisbrecher, in dessen Begleitung sich „Polen" und „Ungarn" befinden – zwei Länder, in denen sich bereits frühzeitig Reformprozesse vollzogen. Demgegenüber erweisen sich „Rumänien", „DDR" und ČSSR als festgefahren. Politische Reformen scheinen nur im Fahrwasser der Sowjetunion möglich.

2 „Perestroika" („Umbruch") bezeichnet den 1986 von Michail Gorbatschow eingeleiteten politischen, wirtschaftlichen und gesellschaftlichen Modernisierungsprozess in der Sowjetunion. Bereits in den 1980er Jahren begann der Reformprozess in Polen, in Ungarn ab Mai 1988 (Aufgabe des Führungsanspruchs der Kommunistischen Partei). In der ČSSR setzten mit Massendemonstrationen und Rundem Tisch wie in der DDR ab Herbst 1989 Reformen ein, die jeweils zum Umsturz des alten Systems führten (friedliche Revolutionen). Die Veränderungen in Rumänien verliefen hingegen gewalttätig. Gorbatschows Reformpolitik sowie seine Abrüstungsvorschläge bildeten die Grundlage für eine Annäherung zwischen Ost und West.

3 **a)** Es sollten folgende Aspekte genannt werden: Reformpolitik Gorbatschows und Öffnungen in Osteuropa, Wirtschaftskrise, niedriger Lebensstandard, Umweltschäden, Einschränkung von Freiheits- und Bürgerrechten, Autoritätskrise des Regimes, Massenflucht.

b) Folgende Stationen sollten berücksichtigt werden: Massenproteste im Herbst 1989, Rücktritt Erich Honeckers, Fall der Mauer, 10-Punkte-Plan Helmut Kohls, Runder Tisch, Wahlen in der DDR am 18.03.1990, Wirtschafts-, Währungs- und Sozialunion, Einigungsvertrag, „2+4-Vertrag", Wiedervereinigung am 03.10.1991.

4 Aufgrund der politischen Konstellation nach 1945 (kein abschließender Friedensvertrag bei der Potsdamer Konferenz) mussten die vier Siegermächte USA, Frankreich, Großbritannien und Sowjetunion einer Wiedervereinigung völkerrechtlich zustimmen („2+4-Vertrag" 1990). Insbesondere Michail Gorbatschow stand der Vereinigung zunächst skeptisch gegenüber, da das vereinte Deutschland weiterhin NATO-Mitglied sein sollte. Erst durch Initiativen Helmut Kohls und finanzielle Zugeständnisse der BRD konnte die Sowjetunion zur Zustimmung bewogen werden.

5 Die deutsche Einheit war aufgrund der außenpolitischen Eingebundenheit in unterschiedliche internationale Bündnisse sowie aufgrund der deutschen Geschichte (Zweiter Weltkrieg und Holocaust) nur auf der Grundlage von Kompromissen möglich.
Die Interessen betroffener Staaten sollten unter anderem durch diese Zugeständnisse gewahrt werden: Bestätigung der Grenzen, Bekenntnis zum Frieden, Verzicht auf ABC-Waffen, Reduktion der Streitkräfte.

6 Viele Erwartungen erfüllten sich teilweise. Zwar gewannen alle Menschen Freiheiten und Bürgerrechte; wirtschaftlich, finanziell, sozial oder ideell gab es aber auch Enttäuschungen. Bis heute prägen unterschiedliche Lebensweisen das Leben in Ost- und Westdeutschland, in anderen Bereichen werden keine Unterschiede mehr wahrgenommen.

7 Individuelle Lösung. Argumentationshilfen bieten die S. 176–177 und S. 180–181.

8 **a)** Die Situation bezieht sich auf staatliche Repressalien zur Unterdrückung von politischen Reformen in der DDR, Massenproteste und den Rücktritt Erich Honeckers noch vor dem Fall der Mauer sowie auf die anhaltende Teilung Deutschlands und Berlins vor dem Hintergrund des Ost-West-Konflikts.

b) Bei der Diskussion sollte ein differenziertes Bild der DDR zum Tragen kommen, das nicht zu plakativ ist, vor allem aber die Perspektive derjenigen nicht außer Acht lässt, die unter den Maßnahmen des politischen Systems gelitten haben.

9 Ost- und westdeutsche Perspektive zum Beispiel: auf Staatsebene Unterdrückung von Freiheits- und Bürgerrechten, Diktatur der SED, Einschränkung von Kontakten usw. – auf gesellschaftlicher Ebene aber auch Versuch gesellschaftlicher Reformen, auf persönlicher Ebene Notwendigkeit der Anerkennung ostdeutscher Lebensleistungen; ernst gemeinte Bestrebungen nach einem „dritten Weg"; internationale Perspektiven: DDR als „Satellitenstaat" der Sowjetunion, Einbindung in Ost-West-Konflikt usw.

Kapitel 6

→ S. 220/221

1 a) Werte: Achtung der Menschenwürde, Freiheit, Demokratie, Gleichheit, Rechtsstaatlichkeit, Wahrung der Menschenrechte, Schutz von Minderheiten, Pluralismus (Vielfalt), Nichtdiskriminierung, Toleranz, Gerechtigkeit, Solidarität, Gleichheit der Geschlechter. Ziele: Schutz und Förderung der europäischen Werte (auch im Ausland), Beitrag zum Schutz der europäischen Bürgerinnen und Bürger, Beitrag zu Frieden, Mitwirkung an Sicherheit, Förderung globaler nachhaltiger Entwicklung und freiem und gerechtem Handel, Hinwirkung auf Beseitigung der Armut, Schutz der Menschenrechte (besonders Rechte des Kindes), Beitrag zu Einhaltung und Weiterentwicklung des Völkerrechts.

b) Die Gegenüberstellung sollte zwei Schwerpunkte in den Blick nehmen. Zum einen ist das die Geburt der EU im Angesicht der beiden Weltkriege. Dazu gehören vor allem die Verbrechen des Zweiten Weltkrieges, aber auch die Vorgeschichte der europäischen Integration nach dem Ersten Weltkrieg und das frühe Bemühen, Konfliktpotenzial zwischen den europäischen Großmächten abzubauen. Den anderen Schwerpunkt bildet das Bemühen, den Wiederaufbau in den europäischen Ländern nach 1945 durch wirtschaftliche Verflechtungen zu gestalten und zu beleben. Die europäische Integration ergab sich vor allem auch aus wirtschaftspolitischen Planungen.

2 a) Es sind verschiedene Antworten denkbar, zum Beispiel Äußerungen mit Blick auf die lange Friedenszeit in weiten Teilen Europas seit 1945, den gewachsenen Wohlstand, die gemeinsame Währung und die offenen Grenzen.

b) An einigen politischen Konflikten entzündeten sich Auseinandersetzungen unter den Mitgliedsstaaten, die sich nicht oder nur sehr schwer zu einer gemeinsamen Position durchringen konnten. In der Regel sehen die europäischen Verträge aber einstimmige Beschlüsse vor – so entstand immer wieder der Eindruck einer zerstrittenen Gruppe von Einzelstaaten. Besonders deutlich wurde das in der Auseinandersetzung über eine EU-Verfassung, die letztlich nicht zustande kam. Auch die Osterweiterung trug dazu bei, dass sich die Bandbreite politischer Standpunkte innerhalb der EU vergrößerte.

3 Die Corona-Pandemie wirkt sich zum Zeitpunkt der Umfrage bereits stark aus: In den meisten EU-Ländern wünschen sich die Menschen eine Verbesserung der Gesundheitsversorgung. Warum das nicht überall so ist, kann wohl unterschiedlich begründet werden: Nicht überall verlief die Pandemie bis Oktober 2020 gleich heftig. Auch Wohlstandsunterschiede und die Einschätzung, wie gut der Staat grundlegende Bedürfnisse befriedigen kann, haben vielleicht eine Rolle gespielt. Schließlich sind in den einzelnen Ländern unterschiedliche politische Themen wichtig.

4 a) Die Karikatur verwendet die Motive des „Europa-Mythos" und thematisiert, dass „nationale Egoismen" (egoistisches Verhalten der einzelnen Mitgliedsstaaten) der EU als Ganzem schwere Verletzungen zufügen. Statt dass die Länder die Union tragen (wie im Mythos der Stier die Prinzessin Europa), attackieren sie die Gemeinschaft.

b) Matthias Krupa erkennt in M2 wie die Karikatur M4, dass es große Probleme im Verhältnis zwischen einzelnen Mitgliedsstaaten und der Union gab. Allerdings sieht er diesen Streit eher als Teil der Vergangenheit. Im Angesicht neuer Probleme habe die EU zu neuer Solidarität und Stärke gefunden und sei damit auf dem Weg, den in der Karikatur beschriebenen Konflikt hinter sich zu lassen. Welche Beschreibung gegenwärtig zutrifft, muss immer wieder neu diskutiert werden.

5 individuelle Lösung

6 Die Erörterung sollte für beide Seiten Argumente vorstellen und zu einem abwägenden Fazit kommen. Die europäische Integration lässt sich nicht auf eine der beiden Deutungen reduzieren.

7 Die Aufgabe nimmt vor allem den letzten Teil von Adenauers Aussage in den Blick: Ist die europäische Integration eine Notwendigkeit? Dabei dürfen wohl nicht mehr nur europäische Themen eine Rolle spielen. Vielmehr ist die EU für die Europäer ein Mittel, um in einer globalisierten Welt Einfluss nehmen zu können. Vor diesem Hintergrund ist Adenauers Äußerung wohl immer noch zuzustimmen.

8 Das Ergebnis der Diskussion ist offen. Sie sollte berücksichtigen, dass die europäische Integration in der Lage war, Europa als Kontinent zu befrieden. Andererseits gab es auch in Europa gewaltsame Konflikte, zum Beispiel auf dem Balkan, in denen die EU nicht allein in der Lage war, friedensstiftend zu wirken. Auch in anderen Konflikten oder in der Migrationskrise repräsentierte die Arbeit der EU wohl nicht immer „Bruderschaft zwischen den Nationen".

Ein Placemat gestalten (Gruppenarbeit für 4 Personen)

- Findet euch in Vierergruppen zusammen.
- Nehmt ein DIN-A2- oder DIN-A3-Blatt und zeichnet folgendes Schema darauf:
- Legt es auf den Tisch. Vor jeder weißen Fläche sitzt einer aus eurer Gruppe.
- Es wird ein Thema gestellt. Jeder notiert in der festgelegten Zeit (ca. 5 min), was er darüber weiß, wissen möchte und welche Ideen er dazu hat.
- Dreht das Blatt, sodass jeder lesen kann, was die anderen aufgeschrieben haben. Stellt Fragen zum Verständnis (ca. 5 min).
- Entscheidet am Ende als Gruppe, welche der Notizen ihr als Ergebnis in die Mitte des Blattes schreiben wollt. Einigt euch auf 4–6 Stichpunkte (ca. 10 min).
- Präsentiert euer Ergebnis anschließend der Klasse.

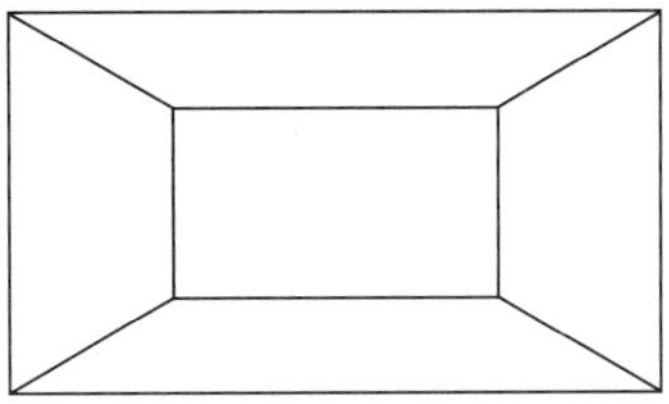

Einen Kurzvortrag halten

- Vorbereitung: Sammle und ordne alle Informationen zu deinem Thema in einer Mind-Map.
- Entwickle eine Gliederung für deinen Vortrag: Lege zu jedem Hauptpunkt eine Karteikarte mit den wichtigsten Informationen an und nummeriere die Karteikarten in einer sinnvollen Reihenfolge.
- Überlege dir einen interessanten Einstieg und Schluss für deinen Vortrag.
- Versuche, möglichst frei vorzutragen. Sprich laut, deutlich und nicht zu schnell.
- Schau dein Publikum an. So siehst du auch, wenn es Zwischenfragen gibt.
- Unterstütze deinen Vortrag durch Anschauungsmaterial (Bilder, Grafiken, Gegenstände).

Ein gutes Lernplakat gestalten

- Verwende für das Plakat mindestens die Größe DIN A2, besser DIN A1 (= 8 DIN A4-Blätter).
- Beschränke dich auf die wesentlichen Informationen.
- Das Thema des Plakats muss deutlich zu lesen sein.
- Schreibe in Stichpunkten oder in kurzen Sätzen.
- Unterstreiche Schlüsselbegriffe oder rahme sie ein.
- Verwende für die Schrift einen schwarzen oder dunkelblauen Stift. Andere Farben eignen sich für Pfeile, Linien oder Hervorhebungen.
- Achte auf die Lesbarkeit der Schrift (Größe und Ordnung). Du kannst Hilfslinien mit Bleistift zeichnen und später wegradieren.
- Gliedere deine Informationen durch unterschiedliche Schriftgrößen. Verwende Ordnungszahlen, wenn du eine bestimmte Reihenfolge darstellen möchtest.

Ein Rollenspiel durchführen

- **Ausgangslage festhalten:** Fertigt eine Situationskarte und mehrere Rollenkarten an.
  Situationskarte: kurze Beschreibung, welche Situation nachgespielt werden soll Welche Probleme sind zu lösen?
  Rollenkarte: Je eine für die dargestellten Personen und für die Beobachter. Auf den Karten sind Tätigkeit, Eigenschaften, Verhalten und die Ziele der Personen notiert.
- **Rollen verteilen:** Vorgaben der Rollenkarten beachten, eigene Vorstellungen dürfen aber auch eingebracht werden.
- **Spiel vorbereiten:** Die Spielerinnen und Spieler heften sich ein Schild mit ihrer Rollenkennzeichnung an. Sie besprechen die Situation (Situationskarte) und die Rollen (Rollenkarten) untereinander.
- **Spiel durchführen:** Spielbeobachter machen sich während des Spiels Notizen zu den einzelnen Rollen.
- **Spiel auswerten:** Die Beobachter bewerten das Spiel und begründen ihre Meinung. Wurden die Rollen glaubhaft gespielt? Welche Argumente wurden genannt? Passten sie in die Situation und die Zeit? Was war gut, was ist verbesserungswürdig?

Eine Mind-Map erstellen

Eine „Mind-Map“ (englisch für „Gedächtnislandkarte“) dient dazu, Informationen zu einem Thema oder einer Fragestellung übersichtlich darzustellen. Dazu werden Begriffe und kurze Stichpunkte mithilfe von Ästen und Zweigen sinnvoll angeordnet. Durch unterschiedliche Schriften, Schriftgrößen, Farben, Symbole, Pfeile, Bilder etc. kann die Mind-Map zusätzlich gestaltet werden. Eine Mind-Map hilft, die wichtigsten Informationen zu einem Thema zu lernen oder zu wiederholen. Du kannst eine Mind-Map auch digital erstellen (→ S. 254).

Informationen zusammenstellen und ordnen
1. Sammle alle Begriffe und Informationen zum Thema, entweder, indem du dir Stichpunkte machst oder sie in einem Text markierst.
2. Überlege dir, welche Hauptbereiche („Äste“) es geben soll. Ordne deine Notizen den Ästen zu („Zweige“).

Mind-Map entwerfen
1. Schreibe das Thema/die Frage in die Mitte des Blattes. Benutze am besten ein unliniertes DIN-A4-Blatt im Querformat. Achte auf einen ausreichend großen Rand, um das Blatt abheften zu können.
2. Zeichne von der Mitte aus für jeden Hauptbereich einen Ast; notiere darauf den Namen des Bereichs (ein Wort, eine kurze Wortgruppe).
3. Vom Ende der Hauptäste gehen die Zweige ab. Notiere hier die Begriffe auf den Zweigen. Von diesen Zweigen können gegebenenfalls noch feinere Zweige abgehen.
4. Achte bei deiner Skizze darauf, den Raum auszunutzen: Die Äste sollten nicht zu weit von der Mitte entfernt sein, sonst bleibt zu wenig Platz für die Zweige.

Mind-Map gestalten
1. Erstelle mithilfe deiner Skizze die endgültige Mind-Map: Achte darauf, sauber und deutlich – am besten in Druckschrift – zu schreiben. Und am besten schreibst du deinen Text waagerecht; so lässt sich der Text leichter lesen, ohne das Blatt oder den Kopf drehen zu müssen.
2. Gestalte deine Mind-Map farbig (**Tipp:** Verwende immer eine Farbe für einen Ast mit seinen Zweigen!) und zeichne passende Bilder, Symbole, Pfeile etc.

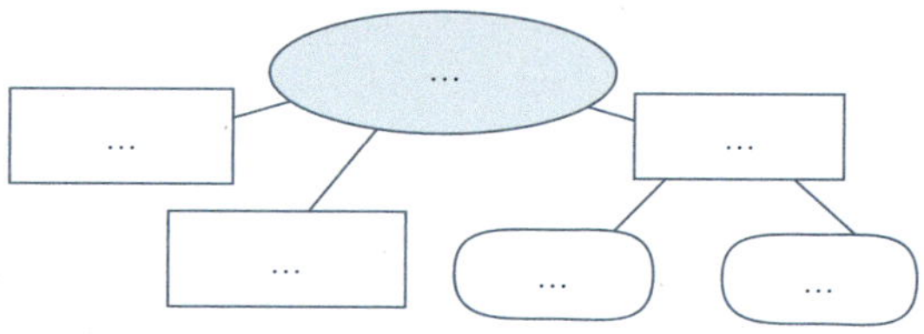

Ein Venn-Diagramm erstellen (Partner- oder Gruppenarbeit)

Mit einem „Venn-Diagramm“ könnt ihr Gemeinsamkeiten und Unterschiede zu einem Thema/einer Fragestellung herausarbeiten. Geht dabei wie folgt vor:
1. Bearbeitet das Thema oder die Fragestellungen und notiert die wichtigsten Punkte in euren Kreisen.
2. Präsentiert eurer Partnerin/eurem Partner bzw. eurer Gruppe die Ergebnisse. Notiert die anderen Ergebnisse stichpunktartig im zweiten Kreis.
3. Arbeitet Gemeinsamkeiten und Unterschiede heraus. Haltet Gemeinsamkeiten in der Schnittmenge der Kreise als Ergebnis fest.
4. Stellt eure Ergebnisse in der Klasse vor.

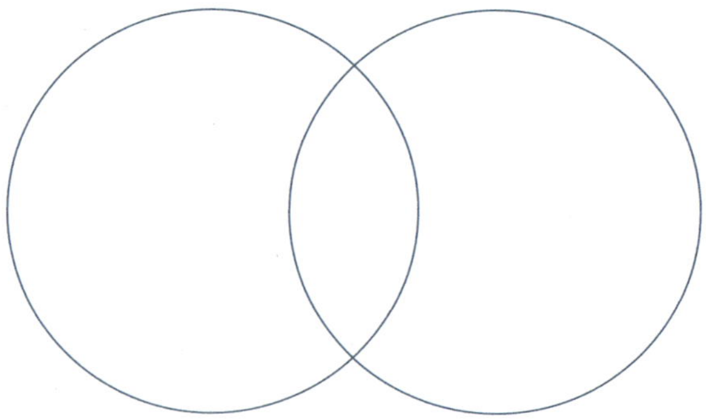

Arbeitshilfen zur Begriffs- und Texterschließung

Einen Sachtext lesen und verstehen

1. Den Text überfliegen
- Welche Überschrift/Zwischenüberschrift hat der Text?
- Worum könnte es in dem Text gehen?
- Auf welche Frage gibt der Sachtext Antworten?

2. Den Text lesen und bearbeiten
- Welche Textstellen hast du gut verstanden?
- Welche Wörter und Textpassagen hast du nicht verstanden?
- In welche Abschnitte lässt sich der Text einteilen?
- Was sind die wichtigsten Informationen in jedem Textabschnitt?

3. Den Inhalt zusammenfassen
- Was sind die wichtigsten Informationen und Begriffe im Text?
- Stelle die Textinformationen bildlich dar, zum Beispiel als Schaubild, Mind-Map oder Tabelle.
- Gib den Inhalt des Textes wieder (mündlich oder schriftlich).

Die Strukturlege-Technik

Diese Technik hilft dir, einen Text, den du gelesen hast, noch besser zu verstehen und die wichtigsten Informationen zu lernen. Du benötigst dafür kleine Papierkärtchen und Stifte. Gehe dabei so vor:

a) Einzelarbeit: Lies jeden Absatz eines Darstellungstextes einzeln. Schreibe die wichtigen Begriffe aus dem Darstellungstext auf Papierkärtchen (ein Begriff pro Kärtchen).

b) Einzelarbeit: Lege die Kärtchen so auf den Tisch oder ein Blatt Papier, dass sie eine sinnvolle Struktur bilden. Verbinde deine Kärtchen mit Linien oder Pfeilen.

c) Partnerarbeit: Erkläre deinem Partner, warum du deine Kärtchen in diese Struktur gelegt hast. Du kannst deine Struktur im Gespräch mit deinem Partner auch verändern.

d) Einzelarbeit: Klebe deine Struktur in dein Heft oder schreibe sie ab. Ergänze Pfeile oder Symbole und beschrifte diese.

Begriffskarten

In jeder Themeneinheit lernst du neue Fachbegriffe kennen. Diese sollst du nicht nur verstehen, sondern auch selbst erklären und aktiv verwenden können – zum Beispiel in deinen Antworten im Unterricht oder bei der Bearbeitung der Aufgaben.

So erstellst du eine Begriffskarte:
1. Zeichne eine Begriffskarte (M1) in dein Heft. Verwende dazu etwa die Hälfte einer Heftseite. Mithilfe des Webcodes kannst du dir auch eine Vorlage herunterladen.
2. Notiere den Fachbegriff in dem Feld in der Mitte (gib auch den Artikel an).
3. Fülle die vier Felder deiner Begriffskarte aus. Sollte es keine Gegenbeispiele für deinen Begriff geben, kannst du sie weglassen.
4. Stelle deine Begriffskarte in einem Kurzvortrag vor.

M 1

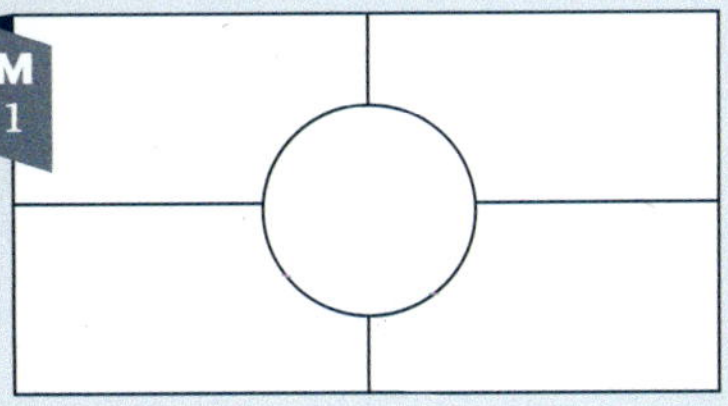

Begriffskarte

cornelsen.de/webcodes
Code: devaco
Vorlage Begriffskarte

Eine Concept-Map (Begriffsnetz) erstellen:

Mit einer Concept-Map lassen sich Beziehungen zwischen Begriffen visuell darstellen. Pfeile und Verbindungswörter beschreiben, wie diese Begriffe zusammenhängen. Geht dabei so vor:

a) Arbeitet aus dem Darstellungstext wichtige Begriffe zur Beantwortung einer Fragestellung heraus und notiert diese auf Kärtchen. Solltet ihr noch eine andere Sprache sprechen, könnt ihr auch ein mehrsprachiges Netz anlegen.

b) Tauscht euch über wichtige Begriffe aus und legt die Kärtchen so, dass ihr sie zueinander in Beziehung bringen könnt – dies bedeutet, dass diejenigen Begriffe zusammengelegt werden, die miteinander verbunden sind.

c) Entscheidet euch für eine Struktur und klebt die Kärtchen auf ein Blatt Papier.

d) Verbindet diejenigen Kärtchen, die in enger Verbindung zueinander stehen, mit Pfeilen. Über die Pfeile kannst du notieren, inwiefern die Kärtchen miteinander in Beziehung stehen.

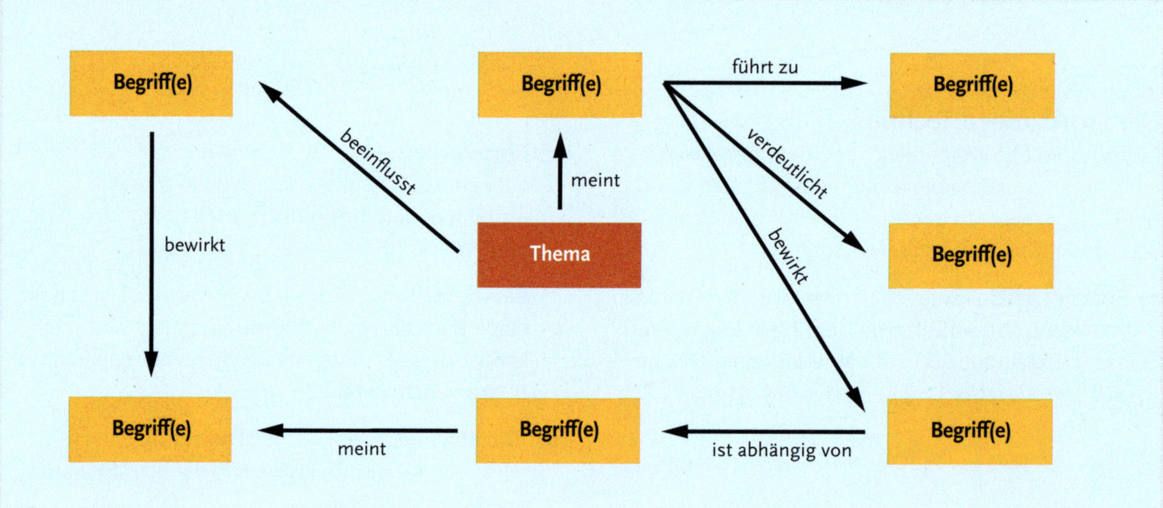

Übersicht digitaler Anwendungen und Internetseiten zur Aufgabenbearbeitung

Alle Aufgaben in diesem Buch, die mit dem Symbol MK markiert sind, kannst du auch digital bearbeiten. In der folgenden Übersicht findest du Vorschläge für digitale Anwendungen (Apps), mit denen du deine Lösungen mit dem Smartphone, dem Tablet oder mithilfe eines Computers erstellen kannst. Wenn du die unten genannten Apps nutzen möchtest, musst du sie im Internet suchen. Die hier aufgelisteten Apps sind nur Beispiele. Es gibt im Internet noch andere Angebote. Achte bei der Verwendung von Apps immer darauf, ausschließlich kostenlose Angebote zu nutzen. Damit stellst du sicher, dass keine Kosten entstehen. Bespreche die Nutzung mit deiner Lehrerin oder deinem Lehrer.

1. Ideen sammeln

Im Unterricht werden bei der Erarbeitung eines Themas oft Ideen oder erste Gedanken zu einem Thema gesammelt. Anstelle mit der Tafel zu arbeiten, könnt ihr eure Ideen und Gedanken auch digital mithilfe eines Smartphones, eines Tablets oder eines Computers sammeln und gemeinsam auswerten. Dazu eignen sich zum Beispiel Apps wie **„Padlet"** oder **„Answer Garden"**, mit denen du verschiedene Themen schnell und übersichtlich darstellen kannst oder mit denen ihr gemeinsam in der Klasse Ideen zu einem Thema sammeln könnt.

2. Eine Mind-Map erstellen

Im Schulbuch wirst du in mehreren Aufgaben dazu aufgefordert, eine Mind-Map zu erstellen. Arbeitsergebnisse oder Überlegungen zu einer Leitfrage kannst du aber auch in einer digitalen Mind-Map zusammenfassen und grafisch darstellen. Dazu kannst du beispielweise die Apps **„MindMeister"** oder **„Popplet"** verwenden. Nutze dazu ein Smartphone, ein Tablet oder einen Computer.

3. Ein Quiz erstellen

Zum Abschluss eines Themas und zum Wiederholen der Inhalte kannst du ein digitales Quiz erstellen. Dazu eignet sich zum Beispiel die App **„Quizlet"**. Mit dieser App kannst du dir zu jedem Thema dein eigenes digitales Quiz mit eigenen Fragen erstellen. Deine Mitschülerinnen und Mitschüler können die Fragen dann am Smartphone, am Tablet oder am Computer beantworten.

4. Audio- und Videobearbeitung

Mithilfe deines Smartphones oder einer Kamera mit Mikrofon kannst du ganz einfach Audios oder Videos aufnehmen. Diese kannst du dann beispielsweise für Interviews mit Zeitzeuginnen und Zeitzeugen, für einen Podcast oder für eigene Erklärvideos nutzen. Zur einfachen Bearbeitung von Audioaufnahmen eignet sich zum Beispiel die App **„Audacity"**. Wenn du selbstgedrehte Videos bearbeiten möchtest, könntest du die App **„Sound-Cloud"** oder eine andere geeignete App verwenden.

5. Bildquellen digital interpretieren mit thinglink

Die Untersuchung und Auswertung von Bildquellen sind ein wichtiger Teil der Arbeit von Historikerinnen und Historikern. Die digitale Anwendung „**thinglink**“ hilft dir bei der Interpretation einer Bildquelle. Um das Angebot zu nutzen, kannst du auf der Webseite von thinglink nach einer Bildquelle suchen. Falls diese dort angeboten wird, kannst du die Bildquelle mithilfe der dort zur Verfügung gestellten Informationen interpretieren und auswerten.

6. Eine digitale Zeitleiste oder einen digitalen Zeitstrahl erstellen

Eine Zeitleiste eignet sich vor allem dazu, um historische Entwicklungen grafisch übersichtlich darzustellen. Das Internet bietet mehrere Möglichkeiten, um eine digitale Zeitleiste zu erstellen. Du kannst dazu einerseits ein gängiges **Textverarbeitungs- oder Präsentationsprogramm** verwenden. Häufig sind diese auf einem Computer bereits installiert. Du kannst aber auch Apps oder Internetseiten verwenden. Ein **Padlet** (→ siehe S. 212/213) eignet sich beispielweise auch dazu, eine digitale Zeitleiste zu erstellen. Eine andere Möglichkeit findest du auf der Internetseite „**LearningApps.org**“ mit der Funktion „Zeitstrahl“. Auch dort kannst du selbst eine digitale Zeitleiste erstellen.

7. Eine Online-Umfrage durchführen

Mithilfe bestimmter Abstimmungstools können interaktive Umfragen im Unterricht durchgeführt werden. So könnt ihr beispielweise zu einer Frage online abstimmen und schnell das Ergebnis einsehen. Für solche Abstimmungen könnt ihr das kostenlose Internetangebot „**Mentimeter**“ nutzen. Es handelt sich dabei um eine Plattform, mit deren Hilfe ihr über eigene Geräte (Smartphone, Laptop oder Tablet) Antworten oder Feedback geben könnt. Die Nutzung des Internetangebotes von „Mentimeter“ ist kostenlos – ihr könnt auch die dazugehörige App kostenlos nutzen.

Informationen beschaffen

Arbeiten im Archiv → Band 4, S. 21

Perspektiven von Zeitzeugen untersuchen → Band 4, S. 25

Eine Zeitzeugenbefragung durchführen → Band 4, S. 179

Eine Internetrecherche durchführen → Band 1, S. 27

Die Suche beginnen
1. Zu welchem historischen Thema, zu welcher Frage suche ich Informationen?
2. Welche Internet-Suchmaschine wähle ich aus?
3. Welche Internethinweise gibt das Schulbuch?

Die Suchabsicht festlegen
4. Welche Suchwörter helfen mir zur Beantwortung meiner Fragen weiter?

Überblick über das Suchergebnis bekommen
5. Welche Links sind interessant und brauchbar für mich?
6. Welche Links stammen von glaubwürdigen Anbietern?

Ergebnisse ordnen
7. Wie gehe ich mit den Informationen einer Webseite um?

Informationen sichern und auswerten
8. Wie halte ich die gefundenen Informationen fest?

Orte erkunden

Einen Museumsbesuch durchführen → Band 4, S. 131

Mit digitalen Hilfsmitteln arbeiten

Einen Podcast erstellen → Band 4, S. 77

Mit einer Augmented Reality App arbeiten → Band 4, S. 109

Ein Erklärvideo kritisch analysieren → Band 4, S. 185

Digital kollaborativ arbeiten → Band 4, S. 213

Ein Erklärvideo erstellen

→ Band 1, S. 137

1. **Ideenfindung und Recherche:** Was soll im Video gezeigt und gelernt werden? Welche Informationen braucht der Zuschauer, um das Thema zu verstehen?
2. **Das Storyboard:** Das Storyboard ist die Kurzversion eines Drehbuchs zum Film. Es sollte maximal ein DIN-A4-Blatt umfassen. Im Storyboard werden Szenen oder Bilder und der dazugehörige Text des Sprechers festgehalten. Der gesprochene Text sollte in jedem Fall zu dem gezeigten Bild passen. Die Bilder können per Hand ins Bild gelegt oder „gewischt" werden. Möglich wäre, dass ihr die Bilder selbst zeichnet oder mit kleinen Figuren Situationen nachstellt. Auch Toneffekte können eingesetzt werden.
3. **Das Video drehen:** Dann dreht ihr mithilfe eines Smartphones oder Tablets ein zwei- bis dreiminütiges Erklärvideo, das ihr anschließend im Unterricht präsentiert.

Eine digitale Präsentation erstellen

→ Band 2, S. 19

Thema vorbereiten und recherchieren

1. Welches Thema interessiert dich? Wie lautet das Thema/die Leitfrage?
2. Welche Informationen benötigst du? Welche Bilder, Zeichnungen, Fotos oder Karten eignen sich, um den Vortrag zu veranschaulichen?

Vortrag verschriftlichen

3. Wie lässt sich das Thema sinnvoll gliedern?
4. Was sind die wesentlichen Informationen für deinen Vortrag/für die jeweiligen Folien?

Präsentation digital gestalten

5. Wie kann die Präsentation anschaulich aufgebaut werden?
6. Wie werden die Informationen für die Zuhörer verständlich festgehalten?
7. Welche Schriftart, -größe und -farbe ist geeignet?

Arbeiten mit der App BIPARCOURS

→ Band 2, S. 223

Ideen sammeln

1. Welches Thema/welche Fragestellung könnte der BIPARCOURS behandeln?

Planung und Organisation

2. Wie könnte man sich die Arbeit aufteilen?

Recherche

3. Welche Informationen und welches Quellenmaterial gibt es zu den jeweiligen Orten und Ereignissen?

Erstellung des BIPARCOURS

4. Wie kann ein BIPARCOURS erstellt werden?
5. Wie kann ein BIPARCOURS gestaltet werden?

Texte, Bilder, Karten, Gegenstände untersuchen

Eine Bildquelle auswerten

→ Band 1, S. 47

Die einzelnen Bildelemente beschreiben

1. Welche Art von Bild liegt hier vor?
2. Wer hat das Bild erstellt? Wann wurde es erstellt?
3. Welche Personen, Tiere oder Gegenstände sind zu sehen?
4. Wie werden sie dargestellt?
5. Wo befinden sie sich?

Die Zusammenhänge erklären

6. In welcher Beziehung stehen die abgebildeten Personen, Tiere oder Gegenstände zueinander?
7. Findest du Merkmale, die auf bestimmte Eigenschaften, Beruf oder gesellschaftliche Stellung hinweisen?

Die Bildquellen deuten

8. Warum wurde das Bild gemalt? Der Titel des Bildes und die Bildunterschrift geben dir weitere Informationen.
9. Welche Botschaft soll dem Betrachter des Bildes vermittelt werden?

Ein Schaubild auswerten

→ Band 1, S. 86

Einzelne Elemente des Schaubildes beschreiben

1. Was ist das Thema des Schaubildes?
2. Lassen sich verschiedene Farben, Kästen und Symbole erkennen? Wofür stehen diese?
3. Welche Gruppen, staatlichen Einrichtungen/Institutionen und Ämter werden genannt?
4. Wer darf in der Stadt oder im Staat mitbestimmen, wer nicht? Gibt es Unterschiede bei den Zahlenverhältnissen der einzelnen Gruppen?

Den Aufbau des Schaubildes untersuchen

5. Wie ist das Schaubild am besten zu lesen? Gibt es Pfeile, die in eine bestimmte Richtung zeigen?

Die Gesamtaussage des Schaubildes formulieren

6. Zusammenfassung der zentralen Inhalte des Schaubildes in eigenen Worten.

Eine schriftliche Quelle untersuchen

→ Band 1, S. 113

Die Textquelle lesen

1. Formulierung einer Leitfrage: Welche Frage kann mithilfe der Quelle beantwortet werden?
2. Lies den Text gründlich durch.

Informationen zum Autor und der Entstehungszeit herausarbeiten

3. Wer ist der Autor/die Autorin der Quelle?
4. Wann und wo wurde die Quelle geschrieben?
5. Um welche Art von Text handelt es sich (zum Beispiel: Tagebuch, Brief, Rede, Zeitungsartikel)?
6. An wen ist der Text gerichtet?

Den Inhalt der Textquelle zusammenfassen und erklären

7. Welche Begriffe muss ich klären?
8. Welche Textstellen muss ich erklärt bekommen? Stelle dazu passende W-Fragen und versuche sie in Partnerarbeit zu klären.
9. Wie ist die Quelle aufgebaut? Finde Überschriften für die wichtigsten Abschnitte.
10. Was ist die Hauptaussage des Textes? Fasse sie in zwei bis drei Sätzen zusammen und beantworte damit auch die Leitfrage aus Schritt 1.

Die Absicht des Autors erläutern

11. Welche Absicht des Autors wird im Text deutlich?

Ein historisches Urteil bilden

→ Band 2, S. 47

Eine Leitfrage formulieren

1. Welche Frage(n) soll(en) beantwortet werden?

Informationen zur Quelle und deren Inhalt erfassen

2. Wer war der Autor/die Autorin der Quelle/der Darstellung?
3. Wann und wo wurde die Quelle/die Darstellung geschrieben? Welche Rückschlüsse kannst du daraus über den Wahrheitsgehalt ziehen?
4. An wen war der Text gerichtet?
5. Was ist die Hauptaussage des Textes? (Arbeite die Positionen, Argumente und Meinungen zur Leitfrage aus der Quelle/der Darstellung heraus.)

Ein historisches Sachurteil bilden

6. Welches Interesse verfolgt der Autor und wie ist der Inhalt der Quelle/der Darstellung zu beurteilen (zum Beispiel: was wollte der Redner erreichen)?
7. Wie würden die Zeitgenossen (in diesem Fall Christen) aus ihrer Zeit heraus die Leitfrage beantworten und wie begründen sie dies?
8. Wie könnte die Leitfrage aus einer anderen Perspektive anhand von weiteren Quellen und/oder Darstellungen beantwortet werden (unterschiedliche Sichtweisen von Beteiligten)?

Ein historisches Werturteil bilden

9. Wie würdest du aus heutiger Sicht die Leitfrage beantworten?

Eine Karikatur analysieren

→ Band 2, S. 143

Ersten Eindruck festhalten

1. Wie wirkt die Karikatur auf dich?
2. Welche Personen, Gegenstände und anderen Details lassen sich auf der Karikatur erkennen? Achte auf den Gesichtsausdruck und die Körperhaltung. Beziehe die Bildunterschrift mit ein.

Zusätzliche Informationen heranziehen

3. Wer ist der Zeichner?
4. Wann und wo ist die Karikatur entstanden?
5. Hat die Karikatur einen Titel?
6. Welches Thema hat die Karikatur?

Bildaussage erkennen

7. Welche Bedeutung haben die Personen und Gegenstände?
8. Auf welches Ereignis bezieht sich die Karikatur?

Aussage der Karikatur formulieren

9. Was ist die Botschaft?
10. Was wird kritisiert?
11. Welche Wirkung könnte die Karikatur haben?

Eine historische Fotografie analysieren

→ Band 2, S. 213

Angaben zur Entstehung machen

1. Wann ist die Fotografie entstanden?
2. Wo ist sie entstanden?
3. Wer hat in wessen Auftrag fotografiert?
4. Für wen ist die Fotografie angefertigt worden?

Die Fotografie beschreiben

5. Handelt es sich um eine Farb- oder Schwarz-Weiß-Fotografie? Wurde das Foto nachträglich bearbeitet?
6. Welche Bildtechnik ist zu erkennen (Perspektive, Entfernung, Ausschnitt)?
7. Was ist genau zu sehen (Umgebung, Menschen, Kleidung, Gesichtsausdruck, Körperhaltung, Gegenstände)?

Die Fotografie deuten

8. Was ist der erste Eindruck?
9. Welche Gesamtaussage lässt sich formulieren? Was erfahren wir über die dargestellte Situation, die Umgebung und die Menschen?
10. Ist die Fotografie glaubwürdig? Ziehe gegebenenfalls weitere Quellen hinzu. Was gilt als sicher belegt, vermutlich oder unklar?
11. Welche Absicht verfolgt der Fotograf? Welche Wirkung soll das Bild erzielen?
12. Welche Fragen bleiben offen?

Ein Verfassungsschaubild auswerten

→ Band 3, S. 17

Historische Einordnung

1. Für welchen Staat galt diese Verfassung? Wann trat sie in Kraft? Wie lange blieb sie gültig? Durch wen wurde die Verfassung ausgearbeitet?

Formalen Aufbau des Schaubilds erfassen

2. Wie ist das Schaubild zu lesen (von unten nach oben, von links nach rechts)?
3. Welche Bedeutung haben Farben, Pfeile, Symbole?
4. Welche Fachbegriffe werden verwendet und müssen geklärt werden?

Den Inhalt des Schaubilds erschließen

5. Welche Staatsorgane sind dargestellt? Welche Aufgaben haben sie jeweils?
6. Wie ist die Macht verteilt? Ist eine Gewaltenteilung mit gegenseitiger Kontrolle erkennbar? Ist eine Machtkonzentration erkennbar?
7. Welche Grundrechte werden der Bevölkerung garantiert?
8. Wer darf wen wie und für wie lange wählen?
9. Um welche Staatsform handelt es sich?

Die Verfassung beurteilen

10. Erkennt man aus heutiger Sicht „Stärken" und „Schwächen" dieser Verfassung?
11. Welche Fragen bleiben offen? Was ist unklar geblieben?

Schriftliche Quellen vergleichen

→ Band 3, S. 51

Ersten Eindruck festhalten

1. Auf welche Frage geben beide Quellen/Autoren eine Antwort?
2. Wovon handeln die beiden Texte?

Informationen zu den Verfassern und zur Entstehungszeit herausarbeiten

3. Wann wurden die beiden Texte jeweils verfasst? Gibt es einen großen zeitlichen Abstand?
4. Was weißt du über die Autoren?
5. Aus welchem Anlass wurden die Texte geschrieben? Waren sie für die Öffentlichkeit bestimmt oder handelt es sich um private Mitteilungen?

Den Inhalt der Quellen zusammenfassen, analysieren und vergleichen

6. Gib die Hauptaussagen und Schlüsselbegriffe der Texte wieder.
7. Vergleiche die Aussagen der Quellen. Welche Aussagen stimmen überein und welche unterscheiden sich deutlich? Warum gibt es Unterschiede?
8. Welche Absicht (= Intention) wird jeweils vom Verfasser verfolgt?
9. Mit welchen Argumenten begründen die beiden Verfasser ihre Position? Ist die Argumentation logisch aufgebaut? Beziehen sich die Autoren aufeinander?
10. An welchen Stellen wird ein Urteil deutlich? Sind die Urteile und Aussagen überprüfbar?

Ideologiekritik und eigenes Urteil

11. Verfasse ein eigenes Urteil, indem du die Informationen zu den Autoren und den historischen Kontext einbeziehst.

Politische Plakate analysieren

→ Band 3, S. 123

Ersten Eindruck festhalten

1. Wie wirkt das Plakat auf dich? Wie wirkte es vermutlich auf die Zeitgenossen?

Einzelne Bild- und Textelemente beschreiben

2. Welche Personen, Symbole, Gebäude oder Gegenstände erkennst du? Achte auf die Art der Darstellung (groß, klein, Vordergrund, Hintergrund, farbliche Gestaltung).
3. Wie sind die Personen dargestellt?
4. Welche Textelemente gibt es? Wie erscheint der Text (Schriftart und Größe)? Wo steht der Text?
5. In welchem Verhältnis stehen Bild und Text?

Zusätzliche Informationen zur Entstehung des Plakats heranziehen

6. Wann ist das Plakat entstanden? Wer hat es entworfen und ist der Auftraggeber bekannt?
7. Was lässt sich über das dargestellte Ereignis sagen? Wer sind die Personen auf dem Plakat? Was ist der Anlass der Darstellung?

Aussagen formulieren und Absicht deuten

8. Welche Gesamtaussage zum Plakat kannst du treffen, ist es zum Beispiel aggressiv, feindselig, appellierend oder sachlich, nachprüfbar, wahr oder unwahr, typisch für seine Zeit oder für eine bestimmte Partei?
9. Welche Botschaft enthält das Plakat? Welche politische Auseinandersetzung ist erkennbar?
10. Welche Wirkung soll erzielt werden?

Eine Statistik auswerten

→ Band 3, S. 135

Äußere Merkmale untersuchen

1. Welche Leitfrage kann formuliert werden?
2. Welcher Gegenstand/Zeitabschnitt/historisches Ereignis wird dargestellt?
3. Wer ist Urheber der Daten (Institution/Person)?
4. Wie wird das Zahlenmaterial präsentiert? (Tabelle oder Diagramm? Säulen-, Balken-, Kurven- oder Kreisdiagramm?)

Inhalt untersuchen

5. Welche Jahreszahlen, Spalten- oder Achsenbezeichnungen und Strukturierungshilfen werden genutzt?
6. Welche Auskunft gibt die Legende (zum Beispiel Farben)?
7. Welche Aussageabsicht hat die Statistik? Wird ein Vergleich angestrebt oder eine Entwicklung aufgezeigt?
8. Welche Gesamtentwicklung wird dargestellt? Welche Auffälligkeiten zeigen sich?

Aussagen deuten und beurteilen

9. In welchen historischen Zusammenhang lassen sich die Aussagen setzen?
10. Wie lässt sich die Aussagekraft der statistischen Daten bewerten? Ist die grafische Darstellung angemessen? Wird der Sachverhalt zu sehr vereinfacht?

Eine politische Rede analysieren

→ Band 3, S. 161

Eine Leitfrage formulieren

1. Formuliere eine Leitfrage.

Formale Analyse

2. Wer hat die Rede verfasst? Wann ist sie entstanden? Tipp: Politische Reden sind Quellen, in denen der Redner seine Zuhörer von einer bestimmten Meinung überzeugen will. Sie eignen sich, zeitgenössische Perspektiven auf ein Thema kennenzulernen.
3. In welchem Kontext wurde die Rede gehalten und an wen (Adressat) wendet sich der Redner? Welche Absicht/Intention verfolgt der Redner?

Inhaltliche Analyse

4. Wie ist die Rede aufgebaut?
5. Was sind die Kernaussagen? Welche Argumente bringt der Redner vor?
6. Welche Aussagen müssen erläutert werden?

Ergebnisse beurteilen und bewerten

7. Wie würde der Redner die aufgestellte Leitfrage beantworten?
8. Bewerte die Argumente aus heutiger Sicht.
9. Beantworte deine Leitfrage aus Schritt 1.

Tonaufnahmen von Reden analysieren (optional)

10. Wie arbeitet der Redner mit seiner Stimme (Lautstärke, Tempo, Deutlichkeit, Emotionalität)?
11. Wie reagieren die Zuhörenden?
12. Wie reagiert der Redner auf das Publikum?

Politische Reden vergleichen

→ Band 4, S. 35

Plakate vergleichen

→ Band 4, S. 103

Extremistische Propaganda im Internet erkennen

→ Band 4, S. 217

Im Lexikon findest du Fremdwörter, Personen, historische Begriffe und Ereignisse, die in den Texten dieses Buches vorkommen. Viele sind dort mit einem * versehen. Bei Fachbegriffen, die schon vorne im Buch erläutert werden, verweist das Lexikon auf die entsprechende Seite.

A

das **Agent Orange,** chemisches Entlaubungsmittel, Herbizid, was zum Abfallen der Blätter von den Pflanzen führt. Das Mittel wurde durch die USA im Vietnamkrieg großflächig eingesetzt, um dem Vietcong die Deckung zu nehmen und deren Nahrungsmittelproduktion zu stören. Das Gift führte zu massiven gesundheitlichen Schäden unter der Zivilbevölkerung. Noch heute werden Missbildungen und Krebserkrankungen mit dem damaligen Einsatz in Verbindung gebracht.

die **„Allianz für Deutschland",** Wahlkampfbündnis; im Februar 1990 schließen sich in Berlin die (Ost-)CDU, der „Demokratische Aufbruch" und die „Deutsche Soziale Union" zur „Allianz für Deutschland" zusammen. Die Allianz spricht sich für eine rasche Wiedervereinigung aus. Bei der Volkskammerwahl am 18. März 1989 erhält sie die meisten Stimmen. Lothar de Maizière (CDU) wird Ministerpräsident und hält das Amt bis zur Wiedervereinigung inne.

der **Alliierte Kontrollrat,** oberste Regierungsgewalt in Deutschland nach der bedingungslosen Kapitulation am 8./9. Mai 1945. Der Kontrollrat setzte sich aus den vier Oberbefehlshabern der alliierten Besatzungszonen zusammen. Er war für die Umsetzung der Beschlüsse der Potsdamer Konferenz zuständig. Die Zusammenarbeit erwies sich als schwierig, da Beschlüsse einstimmig gefasst werden mussten. Als die gemeinsame Kooperation der Besatzungsmächte aber zunehmend zur Konfrontation wurde, trat die Sowjetunion 1948 aus dem Alliierten Kontrollrat aus. Das Scheitern des Kontrollrats trug wesentlich zur deutschen Teilung in Ost und West bei.

die **Amnestie,** ein Straferlass oder eine verfügte Strafmilderung für bestimmte Fälle. Amnestien wurden häufig für politische Vergehen erlassen.

der **Antagonismus,** Bezeichnung für einen Gegensatz.

das **Anwerbeabkommen,** Verträge oder Abkommen zwischen Staaten und/oder Staatenbündnissen, die die Zu- und Abwanderung von Arbeitskräften zwischen diesen Staaten/Staatenbündnissen regeln. Meist beinhalten Anwerbeabkommen daher Regelungen zum Aufenthalts- und Arbeitsrecht. Die Bundesrepublik Deutschland und die Türkei trafen 1961 ein Anwerbeabkommen. Infolgedessen reisten bis zum Anwerbestopp 1973 insgesamt 867 000 Menschen aus der Türkei nach Deutschland, von denen 500 000 später wieder in die Türkei zurückkehrten. Diese angeworbenen türkischen Arbeiter wurden in Deutschland als „Gastarbeiter" bezeichnet.

die **Arbeitsnorm,** in der → Planwirtschaft der DDR die zu leistende Arbeit in einem bestimmten Zeitraum. Zur Arbeitsnorm gehörte die Beschreibung der technischen und organisatorischen Voraussetzungen sowie der Art der Arbeitsdurchführung. Das führte zur Berechnung, welche Stückzahl eines Produktes in einer bestimmten Zeit hergestellt werden konnte.

die **Außerparlamentarische Opposition (APO),** Bezeichnung für verschiedene politische Gruppen der 1960er Jahre in Deutschland, die sich als Oppositionsbewegung außerhalb des Parlaments verstanden. In der APO waren hauptsächlich Studenten und junge Erwachsene aktiv. Sie entstand während der Großen Koalition 1966–1969. Damals gab es keine starken Oppositionsparteien. Die APO übte Kritik an der „Wohlstandsgesellschaft" und den Notstandsgesetzen, verurteilte den → Vietnamkrieg der USA und forderte die Aufarbeitung des Nationalsozialismus.

B

das **Besatzungsstatut,** die Grundregelung des Besatzungsrechts im Gebiet der Bundesrepublik Deutschland, die am 21.09.1949 von den Westalliierten in Kraft gesetzt wurde und Vorrang vor dem Grundgesetz hatte.

die **68er-Bewegung,** linksorientierte Protestbewegung vor allem von Studierenden ab den späten 1960er Jahren gegen die damaligen politischen, wirtschaftlichen und gesellschaftlichen Verhältnisse in der Bundesrepublik Deutschland, die eine stärkere Bürgerbeteiligung und Modernisierung der Gesellschaft anstieß.

die **Bipolarität/Bipolare Welt,** bezeichnet die Struktur des internationalen Staatensystems, bei dem zwei feindliche Machtzentren, zwei Führungsmächte, alleinbestimmend sind und das internationale Geschehen kontrollieren. Gegensatz dazu ist die Multipolarität, bei der es mehrere Machtzentren bzw. Führungsmächte gibt.

die **Breschnew-Doktrin,** 1968 formulierte Leitlinie von Leonid Breschnew (1907–1982), dem Chef der Kommunistischen Partei der UDSSR: Bei Gefahr für die „sozialistische Gemeinschaft" sollte die Sowjetunion und ihre Verbündeten in allen Staaten des Warschauer Paktes militärisch eingreifen dürfen. Breschnew rechtfertigte damit den Einmarsch in der Tschechoslowakei 1968 (→ Prager Frühling).

der **Brexit,** Kurzbezeichnung, die sich zusammensetzt aus „Britain" (englisch = Britannien) und „exit" (englisch = Weggang, Fortgang). Es entstand als Ausdruck für den Austritt des Vereinigten Königreichs Großbritannien und Nordirland aus der Europäischen Union. Für diesen hatten die Briten 2016 in einem Referendum mit knapper Mehrheit gestimmt. Seit dem 1. Februar 2020 ist das Vereinigte Königreich das erste und bislang einzige Mitgliedsland, das die Europäische Union verlassen hat.

das **Bruttosozialprodukt,** Summe aller Güter und Dienstleistungen eines Landes innerhalb eines Zeitraums – also das gesamte „Einkommen" eines Staates. Es steigt, wenn mehr Menschen Arbeit haben und Leistungen erwirtschaften. Deshalb ist es ein Messwert für wirtschaftlichen Erfolg.

C

die **Containment Policy (dt. Eindämmungspolitik),** außenpolitisches Konzept, umgesetzt von US-Präsident Harry S. Truman ab 1947. Die USA wollten verhindern, dass die Sowjetunion ihren Einflussbereich ausdehnte und den Kommunismus verbreitete. Sie leisteten deshalb wirtschaftliche, finanzielle und militärische Hilfe an die Staaten der „freien Welt" und besonders Europa (Marshall-Plan). Die „Truman-Doktrin" wurde zum Grundprinzip der amerikanischen Außenpolitik im Kalten Krieg und führte zum Aufbau der NATO und zur Ausbreitung der antikommunistischen Haltung.

D

die **Demontage,** Bezeichnung für den Abbau oder einen Abriss beispielsweise von Industrieanlagen. Während die Sowjetunion und Frankreich, deren Schäden durch den Krieg am größten waren, nach 1945 ihren Anteil voll in Anspruch nahmen, verringerten Großbritannien und die USA die Zahl der abzubauenden Betriebe und stellten 1950 die Demontage ein.

die **„deutsche Frage",** nach 1945 Bezeichnung für das Problem der Teilung Deutschlands. Dabei vertrat die Bundesrepublik das Ziel, diese durch eine Wiedervereinigung in Frieden und Freiheit zu überwinden. Dagegen strebte die DDR zunächst ein sozialistisches Gesamtdeutschland an. Als dieses nicht zu realisieren war, beharrte sie auf ihrer Eigenständigkeit.

die **Devisen,** Zahlungsmittel in einer ausländischen Währung. Die DDR-Mark war im westlichen Ausland nicht als Währung akzeptiert. Für den Einkauf von Rohstoffen und Waren im Ausland benötigte die DDR deshalb dringend D-Mark oder US-Dollar.

die **Dezentralisierung,** Bezeichnung für die Übertragung von Aufgaben auf verschiedene untergeordnete Stellen, zum Beispiel von Staats- auf Landesebene.

die **Domino-Theorie,** von US-Präsident Eisenhower basierend auf der Truman-Doktrin 1954 verkündet, sollte verhindern, dass die Nachbarstaaten Vietnams – ähnlich umkippenden Dominosteinen – alle unter kommunistische Herrschaft geraten, und zugleich ein amerikanisches Eingreifen auf dem Kriegsschauplatz in Hinterindien rechtfertigen. Auslöser dafür war der Krieg in Indochina, bei welchem die vietnamesische Befreiungsbewegung aus Nationalisten und Kommunisten, unterstützt von China, die französischen Kolonialherren besiegte und Frankreich zur Aufgabe Indochinas zwang.

E

die **Eindämmungspolitik** (engl. containment policy), → Containment Policy.

die **Einheitsliste,** eine Wahlliste, auf der mehrere Parteien genannt sind, die man nur insgesamt wählen oder ablehnen kann.

der **Eiserne Vorhang,** 1. symbolische Bezeichnung für die Abschottung des Ostblocks gegen den Westen im Kalten Krieg. Ideologisch unüberwindbare Grenze zwischen den liberalen Demokratien Westeuropas und den kommunistischen Ländern Osteuropas.
2. Die tatsächlichen Grenzschutzanlagen zwischen Ost und West, von Ungarn bis zur Ostseeküste; insbesondere zwischen Bundesrepublik und DDR, West- und Ostberlin. Sie bestanden aus Stacheldraht, Selbstschussanlagen, Minenfeldern und Wachtürmen und sollten verhindern, dass Menschen aus in den Westen flohen. Mit dem Zusammenbruch der kommunistischen Regierungen kam es zum Abbau des Eisernen Vorhangs. Den Anfang machte Ungarn mit der Grenzöffnung im Mai 1989, die Berliner Mauer fiel im November 1989.

die **Entkolonialisierung,** seit Ende des Zweiten Weltkrieges stattfindende Loslösung und Befreiung der afrikanischen und asiatischen Staaten von der Kolonialherrschaft der Europäer unter Berufung auf das Selbstbestimmungsrecht der Völker.

die **Entnazifizierung,** Versuch der Siegermächte ab 1945, die deutsche Gesellschaft vom Nationalsozialismus zu „säubern". Maßnahmen: gerichtliche Verfolgung von Kriegsverbrechern (Nürnberger Prozesse), Entfernung von Nationalsozialisten aus einflussreichen Positionen, Umerziehung der Bevölkerung durch Schule und Medien (→ Reeducation). Mit Fragebögen untersuchten die Alliierten den beruflichen und politischen Werdegang der Deutschen während der NS-Zeit. Die Entnazifizierung verlief in den einzelnen Zonen unterschiedlich. Ihr Erfolg ist umstritten.

die **Entspannungspolitik,** Bestreben sowohl der USA als auch der UdSSR seit den 1960er Jahren um verstärkte Zusammenarbeit im Bereich der Rüstungsbegrenzung, auf dem Gebiet der Wirtschaft und Kultur, wenngleich beide Mächte daran festhielten, dass grundlegende Differenzen bestünden. Phasen der Entspannung wechselten sich immer wieder ab mit Phasen der Eskalation.

das **Entwicklungsland,** die **Entwicklungsländer,** Länder, die gemessen an „hochentwickelten" Ländern, „unterentwickelt" sind. Merkmale bzw. Ursachen sind: Ein großer Anteil der Bevölkerung ist in der Landwirtschaft tätig, wenig Bildungsmöglichkeiten, niedriges Pro-Kopf-Einkommen, Kapitalmangel, ungenügende Infrastruktur, unzureichende medizinische Versorgung, einseitige Abhängigkeit von der Weltwirtschaft.

die **europäische Integration** → S. 196.

F

der **Faschismus,** ursprünglich Bezeichnung für das Herrschaftssystem Italiens unter Benito Mussolini; „fasces" = Rutenbündel mit einem Beil, Machtsymbol der höchsten römischen Beamten. Merkmale des Faschismus: antidemokratische, antisozialistische, antikirchliche und nationalistische Einstellung. Die Nationalsozialisten bezeichneten sich selbst nicht als Faschisten, weil sie eine deutsche und keine internationale Bewegung sein wollten. In sozialistischen Ländern nannte man dagegen alle antikommunistischen Parteien und Regierungen „faschistisch".

die **friedliche Koexistenz,** außenpolitische Leitlinie der UdSSR, geprägt vom russischen Ministerpräsidenten Nikita Chruschtschow (1894–1971) auf dem 20. Parteitag der KPdSU 1956. Er forderte ein gewaltloses Nebeneinander der UdSSR und der kapitalistischen Staaten. Der Gedanke entsprang eher taktischen als ideologischen Überlegungen: Er sollte der UdSSR größeren Handlungsspielraum verschaffen. Das Prinzip hatte innerhalb des sowjetischen Machtbereichs keine Geltung.

die **Flucht und Vertreibung,** gemeint ist sowohl die seit 1944 einsetzende Massenflucht der deutschen Bevölkerung vor der sowjetischen Armee als auch die von den Alliierten auf der Potsdamer Konferenz beschlossene Ausweisung und Zwangsumsiedlung der Deutschen aus den ehemals deutschen Siedlungsgebieten östlich der → Oder-Neiße-Linie.

der **Föderalismus (lat. foedus = Bund),** eine Zusammenfassung mehrerer Staaten unter einer gemeinsamen Regierung, wobei den einzelnen Mitgliedern weitgehend die Selbstverwaltung gelassen wird. Man unterscheidet Staatenbund und Bundesstaat. Grundsatz ist die Idee, die Eigenständigkeit eines jeden Mitglieds zu bewahren und es zugleich zu Leistungen nach eigenem Vermögen für das Gemeinwohl zu verpflichten.

G

die **„Gastarbeiter",** missverständlicher Begriff für Arbeitsmigranten, die ab 1955 aus anderen Ländern (z. B. aus Italien, Spanien und der Türkei) angeworben wurden, um den Arbeitskräftemangel in der westdeutschen Wirtschaft auszugleichen. Trotz der anfänglich vorgesehenen Rückkehr blieben viele dauerhaft in der Bundesrepublik Deutschland.

die **Gemeinschaft Unabhängiger Staaten (GUS),** loser Zusammenschluss von zunächst zwölf Teilrepubliken der ehemaligen Sowjetunion 1991. Die GUS wollten einen gemeinsamen Markt schaffen, um ihre Probleme beim Übergang zur Marktwirtschaft und Unabhängigkeit zu mildern. Geplant waren Absprachen zu Außenpolitik, Umweltschutz und Kriminalitätsbekämpfung. Die baltischen Staaten (Estland, Lettland, Litauen) schlossen sich nicht an, Georgien trat 2008 aus. Die GUS hat heute praktisch keine Bedeutung mehr, da es eine Fülle einzelner Abkommen zwischen den Mitgliedern gibt. Die Ukraine ließ ihre Mitgliedschaft angesichts der Spannungen mit Russland seit 2014 ruhen.

der **Generalstreik,** schärfste Form des Streiks. Ein Großteil der Arbeitnehmer legt die Arbeit nieder und stoppt so das wirtschaftliche Leben eines Landes. Dadurch wird der Streik zum wirkungsvollen politischen Druckmittel.

die **Glasnost** und die **Perestroika,** Schlagworte der Reformpolitik in der Sowjetunion ab 1986, geprägt vom russischen Ministerpräsidenten Gorbatschow. „Glasnost" (Offenheit): Transparenz der Entscheidungen in Staats- und Parteiorganen, öffentliche Diskussionen über Probleme und Aufgaben. „Perestroika" (Umbau): Ursprünglich geplante Modernisierung der Führungsrolle der kommunistischen Partei; sie führte, verschärft durch Machtkämpfe, Wirtschaftsprobleme und Nationalitätenkonflikte, zum Zerfall der Sowjetunion.

die **Globalisierung,** bedeutet einen Prozess der zunehmenden Vernetzung der Welt zu einem „globalen Dorf". Weltumspannende Telekommunikation ermöglicht einen Informationsaustausch innerhalb von

Sekunden. Die Globalisierung erfasst auch viele andere Bereiche: Sport verbindet international, und Wissenschaftler tauschen über Kontinente hinweg Forschungsergebnisse aus. Kritiker der Globalisierung weisen auf den ruinösen Wettbewerb um den billigsten Produktionsstandort mit Lohndumping und Verlagerung von Arbeitsplätzen hin. Globalisierte Wertvorstellungen und Denkweisen verdrängen immer öfter nationale Eigenheiten.

das **Grundgesetz,** demokratische und menschenrechtsbasierte Verfassung der Bundesrepublik Deutschland aus dem Jahr 1949

der **Guerillakrieg (span. = kleiner Krieg),** Kampf irregulärer Truppen gegen eine Besatzungsmacht oder die eigene Regierung. Guerillatruppen sind schlechter ausgerüstet als Armeen, aber mobiler und verschmelzen mit der Zivilbevölkerung. In Entwicklungsländern die vorherrschende Kampfform für nationale und soziale Befreiung (China 1927–1949, Vietnam 1946–1973, Kuba 1956–1959 und andere).

H

die **Hallstein-Doktrin,** Doktrin von 1955–1969, benannt nach dem damaligen Staatssekretär im Auswärtigen Amt, Walter Hallstein. Damit verband sich der Anspruch der Bundesrepublik Deutschland, die einzig legitime Vertreterin aller Deutschen, auch der DDR-Bürger, zu sein, da Letztere nicht frei wählen konnten. Die damalige Bundesregierung erklärte, dass sie mit keinem Staat diplomatische Beziehungen aufnehmen würde, der seinerseits Beziehungen zur DDR eingehe.

I

die **Ideologie,** Denkrichtung und umfassende Deutung gesellschaftlich-politischer Verhältnisse und historischer Entwicklungen. Die Deutung ist einseitig und verzerrt; sie dient den Interessen bestimmter Gruppen und soll bestehende Verhältnisse begründen und rechtfertigen.

die **illiberale Demokratie,** → S. 215.

der **Islamische Staat (IS),** Bezeichnung für eine seit 2003 im Irak aktive sunnitische Terrormiliz. Die Gruppe verbreitete in den Krisenländern Syrien und Irak Angst und Schrecken. Sie kontrollierte jahrelang riesige Gebiete in beiden Ländern. Das Ziel war es, den Kalifat, einen „Gottesstaat", zu errichten. Zwar zerfiel nach mehrjährigem Kampf der IS, viele ihrer Anhänger sind untergetaucht. In Teilen Afrikas hat der IS Fuß gefasst. Weltweit werden noch immer Terroranschläge von dieser Terrorgruppe verübt. Auch die Tötung der Führungsriege hat den IS nicht geschwächt.

der **Islamismus,** unterschiedliche islamische Ideologien und Bewegungen, die sich durch strenggläubige Forderungen an Politik und Gesellschaft ausdrücken. Islamisten möchten die im Koran und durch die Tradition überlieferten Gesetze des Islams in den muslimischen Ländern (wieder) einführen und ihre strenge Befolgung kontrollieren. Diese Regeln sollen für alle Bereiche des Lebens gelten: Politik, Wirtschaft, den Umgang zwischen Männern und Frauen, Bildung und Erziehung und für allgemein geltende Gesetze. Es gibt Gruppierungen radikaler Islamisten, die diese Ziele auch mit Gewalt durchsetzen wollen.

K

der **Kalte Krieg,** → S. 35.

der **Kapitalismus,** Wirtschafts- und Gesellschaftsordnung, bei der private Unternehmer nach Gewinn streben. Ihnen gehören Fabriken oder Land. Der → Markt bestimmt über Angebot und Nachfrage, Preise und Löhne. Anders in der → sozialen Marktwirtschaft: Hier greift der Staat regulierend ein.

die **Koalition (lat. = Vereinigung),** politischer Zusammenschluss von zwei oder mehr Parteien, um gemeinsam zu regieren. Sie ist nötig, wenn eine Partei allein keine Mehrheit erreicht.

die **Kommune,** Gemeinschaft, in der auch Menschen verbindlich zusammenleben, die weder verwandt noch Sexualpartner sind. Kommunen sind in der → 68er-Bewegung und in deren Nachfolge gegründet worden. Sie praktizieren meist gemeinsame Ökonomie, entscheiden nach dem Konsensprinzip und leben an einem Platz, der in vielen Fällen Gemeinschaftseigentum ist. Ökologische Kriterien der Lebensführung spielen eine große Rolle und es wird auf einen verständnisvollen, wertschätzenden Umgang untereinander Wert gelegt.

der **Kommunismus (von lat. communis = gemeinsam),** Lehre von Karl Marx und Friedrich Engels. Der Kommunismus ist der Endzustand einer sozialistischen Revolution: Produktionsmittel wie Land oder Maschinen gehören allen gemeinsam. Das Produzierte wird gerecht verteilt, damit jeder die gleichen Lebenschancen hat. In vielen kommunistischen Ländern führte diese Idee jedoch zu Unrecht, Terror und Verfolgung.

die **Konsumgesellschaft,** Form der modernen kapitalistischen Industrie- und Wohlstandsgesellschaft. Sie ist vor allem durch eine relativ hohe Massenkaufkraft sowie durch Massenproduktion von Verbrauchs- und Gebrauchsgütern geprägt. Infolge der weitgehend gesicherten Befriedigung von Grundbedürfnissen (Lebensmittel usw.) richtet sich in der Konsumgesellschaft das Prestige der Bürger zum Teil nach dem Besitz oder Nichtbesitz von bestimmten Konsumgütern (zum Beispiel Autos bestimmter Marken); diese gelten als Hinweis für soziale Gruppenzugehörigkeit. Mit Konsumgesellschaft bezeichnet man auch abwertend eine Gesellschaft, in der die Steigerung der Produktion und der Verbrauch von Gütern ein Übermaß an Aufmerksamkeit finden.

die **KPdSU,** Abkürzung für die Kommunistische Partei der Sowjetunion.

die **KSZE (Konferenz für Sicherheit und Zusammenarbeit in Europa),** Reihe von Konferenzen zwischen Ostblock, NATO und neutralen Staaten 1973–1975. Ergebnis: die von 35 Staaten unterzeichnete Schlussakte von Helsinki. Darin bekannten sich alle zu Gewaltverzicht, friedlicher Konfliktlösung, Nichteinmischung in innere Angelegenheiten und Anerkennung der Menschenrechte; außerdem zur Zusammenarbeit in Wissenschaft und Technik. Die KSZE hatte mehrere Nachfolgekonferenzen und wurde zur festen Einrichtung, um den Frieden in Europa zu sichern. 1990 unterzeichneten die KSZE-Staaten die Charta von Paris, in der sie sich zu Demokratie, Marktwirtschaft, sozialer Gerechtigkeit und Menschenrechten bekannten. Seit 1993 gehören der KSZE 53 Staaten an.

M

der **Markt,** Wechselspiel von Angebot, Nachfrage und Preisgestaltung in der freien Wirtschaft.

die **Marktwirtschaft,** → soziale Marktwirtschaft.

der **Marshallplan (European Recovery Program = ERP),** wirtschaftliches Hilfsprogramm der USA zum Wiederaufbau Europas 1948–1952; benannt nach dem US-Außenminister George Marshall. Die USA wollten Europa nach dem Zweiten Weltkrieg wirtschaftlich stärken und wieder zum Partner im Welthandel machen. Das sollte die politischen Verhältnisse stabilisieren und weniger anfällig für den Kommunismus machen. Stalin verbot den osteuropäischen Ländern die Teilnahme am Programm.

N

der **Nationalsozialismus,** rechtsradikale politische Bewegung und Ideologie, die 1933 in Deutschland zum Aufbau einer Diktatur und zum Verlust demokratischer Freiheiten führte. Kennzeichen: extremer Nationalismus, Streben nach „Lebensraum“ für die Bevölkerung, Glaube an einen „Führer“, Rassismus und Antisemitismus.

die **NATO (North Atlantic Treaty Organization),** Bezeichnung für ein am 4. April 1949 gegründetes militärisches Verteidigungsbündnis aus zunächst elf westeuropäischen Staaten, den USA und Kanada. Anlass der Gründung war die militärische Bedrohung der europäischen Staaten durch die Sowjetunion. Die Mitglieder verpflichteten sich zu gegenseitigem militärischem Beistand, wenn ein Vertragspartner angegriffen wird. Bis zum Ende des Kalten Krieges war die NATO das militärische Gegenstück zum Warschauer Pakt.

der **NATO-Doppelbeschluss,** diplomatisches Ereignis während des atomaren Wettrüstens im Kalten Krieg 1979. Die NATO kündigte erstens an, atomare Mittelstreckenraketen in Westeuropa zu stationieren, und forderte zweitens Verhandlungen über die Begrenzung der Rüstung. In der Bundesrepublik demonstrierten Hunderttausende gegen die Stationierung, doch der Bundestag stimmte ihr 1983 zu.

der **Nord-Süd-Konflikt,** Konflikt zwischen den meist im Norden liegenden Industrieländern und den auf der südlichen Erdhalbkugel gelegenen Entwicklungsländern wegen ungerechter Einkommensverteilung in der Welt. Vonseiten der Entwicklungsländer wird der Vorwurf erhoben, die Industrieländer nutzten ihre wirtschaftliche Macht, um die Abhängigkeit der Entwicklungsländer von ihnen zu festigen bzw. billige Preise und Gehälter zu ihren Gunsten auszunutzen.

die **Note,** ein offizieller Briefwechsel zwischen diplomatischen Vertretungen zweier Länder.

O

die **Oder-Neiße-Linie,** ist die heutige deutsch-polnische Staatsgrenze entlang der Flüsse Oder und Neiße. Die Grenze wurde im Potsdamer Abkommen 1945 durch die Siegermächte des Zweiten Weltkrieges festgelegt. Durch sie fielen ehemals deutsche Gebiete an den polnischen Staat. Erst bei der Wiedervereinigung 1990 wurde die Oder-Neiße-Linie von der Bundesrepublik Deutschland staatsrechtlich anerkannt.

die **Ölkrise/Ölpreiskrise,** starke Erhöhung der Erdölpreise 1973 durch arabische Länder. Sie war eine Reaktion darauf, dass der Westen Israel im Krieg gegen arabische Staaten unterstützte. Folgen: in der Bundesrepublik Anstieg der Arbeitslosigkeit, „autofreie Sonntage“; in der DDR: Umstieg auf Braunkohle, dadurch wachsende Umweltverschmutzung.

die **Opposition,** Bezeichnung für Parteien oder Gruppen, deren Angehörige die Politik der herrschenden

Parteien oder Gruppen ablehnen. Gegen etwas Opposition zu beziehen bedeutet auch, Widerstand zu leisten.

der **Ostblock,** Bezeichnung für alle Staaten Osteuropas, die von 1945 bis 1991 kommunistisch regiert waren, zum Beispiel DDR, Polen, Tschechoslowakei, Ungarn. Sie gehörten dem von der UdSSR beherrschten Verteidigungsbündnis „Warschauer Pakt" an.

die **Osterweiterung der EU,** Aufnahme von mittel- und osteuropäischen Staaten in die Europäische Union ab 2004.

P

die **parlamentarische Demokratie,** Republik mit einem gewählten Präsidenten als Staatsoberhaupt. Die Gesetzgebung liegt beim Parlament. Die Regierung wird vom Präsidenten ernannt, muss aber im Parlament Mehrheiten gewinnen, um ihre Politik umzusetzen.

die **Perestroika** → Glasnost.

der **Persilschein,** spöttische Bezeichnung aus der Zeit der → Entnazifizierung, die auf das Waschmittel „Persil" zurückgeht. „Persilscheine" waren Zeugnisse der Alliierten, die eine Person entlasteten (zum Beispiel durch positive Aussagen von Opfern). Die Person war dadurch von Schuld „reingewaschen".

die **Planwirtschaft** oder Zentralverwaltungswirtschaft, Wirtschaftsordnung, in der Produktion und Verteilung der Waren durch den Staat gelenkt wird. Viele Länder verstaatlichten nach dem Krieg große Unternehmen und lenkten ihre Wirtschaft staatlich, vor allem Frankreich. Die NRW-CDU sprach sich im Ahlener Programm 1947 unter dem Motto „CDU überwindet Kapitalismus und Marxismus" ebenfalls für Verstaatlichungen aus. In der sozialistischen Planwirtschaft hingegen steuert eine große Behörde die Produktion. Eigeninitiative und freien Wettbewerb gibt es nicht. Alle Löhne und Preise sind staatlich festgelegt.

die **Potsdamer Konferenz,** 1945 von den Siegermächten USA, Großbritannien und der Sowjetunion abgehaltene Nachkriegskonferenz, um ein gemeinsames Vorgehen im besetzten Deutschland zu vereinbaren. Zentrale Beschlüsse waren unter anderem die Teilung Deutschlands in vier Besatzungszonen, die Setzung der Oder-Neiße-Linie als deutsche Ostgrenze sowie die Durchsetzung der „fünf Ds": Demokratisierung, Denazifizierung, Demilitarisierung, Dezentralisierung und Demontagen.

die **Präambel (lat. = das Vorausgehende),** Einleitung eines Gesetzes oder einer Verfassung. Dort kann der Gesetzgeber seine Absicht zum Ausdruck bringen. Oft nimmt sie Bezug auf Gott, wie unser Grundgesetz.

der **Prager Frühling,** Reformversuch in der Tschechoslowakei 1968 unter Alexander Dubček, dem dortigen Parteichef der Kommunisten. Er propagierte einen „Sozialismus mit menschlichem Antlitz". Politische und wirtschaftliche Reformen wurden eingeleitet, die Zensur aufgehoben, Gewerkschaften erhielten mehr Mitspracherechte. Der Führungsanspruch der Kommunistischen Partei blieb jedoch unangetastet. In den Augen der Sowjetunion stellte die Reformbewegung eine Gefahr für die Einheitlichkeit des Ostblocks dar. Sie wurde daher im selben Jahr mithilfe der Truppen des Warschauer Paktes niedergeschlagen.

R

die **RAF („Rote Armee Fraktion"),** terroristische Vereinigung in der Bundesrepublik, die von 1970 bis in die 1990er Jahre ihr sozialistisches Programm durch gewalttätige Aktionen durchsetzen wollte.

Reeducation, Ziel der Westalliierten nach 1945: Umerziehung des deutschen Volkes zu demokratischen Werten. Maßnahmen: Auflösung und Neuordnung des kompletten Kulturbereichs; Abschreckung durch Konfrontation mit den Gräueltaten der Nazis, Plakate, Zwangsseminare. Schulbücher aus der NS-Zeit wurden durch neue ersetzt; Filmproduktion, Rundfunk und Presse im demokratischen Sinne gefördert. Weil die Maßnahmen nicht die gewünschte Wirkung zeigten, ersetzte man „Reeducation" durch „Reorientierung": Die Alliierten versuchten nun die Bevölkerung von der Notwendigkeit demokratischer Umgangsformen zu überzeugen. Dies gelang, weil es verknüpft war mit Wirtschaftshilfe im Zuge des Marshallplans.

die **Reformen der sozial-liberalen Koalition,** innenpolitisches Programm der sozial-liberalen Koalition aus SPD und FDP von 1969 bis 1982, das unter dem Leitmotiv „Mehr Demokratie wagen" eine Reihe von Reformen in Gang setzte, unter anderem die Herabsetzung des Wahlalters auf 18 Jahre und eine Stärkung der Rechte von Frauen.

die **Reparationen (lat. reparare = wiederherstellen),** Entschädigung in Form von Geld oder Sachleistungen, die ein Staat einem anderen zahlen muss, zum Beispiel nach einem verlorenen Krieg.

der **Runde Tisch,** Diskussionsforum, das einvernehmliche Lösungen für politische Probleme erarbeiten soll. Dort sitzen Vertreter gesellschaftlicher Gruppen. „Runde Tische" gab es oft während des Zerfalls des Ostblocks und danach. Im Januar 1989 in Polen eingeführt, dienten sie zur Verständigung zwischen

Opposition und kommunistischer Regierung. „Runde Tische" kennzeichneten auch die Zeit zwischen der Auflösung der DDR und dem Beitritt der neuen Länder zur Bundesrepublik.

der **Rüstungswettlauf,** wechselseitige Steigerung zweier Staaten oder Blöcke, durch mehr Waffen und bessere Militärtechnik militärische Übermacht zu gewinnen.

S

das **Schengener Abkommen,** benannt nach dem Luxemburger Moselort Schengen. Das Abkommen aus dem Jahr 1985 soll die Grenzen in Europa durchlässiger machen und damit den Waren- und Personenverkehr erleichtern. Wer von einem in ein anderes Schengenland reist, braucht an der Grenze keinen Reisepass mehr vorzuweisen. Durch das Abkommen sind die Grenzkontrollen abgeschafft worden.

die **Schiiten,** unter den Nachfolgern Mohammeds trennten sich die Muslime in Sunniten und Schiiten. Die Sunniten erkannten alle Kalifen als rechtmäßige Führer der Gemeinde an, die Mohammeds Worten und Taten folgten (arabisch sunna = gewohnte Handlung). Sie stellen heute mit 90 Prozent den Hauptanteil der Muslime weltweit. Eine andere Gruppe folgte nur dem Kalifen Ali, einem Schwiegersohn Mohammeds. Aus seinen Anhängern bildeten sich die Schiiten (arabisch schia = Partei). Sie stellen heute im Iran und im Osten des Irak die Mehrheit der Muslime.

der **Schwarzmarkt,** unerlaubter Handel mit Waren, die auf einem illegalen Markt angeboten werden. In der Nachkriegszeit konnten sich viele Deutsche kaum ausreichend mit Lebensmittelmarken und Bezugsscheinen versorgen. Deshalb versuchten sie, Geschirr, Schmuck oder Zigaretten gegen lebensnotwendige Güter zu tauschen, oft auf „Hamsterfahrten" bei Bauern in der Umgebung.

die **SMAD („Sowjetische Militäradministration in Deutschland"),** die SMAD war die höchste sowjetische Besatzungsbehörde in der SBZ von 1945 bis 1949 und das wesentliche Instrument der sowjetischen Besatzungspolitik.

die **Souveränität,** ein Souverän besitzt die oberste Herrschafts- und Entscheidungsgewalt in einem Staatsgebiet. Ursprünglich bezeichnete man Landesfürsten und Monarchen als Souverän. In der Demokratie liegt die Souveränität beim Staatsvolk, das durch Wahlen seine Regierung und die Gesetzgebung selbst bestimmt.

die **soziale Marktwirtschaft,** Produktionsmittel und Kapital befinden sich im Privatbesitz von Unternehmen. Gewinne vermehren das Produktivkapital. Der Preis richtet sich nach Angebot und Nachfrage. Der Staat überwacht die Wirtschaftsform durch Gesetze. Der Schutz der Lohnarbeit wird durch Sozialgesetze geregelt.

der **Sozialismus (von lat. socialis = gemeinschaftlich),** politische Bewegung seit Mitte des 19. Jahrhunderts. Man unterscheidet demokratischen und revolutionären Sozialismus: Gewerkschaften und Arbeiterparteien (zum Beispiel SPD) wollten die Lebensverhältnisse der Menschen schrittweise verbessern. Radikale Sozialisten in Russland wollten sie schnell und gewaltsam umstürzen. Sie verstanden Sozialismus als Übergangsstadium zum → Kommunismus.

die **Spruchkammer,** Gericht, das nach dem Zweiten Weltkrieg über die Entnazifizierungen verhandelte. In den Spruchkammerverfahren wurden wenig oder unbelastete Juristen und Laienrichter eingesetzt.

der **Staatsratsvorsitzende,** der Staatsrat der DDR war seit 1960 das kollektive Staatsoberhaupt der DDR. Deren Vorsitzender wurde jedoch in der Praxis als Staatsoberhaupt angesehen.

der **Stellvertreterkrieg,** kriegerische Auseinandersetzungen während des Kalten Krieges. Sie wurden nicht direkt zwischen den Supermächten USA und Sowjetunion ausgetragen, sondern über Drittländer, die als Stellvertreter dienten und auf deren Territorium die Auseinandersetzungen stattfanden. Die Großmächte unterstützten die Kriegsparteien indirekt, zum Beispiel durch Waffen oder Geld, aber auch direkt durch den Einsatz eigener Soldaten.

die **Sunniten** → die Schiiten.

die **Supranationalität,** → S. 199.

T

die **Treuhandanstalt,** die „Anstalt zur treuhänderischen Verwaltung des Volkseigentums" (THA) wurde am 1. März 1990 gegründet. Sie wurde beauftragt, den Übergang von der sozialistischen Planwirtschaft der DDR zur Marktwirtschaft der Bundesrepublik zu ermöglichen und einen Privatisierungsprozess im Sinne des Allgemeinwohls zu koordinieren. Bis heute wird die Treuhandanstalt jedoch für ihre Arbeit kritisiert. Durch sie gingen hunderttausende Arbeitsplätze verloren.

die **Truman-Doktrin** → siehe Containment Policy.

U

die **UNO (United Nations Organization),** Vereinte Nationen, internationale Organisation mit Sitz in New York. Ihr gehören aktuell fast alle Staaten der Welt an (193 Mitglieder). Die UNO wurde 1945 gegründet, um Weltfrieden und Menschenrechte zu schützen. Sie leistet auch humanitäre Hilfe. Wichtige Organe sind der Sicherheitsrat und der Internationale Gerichtshof.

der **UN-Sicherheitsrat** → siehe UNO.

V

der **Vertrag von Lissabon,** 2009 in Kraft getretener Vertrag zwischen den EU-Mitgliedsstaaten zur Reform der EU-Institutionen. Er soll für mehr Demokratie, Transparenz und Wirksamkeit innerhalb der europäischen Gemeinschaft sorgen. Die EU wird von einem Vorsitzenden geführt (Amtsdauer: 2 ½ Jahre). Die Koordination der Außenpolitik übernimmt ein EU-Außenminister, der zugleich Vizepräsident der Europäischen Kommission ist. Neue Abstimmungsregeln werden eingeführt und Mehrheitsentscheidungen ausgeweitet. Die Parlamentarier erhalten größere Mitspracherechte in Haushaltsfragen, der Zusammenarbeit der Justizbehörden und bei der inneren Sicherheit. Der Vertrag enthält die im Jahr 2000 geschaffene Grundrechtscharta. Erstmals ist die Möglichkeit gegeben, aus der EU auszutreten.

das **Vier-Mächte-Abkommen,** auch Berlinabkommen, Regelung der vier Alliierten (F, GB, UdSSR, USA) 1972 im Zuge der Entspannungspolitik. Ziel: Verbesserung der Beziehungen zwischen BRD und DDR in Bezug auf Berlin. Die Sowjetunion erreichte die Anerkennung der DDR durch die Westmächte und die Bundesrepublik. Sie akzeptierte ihrerseits die enge Bindung Westberlins an die Bundesrepublik. Die Vertragspartner verpflichteten sich, die Kommunikations- und Reisemöglichkeiten zwischen West- und Ostberlin zu verbessern. Zudem garantierte die DDR den unbehelligten Zugang nach Westberlin auf den Transitrouten.

der **Vietcong,** hieß auch „Nationale Front für die Befreiung Südvietnams". Sie wurde 1960 gegründet, 1977 offiziell aufgelöst. Vietcong war eine Guerillaorganisation, die während des Vietnamkrieges den bewaffneten Widerstand in Südvietnam gegen die Regierung und das amerikanische Militär führte. Der Vietcong wurde durch Tunnelsysteme und Dschungelpfade mit Waffen aus Nordvietnam unterstützt. Er setzte sich aus religiösen, ethnischen und politischen Gruppierungen zusammen, wurde jedoch durch die kommunistische Partei dominiert.

der **Vietnamkrieg (1955–1975),** Krieg in Südostasien, zunächst Unabhängigkeitskrieg der französischen Kolonien; dann Bürgerkrieg zwischen dem kommunistischen Norden und dem westlich orientierten Süden; ab 1964 Eingreifen der USA für den Süden, Unterstützung des Nordens durch China und die Sowjetunion (→ Stellvertreterkrieg). Der massive Einsatz von Napalm und giftigen Entlaubungsmitteln durch die USA („Agent Orange") forderte Hunderttausende zivile Opfer und führte international zu Kritik.

die **Volksdemokratie,** Staatsform kommunistischer Länder, bei der die gesamte Staatsmacht in den Händen der kommunistischen Partei liegt.

die **Volkskammer,** Bezeichnung für das Parlament der DDR.

der/die **Volksrichter,** Bezeichnung für Juristen in der → SMAD und in der DDR, die nicht an einer Universität studierten. Volksrichter wurden in mehrmonatigen Kursen an einer Volksrichterschule oder an einer zentralen Richterschule ausgebildet, um vorbelastete Richter aus der Zeit des Nationalsozialismus zu ersetzen.

W

die **Währungsunion,** Bezeichnung für eine Union, die darin besteht, dass in einem bestimmten Gebiet eine einheitliche Währung gilt.

die **Warschauer Verträge / Warschauer Pakt,** militärisches Verteidigungsbündnis der osteuropäischen Staaten unter sowjetischer Kontrolle. Der Warschauer Pakt wurde am 14. Mai 1955 als Reaktion der Aufnahme Deutschlands in die NATO gegründet. Die oberste Kommandogewalt lag bei der Sowjetunion. Die Mitglieder verpflichteten sich der gegenseitigen Unterstützung gegen den Westen, gingen aber auch gegen die eigenen Mitglieder bei abweichendem Verhalten (zum Beispiel Reformbewegungen gegen das Sowjetsystem) vor. Der Warschauer Pakt löste sich 1990 selber auf.

die **Welthandelsorganisation (WTO),** hat ihren Sitz in Genf. Sie löste 1995 die Vorgängerorganisation GATT (General Agreement on Tariffs and Trade) ab, die den internationalen Welthandel regulierte. Mit der Gründung der WTO wurde die internationale Zusammenarbeit im Bereich der Handelspolitik auf weitere Bereiche ausgedehnt, unter anderem in Bezug auf das Recht des geistigen Eigentums. Ziel der WTO ist eine weitgehende Transparenz der Handelspolitik seiner Mitglieder, die Vereinbarung von Handelsregeln sowie deren Einhaltung und Überwachung. Die Organisation kämpft für die Liberalisierung des Welthandels durch Abschaffung von Zöllen bzw. Vereinfachung von Zollverfahren. Die WTO setzt sich insbesondere auch für ihre ärmeren und ärmsten Mitglieder ein (zum Beispiel durch Zollerleichterungen). Sie schlichtet außerdem Streitigkeiten zwischen ihren Mitgliedern.

die **Westintegration,** politische, wirtschaftliche und militärische Einbindung der frühen Bundesrepublik Deutschland in die westliche Staatengemeinschaft in Abgrenzung zu den sozialistischen Staaten im Osten.

das **Wirtschaftswunder,** der Begriff „Wirtschaftswunder" meint die einmalig lange Phase der Hochkonjunktur in der Bundesrepublik zwischen Anfang der 1950er und dem letzten Drittel der 1960er Jahre. Beigetragen dazu haben: die politische Orientierung auf die soziale Marktwirtschaft, die Währungsreform, die Hilfen durch den Marshall-Plan, der Modernisierungsschub (bereits) durch die Kriegswirtschaft und nun durch die Nachkriegsinvestitionen, der feste Wechselkurs von DM zum Dollar, die weltweite Hochkonjunktur im Gefolge des Koreakrieges, das hohe Qualifikationsniveau der Beschäftigten, der Zustrom von Vertriebenen und Flüchtlingen als Arbeitskräfte- und Nachfragepotenzial. Das „Wirtschaftswunder" führte zu individuellem Wohlstand großer Bevölkerungsschichten, ermöglichte den Ausbau sozialstaatlicher Leistungen und trug zur politischen Stabilität bei.

Z

das **Zentralkomitee,** Führungskreis einer Gruppe oder eines Vereins. In der Regel Bezeichnung für das oberste Organ einer kommunistischen Partei. Das Zentralkomitee war in den kommunistischen Parteien ein wichtiges Entscheidungsorgan, an dessen Beschlüsse die gesamte Partei gebunden war.

Die mit einem * versehenen Begriffe werden im Lexikon näher erklärt.

Bildquellen

Cover: LOOK-foto/Ulf Böttcher; S. 2: PEFC Deutschland e.V.; S. 3 un.re.: mauritius images/Science Source, ob.re.: akg-images; S. 4 ob.re.: interfoto e.k./Pulfer, un.re.: bpk/ Hanns Hubmann; S. 5: dpa Picture-Alliance/Wolfgang Kumm; S. 6 ob.re.: dpa Picture-Alliance, un.re.: Bridgeman Images/Everett Collection; S. 12+13: J.H. Darchinger/Friedrich-Ebert-Stiftung; S. 15 M2: akg-images, M3: interfoto e.k./awkz, M4: Quelle: Haus der Geschichte, Bonn/Künstler: Victor Weisz; S. 16 M1: akg-images; S. 17 M2: dpa Picture-Alliance/ZB/dpa-Zentralbild/ Erich Andres/Deutsche Fotothek; S. 18 M1 (alle): Foto: Rheinisches Bildarchiv Köln (RBA-Nummer c016960)/ Plakat: Hein Nöcker, Köln (Entwerfer) und Pfeiffer, Oscar Herbert (Text); S. 19 M3: akg-images, M5: Haus der Geschichte, Bonn; S. 20 M1: Landesarchiv Nordrhein-Westfalen; S. 22 M2: dpa Picture-Alliance/(c) dpa - Bildarchiv; S. 24 M1: aus: Zeitzeugen-Video Siegfried Koyro: Gescheiterte Fluchtversuche. Stiftung Haus der Geschichte der Bundesrepublik Deutschland, https:// www.zeitzeugen-portal.de/zeitraeume/jahrzehnte/1940/ flucht-und-vertreibung/fjcH2xa2IlA; S. 28 M1: Bridgeman Images/SZ Photo, M2: F1online/ Schultz Reinhard Prisma; S. 29 M3: bpk; S. 31 M8 (beide): Gerd Riedlin/ Künstler: Adolf Riedlin; S. 37 M2: interfoto e.k./fine art images, M3: dpa Picture-Alliance/The Advertising Archives; S. 38 M1: akg-images; S. 41 M8: akg-images/Bildarchiv Pisarek; S. 42 M1: akg-images, M2: akg-images; S. 44 M5 li.+re.: interfoto e.k./Pulfer, M5 mi.li.: Bundesarchiv Koblenz: BArch, Plak 005-004-002, Grafiker: Langenberg, M5 mi.re.: Archiv des Liberalismus, Plakatsammlung, P2-1124.; S. 45 M6 li.: bpk, M6 re.: Quelle: Haus der Geschichte, Bonn; S. 47 M2: akg-images; S. 50 M1: Ministerium für Inneres und Kommunales Nordrhein-Westfalen; S. 51 M3: Staatskanzlei Nordrhein-Westfalen/Zeichner: Jacques Tilly; S. 54 M1: DIE WELT 02.08.1946/Nachdruck aus Daily Herald vom 24.07.1946; S. 54 M2: bpk/Arthur Grimm; S. 56+57: Bridgeman Images; S. 59 M3: akg-images/Elizaveta Becker, M4: Interfoto e.k./Esse Collection, M5: mauritius images/Science Source; S. 60 M1: mauritius images/ alamy stock photo/Ivan Vdovin, M2: Bridgeman Images/Sovfoto/UIG; S. 61 M5: Bridgeman Images/Universal History Archive; S. 62 M1: Horst Haitzinger; S. 66 M1: interfoto e.k./fine art images; S. 70 M1: dpa Picture-Alliance/AP Images; S. 71 M2 li.: akg-images/Pictures From History, M2 mi.: Thomas Billhardt/CAMERA WORK., M2 re.: Jacqueline Hyde/Archives Galerie de France; S. 73 mi.li.: akg-images/WHA/World History Archive, mi.re.: Bridgeman Images/Photo © AGIP; S. 74 M3: ©Archiv Robert Lebeck; S. 76 ob.re.: Shutterstock.com/Syda Productions; S. 77 M2: dpa Picture-Alliance/Maurizio Gambarini; S. 78 M1: akg-images/Fototeca Gilardi, M2: akg-images; S. 81 M3: TopFoto/Punch Limited/Mahood, M2: Interfoto e.k./TV-Yesterday; S. 87 M4: akg-images, M5: Bridgeman Images/Granger; S. 88+89: akg-images/ Archiv Boelte; S. 91 M2: akg-images/Gert Schütz, M3: interfoto e.k./Archiv Friedrich, M4: dpa Picture-Alliance/ASSOCIATED PRESS/THE KENNEDY MUSEUM/ WILL MCBRIDE; S. 92 M1: Haus der Geschichte, Bonn, M2: interfoto e.k./Pulfer; S. 93 M3: bpk/Fotoarchiv Ruhr Museum/Anton Tripp, M4: Archiv der sozialen Demokratie der Friedrich-Ebert-Stiftung, M5: akg-images; S. 96 M1: akg-images/ddrbildarchiv.de/© VG Bild-Kunst, Bonn 2022; Leopold Haas: Auschwitzprozess, 1965; S. 98 M1: Imago Stock & People GmbH/Rüdiger Wölk, M2: dpa Picture-Alliance/Erich Schutt; S. 100 M1: bpk/Bundesstiftung Aufarbeitung/Uwe Gerig; S. 102 M1: Haus der Geschichte, Bonn/Volkswagen AG; S. 102 M2: Quelle: Haus der Geschichte, Bonn/ ZK der SED (Hrsg), Neues Deutschland (Druck); S. 104 M1: dpa Picture-Alliance/AP Images; S. 106 M1: dpa Picture-alliance/ dpa-infografik; S. 107 M2: Axel Springer Syndication/BILD-Zeitung; S. 108 M1 (beide): Peter Kolski; S. 111 M1: Imago Sportfotodienst GmbH/WEREK, M3: Imago Stock & People GmbH/Rolf Kremming; S. 113 M3: akg-images/Henschel; S. 114 M1: dpa Picture-Alliance; S. 116 M1: Imago Stock & People GmbH/Sven Simon; S. 117 M3: dpa Picture-Alliance/Süddeutsche Zeitung Photo; S. 118 M1: Wolfgang Hicks (Künstler), Haus der Geschichte, Bonn; S. 119 M2: dpa Picture-Alliance; S. 120 ob.li.: dpa Picture-Alliance/AP Images; S. 121 ob.li.: Imago Stock & People GmbH/Sven Simon; S. 122 M2: bpk/Abisag Tüllmann, M4: Josef Blaumeiser; S. 123 M5: akg-images; S. 123 M6: interfoto e.k./Pulfer; S. 124+125: dpa Picture-Alliance/Schnörrer; S. 126 M1: akg-images/Sammlung Berliner Verlag/Archiv, M2: akg-images; S. 127 M3: interfoto e.k./TV-Yesterday, M4: akg-images/Sammlung Berliner Verlag/Archiv, M5: dpa Picture-Alliance, M6: akg-images/Bernhard Wübbel; S. 128 M1: akg-images/Udo Hesse, M2: akg-images/ Gert Schütz; S. 130 M1-M4: Axel Thünker, Haus der Geschichte, Bonn; S. 133 M2: akg-images; S. 134 M1: Konzernarchiv Henkel AG & Co. KGaA, Düsseldorf, M2: bpk/ Deutsches Historisches Museum; S. 136 M1: dpa Picture-Alliance/dpa-Zentralbild; S. 137 M3: Erich Rauschenbach, Berlin; S. 138 M1: dpa Picture-Alliance; S. 139 M2: akg-images/ddrbildarchiv.de/Heinz Schönfeld; S. 140 M1: dpa Picture-Alliance/ASSOCIATED PRESS/AP Content, M2: bpk/Bundesstiftung Aufarbeitung/Harald Schmitt; S. 141 M3: Heinrich-Böll-Stiftung e.V; S. 142 M1: bpk/Hanns Hubmann, M2: dpa Picture-Alliance/ dpa - Sportreport; S. 144 ob.li.: akg-images/Udo Hesse; S. 145 M1: bpk/Deutsches Historisches Museum/Sebastian Ahlers; S. 146+147: dpa Picture-Alliance/Wolfgang Kumm; S. 148 M1: interfoto e.k./Michael Pladeck; S. 149 M2: Imago Stock & People GmbH/Sven Simon, M3: dpa Picture-Alliance/(c) dpa - Bildarchiv; S. 150 M1: dpa Picture-Alliance/ AFP, M2: akg-images/Album/Prisma;

S. 151 M4: Bridgeman Images; S. 152 M2: Haus der Geschichte, Bonn/Künstler: Peter Leger; S. 153 ob.re.: Bridgeman Images/United Archives GmbH; S. 154 M1: bpk/Bundesstiftung Aufarbeitung/Harald Schmitt; S. 155 M2: akg-images/Marc Simon; S. 156 M1: Michel Burgmann; S. 157 M2: mauritius images/Norbert Michalke; S. 159 M2: dpa Picture-Alliance/epd/Bernd Bohm, M3: akg-images/AP; S. 160 M1: akg-images/AP; S. 164 M1: Imago Stock & People GmbH/Rust, M2: dpa Picture-Alliance; S. 165 M5: dpa Picture-Alliance/ZB/Bernd von Jutrczenka; S. 167 M2: Imago Stock & People GmbH/Rainer Unkel; S. 168 M1: Datei: Haus der Geschichte, Bonn/Karikatur: Laurence Clark, M2: bpk; S. 172 M1: Peter Dittrich; S. 175 M4: TITANIC 11/1989; S. 176 M1: dpa Picture-Alliance/dpa-Zentralbild/Britta Pedersen; S. 180 M1: © Milla & Partner; S. 183 M2: dpa Picture-Alliance/AFP; S. 184 M1: FUNK, 2021; S. 186 ob.li.: dpa Picture-Alliance/ AFP; S. 187 ob.re.: akg-images/AP; S. 188 M1: Karl-Heinz Schoenfeld; S. 189 M5: © DER SPIEGEL 36/1995; S. 190+191: akg-images/Imagno; S. 193 M3: Oliver Schopf, Wien, M4: Baaske Cartoons / Fritz Behrendt; S. 194 M1: mauritius images/alamy stock photo/PRISMA ARCHIVO; S. 196 M1: © Chappatte in Le Temps, Switzerland / www.chappatte.com; S. 198 M1: Bridgeman Images/Stefano Bianchetti/© VG Bild-Kunst, Bonn 2022; Reyn Dirksen: Europe-All our colours to the mast, 1947, Ausschnitt; S. 199 M2: dpa Picture-Alliance/dpa-infografik GmbH; S. 201 M6: © Punch Limited; S. 202 M1: Bridgeman Images; S. 206 M1: Fritz Behrendt/Baaske Cartoons; S. 207 M2: dpa Picture-Alliance; S. 208 M1: dpa Picture-Alliance/dpa-infografik GmbH; S. 212 M1 (alles): ZUMpad; S. 215 M1: Thomas Plaßmann; S. 216 M1: tba; S. 218 ob.li Bridgeman Images/Stefano Bianchetti/© VG Bild-Kunst, Bonn 2022; Reyn Dirksen: Europe-All our colours to the mast, 1947, Ausschnitt; S. 221 M4: Gerhard Mester; S. 222+223: dpa Picture-Alliance/ASSOCIATED PRESS/AP/Javier Fergo; S. 224 M1: dpa Picture-Alliance/REUTERS; S. 226 M1: dpa Picture-Alliance/(c) Globus; S. 227 M3: dpa Picture-Alliance; S. 228 M1 li.: dpa Picture-Alliance/ASSOCIATED PRESS/AP/Amy Sancetta, M1 re.: Bridgeman Images/Everett Collection; S. 229 M2: dpa Picture-Alliance/ASSOCIATED PRESS/DEPARTMENT OF DEFENSE/SHANE T. MCCOY; S. 231 M2: dpa Picture-Alliance/AP Content; S. 232 M1: dpa Picture-Alliance/REUTERS/X80002/Stringer; S. 233 M2: dpa Picture-Alliance/AP Photo, M2 ob.re.: dpa Picture-Alliance/REUTERS; S. 234 M1: dpa Picture-Alliance/HPIC; S. 236 M2: dpa Picture-Alliance/REUTERS/X03675/RODI SAID; S. 237 M3: dpa Picture-Alliance/dieKLEINERT.de; S. 238 M3: interfoto e.k./Sammlung Rauch; S. 239 M2: bpk/Kunstbibliothek, SMB/Dietmar Katz; S. 240 M2: dpa Picture-Alliance/AP Images; S. 242 M1: dpa Picture-Alliance; S. 243 M1: mauritius images/alamy stock photo/Jens Benninghofen; S. 245 M1: taz - die tageszeitung, 18.08.1989, Seite 1/ Christoph Burgauner; S. 246 M1: dpa Picture-Alliance/Wolfgang Kumm; S. 247 M2: dpa Picture-Alliance/Globus Infografik;

Illustrationen und Karten

Cornelsen/Carlos Borrell Eiköter: Vorsatz & Nachsatz (Karte 1-4), S. 14 M1, S. 22 M1, S. 26 M1, S. 32 M1, S. 36 M1, S. 50 M2, S. 58 M2, S. 64 M1, S. 68 M1, S. 72 M1, S. 75 M6, S. 90 M1, S. 149 M4, S. 165 M4, S. 182 M1, S. 192 M1+M2, S. 204 M1, S. 222 un.li., S. 226 M2, S. 235 M3, S. 236 M1;

Cornelsen/Erfurth Kluger Infografik GbR: S. 46 M1, S. 48 M1, S. 53 M2, S. 54 M3, S. 58 M1, S. 82 M1, S. 99 M3, S. 101 M2+M3, S. 152 M1, S. 166 M1, S. 170 M1, S. 201 M5, S. 209 M3, S. 221 M3, S. 230 M1, S. 264

So löst du die Arbeitsaufträge in diesem Buch:

(Fortsetzung der vorderen Umschlagklappe)

Arbeitsauftrag = Operator (alphabetisch)	AFB	Das tust du:	Tipps und Formulierungsvorschläge:
diskutieren	III	Du notierst zu einer bestimmten Fragestellung Argumente (pro und kontra) und gewichtest sie innerhalb einer schlüssigen Argumentationskette. Am Ende formulierst du ein begründetes Urteil (Sach- und/oder Werturteil).	*Gegen diese Argumentation spricht ...* *Am meisten/Am wenigsten überzeugt mich ...*
einordnen **zuordnen**	II	Du setzt zum Beispiel aus Materialien entnommene Informationen miteinander oder mit anderen Sachverhalten in Beziehung.	*Die hier beschriebene Herrschaftsform war eine ...*
entwickeln	III	Du entwirfst zu einer Problemstellung selbstständig einen Lösungsvorschlag, den du mit Argumenten begründest.	
erklären	II	Du stellst einen historischen Sachverhalt oder einen Fachbegriff in einen schlüssigen Zusammenhang.	*Besonders diese beiden Ereignisse führten zu ...* *Deshalb spricht man von ...*
erläutern	II	Du verdeutlichst einen historischen Sachverhalt mithilfe von Beispielen oder Belegen aus einem Material.	*An dieser Stelle des Briefes wird deutlich ...* *Wie der letzte Satz der Rede zeigt, ...*
erörtern	III	Du formulierst zu einer vorgegebenen These oder Problemstellung eine eigene Stellungnahme, nachdem du Pro und Kontra-Argumente miteinander verglichen hast.	*Dafür/Dagegen spricht ...* *Insgesamt gesehen ...*
erstellen	II	Du stellst einen Sachverhalt dar, indem du Fachbegriffe verwendest und ihren Zusammenhang deutlich machst.	**Tipp:** Lege eine Mind-Map, ein Schaubild oder eine Tabelle an.
gestalten	III	Du versetzt dich in eine Person hinein, die in der Vergangenheit gelebt hat. Überlege, wie die Person in ihrer Zeit vermutlich gedacht, gehandelt, gefühlt oder gesprochen haben könnte. Erstelle aus ihrer Sicht zum Beispiel einen Brief, eine Rede, ein Flugblatt. Gestaltet zum Beispiel ein Streitgespräch oder ein Standbild.	**Tipp:** Berücksichtige die Lebensumstände der Person, in die du dich hineinversetzt (Geschlecht, Alter, Wohnort, Beruf, arm/reich, frei/unfrei, gebildet/ohne Schulbildung).
herausarbeiten	II	Du entnimmst einem Material (Text, Abbildung) alle Informationen, die zu einer vorgegebenen Fragestellung passen. Manchmal musst du etwas berechnen.	*Zu den wichtigsten Ergebnissen gehörte ...* *Die Hauptaussage des Verfassers lässt sich so wiedergeben: ...*

Arbeitsauftrag = Operator (alphabetisch) **AFB**	**Das tust du:**	**Tipps und Formulierungsvorschläge:**
nennen I	Du trägst in knapper Form und unkommentiert einzelne Begriffe und Informationen aus einem Material zusammen, zum Beispiel als Liste oder in einer Tabelle.	*Folgende Gründe werden im Text genannt:* – ... – ...
recherchieren II	Du suchst gezielt nach Informationen über ein historisches Ereignis oder einen Sachverhalt (Schulbuch, Sachbücher, Internet).	**Tipp:** Nutze die Methodentabelle im Anhang auf S. 267
Stellung nehmen III	Du formulierst deine eigene Position zu einem historischen Sachverhalt. Siehe auch **beurteilen** und **bewerten**	*Ich finde, dass ... richtig/falsch gehandelt hat.* *Mich überzeugt (nicht), ...* *Meiner Meinung nach ...*
ein Streitgespräch gestalten III	Du versetzt dich in zwei historische Personen hinein, indem du ihre damaligen Möglichkeiten, Ziele, Rechte und Pflichten prüfst. Formuliere in direkter (= wörtlicher) Rede.	**Tipp:** Notiere zu Beginn die möglichen Argumente der Personen. *Was du sagst/was Sie sagen, überzeugt mich nicht, weil ....* *Da gebe ich dir/Ihnen Recht, aber ...*
überprüfen III	Du stellst anhand eines Materials oder aufgrund deines Wissens fest, ob eine Aussage ode reine Behauptung zu einem bestimmten historischen Sachverhalt passt oder nicht.	*Diese Behauptung widerspricht/passt zu der Aussage im Darstellungstext.*
untersuchen II	siehe **analysieren**	
vergleichen II	Du stellst Gemeinsamkeiten und Unterschiede gegenüber und formulierst ein Ergebnis. Wichtig: Nenne die Gesichtspunkte, unter denen du vergleichst.	**Tipp:** Du kannst eine Tabelle anlegen. *Im Vergleich mit ...* *Die Entwicklung verlief ähnlich wie/anders als in ...*
wiedergeben I	Formuliere einen Sachtext oder eine Textquelle in deinen eigenen Worten. Berücksichtige alle wichtigen Textaussagen.	
zusammenfassen I	Du gibst die wesentlichen Informationen aus einem Text knapp und mit eigenen Worten wieder.	*In dem Text geht es um ...* *Die wichtigsten Gründe waren ...* *Der Verfasser/die Verfasserin nennt ...*